21 世纪高等学校**会计学**系列教材

U0647162

FINANCIAL MANAGEMENT

财务管理

◆ 马英华 王秋霞 主编

◆ 王晓莹 副主编

人民邮电出版社

北 京

图书在版编目（CIP）数据

财务管理 / 马英华，王秋霞主编. -- 北京 : 人民
邮电出版社，2016.8（2022.8 重印）
21世纪高等学校会计学系列教材
ISBN 978-7-115-42982-7

Ⅰ. ①财… Ⅱ. ①马… ②王… Ⅲ. ①财务管理－高
等学校－教材 Ⅳ. ①F275

中国版本图书馆CIP数据核字(2016)第178906号

内 容 提 要

本书系统地阐述了财务管理的基本理论和基本方法，内容涉及货币时间价值与风险价值、财务
报表分析、筹资管理、项目投资管理、证券投资管理、营运资本管理等学科领域的诸多方面，基本
涵盖了目前国内财务管理的主要内容。

本书既可作为高等院校财经类专业的本科教材，也可作为非财务管理专业相关人士及企事业单
位管理人员了解财务知识的参考书。

◆ 主　　编　马英华　王秋霞
　　副 主 编　王晓莹
　　责任编辑　孙燕燕
　　责任印制　沈　蓉　彭志环
◆ 人民邮电出版社出版发行　　北京市丰台区成寿寺路 11 号
　　邮编　100164　电子邮件　315@ptpress.com.cn
　　网址　http://www.ptpress.com.cn
　　北京七彩京通数码快印有限公司印刷
◆ 开本：787×1092　1/16
　　印张：15　　　　　　　　　2016 年 8 月第 1 版
　　字数：421 千字　　　　　　2022 年 8 月北京第 11 次印刷

定价：38.00 元
读者服务热线：(010)81055256　印装质量热线：(010)81055316
反盗版热线：(010)81055315

前 言 Preface

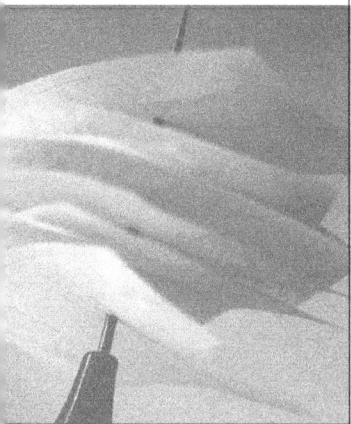

　　财务管理既是会计学、财务管理专业的一门重要专业课，也是工商管理、市场营销等专业的核心课程之一。本书是根据会计学专业、财务管理专业及其他相关专业的教学计划编写的一本专业教材。

　　本书特色如下：

　　（1）本书的编写根据大学本科教育的要求，本着务实、求新的精神，不断更新，力争做到实用性与前瞻性相统一、定性分析与定量分析相结合，着重培养学生财务专业方面的判断能力、分析能力和解决问题的能力。

　　（2）本书主要阐述了财务管理的基本理论和基本方法，按财务管理基本理论、筹资管理、投资管理、营运资本管理、利润分配管理和预算管理的顺序进行安排。本书首先介绍了财务管理的基本知识，在详细阐述财务管理两个重要的价值观，即货币时间价值和风险价值的基础上，对企业的财务状况进行分析，并由此按照财务管理的环节层层展开，内容系统、充实，基本覆盖了目前国内财务管理课程的主要内容。

　　（3）为便于学生理解和掌握财务管理的相关知识和理论，并能运用所学的方法解决实际问题，本书在每章前都设有引导案例，章后安排有配套练习，尽可能将理论和实践相结合，以提高学生的学习兴趣。

　　本书的参考学时为 48~64 学时，学校可以根据学生的专业特点并结合教学计划的要求，合理安排学时。对每章节的具体学时，教师可以根据具体情况做出合理安排，在此不做统一要求。

　　本书由马英华、王秋霞担任主编，王晓莹担任副主编，并共同负责拟定全书的写作大纲和组织编写工作。具体分工如下：第1章、第3章由王秋霞编写；第2章由程继爽编写；第4章、第5章由马英华编写；第6章、第8章由王晓莹编写；第7章、第9章由康玲编写；第10章由黎朝霞编写。全书最后由马英华负责修改和定稿。此外，本书在编写过程中，还得到了学院领导和其他教师的大力支持和帮助，在此深表感谢。

编者

2016 年 6 月

目 录 Contents

财务管理导论 | 第1章

【学习目标】

财务管理在现代企业管理中变得越来越重要，已经成为企业管理的重要组成部分。本章主要阐述了企业财务管理的内容、目标和环境等，旨在使初学者对财务管理有一个基本的认识，为以后各章学习打下良好的基础。

通过本章的学习应达到以下目标：

- 掌握财务管理的内容；
- 理解财务管理的目标；
- 了解财务管理的环境。

【引导案例】

巨人集团的兴衰史①

1989年8月，从深圳大学软件科学管理系硕士毕业的史玉柱和3个伙伴，用借来的4 000元钱承包了天津大学深圳科技工贸发展公司计算机部，并在《计算机世界》利用先打广告后付款的方式做了8 400元的广告，将其开发的M-6401桌面排版印刷系统推向市场。广告打出后13天，史玉柱的银行账户第一次收到3笔汇款共15 820元。巨人事业由此起步。

1993年1月，巨人集团在北京、深圳、上海、成都、西安、武汉、沈阳、香港成立了8家全资子公司，同年，巨人实现销售额300亿元，利税4 600万元，成为中国极具实力的计算机企业。

由于国际计算机公司的进入，计算机业于1993年步入低谷，巨人集团也受到重创。1993—1994年，全国兴起房地产和生物保健品热，为寻找新的产业支柱，巨人集团开始迈向多元化经营之路——计算机、生物工程和房地产。在1993年开始的生物工程刚刚打开局面但尚未巩固的情况下，巨人集团毅然向房地产这一完全陌生的领域进军。最初史玉柱并没有开发房地产的设想，只是计划盖一栋38层的大楼，且大部分自用，后来他将设计从38层升到54层。不久，一个关于"广州要盖63层全国最高楼"的消息传来，这时有人建议史玉柱应该"为珠海争光"。遵照所谓"巨人大厦要夺全国第一高楼"的"民意"，史玉柱又将楼层数改为64层——比广州那座最高楼要高1层。两年后，巨人大厦即将动工之际，楼层计划又变了，因为"64"这个数字"好像不吉利"，于是史玉柱索性定为70层。就这样，巨人集团一改初衷，拟建的巨人科技大厦设计一变再变，楼层节节拔高，从最初的38层一直涨到70层，投资也从2亿元涨到12亿元。

1994年2月，巨人科技大厦破土动工。对于当时仅有1亿资产规模的巨人集团来说，单凭巨人集团的实力，根本无法承受这项浩大的工程。对此，史玉柱的想法是：1/3靠卖楼花，1/3靠贷款，1/3靠自有资金。但令人惊奇的是，从1994年2月大厦破土动工到1996年7月，巨人集团未申请过一分钱的银行贷款，全凭自有资金和卖楼花的钱支撑。

1996年，让史玉柱焦急的是巨人大厦的资金问题。他决定将生物工程的流动资金抽出投入大厦的建设，而不是停工。进入7月，全国保健市场普遍下滑，巨人保健品的销量也急剧下滑，维

---

① 资料来源：根据汪静赫《"三大战役"导致巨人集团名存实亡》（中国企业报/2011年/12月/9日/第018版）改编。

持生物工程正常运作的基本费用和广告费用不足，生物产业的发展受到极大的影响。大厦动工时为了筹措资金，巨人集团在香港地区卖楼花拿到了6 000万港币，大陆卖了4 000万元，其中在国内签订的楼花买卖协议规定，三年大楼一期工程（盖20层）完工后履约，如未能如期（1996年年底）完工，应退还定金并给予经济补偿。而当1996年年底大楼一期工程未能完成时，当初建大厦卖给大陆人们的4 000万楼花就成了导致巨人集团财务危机的导火线。巨人集团终因财务状况不良而陷入破产的境地。

为什么巨人集团会陷入破产的困境呢？通过本章的学习，可以找到一些答案。

1.1 财务管理的内容

任何组织都需要财务管理，但是营利性组织和非营利性组织的财务管理有较大区别，本书主要讨论的是营利性组织的财务管理，即企业财务管理。企业财务管理的基本内容包括筹资管理、投资管理、营运资本管理和利润分配管理，下面分别予以介绍。

1.1.1 企业的筹资管理

假设你大学毕业后打算自己创办一家"非诚勿扰"咖啡店，经过初步估算，共需投入20万元，但是你只有资金5万元，因此你首先要考虑的是这15万元的资金缺口如何解决。实务中，为了解决资金需求，企业有多种筹资渠道和筹资方式，如吸收直接投资、发行股票、发行债券、向银行借款等。前两种筹资方式会使企业的所有者权益增加，因此被称为权益资本，又称权益资金；后两种筹资方式会导致企业负债增加，因此被称为债务资本，又称债务资金。不同的筹资渠道和筹资方式下，企业筹资所付出的代价和承担的分险是不一样的。用财务管理的术语来讲，就是企业的资本成本和财务风险是不一样的。从理论上来讲，使用债务资金的资本成本较低，但是财务风险较高；使用权益资金的资本成本较高，但是财务风险较低。表 1-1 展示了两类资金资本成本和财务风险大小。

表 1-1　　　　权益资金和债务资金的资本成本和财务风险比较

比较项目 资金种类	资本成本	财务风险
权益资金	高	低
债务资金	低	高

假设所需的 15 万元，有二种筹资方案可以解决：一种是朋友投资 5 万元（吸收直接投资），向银行借入 10 万元；一种是所需的 15 万元全部向银行借入。不同的筹资方案下，公司初始资本的构成是不一样的，用财务管理的术语来讲，就是企业的资本结构是不一样的，不同方案下的资本结构如图 1-1 所示。不同的资本结构下，企业所承担的财务风险和资本成本是不一样的，进而将影响公司的价值。因此，财务管理的内容之一就是选择使得公司价值尽可能大的负债与所有者权益的比率，即选择使公司价值尽可能大的资本结构，这便形成了企业筹资管理的核心问题。

图 1-1 不同筹资方案下对应的企业的资本结构图

1.1.2 企业的投资管理

假定企业采用方案一获得了所需要的 15 万元的资金,接下来需要考虑的一个问题是如何进行投资。

假设拟投资的"非诚勿扰"咖啡店,有两个具体的可供选择的方案,每个方案的投资期均为 4 年。方案 A 是走高端路线,铺面精装修需要花费 10 万元(面积为 20 平方米),购入机器、设备需要花费 5 万元,剩下 5 万元作为流动资金用于原材料的采购、人员工资的支付、每月铺面的租金等。预计开张后,每年的现金净流入量分别为 10 万元、20 万元、30 万元和 40 万元[①]。方案 B 是走大众化的路线,铺面普通装修需要花费 10 万元(面积为 40 平方米),购入机器、设备需要花费 5 万元,剩下 5 万元作为流动资金,预计开张后每年的现金净流入量都为 20 万元[②]。方案 A 和方案 B 的每年产生的现金流如图 1-2 所示。图中,向下的箭头表示的是现金的流出量,向上的箭头表示的是现金的流入量。

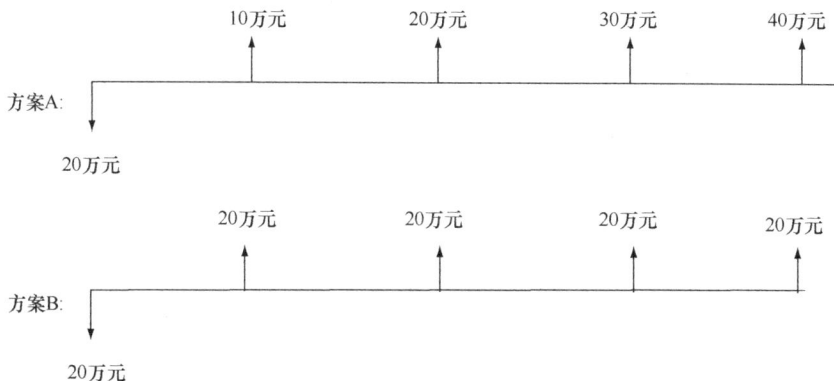

图 1-2 方案一和方案二的现金流量图

假设不考虑货币的时间价值,方案 A 和方案 B 的投入(20 万元)和产出(100 万元)是一样的,且产出均大于投入,两个方案都可行。但是,如果考虑货币的时间价值的话,结果可能就不一样了。

所谓货币的时间价值,是指货币经过一定时间的投资和再投资后所增加的价值。货币之所以具有时间价值,是因为货币投入市场后其数额会随着时间的延续而不断增加,这是一种普遍的客观的经济现象。正是因为货币具有时间价值,所以现在的 1 元钱比将来的 1 元钱的经济价值大,也就是说同样的一元钱,如果分布在不同的时点的话,其价值量是不相等的。

虽然方案 A 和方案 B 的产出都是 100 万元,但是由于这些现金流分布在不同的时点,如果考虑货币的时间价值的话,方案 A 和方案 B 的产出是不相等的。此外,如果考虑了货币的时间价值后,这些分布在不同时点的 100 万元是否大于现在投入的 40 万元呢?这就需要把这些处于不同时点的现

---

① 为了简化问题,假设第四年的现金流量中包含了项目结束后收回的垫支的营运资金以及其他的终结的现金流量。
② 同上。

金流换算到同一时点比较其大小。以上所述项目的可行性分析以及项目的优劣性分析，便形成了投资管理的核心内容。

1.1.3　企业的营运资本管理

假定通过项目可行性分析后，企业选择了方案 B，"非诚勿扰"咖啡店顺利开张。在日常的运营中，企业可能形成图 1-3 所示的资产负债表。

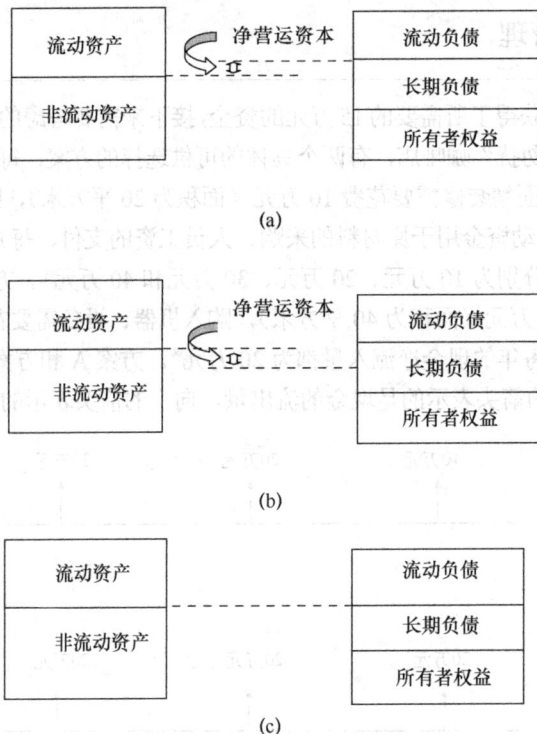

(a)

(b)

(c)

图 1-3　"非诚勿扰"咖啡馆资产负债

在日常运营中，由于经营活动产生的现金流入和现金流出通常在时间上是不匹配的，且经营活动产生的现金流在数量上和时间上都具有不确定性，因此，财务经理必须致力于管理现金流的这些缺口。从资产负债表的角度看，现金流量的短期管理与净营运资本有关。如图 1-3 所示，净营运资本是指流动资产与流动负债之间的差额。如果公司的净营运资本为正数（见图 1-3（a）），表示公司配置了较多的营运资本，即除了用流动负债满足流动资产的资金需求外，还通过长期负债的形式来满足部分流动资产的资金需求，这样做会减少现金流的缺口，但会增加资本成本；反之，如果公司的净营运资本为负数（见图 1-3（b）），表示公司配置了较少的营运资本，即流动负债不仅满足流动资产的资金需求，还满足部分非流动资产的资金需求，这样做有利于节约资本成本，但增加了不能及时偿还债务的风险。如果公司的净营运资本为零（见图 1-3（c）），表示公司流动负债正好可以满足流动资产的需求，这样做使得资本成本和风险介于前两者之间①。因此，公司需要根据具体情况权衡风险和报酬，制定适当的营运资本筹资政策，这便形成了企业营运资本筹资管理的核心内容。

公司日常的营运资本管理还要考虑以下问题：持有多少现金以备支付？分配多少资本用于应收

---

① 这是一种较理想的状态，但现实中很少能实现。现实中，企业营运资本总是处在动态调整的过程中。

账款和存货，即如何制定应收账款政策和存货采购批量政策？以持有现金为例，现代企业通常都需要持有一定量的现金以备用，如果持有的太多，则现金的持有成本增加，持有资产的收益下降；如果持有的太少，则现金的持有成本下降，持有资产的收益上升，但不能满足临时性资金需求的风险增加，有可能导致企业生产受到负面影响，进而影响企业的信誉。因此，企业需要在收益和风险之间进行权衡，以制定一个最佳的现金持有量。

总之，企业营运资本管理的目标通常有以下 3 个：①有效地运用流动资产，力求其边际收益大于边际成本；②选择最合理的筹资方式，最大限度地降低营运资本的资本成本；③加速流动资本周转，以尽可能少的流动资本支持同样的营业收入并保持公司偿还债务的能力。

1.1.4　企业的利润分配管理

假如，经过一年的经营，年底"非诚勿扰"咖啡店的净利润为 16.5 万元。假定不考虑提取法定盈余公积金等事项，这时候涉及的问题是如何分配这 16.5 万元。由于投资者享有剩余收益，这 16.5 万元归投资者所有，既可以按投资比例或公司章程约定全部分配给投资者，也可以拿出一部分资金分配给投资者，剩下一部分资金（从会计的角度看，称为未分配利润）继续留在企业，相当于投资者对企业追加的投资。也就是说，未分配利润也是企业资金来源的一个非常重要的渠道，属于权益资金的一部分。很显然，随着未分配利润的增加，企业的资本结构将会发生改变。也就是说，企业的利润分配管理和企业的筹资管理之间有着密切的联系。

此外，如果从一家上市公司的角度来看的话，根据信号传递理论，由于企业的行为可以传递信号，或者说投资者总是通过企业的行为来推测企业未来的发展状况，因此，在进行利润分配时，上市公司必须考虑清楚分多少，怎么分、以尽可能向市场传递出一个积极的、正面的信号，以利于公司的市值管理。

综上所述，在企业的经营活动中，财务管理人员必须回答 4 个方面的问题：一是应实施何种投资项目；二是如何为项目筹资；三是如何管理企业日常的营运资本；四是如何对投资、筹资、营运活动的结果进行分配。上述 4 个方面构成了财务管理的基本内容，四者既相互联系、相互依存，又存在一定的区别。

1.2 财务管理的目标

目标，既是标准又是导向，没有明确的目标，就无法判断一项决策的优劣。财务管理的目标是指在特定的理财环境下，企业通过一系列的财务管理活动所希望实现的结果。财务管理的目标决定着财务管理的基本方向，是制定和评价财务决策的客观依据。

1.2.1　财务管理目标概述

从根本上说，财务管理的目标取决于企业的目标，所以财务管理的目标和企业的目标是一致的。那么，财务管理的可能目标会是什么呢？避免财务困境或破产？销售额最大化或者市场份额最大化？成本最小化？以上罗列的是一些可能的目标，但是，对于财务经理来说，每个目标都可能存在一定问题。例如，如果企业从不贷款或从不承担任何风险，可以避免财务困境或破产；如果企业降低价格或者放松赊销付款的条件，销售额或者市场份额就会增加；如果企业不进行研发投入或者战略性广告投资，可以减少成本支出。但是，很难说这些行为都是符合股东利益的[①]。

那么，企业财务管理的目标究竟是什么呢？理论界有许多不同的表述，具有代表性的观点主要有以下4种。

1. 利润最大化

该观点认为：利润代表了企业新创造的财富，利润越多，说明企业的财富增加得越多。该观点在西方经济理论中是根深蒂固的，西方许多经济学家都以利润最大化这一概念来分析和评价企业行为和业绩。例如，亚当·斯密、大卫·李嘉图等经济学家，都认为企业的目标是利润最大化。20 世纪 50 年代以前，西方财务管理理论界也认为，利润最大化是财务管理的最优目标。历史上，我国也有部分财务管理学家认为，以利润最大化为目标是财务管理人员的最佳选择，这是因为企业要想取得利润最大化，就必须讲求经济核算，加强管理，改进技术，提高劳动生产率，降低产品成本，这些都有利于经济效益的提高[②]。

但是以利润最大化作为财务管理的目标存在以下缺点。

（1）没有考虑利润的取得时间。例如，有 A、B 两个项目，A 项目是 2016 年获利 100 万元，B 项目是 2017 年获利 100 万元，哪一个项目更符合企业的目标？若不考虑货币的时间价值，就难以做出正确的判断。

（2）没有考虑所获利润与所投入资本数额的关系。例如，A、B 两个项目，其利润都是 100 万元，但 A 项目投入资本是 300 万元，B 项目投入资本是 500 万元，哪一个项目更符合企业的目标？若不将所获利润与所投入资本数额联系起来，就很难做出正确的判断。

（3）没有考虑所获利润和所承担风险的关系。例如，A、B 两个项目，都是投入 500 万元且本年都获利 100 万元，但 A 项目获利可以全部转化为现金，B 项目获利则全部是应收账款，哪一个更符合企业的目标？若不考虑所获利润和所承担风险的关系，就难以做出正确的判断。

当然，如果投入资本相同、利润取得的时间相同、相关的风险也相同，利润最大化是一个可以接受的观念。事实上，许多经理人员都把提高利润作为公司的短期目标。但是，从长期来看，利润最大化目标似乎并不是一个合理的目标，因为该目标往往会导致企业财务决策具有短期行为的倾向，即只顾实现目前的利润最大化，而忽视企业的长期可持续发展。

2. 每股收益最大化

该观点认为：应当把企业的利润和股东投入的资本联系起来，用每股收益（或权益资本净利率）来概括企业的财务目标。每股收益不仅能够说明企业的盈利水平，还可以在不同资本规模企业或同一企业不同时期之间进行比较，揭示其盈利水平的差异，可以避免利润最大化目标在衡量资本效率方面的缺陷。

但是这种观点仍存在以下缺点：①没有考虑每股收益取得的时间；②没有考虑每股收益的风险。

当然，如果风险相同，每股收益时间相同，每股收益最大化也是一个可以接受的观念。事实上，许多投资者都把每股收益作为衡量公司业绩的最重要的指标。但是，和利润最大化目标一样，以每股收益最大化为目标，仍不可避免地会导致企业的短期行为。

3. 股东财富最大化

该观点认为：增加股东财富是财务管理的目标，因为股东创办企业的目的是增加财富，如果企业不能为股东创造财富，他们就不会为企业提供资本；没有了权益资本，企业也就不存在了。因此，企业要为股东创造财富。

---

① 是否符合股东利益的目标一定就是最优目标，学术界也存在很多争论。随着社会责任理念和利益相关者理念的不断深入，很多人主张企业的价值取向应该由股东财富最大化向利益相关者利益最大化转变。相应地，企业财务管理的目标也应该随着企业价值取向的变化而变化。

② 王化成. 高级财务管理学（第 2 版）. 北京：中国人民大学出版社，2007。

就上市公司而言，股东财富由其所拥有的股票数量和股票价格（简称股价）两方面决定。在股票数量不变的情况下，股价上升可以反映股东财富的增加，股价下降可以反映股东财富的减损；股价达到最高时，股东财富也就达到最大，所以股东财富最大化，又被表述为股价最大化。此外，由于股价取决于股票的价值，因此股东财富最大化也被表述为股票价值最大化。

股东财富最大化目标的主要优点是：①考虑了风险因素，因为风险的高低会对股价产生重大影响；②有利于在一定程度上克服企业的短期行为，因为不仅目前的利润会影响股价，未来的利润预期也会对股价产生重要影响。

基于该目标的优点，国内外许多学者认为以股东财富最大化作为财务管理的目标是合适的。但有部分学者对此提出了反对意见，认为该目标存在以下缺陷：①通常只适用于上市公司，对非上市公司很难适用；②股票价格除了受财务因素的影响之外，还受多种其他因素的影响，并非都是公司所能控制的，把不可控的因素引入财务目标是不合理的；③只强调股东的利益，对公司其他利益相关者的利益重视不够。

4．企业价值最大化

该观点认为：增加企业的价值是财务管理的目标，因为现代企业是多边契约关系的总和，企业不仅要考虑股东的利益，还要考虑其他利益相关者的利益，通过利益相关者利益最大化来实现企业价值最大化。

对该观点，主张财务管理目标是股东财富最大化的学者认为：主张股东财富最大化，并非不考虑其他利益相关者的利益，因为股东享有的是剩余权益，只有在职工、供应商、债权人以及其他利益相关者都得到了他们应得的部分以后才享有剩余资产的所有权。如果股东因为剩余部分的增长而获得成功，那么其他人一定也获得了成功。

此外，从理论上来讲，企业价值的增加是由于股东权益价值增加和债务价值增加引起的。假设债务价值不变，则增加企业价值与增加股东权益价值具有相同意义。假设股东投资资本和债务价值不变，则企业价值最大化与股东财富最大化具有相同意义。

1.2.2　财务管理目标的演进

从历史和现实看，企业的价值取向存在着两种模式：股东价值取向模式和利益相关者价值取向模式，且经历了由股东价值取向模式向利益相关者价值取向模式的演进（李心合，2004）[1]。财务管理是企业价值管理的主要手段，企业的价值取向从根本上决定了财务管理的目标。因此，与企业的价值取向模式相协同，企业财务管理的目标也正经历着由股东财富最大化目标向利益相关者利益最大化目标的转变。

利益相关者价值取向模式下，主张以利益相关者利益最大化作为财务管理的目标，该目标看起来似乎把股东以外的其他利益相关者的利益都纳入了考虑范畴，似乎比传统的股东财富最大化目标更为合理。但一些学者（周清杰、孙振华，2003；傅元略，2007）[2][3]认为，该模式在理论上还存在一些困惑，在实践操作中也还存在一定困难：①如何界定利益相关者？②各利益相关者的利益如何确定？③在这么多利益相关者中，是否存在着主次之分？④如果存在的话，谁的利益最重要？⑤利益相关者利益最大化，意味着多方利益最大化，如何协调多方的利益并使之最大？⑥多元化的目标有可能使股东所关心的利益与管理者所关心的利益之间发生严重的冲突，从而使多元的目标无法实

① 李心合．嵌入社会责任与扩展公司财务理论[J]．会计研究，2009（1）：66-73。
② 周清杰，孙振华．论利益相关者理论的五大疑点．北京工商大学学报（社会科学版），2003（5）：18-20。
③ 傅元略．财务管理理论．厦门：厦门大学出版社，2007。

现；⑦多元化的目标下，管理者可能会在响应一些利益相关者的利益诉求时损害另外一些利益相关者的利益，由此产生的道德风险如何解决？在一定程度上而言，对所有的利益相关者都负责相当于对谁都不负责；⑧整合各个利益团体的意见，形成公司决策是一件困难的事，而且将各种各样利益冲突的争论带到高层管理决策中来，势必影响高层经理人的决策效率。

尽管利益相关者利益最大化目标在理论上存在一定困惑，在实践上还存在一定困难，但是，随着自然环境的不断恶化，随着社会责任理念和利益相关者理念的深入人心，越来越多的企业不仅从其所处的技术环境出发，基于效率机制的考虑，追求股东财富最大化的目标；同时考虑到其所处的制度环境，基于合法性机制的考虑，追求自身合法性的提升。因此，有些学者提出财务管理的目标应该是在权衡利益相关者利益基础上的股东财富最大化目标。由于传统的财务管理的理论对社会责任的考虑几乎为零，即社会责任几乎是零嵌入性的，因而传统的财务管理理论中的筹资、投资、营运资本管理以及利润分配的管理中的决策依据，主要考虑的是股东利益。如果考虑企业应该承担的社会责任，将利益相关者利益考虑进来，我们传统的财务管理理论可能需要改写，因此本书仍然是以传统的财务管理理论为主，在做出相关决策时，仍然是以股东财富最大化目标作为判断依据。

1.3 代理关系和代理成本

1.3.1 代理关系

现代企业最典型的特征之一是所有权和经营权的分离，股东（委托方）委托管理层（受托方）代为管理企业，股东和管理层之间的关系被称为代理关系。当委托方委托代理方代表他的利益时，代理关系就产生了。例如，某同学委托你帮忙卖一台二手计算机时，该同学和你之间也产生了代理关系。在所有这一类关系中，委托方和代理方有可能存在着利益上的冲突，这类冲突被称为代理问题（Agency Problem）。

假设你同学和你约定，如果该计算机卖出去了给你支付固定的报酬，你（代理方）的动机是把该计算机卖出去，但未必卖到最高的价格；如果同学给你的佣金是销售价格的20%而不是固定的报酬，那么这个问题可能就不存在了。该例子说明，改变支付报酬的方式，是解决代理问题的有效手段之一。

1.3.2 代理成本

假设，有一项新的投资项目，预计该项目的实施会使公司股价上升，进而导致股东财富的增加，符合股东财富最大化的目标。但是，该项目也可能存在一定的风险，如果事情发生意想不到的变化，可能会导致管理层丢掉工作。那么，管理层可能会基于自己所掌握的信息优势，反对该项目，尽可能少承担意外的风险，而股东也可能丧失了一个有价值的投资机会。这是代理成本的一个例子。

所谓代理成本（Agency Costs）指的是股东和管理层之间由于利益冲突而产生的成本[①]。这些成本可以分为直接成本和间接成本。直接的代理成本是失去的机会，如前面例子所描述的那样。间接的代理成本有两种形式：①管理层受益但股东蒙受损失的公司支出。例如，装修豪华办公室，买高档汽车等。②出于监督管理层行为需要的支出。例如，聘请注册会计师对财务报表进行审计。

---

① 〔美〕罗斯，威斯特菲尔德. 吴世农，沈艺峰，王志强，等译. 公司理财（原书第8版）. 北京：机械工业出版社，2009.

8

1.3.3　管理机制

为了降低代理成本，股东通常可以采取以下办法来协调自己和管理者之间的利益冲突。

1. 监督

管理层之所以有机会将自己的利益凌驾于股东的利益之上，是因为管理者往往比股东掌握了更多的信息。为了降低代理成本，股东应尽量获取更多的企业信息，并对管理者进行监督，在管理者背离股东目标时，充分发挥自己作为股东的权利，利用手中的控制权来表达自己的意愿。虽然股东对企业情况的了解和对管理者的监督非常必要，但是受到监督成本的限制，不可能事事监督。此外，监督也不能解决所有问题。

2. 激励

减少利益冲突的另一种方式则是激励，鼓励管理层采取符合股东利益最大化的行动。例如，如果企业每股收益或股票价格提高后，承诺奖励给管理者一部分的股票等。理论上认为，如果通过股权激励使管理者获得部分股权，则管理者不再仅仅只是管理者，也变成了公司的股东，从而可以从根本上保证二者之间利益的一致性。

通常，股东会同时采取监督和激励两种方式来减少利益冲突。尽管如此，仍不可能使管理者与股东的利益完全一致，管理者仍可能采取一些对自己有利而不符合股东利益最大化的决策，由此给股东带来一定的损失。监督成本、激励成本和代理成本之间此消彼长，相互制约。股东要权衡轻重，力求找出能使三者之和达到最小的解决办法。

1.4　财务管理环境

财务管理环境又称理财环境，是指财务管理以外的并对财务管理系统有影响作用的一切系统的总和。企业财务活动是在一定的环境下进行的，必然受到环境的影响，要获得成功，必须深刻认识和认真研究其所面临的各种环境。从企业的角度观察财务管理环境，可以将其分为外部环境和内部环境两种。以下将主要参考王化成、张伟华、佟岩（2011）[①]的观点对财务管理的外部环境和内部环境做概括性介绍。

财务管理的外部环境包括宏观环境和市场环境。宏观环境包括经济环境、法律环境、金融市场环境、社会文化环境、政治环境、技术发展状况等。市场环境则包括与企业经营密切相关的资本市场、原材料市场、人力资源市场等要素市场和产品市场的发展状况。宏观环境为企业交易活动的顺利进行提供了各种保障和约束，宏观环境的不同将导致市场交易成本的差异，而交易成本的大小将直接影响到规范企业行为的一系列形式、内容与执行，进而会影响企业的财务管理决策。外部理财环境是企业决策难以改变的外部约束条件，企业财务决策更多地是适应它们的要求和变化。

财务管理的内部环境是指企业战略和治理结构，包括企业的组织架构、战略及经营模式选择等。企业可以对财务管理的内部环境施加有效影响，通过对企业组织架构、战略、经营模式等因素的调整，直接影响财务决策活动。作为企业获取竞争优势的重要途径，战略选择对企业财务决策的影响至关重要。如何界定、规划和执行一个良好的战略是决定其财务状况和经营绩效的关键所在。例如，与实行成本领先战略的企业相比，实行产品领先战略的企业应不断致力于通过塑造产品或服务的独特

---

① 王化成，张伟华，佟岩. 广义财务管理理论结构研究——以财务管理环境为起点的研究框架回顾与拓展. 科学决策，2011（6）。

性，以造成相对于竞争者的有利差异来获得竞争优势。为了支撑这一战略的顺利实施，必然需要企业投入大量资本进行产品的设计和改进，如何筹集和管理这些资本就显得至关重要（Titman，1984）[①]。从控制风险的角度出发，实施产品领先战略的企业应当减少负债，而且企业的竞争优势越是依赖于创新，企业的财务杠杆率应该越低（王任飞，2004）[②]。高新技术企业作为典型的以产品领先战略为核心的企业，强调风险管控，所以需要保持较高的财务松弛空间，以应对我国高度动态的环境和企业自身的高成长要求（孔宁宁等，2010）[③]。任何一项产品或者服务从无到有，再到其使用价值的实现，都要经过研究、开发、生产、销售、售后服务等价值创造环节，不同的企业根据自己具备的资源和能力，会专注于价值链上的不同阶段，从而形成不同的经营模式。例如，专注于销售和售后服务的公司所有的产品生产可能都实行外包，从而形成轻资产型公司；而另一些专注于生产的企业，可能不得不购置大量的生产设备和厂房，从而成为重资产型公司。而不同的经营模式可能对企业的筹资、投资、分配产生不同的影响。

由于影响财务管理的环境因素太多，不同的影响因素对企业财务管理的影响机理需要具体问题具体分析，本书不一一列举。考虑到金融市场在企业筹融资中所发挥的重要的功能，下面将主要对金融市场予以介绍。

1.4.1 金融市场的构成

1. 金融市场主体

所谓金融市场主体，即金融市场的参与者。作为金融市场的参与者必须是能够独立做出决策并承担利益和风险的经济主体。金融市场上参与者主要是居民、企业和政府，他们参与交易的目的是调节资金余缺，并不以金融交易为主业。此外，还有一类专门从事金融活动的主体，包括银行、证券公司等金融机构，它们充当金融交易的媒介。

居民，包括自然人和家庭，出于节约、预防意外支付或者延迟消费等目的，他们会储蓄部分资金，成为社会的储蓄者。当然，他们有时也会成为汽车或房屋等消费贷款的借款人，但总体上来看，居民是净储蓄者，是金融市场上最主要的资金提供者；企业，是金融市场上最大的资金需求者。资金需求者又称为筹资人或金融工具发行人。企业通过发行股票、债券等形式筹集资金，并且在货币市场中筹集短期资金。有时，企业在经营中会出现暂时的闲置资金，它们会以资金提供者身份出现，将这部分资金投入货币市场。政府经常是资金的需求者，它们通过发行中央或地方政府债券来筹集资金，用于基础设施建设，弥补财政赤字，或者进行宏观经济调控。在税收集中入库而支付滞后时，政府有时也会投资于金融市场，成为资金提供者。

2. 金融市场客体

金融市场客体是指金融市场的交易对象或交易标的物，即通常所说的金融工具，它是指资金供应者和资金需求者之间进行资金融通时所签发的代表资本融通关系，具有法律效力的凭证，如银行存款单、商业票据、债券、股票等。与普通商品交易对象的不同之处在于，金融交易大多只是货币资金使用权的转移，而普通商品交易时所有权和使用权会同时转移。

3. 金融市场价格

金融市场价格反映的是在一定时期内转让货币资金使用权的报酬，通常表现为各种金融工具的价格，在很多情况下可以通过利息率或收益率来反映。一种金融工具的流动性、收益性和风险性特

---

① S. Titman. The effect of capital structure on a firm's liquidation decision. Journal of Financial Economics, 1984, 13(1).
② 王任飞. 创新性战略企业的资本结构选择. 管理学报, 2004（3）：281-284.
③ 孔宁宁，张新民，唐杰. 我国高新技术企业战略、资本结构与绩效关系研究. 中国工业经济, 2010, 9:112-120.

点决定了其内在价值，从而奠定了这种金融工具交易价格的基础，但现实中的交易价格还受到市场供求、交易者的心理预期等因素的影响。常见的衡量金融工具价格的指标有银行同业拆借利率、贴现市场利率、银行存、贷款市场利率、债券投资收益率、股票投资收益率等。

4. 交易组织形式

交易的方式，是金融市场不可缺少的一个重要组成部分。金融市场的交易组织形式一般分为两种，即拍卖方式和柜台方式。所谓拍卖方式，是指在金融市场上进行交易的金融工具都以拍卖的方式成交。和其他商品拍卖一样，金融交易中的拍卖由买卖双方通过公开竞价来确定交易价格。所谓柜台方式，是指通过中介机构在交易所以外来完成各类金融工具的交易。

1.4.2 金融市场的类型

一个国家有许多金融市场，其种类繁多，按照不同的标准，金融市场有不同的分类，本书参考中国注册会计师协会主编的《财务管理》（2014）[①]，介绍与企业筹资关系密切的几种类型。

1. 货币市场和资本市场

按照证券期限、利率、风险以及市场功能的不同，金融市场可以分为货币市场和资本市场。货币市场是指短期债务工具交易的市场，交易的证券期限不超过 1 年。货币市场的主要功能是保持金融资产的流动性，以便随时转换成现实的货币，它满足了借款者的短期资金需求，同时为暂时性闲置资金找到出路。货币市场包括短期国债（国库券）、商业票据、银行承兑汇票、可转让定期存单等。资本市场是指期限在 1 年以上的金融资产交易市场，包括银行中长期存贷市场和有价证券市场。其主要功能是进行长期资金的融通，其工具包括股票、公司债券、长期政府债券和银行长期贷款。与货币市场相比，资本市场所交易的证券期限长（大于 1 年），利益或要求的报酬率较高，相应的风险也较大。

2. 债务市场和股权市场

按照证券的索偿权不同，金融市场分为债务市场和股权市场。债务市场是指以债务凭证（如公司债、抵押票据）作为交易对象的市场。债务凭证是一种契约，借款者承诺按期支付利息和偿还本金。股权市场是指以股票作为交易对象的市场。股票是分享一个公司净收入和资产权益的凭证。股票持有人和债务工具持有人的索偿权不同。当公司破产清算时，必须先向债权人进行支付，然后才可以向股票持有人支付，因此股票持有人所承担的风险比债权持有人所承担的风险要大。根据高风险高收益的原则，股权持有人得到的收益应该比债权持有人得到的收益高，也就是说，公司支付给股东的回报应该超过支付给债权人的回报。对股东和债权人而言，这是一种回报；对于公司而言，就变成了一种代价，或者资本成本，如图 1-4 所示。

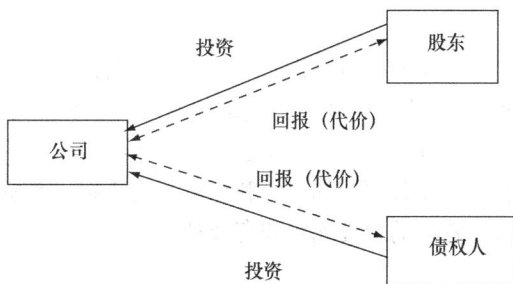

图 1-4　股东和债权人收益大小比较

[①] 中国注册会计师协会. 财务成本管理. 北京：中国财政经济出版社，2014。

3. 一级市场和二级市场

按照所交易的证券是初次发行还是已经发行，金融市场可以分为一级市场和二级市场。一级市场，也称发行市场或初级市场，是资金需求者将证券首次出售给公众时形成的市场。二级市场也称流通市场或次级市场，是在证券发行后，各种证券在不同投资者之间买卖流通所形成的市场。一级市场和二级市场关系密切，一级市场是二级市场的基础，没有一级市场就不会有二级市场；二级市场是一级市场存在和发展的重要条件，使得证券更具有流动性，正是这种流动性，使得证券受到欢迎，人们才愿意在一级市场购买它。

4. 场内市场和场外市场

按照交易的程序不同，金融市场可以分为场内交易市场和场外交易市场。场内交易市场是指各种证券的交易场所。证券交易所有固定的场所，固定的交易时间和规范的交易规则。交易所按拍卖市场的程序进行交易。场外交易市场没有固定场所，而由很多拥有证券的交易商分别进行，任何人都可以在交易商的柜台上买卖证券，价格由双方协商形成。

1.4.3　金融市场的功能

1. 资金融通功能

在现实经济生活中，资金所有者在为闲置资金寻找出路时，要求兼顾其安全性、流动性和盈利性；而资金需求者在筹资时，也要求在降低筹资成本的同时，满足在数量和时间上的需要。要实现资金所有者和需求者的满意结合，需要创造一个理想的场所，而金融市场上有多种融资形式和金融工具可供双方选择。因此，资金需求者需要筹集资金时，可以到金融市场选择适合自己需要的方式筹资。企业有了剩余资金，也可以在金融市场灵活选择投资方式，为其资金寻找出路，以求增加企业收益。

2. 风险分配功能

金融市场的另一项功能是，在转移资金的过程中将风险重新分配给资金投资者和资金需求者。

例如，以上述"非诚勿扰"咖啡店为例，总投资 20 万元，假设采用的是方案一的话，自己投资 5 万元，吸收直接投资 5 万元，向银行借款 10 万元，如果经营成功，债权人（银行）只收取固定利息，净利润自己分享 50%，另一位投资者分享 50%；如果亏损，债权人不承担损失，仍然收取固定利息，自己承担 50%的损失，另一位投资者承担 50%的损失。假设采用的是方案二的话，自己投资 5 万元，其他 15 万元全部向银行借款，如果经营成功，债权人（银行）只收取固定利息，自己分享 100%净利润；如果亏损，债权人不承担损失，仍然收取固定利息，自己承担 100%的损失。由此可见，如果改变了筹资结构，风险分摊的比例就会改变，因此，筹资的过程同时实现了企业风险的分配。

3. 优化资源配置功能

资本的"嫌贫爱富"的本质决定了，企业（资金需求方）如果支付的报酬达不到资金供给方所期望的报酬率，将筹集不到所需资金。而企业支付报酬的高低通常与其盈利能力是正相关的。因此，在风险一定的前提下，盈利能力越强的企业，提供的回报也越高，所能吸收到的资金也越多，这样就导致资金流向了效率高的部门和企业，而效率差的部门和企业，由于得不到资金，会逐步被市场所淘汰。竞争的结果，促进了社会稀缺资源的合理配置和有效利用。

4. 辅助调节经济功能

金融市场为政府运用货币政策对经济进行宏观调控提供了的条件。货币政策工具通常有 3 个：公开市场操作、调整贴现率和改变存款准备金率。根据凯恩斯主义，政府可以利用货币政策对经济进行逆向调节。例如，当经济过热的时候，政府可以提高存款准备金率，缩小货币的供应量；反之，则降低存款准备金率，扩大货币的供应量。再如，当经济过热时，中央银行可以在公开市场出售证券，减少货币供应量；反之，则在公开市场回购证券，扩大货币供应量。

5. 节约信息成本功能

如果没有金融市场，由于信息的非对称性，资金的供给者和资金的需求者想找到一位合适的对象，其信息成本是非常高的。完善的金融市场提供了广泛的信息，可以节约寻找资金投资对象的成本和评估金融资产投资价值的成本。

练习题

一、单项选择题

1. 下列各项中，属于企业财务管理对象的是（　　　）。

    A. 资金的循环与周转   B. 资金投入、退出和周转

    C. 资金数量的增减变动   D. 资金运动及其体现的财务关系

2. 下列各项中，属于利润最大化目标优点的是（　　　）。

    A. 有利于提高企业的经济效益

    B. 考虑了获得利润所需的时间

    C. 考虑了获取利润和所承担风险的关系

    D. 反映了创造的利润与所投入的资本数额之间的对比关系

3. 下列各项中，属于每股收益最大化目标优点的是（　　　）。

    A. 可以避免企业的短期行为

    B. 考虑了获得每股收益所需的时间

    C. 考虑了获取每股收益和所承担风险的关系

    D. 有利于避免利润最大化目标在衡量效率方面的缺陷

4. 下列各项中，属于股东财富最大化目标缺点的是（　　　）。

    A. 不便于量化和考核

    B. 没有考虑风险因素

    C. 不能避免企业的短期行为

    D. 只强调股东的利益，而对公司其他关系人的利益重视不够

5. 下列各项中，属于企业价值最大化目标缺点的是（　　　）。

    A. 没有考虑取得报酬的时间

    B. 企业价值过于理论化，不易操作

    C. 没有考虑其他利益相关者的利益

    D. 没有考虑风险和报酬之间的联系

二、多项选择题

1. 下列各项中，属于企业财务管理活动的有（　　　）。

    A. 企业筹资引起的财务活动   B. 企业投资引起的财务活动

    C. 企业经营引起的财务活动   D. 企业分配引起的财务活动

2. 下列企业财务管理目标中，考虑了时间价值和风险价值因素的有（　　　）。

    A. 利润最大化   B. 每股收益最大化

    C. 股东财富最大化   D. 企业价值最大化

3．下列各项中，属于企业内部理财环境的有（　　）。

    A．经济环境　　　　　　　　　　　　B．法律环境

    C．企业技术水平　　　　　　　　　　D．企业职工素质

4．下列各项中，属于企业外部理财环境的有（　　）。

    A．企业组织形式　　　　　　　　　　B．公司治理结构

    C．金融市场环境　　　　　　　　　　D．社会文化环境

三、判断题

1．每股收益最大化目标主要适用于上市公司，对于非上市公司，一般可采用权益资本净利率指标来概括企业的财务目标。　　　　　　　　　　　　　　　　　　　　　　　　　　（　　）

2．不同形式的企业，财务管理的侧重点及内容有着较大的区别。　　　　　　　　（　　）

3．发行市场，又称一级市场或初级市场，是指新发行的证券从发行者手中转移到投资者手中的市场，是证券或票据等金融工具最初发行的市场。　　　　　　　　　　　　　　　（　　）

4．货币市场是指期限在一年以上的金融资产交易的市场，包括长期借贷市场和长期证券市场。　　　　　　　　　　　　　　　　　　　　　　　　　　　　　　　　　　　（　　）

四、问答题

1．财务管理的环境会对财务管理的目标产生什么影响？

2．如何在财务管理的目标中嵌入企业社会责任？

货币时间价值与风险价值 | 第2章

【学习目标】

货币时间价值和风险价值观念存在于我们日常生活和经济工作的方方面面，无论是个人理财还是企业财务管理活动都必须牢固树立这两种价值观念。本章主要讨论财务管理中两个最基本的价值观念：时间价值和风险价值。货币时间价值分析包括一次性收付款项终值和现值的计算、年金终值和现值的计算、利率和期间的倒算及特殊情况下的计算。风险价值分析包括单项资产风险与收益衡量、组合风险与收益衡量、资本资产定价模型。

通过本章的学习应达到以下目标：

● 树立货币时间价值和风险价值观念，能熟练运用货币时间价值观念和风险观念思考问题、分析问题、解决问题；

● 掌握货币时间价值的含义，掌握一次性收付款项和年金终值、现值的计算方法；把握利率和期间的倒算方法；

● 掌握风险报酬的含义，把握风险大小的衡量方法，掌握风险报酬的计算；能根据资本资产定价模型计算资产的必要报酬率。

【引导案例】

奖金经纪公司的业务

1987年，珊琪菲尔德赢得了一项总价值超过130万美元的大奖。这样，在以后20年中，每年她都会收到65 276.79美元的分期付款。6年后的1995年，珊琪菲尔德女士接到了西格资理财公司一位销售人员打来的电话，称该公司愿立即付给她140 000美元以获得今后9年其博彩奖支票的一半款项（也就是，现在的140 000美元换算以后，9年共293 745.51（32 638.39×9）美元的分期付款）。西格公司是一个奖金经纪公司，其职员的主要工作就是跟踪类似珊琪菲尔德女士这样的博彩大奖的获得者。公司甚至知道有许多人会急于将他们获得奖项的部分马上全部变现成一笔大钱。西格公司属于奖金经纪行业，该公司将它们收购的这种获得未来现金流的权利再转售给一些机构投资者，这次购买这项权利的是金融升级服务集团，它是一家从事纽约州的市政债券的再保险公司。西格公司已谈好将它领取珊琪菲尔德一半奖金的权利以196 000美元的价格卖给EFSG公司，如果珊琪菲尔德答应公司的报价，公司就能马上赚取56 000美元。最终珊琪菲尔德接受报价，交易达成。

为什么西格公司能安排这笔交易并立即获得 56 000 美元的利润呢？通过本章的学习可以得到答案。

2.1 货币时间价值

货币的时间价值与风险价值是财务管理活动中两个重要的价值观念，贯穿于财务管理活动的始终。时间价值观念揭示了不同时点货币之间的换算关系，风险价值观念揭示了风险与报酬的关系。这些观念是财务估值、筹资决策、投资决策的基础，也是财务管理人员必须具备的价值理念。

2.1.1 货币时间价值的原理

1. 货币时间价值的含义

货币时间价值又称为资金时间价值，是指一定量的资金在不同时点上的价值差。众所周知，相同数量的货币资金，在现在时点上的价值要大于未来时点上的价值。例如，年初 1 元钱的价值要大于年末 1 元钱的价值，现在 1 元钱的价值要大于未来 1 元钱的价值。也就是说，货币资金经过一段时间后会增值，增值的大小与市场平均利率的高低以及时间的长度正相关。这种现象不仅仅是由于通货膨胀的原因，从本质上来讲货币时间价值是货币在周转使用中产生的增值额。如果货币静止不动，无论经过多长时间都不会产生任何增值。

西方经济学家从时间价值的表象入手，认为时间价值是对于消费者推迟消费、进行投资而给予的补偿，认为时间价值主要取决于灵活偏好、消费倾向等心理因素。这种观点混淆了时间价值产生的根源，没有反映出时间价值的本质。

马克思认为价值是凝结在商品中的一般人类劳动，劳动是创造价值的唯一源泉。资本是能够产生剩余价值的价值，是价值产生的必要条件。但资本表现为一定量的货币资金，货币本身不能带来价值，只有投入生产领域转化为劳动资料和劳动对象，并同劳动结合才能创造价值。而且价值的实现，需要借助于流通领域的交换行为，也就是说，产品只有销售出去才能使其内在价值得以实现。

马克思在《资本论》中精辟地论述了剩余价值是如何转化为利润，利润又是如何转化为平均利润的，并指出从长期来看，投资于不同行业的货币会获得大体相当的投资报酬率或资金利润率。因此在确定货币时间价值时，应以社会平均的投资报酬率或资金利润率为基础。马克思不仅揭示了时间价值数量的确定，还指明了时间价值的计息方式。他认为由于利润可以不断地资本化，因此资本的积累要用复利方法来计算，资本将按几何级数增长。

综上所述，正确理解货币时间价值的含义，应从以下几方面把握。第一，货币时间价值产生于企业生产经营和流通过程中，纯粹的消费领域不会产生价值，也不可能由"时间""耐心"创造，推迟消费不能产生价值；第二，货币时间价值来源于劳动者的创造，没有劳动者的劳动，资本不可能创造任何价值；第三，货币时间价值的实质是货币在周转使用中产生的增值额，货币必须不断运用才能创造价值；第四，货币时间价值以社会平均的投资报酬率或货币利润率为基础，与投资时间正相关。

2. 货币时间价值的表示方式

货币时间价值的表达方式有绝对数与相对数两种，即利息额与利息率（利率）。例如，现在将 1 元钱存入银行，假设存款利率为 10%，1 年后可得到 1.1 元，也就是说投资增值了 0.1 元，这就是货币时间价值的绝对值；增值率为 10%，也可以说 1 元资金 1 年的时间价值为 10%。一般情况下使用利率表示货币时间价值的高低。

但需要注意的是，货币时间价值并不完全等同于利率。在实务中，利率表现为投资的利润率或筹资的成本率，这是一个问题的两个方面，都是由纯利率、风险价值和通货膨胀补偿率三部分构成的。但时间价值仅仅表示货币由于周转使用所获取的那部分增值，不包括由于风险和通货膨胀因素应该获取的增值。因此，货币时间价值是无风险和通货膨胀条件下的社会平均货币利润率。

2.1.2　一次性收付款项时间价值的计算

1. 终值和现值

终值（Final Value）又称将来值，它是指现在一定金额的货币折合到未来一定时期的货币的价值，俗称本利和。例如，年初存入银行一笔现金 100 元，假设年利率为 10%，则一年后的终值为 110 元。虽然年初的 100 元货币与年末的 110 元在数量上不等，但从价值上来看是相等的。也就是说在利率为 10% 的情况下，对某个投资人而言，年初的 100 元和年末的 110 元具有相同的价值。因为相对于年末的 110 元货币来说，年初的 100 元的货币具有增值 10 元的能力。很明显，在现值一定的情况下，利率越高、计息期越长，终值越大。

现值（Present Value）是指未来某一时期一定数量的货币折合到现在的货币的价值，俗称本金。例如，张三的工资采用年薪制，年末可以得到 11 万元，在利率 10% 的条件下，相当于年末的 11 万元÷（1+10%）=10 万元。也就是说，年末的 11 万元与年初的 10 万元价值相等，不考虑其他因素，年初支付或者年末支付对张三来说都无所谓。在终值一定的情况下，利率越高、计息期越长，现值就越小。

需要提醒的是，终值和现值是相对而言的。假设利率为 10%，2015 年年初存入银行 100 元，年末可以得到 110 元；2016 年继续存入 110 元，年末又可以得到 121 元。则 2015 年年末的 110 元就是 2015 年年初 100 元货币的终值，同时也是 2016 年年末 121 元货币的现值。另外，时间价值来源于资金周转使用一定时间后的增值额，如果没有时间间隔，就没有时间价值，也就是说终值和现值相等。就 2015 年年末这个时点而言，110 元货币的现值和终值都是 110 元，如图 2-1 所示。

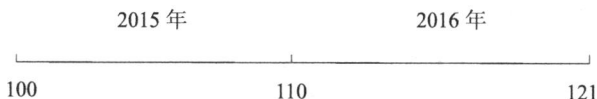

图 2-1　终值与现值的关系

2. 利息的计算方式

综上所述，终值和现值的差额就是货币时间价值，货币时间价值的高低取决于利率的高低和计息期的长短，另外还与利息的计算方式密切相关。

（1）单利计息。单利是指一定期间内只对本金计算利息，所得利息不重复计息。单利计息条件下，计算利息的基础不变，因此各期利息额都相同。

例如，某人现在存入银行 100 元，利率为 10%，2 年后取出，在单利计息方式下，2 年后的终值（本利和）就是 100+100×10%×2=120（元）。

假设现值为 P，利率为 i，计息期数为 n，在单利计息方式下，n 期末的终值 F 为：

$$F=P（1+i \cdot n）$$

（2）复利计息。复利计息是指一定期间内不仅对本金计算计息，并且对前期所得利息也计算利息的方式，俗称"利滚利"。

例如，某人现在存入银行 100 元，利率为 10%，2 年后取出，在复利计息方式下，2 年后的终值（本利和）就是 100×（1+10%)^2=121（元）。可见，同等条件下，复利计息所得终值要大于单利计息所得的终值。

由于投资获取的增值仍旧可以再投资并获得增值，因而在现代财务管理中，一般用复利方式计算终值和现值。下面分别阐述一次性收付款项的复利终值和复利现值计算。

3. 复利终值

复利终值是指一定量的本金按复利计算若干期后的本利和。由于每期的计息基础不同，因而复利计息情况下，各期利息额也不同。假设现值为 P，利率为 i，计息期数为 n，在复利计息方式下，各期末的终值 F 分别为：

$$F_1 = P + P \cdot i = P \cdot (1+i)$$
$$F_2 = P \cdot (1+i)^2$$
$$F_3 = P \cdot (1+i)^3$$
$$\cdots\cdots$$

以此类推，第 n 年后的终值为：

$$F_n = P \cdot (1+i)^n \tag{2-1}$$

该式为复利计息情况下终值的一般计算公式，复利终值的大小取决于现值大小，并且与利率高低、计息期的长短正相关。其中 $(1+i)^n$ 称为复利终值系数，用符号 $(F/P, i, n)$ 表示。复利终值系数可以通过查阅"复利终值系数表"（见附录一）直接获得。

【例 2-1】 某同学计划将 10 000 元现金存入银行，10 年后动用，假设银行存款年利率为 5%，10 年后终值是多少？

解： $F = 10\,000 \times (1+5\%)^{10} = 10\,000 \times (F/P, 5\%, 10) = 10\,000 \times 1.628\,9 = 16\,289$（元）

也就是说，10 000 元的本金在年利率为 5% 条件下，经过 10 年的利滚利，第 10 年末一共可以得到 16 289 元的本利和。

4. 复利现值

复利现值是指未来某一特定时间的款项，按折现率 i 计算的现在时点的价值。复利现值是复利终值的逆运算，相当于知道了 n 期后的本利和，在利率为 i 的条件下，求本金。已知未来现金流量求现值的过程通常称为折现，或贴现。

根据复利终值计算公式，可推出复利现值的计算公式：

$$P = F \cdot (1+i)^{-n} \tag{2-2}$$

复利现值的大小首先取决于终值的大小，并且与利率、期数相关，但是利率越大、计息期越长，计算得到的现值越小。公式中 $(1+i)^{-n}$ 通常称为复利现值系数，用符号 $(P/F, i, n)$ 表示。为便于计算，可以直接查阅"复利现值系数表"（见附录二）。

【例 2-2】 某人 10 年后需要 10 000 元支付学费，在银行年利率为 5% 的条件下，现在存入多少钱，10 年后可以连本带利一次性取得 10 000 元？

解： $PV = 10\,000 \times (P/F, 5\%, 10) = 10\,000 \times 0.613\,9 = 6\,139$（元）

可见，现在只需要存入 6 139 元本金，就可以在 10 年后取出 10 000 元的本利和。也就是说，在利率为 5% 的条件下，10 年后的 10 000 元相当于现在的 6 139 元。

小结： 由以上两个例子可知，终值和现值的计算互为逆运算，并且复利计息情况下资金的增值速度要大于单利计息的增值速度。终值和现值计算的关系如图 2-2 所示。

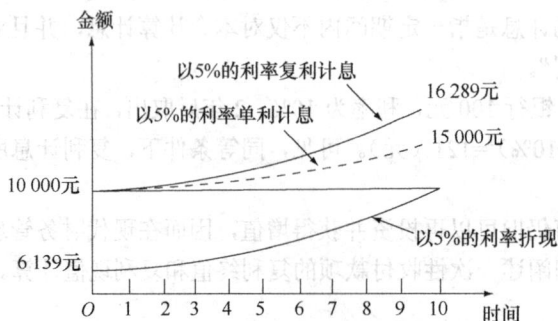

图 2-2 终值与现值的关系

2.1.3   年金时间价值的计算

现实生活中，除了上述一次性收付款项的财务活动之外，我们还会经常遇到在一定期间发生的多次性收付款项系列。如每隔半年交一次的学费、每月支付的保险费、企业每月计提的折旧、每季度支付的租金，以及零存整取或整存零取储蓄等。如果这些款项系列间隔的时间相同，发生的金额也相同，并且收付的方向一致，就称为年金（Annuity），通常记为 A。

年金是指一定时期内，每间隔相同的时间就发生一次的等额收付款项系列。根据年金发生的时点不同，可以分为四类：普通年金、预付年金、递延年金和永续年金。年金属于特殊的多次性收付款系列，其终值和现值也就是年金包含的所有款项的复利终值或复利现值之和。但如果逐笔计算复利终值与复利现值再求和将非常复杂，可以采用简化的方式，归纳出年金终值系数和现值系数进行计算。

1. 普通年金

普通年金是指从第一期起，每期"期末"发生的相等金额的收付款项系列，又称为后付年金，如图 2-3 所示。后付年金在现实经济生活中最为常见，所以通常称为普通年金，其他年金可以视为普通年金的变形，其他年金的计算也通常参照普通年金的公式再加以转化即可。

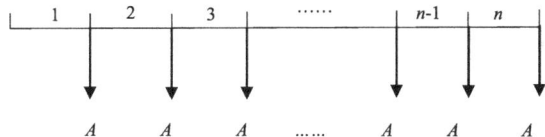

图 2-3   普通年金图示

（1）普通年金终值。普通年金终值是一定时期内，年金所包括的所有款项在第 n 期期末的终值之和，计算过程如图 2-4 所示。

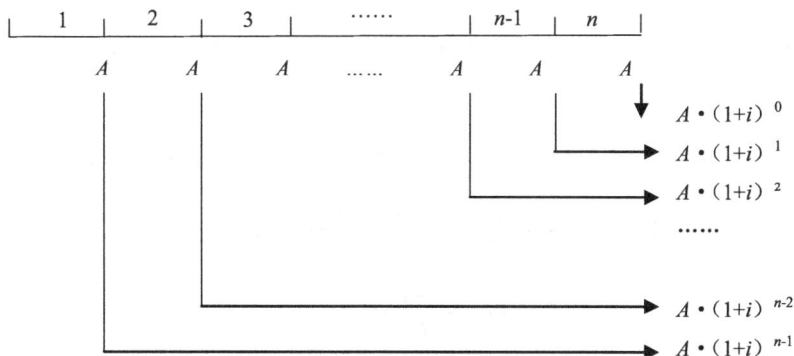

图 2-4   普通年金终值计算示意图

将普通年金内所有款项在 n 期末的终值求和、化简，即可得到普通年金的终值计算公式：

$$F = A \cdot (1+i)^0 + A \cdot (1+i)^1 + A \cdot (1+i)^2 + \cdots + A \cdot (1+i)^{n-1} \tag{2-3}$$

根据等比数列前 n 项和公式 $S_n = \dfrac{a_1 \times (1-q^n)}{1-q}$ 化简可得：

$$F = A \cdot \frac{(1+i)^n - 1}{i} \tag{2-4}$$

式（2-4）即为普通年金终值的计算公式。式中，A 表示年金（Annuity），年金终值的大小与年金正相关，并且也跟利率、年金期数相关，$\dfrac{(1+i)^n-1}{i}$ 称为年金终值系数，用符号（F/A，i，n）表示。年金终值系数可以通过查阅"年金终值系数表"（见附录三）直接获得。

【例 2-3】 某企业准备在今后 10 年内，每年年末从利润留存中提取 10 000 元存入银行，计划 10 年后将这笔存款用于建造职工福利设施，若年利率为 5%，则 10 年后一共可以积累多少资金？

解：$F = 10\,000 \times$（F/A，5%，10）$= 10\,000 \times 12.578 = 125\,780$（元）

> **注意** 普通年金终值计算公式实际上是多次性收付款项的简便算法，普通年金终值是一定时期内（假设为n期）每期期末所有款项折合到第n期期末的终值之和。

（2）普通年金现值。普通年金现值是一定时期内，每期期末等额收付款项折合到第 1 期期初的复利现值之和。计算过程如图 2-5 所示。

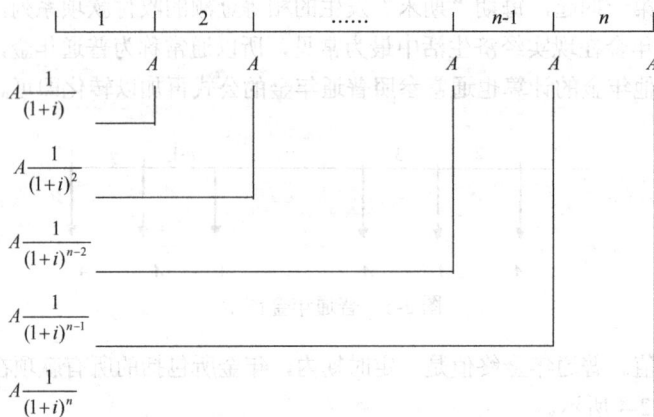

图 2-5 普通年金现值计算图

根据年金现值的定义，将年金内所有款项折合到第一期期初的现值求和、化简，就可以得到普通年金现值的计算公式：

$$P = A\frac{1}{(1+i)} + A\frac{1}{(1+i)^2} + \cdots + A\frac{1}{(1+i)^{n-2}} + A\frac{1}{(1+i)^{n-1}} + A\frac{1}{(1+i)^n} \tag{2-5}$$

同样，根据等比数列前 n 项和公式 $S_n = \dfrac{a_1 \times (1-q^n)}{1-q}$ 整理可得：

$$P = A \cdot \frac{1-(1+i)^{-n}}{i} \tag{2-6}$$

式（2-6）即为普通年金的现值计算公式，普通年金现值的大小与年金正相关，并且与利率、年金期数有关，$\dfrac{1-(1+i)^{-n}}{i}$ 称为年金现值系数，用符号（P/A，i，n）表示。年金现值系数可以通过查阅"年金现值系数表"（见附录四）直接获得。

【例 2-4】 某企业准备在今后的 10 年内，每年年末发放奖金 10 000 元，若年利率为 5%，问该企业现在需向银行一次存入多少钱？

解：$P = 10\,000 \times$（P/A，5%，10）$= 10\,000 \times 7.721\,7 = 77\,217$（元）

①普通年金现值的计算公式也是多次性收付款项的简便算法；②普通年金的起点为第一期期初，虽然第一期期初没有款项发生，但普通年金现值指的是每期期末所有款项折合到第一期"期初"的现值之和。

2. 先付年金

先付年金是在一定时期内，每期"期初"发生的相等金额的收付款项系列，故又称为预付年金、即付年金。先付年金示意图如图 2-6 所示。

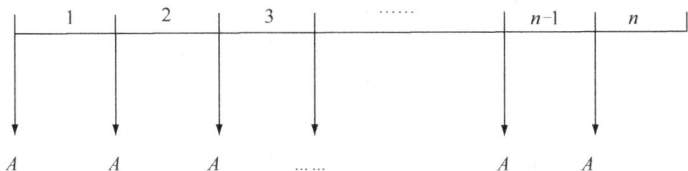

图 2-6　普通年金图示

先付年金的终值和现值计算可以参照普通年金的计算方法总结归纳公式，但较为烦琐，一般可以通过转化为普通年金进行简便计算。从图 2-6 可看出，先付年金仅仅是第一笔款项和最后一笔款项发生的时点与普通年金不同，中间款项的发生时点实际与普通年金没有差异，因为某一期期初发生的款项可以视为前一期期末发生的款项，因此先付年金可以想办法加以调整，转换为普通年金形式，再利用普通年金终值和现值的计算公式即可。

（1）先付年金终值。先付年金终值是指一定时期内，每期期初的所有款项折合到第 n 期"期末"的终值之和。为了利用普通年金终值计算公式，通常有以下两种做法。

第一种方法，把第 2 期至第 n 期每期"期初"发生的款项视为前一期"期末"发生的款项，把第 1 期期初发生的款项视为第 0 期"期末"发生的款项，这样从第 0 期期初至第"$n-1$"期期末就可以视为一个 n 期的普通年金。先付年金在 n 期期末的终值可以先利用普通年金终值计算公式求出 n 笔款项在第 $n-1$ 期期末的终值之和，再利用复利终值计算方法，求出第 n 期期末的终值即可。计算方法归纳如下：

$$F=A \cdot (F/A, i, n) \cdot (1+i)$$

第二种方法是，在第 n 期期末补充一笔相同金额的款项 A，从而使得原来 n 期的先付年金转变为 $n+1$ 期的普通年金。然后先计算出 $n+1$ 期普通年金在 n 期期末的终值，再减去所补充款项的终值（即 A），即可得到原 n 期先付年金的终值。计算方法归纳如下：

$$F=A \cdot (F/A, i, n+1) -A=A \cdot [(F/A, i, n+1)-1]$$

【例 2-5】 某公司如果在今后 10 年内，每年年初存入银行 10 000 元，已知银行存款利率为 5%，则第 10 年末的存款余额为多少？

解：$F=10\,000×(F/A, 5\%, 10)×(1+5\%)=10\,000×12.577\,9×1.05=132\,068$（元）

或者 $F=10\,000×(F/A, 5\%, 11)-10\,000=10\,000×(14.206\,8-1)=132\,068$（元）

（2）先付年金现值。先付年金现值是指一定时期内，各期期初款项折合到第一期期初的现值之和。分析思路与先付年金终值相同，计算方法也有两种。

第一种方法是，把第 1 期至第 n 期每期"期初"发生的款项视为前一期"期末"发生的款项，这样第 0 期期初至第"$n-1$"期期末就可以视为一个 n 期的普通年金。先付年金在第一期期初的现值，可以先利用普通年金现值计算公式求出 n 笔款项在第 0 期期初的现值之和，再乘以（$1+i$）折回到第

1 期期初即可。计算方法归纳为：

$$P=A \cdot (P/A, i, n) \cdot (1+i)$$

第二种方法是，将 n 期的先付年金拆分为两部分，第一期期初发生的款项和以后的 $n-1$ 笔款项。其中第一期期初发生的款项的现值就是 A，以后的 $n-1$ 期款项可以视为从第 1 期至第 $n-1$ 期每期期末发生的普通年金，直接利用普通年金现值计算公式即可求得 $n-1$ 笔款项在第一期期初的现值，然后求和即为原来的先付年金的现值。计算方法归纳如下：

$$P=A+A \cdot (P/A, i, n-1)=A \cdot [1+(P/A, i, n-1)]$$

【例 2-6】 某公司从租赁公司租入一台设备，期限 10 年，租赁合同规定每年初支付租金 1 万元，预计设备租赁期内银行存款利率为 5%，则设备租金的现值为多少？

$P=10\,000 \times (P/A, 5\%, 10) \times (1+5\%)=10\,000 \times 7.721\,7 \times 1.05=81\,077.85$（元）

或者 $P=10\,000 \times [(P/A, 5\%, 9)+1]=10\,000 \times (7.107\,8+1)=81\,078$（元）

3. 递延年金

递延年金是指从现在开始，递延若干期以后发生的系列等额收付款项。它是普通年金的特殊形式，凡不是从第一期开始的年金都是递延年金。递延年金发生时点如图 2-7 所示。

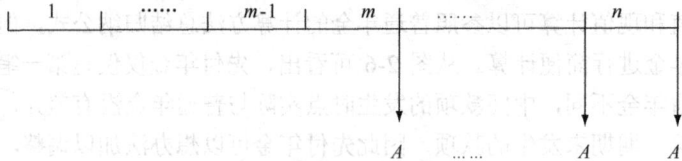

图 2-7 递延年金示意图

递延年金的时期可以分为递延期和年金发生期，没有款项发生的时期称为递延期。如图 2-7 所示，该年金递延了 $m-1$ 期，其款项发生期只有 $n-m+1$ 期，也就是说，该年金内只包括 $n-m+1$ 笔款项。递延年金的终值就是指 $n-m+1$ 笔款项在第 n 期期末的终值之和，因此与普通年金终值计算并无差异。但递延年金现值是指 $n-m+1$ 笔款项在"第一期"期初的折现值之和，因为递延年金的起点是第一期期初。

递延年金现值的计算思路也是尽量利用普通年金的计算公式，一般有两种方法。

第一种方法，将 m 期至 n 期每期期末发生的款项视为 $n-m+1$ 期的普通年金，先利用普通年金现值公式计算出 $n-m+1$ 笔款项在第 m 期期初的现值之和，然后再利用复利现值计算公式折现到第一期期初。计算方法归纳为：

$$P=A \cdot (P/A, i, n-m+1) \cdot (P/F, i, m-1)$$

第二种方法，在递延期每期期末补充等额的款项发生额，这样就构成了 n 期的普通年金。递延年金的现值是后面的 $n-m+1$ 笔款项的现值，可以先计算 n 期普通年金现值，再减去所补充的 $m-1$ 期普通年金现值即可。计算方法归纳为：

$$P=A \cdot [(P/A, i, n)-(P/A, i, m-1)]$$

【例 2-7】 某公司今年初购入一台设备，预计使用寿命为 10 年，由于机器逐年老化，预计在购买后第 5 年至第 9 年，每年末因进行大修理而花费维修费 10 000 元，如果该公司打算在设备购买时存入银行一笔资金，形成大修理基金，假设银行存款利率为 5%，则该公司现在应投入的资金为多少？

$$P=10\,000 \times (P/A, 5\%, 5) \times (P/F, 5\%, 4)$$
$$=10\,000 \times 4.329\,5 \times 0.822\,7$$
$$=35\,618.80（元）$$

或
$$P = 10\,000 \times (P/A,\ 5\%,\ 9) - 10\,000 \times (P/A,\ 5\%,\ 4)$$
$$= 10\,000 \times 7.107\,8 - 10\,000 \times 3.546\,0$$
$$= 35\,618（元）$$

4. 永续年金

前面 3 种年金都有一个特定的期限，如果年金期限一直持续到永远，则构成一种特殊的年金形式，称为永续年金。换句话说，永续年金是指每间隔相同时间就发生一次的无限期等额收付款项。永续年金如图 2-8 所示。

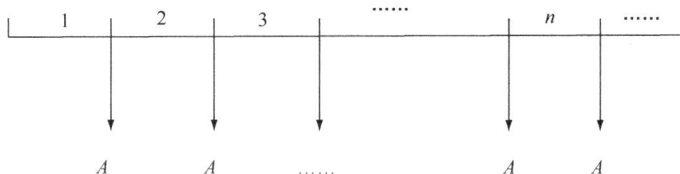

图 2-8　永续年金示意图

对于永续年金而言，因其没有终止时间也就没有终值，只能计算现值。永续年金可以视为期数 n 趋向于无穷的普通年金，因此其现值计算公式可以根据普通年金现值计算公式推导：

$$普通年金现值\ P = A \cdot \frac{1-(1+i)^{-n}}{i}$$

当 $n \to \infty$，$(1+i)^{-n} \to 0$

所以，
$$永续年金现值\ P = \frac{A}{i} \tag{2-7}$$

【例 2-8】　某学校准备建立一个奖励基金，计划每年年底奖励一些品学兼优的学生共计 10 000 元，假设银行存款利率为 5%，问该校现在应该在银行存入多少钱才能保证每年利息恰好用于颁发奖金？
$$P = 10\,000 \div 5\% = 200\,000（元）$$

> **注意**　上述年金计算都是比较规则的多次性收付款项系列，如果每期发生金额不等，或间隔时间不等，则需要根据实际情况逐笔计算终值或现值，然后求和。

2.1.4　货币时间价值计算的特殊问题

1. 利率、期数的倒算

前述一次性收付款项和年金的计算，都是在已知利率、期数的基础上求现值或终值。但现实中也经常遇到已知终值、现值和期数，倒着求利率（如资金成本或收益率）；或者已知终值、现值和利率，求期数（如投资期）的情况。利率或期数的倒算可视为终值、现值的逆运算，一次性收付款项情况下利率、期数的倒算较为简单，可根据复利终值和现值计算公式进行。对多次性收付款款项下利率、期数的倒算则比较复杂，一般需要用试误法和插值法计算。但特殊情况下可以采用简便算法，即查表法。下面仅以特殊情况为例进行分析。

【例 2-9】　某公司于第一年年初借款 10 000 元，每年年末还本付息额均为 2 500 元，连续 5 年还清，问借款利率是多少？

解：根据题意可知 $2\,500 \times (P/A,\ i,\ 5) = 10\,000$

因此（P/A, i, 5）=4。

根据年金现值系数表，在 $n=4$ 一行中找到最接近4的两个系数（4.100 2和3.992 7）及其对应的利率（7%和8%），则所求利率就位于这两个利率之间，可采用插值法求得，如图2-9所示。

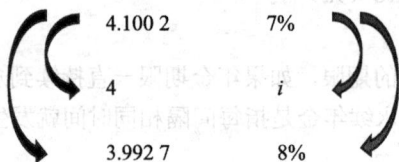

图2-9 插值法示意图

根据贴现率和年金现值系数之间的关系可列方程式：

$$\frac{4.100\ 2-4}{4.100\ 2-3.992\ 7}=\frac{7\%-i}{7\%-8\%}$$

求解得：$i=7.93\%$。

【例2-10】 某企业拟购买一台柴油机替换目前使用的汽油机，柴油机的价格比汽油机贵10 000元，但每年可节约燃料费2 500元，企业资金成本为10%，求柴油机至少使用多少年才划算？

解：根据题意可知 $2\ 500\times(P/A, 10\%, n)=10\ 000$

因此（P/A, 10%, n）=4。

查年金现值系数表，在利率为10%的一列找到最接近4的系数（3.790 8和4.355 3）及对应的期数（5和6），所求期数即位于5和6之间。计算方法如图2-10所示。

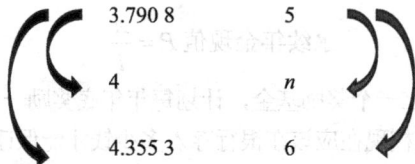

图2-10 插值法示意图

根据贴现率和年金现值系数之间的关系可列方程式：

$$\frac{3.790\ 8-4}{3.790\ 8-4.355\ 3}=\frac{5-n}{5-6}$$

求解得：$n=5.37$（年）。

2. 一年内多次计息的货币时间价值的计算

在前面的分析中，我们大多以年作为计息期，也就是一年计息一次，计算终值、现值都默认使用"年"利率，因为现实中的利率大多以年利率的方式出现。但是现实中也经常出现一年多次计息的现象，如每半年、每季度或每月计息一次。如果已知的是年利率，一年内又多次计息，此时计算时间价值时应该将年利率调整为相应小期间的利率，如半年期利率、季利率、月利率等。也就是说，时间价值计算中的利率应该是对应计息期的利率，而不一定是年利率。

小期间利率= 年利率÷一年多次计息的次数

【例2-11】 某人现在将10 000 元存入银行，计划5年后取出，年利息率8%。分别计算：

（1）每年计息一次，5年后的本利和是多少？

（2）每半年计息一次，5年后的本利和是多少？

（3）每季计息一次，5年后的本利和是多少？

解：（1）每年计息一次：$F = P \times (F/P, 8\%, 5) = 10\ 000 \times 1.469\ 3 = 14\ 693$（元）

（2）每半年计息一次：$F = P \times (F/P, 4\%, 10) = 10\ 000 \times 1.480\ 2 = 14\ 802$（元）

（3）每季计息一次：$F = P \times (F/P, 2\%, 20) = 10\ 000 \times 1.485\ 9 = 14\ 859$（元）

可见，一定时期内计息次数越频繁，得到的本利和就越多。因为计息次数越频繁，同等本金产生的利息就越多，因此一年多次计息情况下，实际利率水平要高于名义利率。

3. **实际利率与名义利率的关系**

实际利率是指每年只计息一次的利率，可以直接反映 1 元本金 1 年后的本利和；当每年的复利计息次数不是一次时，这样的年利率叫作名义利率，不能真正反映 1 元本金 1 年后的本利和。如果一年多次计息，实际利率大于名义利率；如果计息期超过一年，则实际利率小于名义利率。名义利率和实际利率的关系推导如下所述。

假设现值为 P，名义利率为 r，一年计息 m 次，则根据复利计息公式可知，一年末的终值为：

$$F = P \cdot \left(1 + \frac{r}{m}\right)^m$$

则，一年的实际利率 i 为：$i = \dfrac{F - P}{P} = \left(1 + \dfrac{r}{m}\right)^m - 1$。

因此，一年计息 m 次的名义利率 r 与实际利率 i 存在如下关系：

$$i = \left(1 + \frac{r}{m}\right)^m - 1 \tag{2-8}$$

【例 2-12】 如果名义利率是 8%，分别计算下列情况下的实际利率。

（1）每半年复利计息一次；（2）每季复利计息一次。

解：根据式（2-8）可知，

（1）每半年复利计息一次的实际利率为：$i = \left(1 + \dfrac{8\%}{2}\right)^2 - 1 = 8.16\%$

（2）每季复利计息一次的实际利率为：$i = \left(1 + \dfrac{8\%}{4}\right)^4 - 1 = 8.24\%$

由此可见，一年内计息次数越多，年实际利率越高，因此一定时期后得到的复利终值也越多。这也印证了【例 2-11】的计算结果。

2.2 风险价值

企业的财务活动经常处在一个不断变化的环境中，充斥着大大小小的风险。大多投资者都不愿意承担风险，但又不得不进行风险投资，究其原因就是因为风险投资可以带来超额回报，也就是风险价值。企业大多数投资活动都是风险与报酬并存，企业理财时必须考虑风险因素，合理分析并权衡风险与报酬之间的关系，才能做出正确的决策。

2.2.1 风险的含义

日常生活中，我们通常认为风险是"可能发生的危险"，是预期结果中不好的一面，这也是我们厌恶风险的主要原因。在财务管理中，风险是一种不确定性，是指实际收益偏离预期目标的程度。因此风险不仅包括负面效应的不确定性，还包括正面效应的不确定性。负面效应即危险，专指发生损失的可能性；正面效应即机会，是产生收益的可能性。财务管理活动中，危险和机会并存，管理者不仅要尽可能避免危险，还要识别、衡量、选择和获取增加价值的机会，才能为企业创造更多价值。风险根据是否可以被分散，可以分为系统风险和非系统风险。

1. 系统风险

系统风险是指由于战争、经济衰退、通货膨胀、税制改革、世界能源状况的改变等因素导致的，市场中的所有证券收益率发生波动的风险。这种风险是整个市场共同面临的风险，对于投资者而言不能通过投资组合分散，因此又称为市场风险、不可分散风险。

需要注意的是，尽管大多数企业或项目都不可避免地受到系统风险的影响，但并不意味着系统风险对所有企业或证券都有完全相同的影响，有的企业或证券可能受系统风险的影响大一些，有的企业则可能比较小。这种风险对不同企业的影响程度不同，我们用 β 系数来反映个别企业的风险与市场风险之间的关系。

2. 非系统风险

非系统风险，是指由于某一种特定原因对某一特定公司或某一特定行业的资产收益率造成影响的可能性，又称为公司特有风险、可分散风险。例如，某个公司的管理不善、严重的产品质量缺陷、新产品开发失败，或者某个行业的原材料供应困难等。这类事件的发生是非预期的、随机发生的，它只影响一个或少数几个公司，不会对整个市场产生太大的影响，因此可以通过投资组合来分散，因为组合中一家公司由于特别风险导致的收益率下降可以被其他公司的收益率上升所抵消。

由于非系统风险是个别公司，可以通过分散化消除，因此一个充分的投资组合几乎没有非系统风险。假设投资人都是理智的，都会选择充分的投资组合，非系统风险将可以完全被分散掉。因此，市场不会对非系统风险给予任何价格补偿，就像商品市场只承认社会必要劳动时间而不承认个别劳动时间一样。

在风险分散的过程中，不应该过分强调投资多样化的作用。一般地，随着投资组合中资产项目的增加，资产组合的风险会越来越低，但不会完全消除。经验数据表明，当投资组合中的资产数量达到 20 种左右时，绝大多数的非系统风险均已被消除，此时如果继续增加投资项目，对分散风险已没有太大意义。这是因为可以被分散的只是非系统风险，而系统风险是不能通过投资组合来消除的。投资组合中证券的种类数与组合风险的关系如图 2-11 所示。

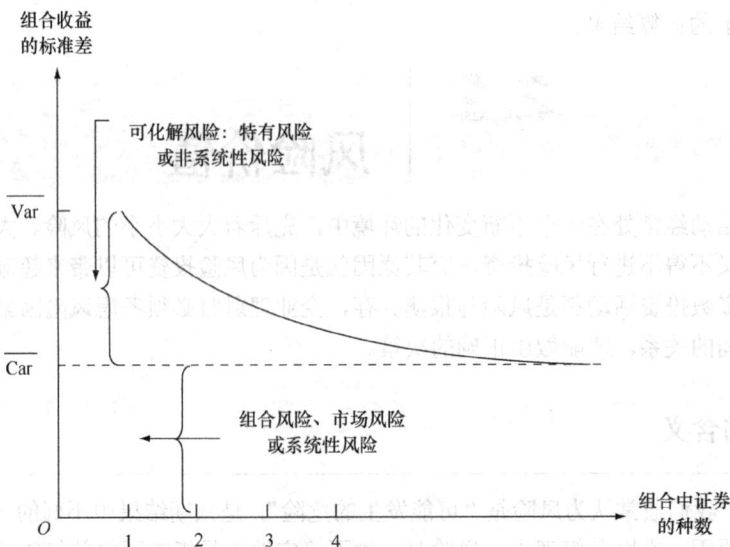

图 2-11 投资组合证券种类与风险关系图

2.2.2　风险价值的含义

风险价值又称为风险报酬、风险收益，是指投资者因冒着风险进行投资而获得的、超过货币时间价值的那部分额外价值。风险价值的表示方法有两种：一种是风险报酬额，是一个绝对数；另一种是风险报酬率，是一个相对数。一般使用相对数来表示风险价值的高低。

风险价值和时间价值都是投资收益的重要组成部分。时间价值代表投资者进行投资所获取的社会平均的无风险收益，风险价值代表投资者因为承担风险进行投资而获取的超额收益。在不考虑通货膨胀的情况下，投资收益率等于无风险收益率与风险收益率之和。

2.2.3　投资收益率的种类

在实际财务工作中，由于分析问题的角度不同，投资收益分为以下几种类型。

1. 实际收益率

实际收益率表示已经实现或确定可以实现的投资收益率，包括获取的利息或股息收益率，以及资本利得收益率。单项资产收益率的计算方法如下：

$$单项资产收益率 = 资产价值的增值/期初资产价值或价格$$

$$= \frac{利息或股息收益 + 资本利得}{期初资产价值或价格}$$

$$= 利息或股息收益率 + 资本利得收益率$$

2. 预计收益率

预计收益率又称为期望收益率，是指在不确定条件下预测出来的很有可能实现的收益率。投资者可以根据影响收益率的因素，分析计算未来各种情况下的加权平均收益率；也可以根据历史投资收益率，计算各种经济形势下的加权平均收益率，作为预计的投资收益率；也可以假定所有历史收益率的观察值出现的概率相等，计算简单算术平均值作为预期收益率。

3. 必要收益率

必要收益率也称为最低收益率、必要收益率，表示投资者对某项投资要求的最低收益率。一般，只有当一项投资的预计收益率大于投资者要求获得的必要收益率时，这项投资才值得实施。

必要收益率的高低与市场平均的收益率水平正相关，另外还与个别投资的风险有关。因此，必要收益率包括无风险收益率和风险收益率两个部分。

（1）无风险收益率。无风险收益率也称为无风险利率，是指无风险资产的收益率，它的大小由纯粹利率（资金的时间价值）和通货膨胀补贴两部分组成。完全没有风险的投资几乎不存在，一般以同期国债利率作为无风险利率。

（2）风险收益率。风险收益率是投资者因承担风险进行投资而要求获取的超过无风险收益率的额外收益。风险收益率的大小取决于风险的大小和投资者对风险的偏好。

在进行风险衡量时，我们需要区分单项资产投资和资产组合投资，因为资产组合可以分散部分风险。下面分别阐述单项资产与资产组合的风险计量和投资收益计算。

2.2.4　单项资产风险及收益

风险收益具有不易计量的特性。要想对风险程度予以准确量化，必须利用概率论的方法，按未来预期报酬的平均偏离程度来进行估量。概率论的相关方法包括分析概率分布、计算期望值、方差、标准差以及标准离差率等。

1. 概率与概率分布

在经济活动中，某一事件在相同的条件下可能发生也可能不发生，既可能出现这种结果又可能出现那种结果，这类事件称为随机事件。概率就是用来表示随机事件发生的可能性及其大小的数值。用 X 表示随机事件，X_i 表示随机事件的第 i 种结果，P_i 为出现该种结果的相应概率。任何概率必须符合以下规定：① $0 \leqslant P_i \leqslant 1$；② $\sum_{i=1}^{n} P_i = 1$。通常把必然发生的事件的概率定为 1，把完全不可能发生的事件的概率定为 0，而一般随机事件的概率是介于 0 与 1 之间的数值。概率越大就表示事件发生的可能性越大。

概率分布是指把事件发生的所有可能结果都列出，每一结果均对应相应的概率。概率分布有连续型概率分布和离散型概率分布两种类型。离散型概率分布，是指概率分布在几个特定的随机变量点上，概率分布图形成几条个别的直线（见图 2-12）；连续型概率分布，即概率分布在一定区间的连续各点上，概率分布图形成由一条曲线覆盖的平面（见图 2-13）。

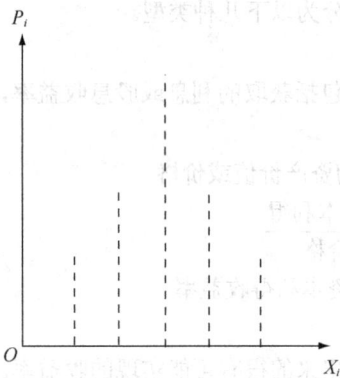

图 2-12　离散型概率分布

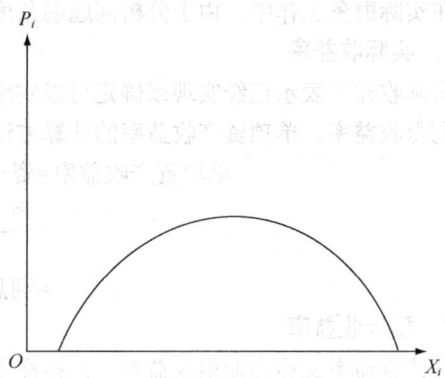

图 2-13　连续型概率分布

财务管理中所涉及的多是离散型概率分布。根据未来经济形势的变化情况，结合以往历史资料，可以预测不同经济形势下的投资收益率，从而得到经济事件的概率分布。

【例 2-13】 某公司有两个互斥的备选投资项目 A 和 B，在不同的经济形势下，这两个项目的预计投资收益率分布如表 2-1 所示。

表 2-1　　　　　　　　　　　　A、B 项目投资收益率概率分布表

经济状况	概率	A 项目预期收益率	B 项目预期收益率
好	0.3	90%	20%
一般	0.4	15%	15%
差	0.3	−60%	10%
合计	1		

这里的随机事件就是项目投资的预期收益率，大致可以看出 A 项目预期收益率的波动较大，B 项目预期收益率的波动较小。要想准确衡量每个项目预计收益率的风险大小，还需要计算期望值和离散程度指标。

2. 期望值

期望值又叫均值，是随机事件所有可能的结果以相应的概率为权数计算的加权平均值，表示未来最有可能出现的结果，代表投资者的合理预期。通常用符号 E 表示，其计算公式为：

$$\overline{E} = \sum_{i=1}^{n} x_i P_i \tag{2-9}$$

式中：$\overline{E}$ 为期望值（期望收益）；X_i 为第 i 种可能结果收益率；P_i 为第 i 种可能结果的概率；n 为可能结果的个数。

【例 2-14】 接上例，A、B 两个项目的期望收益率如下：

E_A=90%×0.3+15%×0.4+（-60%）×0.3=15%

E_B=20%×0.3+15%×0.4+10%×0.3=15%

从计算结果可以知道，两个项目的期望投资收益率相同。在期望值相同的情况下，投资的风险程度与报酬率的概率分布有密切的联系。概率分布越集中，实际可能的结果就会越接近期望值，投资的风险程度也就越小；反之，概率分布越分散，投资的风险程度也就越大。所以，对有风险的投资项目，不仅要考察其预期投资报酬的高低，而且要考察其风险的大小。预期收益相同的两个互斥方案，当然是风险越低越好。风险大小的衡量可借助离散程度指标进行，分析各种预计可能的收益偏离期望值（均值）的程度。

3. 离散程度

离散程度是用以衡量风险大小的统计指标。一般来说，离散程度越大，风险越大；离散程度越小，风险越小。反映离散程度的指标包括方差、标准离差和标准离差率。

（1）方差。方差是用来反映概率分布中各种可能的结果对期望值偏离程度的数值，一般用符号 δ^2 表示。计算公式为：

$$\delta^2=\sum_{i=1}^{n}(x_i-\overline{E})^2P_i \tag{2-10}$$

（2）标准离差。标准离差也叫标准差，是方差的平方根，一般用符号 δ 表示。计算公式为：

$$\delta=\sqrt{\sum_{i=1}^{n}(x_i-\overline{E})^2P_i} \tag{2-11}$$

方差和标准离差都是以绝对数衡量决策方案的风险，在期望值相同的情况下，标准离差越大，风险越大；反之，标准离差越小，则风险越小。但是期望值不同时，不同方案的方差和标准离差不能直接比较，需要借助标准离差率进行。

（3）标准离差率。标准离差率是标准离差同期望值之比，是衡量离散程度的相对指标，一般用符号 V 表示。其计算公式为：

$$V=\frac{\delta}{\overline{E}} \tag{2-12}$$

标准离差率是一个相对指标，可以用于衡量期望值不同的决策方案的风险大小。标准离差率越大，风险越大；反之，标准离差率越小，风险越小。

【例 2-15】 接上例，分别计算 A、B 项目的方差、标准差和标准离差率，并判断那个项目的风险较大。

δ_A^2=（90%-15%）²×0.3+（15%-15%）²×0.4+（-60%-15%）²×0.3=0.337 5

$\delta_A=\sqrt{0.337\,5}$ =58.09%

$V_A=\dfrac{58.09\%}{15\%}$ =3.87

δ_B^2=（20%-15%）²×0.3+（15%-15%）²×0.3+（10%-15%）²×0.3=0.001 5

$\delta_B=\sqrt{0.001\,5}$ =3.87%

$V_B=\dfrac{3.87\%}{15\%}$ =0.258

由于两个项目的均值相同，因而既可以直接比较方差和标准差，也可以比较标准离差率。无论从哪个角度，计算结果都表明，A 项目风险大于 B 项目。由于两个项目的期望收益相同，因此应该选择风险低的 B 项目进行投资。

4. 投资方案的决策

如果两个是互斥的方案，需要综合对比投资收益和风险。当它们的期望报酬相同时，应该选择方差或标准离差较低的；当他们的方差或标准离差相同时，应该选择期望报酬较高的；若一个方案的期望收益较高、标准离差率较低，而另一个方案的期望收益较低、标准离差率较高，应该选择前者。但是在现实中我们更常见的是，一个方案的期望收益较高、标准离差率也较高，另一个方案的期望收益较低、标准离差率也较低，这时候可能不存在最优方案，投资决策取决于管理者的风险偏好和对风险的承受能力。

如果是单一方案采纳与否的决策，我们需要根据投资方案风险的大小计算风险收益率及必要收益率。所谓必要收益率是投资者对某项目或者某种证券进行投资时所要求的最低收益率，等于无风险收益率与风险收益率之和。一般无风险报酬率可以采用同期国库券利率，风险报酬率的计算需要借助风险价值系数来转换：

风险报酬率 ＝风险价值系数×标准离差率

因此，必要收益率的计算公式为：

$$K=R_F+R_R=R_F+b \cdot V \tag{2-13}$$

式中：K 为必要投资收益率；R_F 为无风险报酬率；R_R 风险报酬率；b 为风险价值系数；V 为标准离差率。

其中风险价值系数可以理解为反映单位风险应该获取的收益，其大小一般是由投资者根据经验并结合其他因素加以确定。通常有以下几种方法：第一，根据以往同类投资项目的投资报酬率、无风险报酬率和标准离差率等历史数据，推算风险价值系数；第二，由企业领导或有关专家研究确定；第三，由国家有关部门或专业研究机构组织专家确定。

【例 2-16】 接前例，假定风险价值系数 b 为 10%时，分别计算确定 A、B 项目的风险报酬率。

解：A 项目的风险报酬率=10%×3.87=38.7%

B 项目的风险报酬率=10%×0.258=2.58%

由于 B 项目的风险比 A 项目的风险小，因此其风险报酬率也相应地小。若市场上同期国库券利率为 8%，则：A 项目的必要收益率=R_F+R_R=8%+38.7%=46.7%。

B 项目的必要收益率=R_F+R_R=8%+2.58%=10.58%

由于 A 项目的期望收益率为 15%，小于其必要收益率，说明 A 项目的预期收益水平未能补偿其投资风险，未能达到投资者的最低收益率要求，不值得投资。而 B 项目的期望收益率也是 15%，但大于其必要收益率，说明 B 项目的预期收益水平可以补偿其投资风险，超过了投资者的要求的最低收益率，值得投资。

2.2.5 投资组合的风险及收益

前面分析的是单一资产的风险和收益，即在两个备选投资方案互不相关的前提下讨论它们各自的风险。但单独持有一种资产存在着较高的公司特别风险，因此大多投资者通过多元化的投资组合来降低风险。这也是投资机构同时持有多种证券，或者企业同时投资于多个项目的原因。

1. 投资组合的期望收益率

投资组合的收益率是组合中各种证券或者项目，以其在组合中的投资比例为权数的加权平均收益率。其计算公式为：

$$\bar{R} = \sum_{i=1}^{n} R_i \cdot W_i$$

式中：$\bar{R}$ 表示投资组合的报酬率；R_i 表示第 i 种证券的报酬率；W_i 表示投资组合中第 i 种证券所占的比重；n 代表投资组合中证券的数量。

投资组合的期望收益率反映投资组合预计很有可能实现的收益率，但并非应该获取的收益率。投资者应该获取的收益率取决于投资组合的风险高低。

2. 投资组合风险

单项资产风险的高低使用标准差和标准离差率衡量，但投资组合的风险则不能简单地对组合中单项证券的标准差进行加权平均计算，而是要考虑投资组合中各种证券的相关性，根据投资组合的相关系数进行计算。

（1）相关性。两种证券间的相关性以相关系数 ρ 表示，反映两种证券受相关因素影响时波动的方向和幅度。

假设三种股票 W_1、W_2 和 M 的预计收益率和标准差如表 2-2 所示，某投资者打算选取其中的两种股票构成投资组合，组合中单项股票的持股比例为 50%。

表 2-2 证券组合的收益率与风险

年度	W_1 股票收益率	W_2 股票收益率	M 股票收益率	W_1M 组合收益率	W_1W_2 组合收益率
2011	40%	40%	−10%	15%	40%
2012	−10%	−10%	40%	15%	−10%
2013	35%	35%	−5%	15%	35%
2014	−5%	−5%	35%	15%	-5%
2015	15%	15%	15%	15%	15%
平均数	15%	15%	15%	15%	15%
标准差	22.6%	22.6%	22.6%	0	22.6%

由表 2-2 可知，单个股票收益率的标准差为 22.6%，说明单独投资风险较大。其中 W_1 和 W_2 股票的收益率波动方向、波动幅度完全相同，若将它们组合在一起，由于两种股票的持股比例都是 50%，所以 W_1W_2 组合的收益率跟单个股票的收益率完全相同，投资组合完全起不到降低风险的作用。W_2 单个股票和 W_1W_2 组合的收益率完全重合，如图 2-14 所示。用统计术语表示，股票 W_1 和股票 W_2 的收益呈完全正相关，即相关系数 $\rho = 1.0$。

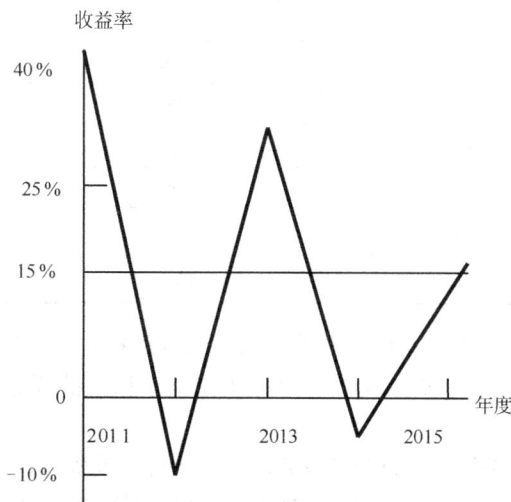

图 2-14 W_1W_2 组合收益率

但是由于 W_1 股票和 M 股票的收益率波动方向、波动幅度完全相反，假设两种股票的持股比例都是 50%，W_1M 组合的收益率刚好被平均化，每年都是 15%，投资组合的标准差为 0，也即没有风险，如图 2-15 所示。股票 W_1 和股票 M 的收益呈完全负相关，即相关系数 $\rho = 1.0$。

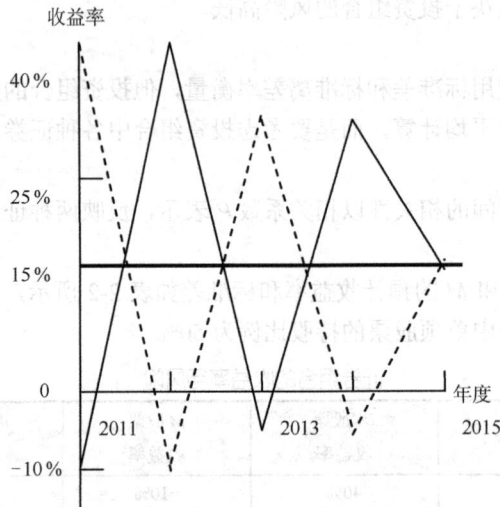

图 2-15　W_1M 组合的收益率

综上所述，当两种股票呈完全负相关时，组成的投资组合可以消除所有风险；而当两种股票完全正相关时，组合投资对减少风险不起任何作用。从理论上讲，只要相关系数在 -1 和 +1 之间（即 $-1.0 < \rho < +1.0$）时，通过组合投资，可以部分减少风险，但不能完全消除风险。在现实生活中，大多数股票之间呈正相关，而非完全正相关。在这种情况下，用所挑选的股票构成的组合投资可以减少风险，但不能完全消除风险。

【例 2-17】　W 股票和 N 股票的预期收益率呈正相关性，组合后的收益率如表 2-3 所示。

表 2-3　　　　　　　　　　　W 股票、N 股票及其组合收益率

年度	W	N	WN 组合
	预期收益率	预期收益率	预期收益率
2011	40%	28%	34%
2012	-10%	20%	5%
2013	35%	41%	38%
2014	-5%	-17%	-11%
2015	15%	3%	9%
平均数	15%	15%	15%
标准差	22.6%	22.6%	20.6%

从表 2-3 可见，组合前单个股票的标准差较高，组合后投资组合的标准差有所降低，说明组合部分降低了风险，但没有完全消除风险。两种非完全正相关的证券组合后的收益率情况如图 2-16 所示。

根据相关性的观点，投资组合可以降低风险，投资组合中投资产品的数量越多，风险越分散。但是并不是所有的风险都可以通过投资组合分散掉，可以分散的仅仅是单个股票的公司特别风险，即非系统风险。市场不会给予非系统风险任何补偿。

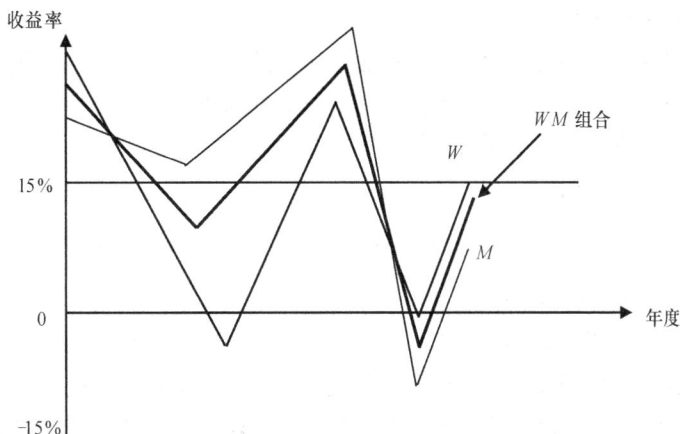

图 2-16　两种非完全正相关的投资组合

（2）β 系数。市场风险是市场中所有股票共同面临的风险，无法通过投资组合分散，因此市场会给予市场风险一定的补偿。市场风险对不同企业的影响程度不同，我们用 β 系数来反映个别企业的风险与市场风险之间的关系。每只股票都有一个 β 系数，它反映个别证券的收益随整个资本市场平均收益发生变动的程度，也就是该证券随着市场变动的风险程度。

令作为整体的证券市场的 β 系数为 1，如果个别股票的风险情况与整个证券市场的风险情况一致，则该股票的 β 系数等于 1；如果某股票的风险大于整个市场的风险，则其 β 系数大于 1；如果某股票的风险小于整个市场的风险，则其 β 系数小于 1。

例如，β 系数 = 0.5，说明该股票的风险只有整个资本市场风险的一半。当整个股票市场收益率下跌 20% 时，该股票的收益率只下跌 10%；当整个资本市场收益率上升 20% 时，该股票的收益率也只上升 10%。

β 系数 = 1.0，说明该股票的风险与整个资本市场风险相等。当整个资本市场报酬率上升或下跌 20% 时，该股票的报酬率也相应的上升或下跌 20%；

β 系数 = 2.0，说明该股票的风险是整个资本市场风险的两倍。当整个资本市场收益率上升或下跌 20% 时，该股票的报酬率将上升或下跌 40%。

β 系数有多种计算方法，实际计算过程十分复杂，但是单只证券的 β 系数一般不需投资者自己计算，而由一些投资服务机构定期计算并公布。投资组合的 β 系数则可以根据单个证券 β 系数，以各种证券在投资组合中所占的比重为权数进行加权平均。其计算公式是：

$$\beta_P = \sum_{i=1}^{n} W_i \cdot \beta_i \qquad (2\text{-}14)$$

式中：β_p 表示投资组合的 β 系数；W_i 表示投资组合中第 i 种证券所占的比重；β_i 表示第 i 种证券的 β 系数；n 是投资组合中证券的数量。

3. 投资组合的风险报酬

与单项投资不同，投资组合要求补偿的只是不可分散的市场风险，而不要求对可分散的公司特别风险进行补偿。因此，投资组合的风险报酬是投资者因承担不可分散的市场风险而应该获取的、超过时间价值的那部分额外报酬。可用下列公式计算：

$$R_r = \beta_p(K_m - R_f) \qquad (2\text{-}15)$$

式中：R_r 表示投资组合的风险报酬率；β_p 表示投资组合的 β 系数；K_m 表示市场上所有证券的平均收

益率，也就是由市场上所有证券组成的投资组合的报酬率，简称市场报酬率；R_f表示无风险报酬率，一般用同期国债利息率来衡量。

【例2-18】 甲公司持有由A、B、C三种股票构成的投资组合，三种股票的β系数分别是2.0、1.0和0.5，它们在投资组合中所占的比重分别为60%、30%和10%，股票的市场报酬率为14%，无风险报酬率为10%，试确定该投资组合的风险报酬率。

解： ① 确定投资组合的β系数。

$$\beta_P = \sum_{i=1}^{n} W_i \cdot \beta_i = 60\% \times 2.0 + 30\% \times 1.0 + 10\% \times 0.5 = 1.55$$

② 计算该投资组合的风险报酬率。

$$R_r = \beta_p(K_m - R_f) = 1.55 \times (14\% - 10\%) = 6.2\%$$

可见，由于组合中A股票的风险最高，而且投资比例也最高，所以整个投资组合的风险也高于整体市场风险。如果想降低投资组合风险，可以通过调整A、B、C三种股票的持股比例，提高风险较低的股票的比例，降低风险较高的股票的比例即可。当然，投资组合的风险降低后，其应该获取的风险报酬也会相应降低。

需要注意的是，风险收益并非投资者要求的全部收益，还包括无风险收益率。无风险收益率加上风险收益率即投资者要求的必要收益率。计算必要收益率的重要模型就是资本资产定价模型。

2.2.6 资本资产定价模型

1. 资本资产定价模型的基本原理

资本资产定价模型（Capital Asset Pricing Model，CAPM）是西方金融学和财务管理学中描述风险和报酬率关系的重要模型。所谓资本资产也即资本性资产，主要指股票资产；而定价则是试图解释资本市场如何决定股票收益率，进而决定股票价格。该模型是由1990年获得诺贝尔经济学奖的美国经济学家威廉·夏普（William Sharp）在1964年首先提出的。它的主要贡献就是用β系数衡量系统风险，解释了风险收益率的决定因素和度量方法。

资本资产模型是建立在如下假设基础之上的：

① 假定所有投资者关注同一投资期，并以各备选组合的期望报酬率和标准差为基础进行组合选择；

② 假定所有投资者均可以无风险利率无限制地借或贷资金，即存在无风险资产；

③ 假定所有投资者对预期报酬率、风险概率的衡量是一致的，不存在差异；

④ 假定所有资产都无限可分，并具有完美的流动性；

⑤ 假定没有交易税金和交易费用；

⑥ 假定不存在操控行为，所有的投资者均是价格的接受者；

⑦ 假定所有资产的数量都是给定的，相对固定不变。

上述假定之下，资本资产定价模型描述了风险与报酬之间的关系，也为单项投资和证券投资组合的风险报酬计算提供了依据。

资本资产定价模型认为，投资者对投资组合所要求的报酬率等于市场对无风险投资所要求的报酬率加上该资产组合的风险溢价，其计算公式为：

$$K_i = R_f + R_r = R_f + \beta_p(K_m - R_f) \tag{2-16}$$

式中：K_i表示第i种投资组合的必要报酬率；R_f表示无风险报酬率；R_r表示投资组合的风险报酬率；β_i表示第i种投资组合的β系数。K_m表示所有证券的平均报酬率；R_f表示无风险报酬率。

式中（$K_m - R_f$）称为市场风险溢价，它是附加在无风险收益率之上的，由于承担了市场平均风险所要求获得的补偿，反映市场整体投资者对风险的平均"容忍"程度，也就是市场整体对风险的厌恶程度。市场整体对风险越是厌恶和回避，要求的补偿就越高，市场风险溢价就越大。反之，如果市场的抗风险能力较强，市场投资者对风险的厌恶和回避较轻，要求的补偿就越低，市场风险溢价就越小。

某项资产或资产组合的风险收益率就是该资产或资产组合的系统风险系数与市场风险溢价的乘积。也就是说投资风险收益与投资项目自身的风险以及市场整体对风险的厌恶程度都相关。

2. 证券市场线

资本资产定价模型可以用图形加以描述，该图形被称为证券市场线（Security Market Line Equation，SML），如图 2-17 所示。它反映了必要报酬率 K 与不可分散的市场风险 β 系数之间的关系。

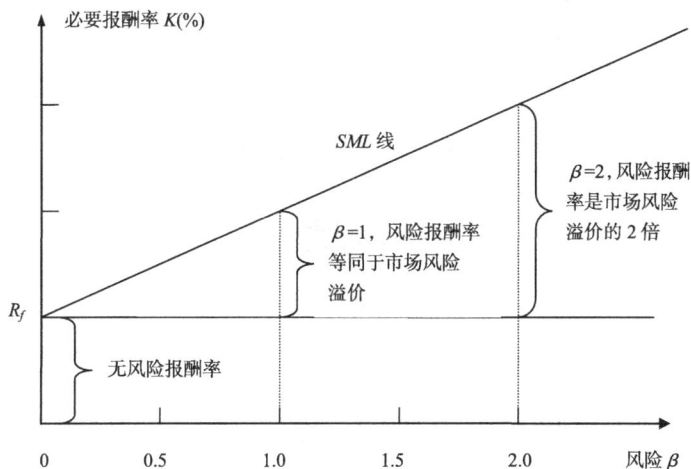

图 2-17　证券市场线

证券市场线的主要含义如下。

① 纵轴为投资者要求的必要报酬率，横轴则以 β 系数作为衡量市场风险的标准。

② 无风险证券的 $\beta = 0$，因此无风险收益率等于 R_f，即证券市场线在纵轴的截距。

③ 证券市场线的斜率（$K_m - R_f$）表示市场系统中风险厌恶的程度。一般来说，投资者对风险的厌恶程度越强，证券市场线的斜率就越大，对风险资产所要求的风险补偿就越大，对风险资产所要求的必要报酬率就越高。

④ 单项资产或投资组合的风险越高，其 β 值越大，要求的必要收益率越高。

从证券市场线可以看出，投资者要求的收益率不仅取决于市场风险，而且取决于无风险收益率（证券市场线的截距）和市场风险补偿程度（证券市场线的斜率）。由于这些因素始终处于变动之中，所以证券市场线也会随之变动，如图 2-18 所示。预计通货膨胀提高时，无风险收益率随之提高，进而导致证券市场线的向上平移，从 SML 移到 SML_1；如果市场整体对风险的厌恶感加强，证券市场线的斜率提高，将会从 SML 移到 SML_2。

【例 2-19】 已知市场上所有股票的平均收益率为 10%，无风险收益率为 5%。假设 A、B、C 三种股票的 β 系数分别为 2.0、1.0 和 0.5，计算（1）三种股票的必要收益率分别为多少？（2）如果将这三种股票构成一个投资组合，持股比例分别为 20%、30%和 50%，则投资组合的必要收益率为多少？

解：（1）A 股票的必要收益率 R_A=5%+2.0×（10%-5%）=15%；

B 公司股票的必要收益率 R_B=5%+1.0×（10%-5%）=10%；

C 公司股票的必要收益率 R_C=5%+0.5×（10%-5%）=7.5%。

即当 A 股票的预计收益率大于 15%，B 股票的预计收益率大于 10%，C 股票的预计收益率大于 7.5%，三种股票才具有投资的价值。

（2）投资组合的贝塔系数 $\beta=2.0\times20\%+1.0\times30\%+0.5\times50\%=0.95$；

投资组合的必要收益率 $R_P=5\%+0.95\times（10\%-5\%）=9.75\%$。

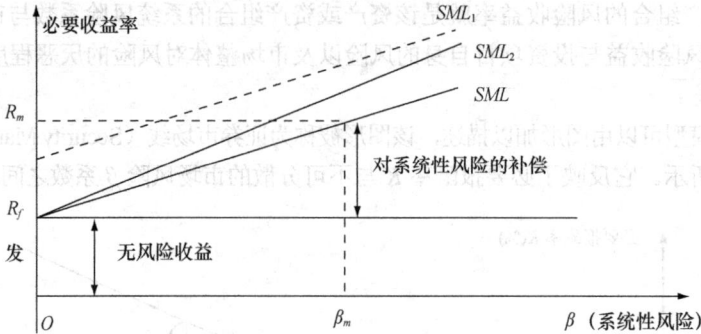

图 2-18　证券市场线的变动

练习题

一、单项选择题

1. 下列各项中，货币时间价值的实质是（　　）。
   A. 利息率
   B. 利润率
   C. 差额价值
   D. 资金周转使用后的增值额

2. 下列关于预付年金终值系数和普通年金终值系数关系的表述中，正确的是（　　）。
   A. 预付年金终值系数比普通年金终值系数期数加 1，系数减 1
   B. 预付年金终值系数比普通年金终值系数期数加 1，系数加 1
   C. 预付年金终值系数比普通年金终值系数期数减 1，系数加 1
   D. 预付年金终值系数比普通年金终值系数期数减 1，系数减 1

3. 某人退休时有现金 10 万元，拟选择一项回报比较稳定的投资，希望每个季度能收入 2 000 元补贴生活。那么，该项投资的实际报酬率应该为（　　）。
   A. 2%　　　　　　　B. 8%　　　　　　　C. 8.24%　　　　　　　D. 10.04%

4. 某企业拟进行一项存在一定风险的完整工业项目投资，有甲、乙两个方案可供选择。已知甲方案净现值的期望值为 1 000 万元，标准差为 300 万元；乙方案净现值的期望值为 1 200 万元，标准差为 330 万元。下列表述中正确的是（　　）。
   A. 甲方案优于乙方案
   B. 甲方案的风险大于乙方案
   C. 甲方案的风险小于乙方案
   D. 无法评价甲乙方案的风险大小

5. 下列关于递延年金的表述中，不正确的是（　　）。
   A. 递延年金无终值，只有现值
   B. 递延年金终值大小与递延期无关
   C. 递延年金是第一次支付发生在若干期以后的年金
   D. 递延年金终值计算方法与普通年金终值计算方法相同

6. 下列各项中，不会带来系统风险的是（　　）。

    A. 人民币汇率上升　　　　　　　　　　　　　B. 个别公司工人罢工

    C. 国家修订企业所得税法　　　　　　　　　　D. 财政部实施紧缩的财政政策

7. 下列各项中，属于比较期望收益不同的两个或两个以上方案的风险程度时应采用的指标是（　　）。

    A. 概率　　　　　　　　　　　　　　　　　　B. 标准离差

    C. 标准离差率　　　　　　　　　　　　　　　D. 风险报酬率

二、多项选择题

1. 下列各项中，属于年金按不同付款方式划分的有（　　）。

    A. 普通年金　　　　　　B. 即付年金　　　　　　C. 递延年金　　　　　　D. 永续年金

2. 下列各项中，属年金形式的有（　　）。

    A. 养老金　　　　　　　　　　　　　　　　　B. 等额分期付款

    C. 融资租赁的租金　　　　　　　　　　　　　D. 按照直线法计提的折旧

3. 以等量资金投资于 A、B 两项目，下列关于该投资组合风险的表述中，正确的有（　　）。

    A. 若 A、B 项目完全负相关，组合后的非系统风险可以充分抵销

    B. 若 A、B 项目相关系数小于 0，组合后的非系统风险可以减少

    C. 若 A、B 项目完全正相关，组合后的非系统风险不扩大也不减少

    D. 若 A、B 项目相关系数大于 0，但小于 1 时，组合后的非系统风险不能减少

4. 某人决定在未来 5 年内每年年初存入银行 1 000 元（共存 5 次），年利率为 2%。下列关于第 5 年年末能一次性取出的款项额计算表述中，正确的有（　　）。

    A. $1\,000 \times (F/A, 2\%, 5)$

    B. $1\,000 \times [(F/A, 2\%, 6) - 1]$

    C. $1\,000 \times (F/A, 2\%, 5) \times (F/P, 2\%, 1)$

    D. $1\,000 \times (F/A, 2\%, 5) \times (1 + 2\%)$

5. 下列关于投资风险与投资者期望的报酬率之间关系表述中，正确的有（　　）。

    A. 项目风险程度越高，要求的报酬率越低

    B. 项目风险程度越高，要求的必要收益率越高

    C. 无风险收益率越高，要求的必要收益率越高

    D. 投资者对风险的态度越是回避，风险收益率就越低

6. 下列因素引起的风险中，投资者不能通过证券投资组合予以削减的有（　　）。

    A. 发生经济危机　　　　　　　　　　　　　　B. 世界能源状况变化

    C. 宏观经济状况变化　　　　　　　　　　　　D. 被投资企业出现经营失误

7. 某项年金前三年没有流入，从第四年开始每年年末流入 1 000 元共计 4 次，假设年利率为 8%，则该递延年金现值的计算公式正确的有（　　）。

    A. $1\,000 \times (P/A, 8\%, 4) \times (P/F, 8\%, 3)$　　　B. $1\,000 \times (F/A, 8\%, 4) \times (P/F, 8\%, 4)$

    C. $1\,000 \times [(P/A, 8\%, 8) - (P/A, 8\%, 4)]$　　　D. $1\,000 \times [(P/A, 8\%, 7) - (P/A, 8\%, 3)]$

8. 下列关于股票的 β 系数的表述中，正确的有（　　）。

    A. 提供了对风险与收益之间的一种实质性的表述

    B. 如果某股票的 β 系数大于 1，说明其风险大于整个市场的风险

    C. 如果某股票的 β 系数小于 1，说明其风险小于整个市场的风险

    D. 如果某股票的风险情况与整个证券市场的风险情况一致，则该股票的 β 系数为 1

9. 下列关于各种系数之间关系的表述中，正确的有（　　）。
    A. 复利终值系数和复利现值系数互为倒数
    B. 普通年金现值系数和资本回收系数互为倒数
    C. 普通年金终值系数和偿债基金系数互为倒数
    D. 普通年金终值系数和普通年金现值系数互为倒数
10. 下列关于投资组合风险的表述中，正确的有（　　）。
    A. 不可分散风险可以通过 β 系数来衡量
    B. 系统性风险可以通过证券投资组合来消除
    C. 非系统性风险可以通过证券投资组合来消除
    D. 一种股票投资的风险由两部分组成，分别是系统风险和非系统风险

三、判断题

1. 货币时间价值可以用绝对数表示，也可以用相对数表示，即以利息额或利息率来表示。（　　）
2. 即付年金是指一定时期内每期期末等额收付的系列款项，又称先付年金。（　　）
3. 每只股票都有一个 β 系数，它反映整个资本市场的收益发生变动时，该证券的收益变动程度，也就是该证券随着市场变动的风险程度。（　　）
4. 市场风险越大，β 系数越大，投资者要求的必要报酬率就越大；反之，风险越小，β 系数越小，投资者要求的必要报酬率就越小。（　　）
5. 投资者要求的报酬率仅仅取决于市场风险，不取决于无风险利率和市场风险补偿程度等。（　　）
6. 风险收益率是投资项目收益率的一个重要的组成部分，如果不考虑通货膨胀因素，投资收益率等于货币时间价值与风险收益率之和。（　　）

四、问答题

1. 什么是货币时间价值？其实质是什么？
2. 年金终值、现值的计算与复利终值、现值计算有何差异？
3. 普通年金、先付年金、递延年金、永续年金各有何特点？
4. 什么是风险价值？风险价值与时间价值有何关系？
5. 如何衡量单项资产风险？
6. 如何衡量投资组合的风险？
7. 资本资产定价模型的基本原理是什么？

五、计算分析题

1. 某公司有一项付款业务，有甲乙两种付款方式可供选择。甲方案：现在支付 15 万元，一次性结清。乙方案：分 5 年付款，1～5 年各年初的付款分别为 3 万元、3 万元、4 万元、4 万元和 4 万元，年利率为 10%。
   要求：按现值计算，选择最优付款方案。
2. 某公司从租赁公司租入一台设备，期限 5 年，租赁合同规定每年初支付租金 2 万元，预计设备租赁期内银行存款利率为 6%，则设备租金的现值是多少？
3. 某公司年初购入一台设备，预计使用寿命为 10 年，由于机器逐年老化，在购买后第 5 年至第 9 年，每年末因需要进行一次大修理而花费维修费 10 000 元，如果该公司打算在设备购买的当初存入银行一笔资金，形成大修理基金，已知银行存款利率为 5%，则该公司应投入的资金为多少？
4. 某企业购入生产流水线设备一台，价值 200 000 元，使用期 10 年，假定无残值。该设备投入生产后每年可为企业创收 40 000 元，银行贷款年利率为 12%，要求对此投资是否有利做出决策。
5. 某企业借入长期借款 1 000 000 元，可用两种还款方式。一种是每年还款 250 000 元，分 6

年还清本息；另一种是每年还款 200 000 元，分 8 年还清，当时借款年利率为 13%，确定采取哪一种还款方式有利。

6. 甲公司准备 100 万元购入由 A、B、C 三种股票构成的投资组合，三种股票占用的资金分别为 20 万元、30 万元和 50 万元，即它们在证券组合中的比重分别是 20%、30%和 50%，三种股票的 β 系数分别为 0.8、1.0 和 1.8。无风险收益率为 10%，平均风险股票的市场必要报酬率为 16%。

要求：（1）计算该股票组合的 β 系数。

（2）计算各种股票各自的必要收益率。

（3）计算该股票组合的风险报酬率。

（4）计算该股票组合的预期报酬率。

7. 某项目部经理正在评估 3 个潜在的项目。每个项目的报酬及概率如表 2-4 所示。

表 2-4　　　　　　　　　　　　3 个项目的报酬及概率

状态	项目 A		项目 B		项目 C	
	报酬（万元）	概率	报酬（万元）	概率	报酬（万元）	概率
一般	50	0.2	90	0.3	80	0.3
中等	80	0.3	150	0.4	250	0.5
良好	120	0.5	190	0.3	450	0.2

试评价这些项目的可行性，为项目经理决策提供参考。

第3章 财务报表分析

现代财务报表分析一般包括战略分析、会计分析、财务分析和前景分析4个部分，其目的是将财务报表数据转换成有用的信息，以帮助报表使用人改善决策。本章主要讨论财务分析的相关内容。与其他分析相比，财务分析更强调分析的系统性和有效性，并强调透过财务数据发现企业问题。

通过本章的学习应达到以下目标：

- 了解财务报表分析的目的、方法和局限性；
- 掌握财务比率分析相关指标的计算与评价；
- 掌握杜邦分析法的原理及其应用；
- 了解沃尔评分法的原理及其应用。

【引导案例】

安然公司破产①

一直以来，安然身上都笼罩着一层层的金色光环：作为世界最大的能源交易商，安然在2000年的总收入高达1 010亿美元，名列《财富》杂志"美国500强"的第7名；掌控着美国20%的电能和天然气交易，是华尔街竞相追捧的宠儿；安然股票是所有的证券评级机构都强力推荐的绩优股，股价高达70多美元并且仍然呈上升之势。直到破产前，公司营运业务覆盖全球40个国家和地区，共有雇员2.1万人，资产额高达620亿美元；安然一直鼓吹自己是"全球领先企业"，业务包括能源批发与零售、宽带、能源运输以及金融交易，连续4年获得"美国最具创新精神的公司"称号。

2001年年初，一家有着良好声誉的短期投资机构老板吉姆·切欧斯公开对安然的盈利模式表示了怀疑。他指出，虽然安然的业务看起来很辉煌，但实际上赚不到什么钱，也没有人能够说清安然是怎么赚钱的。据他分析，安然的盈利率在2000年为5%，到了2001年年初就降到2%以下，对于投资者来说，投资回报率仅有7%左右。

切欧斯还注意到有些文件涉及安然背后的合伙公司，这些公司和安然有着说不清的幕后交易，作为安然的首席执行官，斯基林一直在抛出手中的安然股票——而他不断宣称安然的股票会从当时的70美元左右升至126美元。而且按照美国法律规定，公司董事会成员如果没有离开董事会，就不能抛出手中持有的公司股票。

也许正是这一点引发了人们对安然的怀疑，并开始真正追究安然的盈利情况和现金流向。到了8月中旬，人们对于安然的疑问越来越多，并最终导致了股价下跌。8月9日，安然股价已经从年初的80美元左右跌到了42美元。

10月16日，安然发表2001年第二季度财报，宣布公司亏损总计达到6.18亿美元，即每股亏损1.11美元。同时首次透露因首席财务官安德鲁·法斯托与合伙公司经营不当，公司股东资产缩水12亿美元。

10月22日，美国证券交易委员会瞄上安然，要求公司自动提交某些交易的细节内容。并最终于10月31日开始对安然及其合伙公司进行正式调查。

---

① 资料来源：百度百科《安然事件》。

11月1日，安然抵押了公司部分资产，获得J.P摩根和所罗门史密斯巴尼的10亿美元信贷额度担保，但美林和标普公司仍然再次调低了对安然的评级。

11月8日，安然被迫承认做了假账，虚报数字让人瞠目结舌：自1997年以来，安然虚报盈利共计近6亿美元。

11月9日，迪诺基公司宣布准备用80亿美元收购安然，并承担130亿美元的债务。当天股盘安然股价下挫0.16美元。

11月28日，标准普尔将安然债务评级调低至"垃圾债券"级。

11月30日，安然股价跌至0.26美元，市值由峰值时的800亿美元跌至2亿美元。

12月2日，安然正式向破产法院申请破产保护，破产清单中所列资产高达498亿美元，成为美国历史上最大的破产企业。

财务报表分析具有什么局限性呢？如何进行财务报表分析？通过本章的学习可以找到答案。

3.1 财务报表分析概述

3.1.1 财务报表分析的目的

财务报表分析的目的是将财务报表数据转换成有用的信息，以帮助报表使用人改善决策。

现代财务报表分析一般包括战略分析、会计分析、财务分析和前景分析4个部分。战略分析的目的是确定主要的利润动因及经营风险并定性评估企业的盈利能力，包括宏观分析、行业分析和企业竞争策略分析等内容；会计分析的目的是评价企业会计反映基本经济现实的程度，包括评估企业会计的灵活性和恰当性，并修正会计数据等内容；财务分析的目的是运用财务数据评价企业当前及过去的业绩并评估其可持续性，包括比率分析和综合分析等内容；前景分析的目的是预测企业的未来，包括财务报表预测和企业估值等内容。

3.1.2 财务报表分析的主体

财务报表分析的主体一般包括以下几种。

股权投资人：为决定是否投资，需要分析企业的盈利能力；为决定是否转让股份，需要分析盈利状况、股价变动和发展前景；为考察经营者业绩，需要分析资产盈利水平、破产风险和竞争能力；为决定股份分配政策，需要分析筹资状况。

债权人：为决定是否给企业贷款，需要分析贷款的报酬和风险；为了解债务人的短期偿债能力，需要分析其流动状况；为了解债务人的长期偿债能力，需要分析其盈利状况和资本结构。

经营管理者：为改善经营决策，需要进行内容广泛的财务分析，几乎包括外部使用人关心的所有问题。

供应商：为决定是否建立长期合作关系，需要分析企业的长期盈利能力和偿债能力；为决定采用何种信用政策，需要分析公司的短期偿债能力和运营能力。

客户：为决定是否建立长期合作关系，需要分析企业的经营风险和破产风险。

政府：为履行政府职能，需要了解企业纳税情况、遵守法律法规和市场秩序以及职工收入和就业等状况。

注册会计师：为减少审计风险，需要评估企业的经营风险和财务风险；为确定审计重点，需要分析财务数据的异常波动。

3.1.3 财务报表分析的方法

财务报表分析的方法非常多样。不同的分析主体，出于不同的目的，使用的财务报表分析方法不同。一般来讲，有比较分析法、比率分析法和因素分析法 3 种。

1. 比较分析法

比较分析法是通过对两个或几个有关的可比数据进行对比，从而揭示差异和矛盾的分析方法。比较是分析的最基本方法，没有比较，分析就无法开始。

比较分析按比较对象（和谁比）分为：

① 与本企业历史比，即不同时期（2～10 年）指标相比，也称"趋势分析"；

② 与同类企业比，即与同行业平均数或竞争对手比较，也称"横向比较"；

③ 与计划预算比，即实际执行结果与计划指标比较，也称"预算差异分析"。

比较分析按比较内容（比什么）分为：

① 比较会计要素的总量。总量是指报表项目的总金额，如总资产、净资产和净利润等。总量比较主要用于时间序列分析，如研究利润的逐年变化趋势，看其增长潜力。有时也用于同业对比，看企业的相对规模和竞争地位的变化。

② 比较结构百分比。把资产负债表、利润表和现金流量表转换成结构百分比报表。例如，以收入为 100%，比较利润各项目的比重。结构百分比报表用于发现有显著问题的项目，揭示进一步分析的方向。

③ 比较财务比率。财务比率是各会计要素之间的数量关系，反映它们的内在联系。财务比率是相对数，排除了规模的影响，具有较好的可比性，是最重要的分析比较内容。财务比率的计算相对简单，而对它加以说明和解释却比较复杂和困难。

2. 比率分析法

比率分析法是将影响财务状况的两个相关因素联系起来，通过计算比率，反映它们之间的关系，借以评价企业财务状况和经营成果的一种财务分析方法。采用比率分析法进行分析时，需要根据分析的内容和要求，计算出各种有关的比率指标，进行分析。计算的各种比率指标不同，其分析的目的以及所起的作用也各不相同。比率指标的类型主要有结构比率、效率比率和相关比率。

（1）结构比率。结构比率是指某项财务分析指标的各构成部分数值占总体数值的百分比，反映部分与总体的关系，如负债比率、所有者权益比率等。利用结构比率可以考察总体中某个部分的形成和安排是否合理，以便协调各项财务活动。

（2）效率比率。效率比率是某项财务活动中所费与所得的比率，反映投入与产出的关系。利用效率比率指标可以进行得失比较，考察经营成果，评价经济效益。例如，将利润与销售成本、销售收入、资本等项目对比，可计算出成本利润率、销售利润率与资本收益率等指标，从不同角度反映企业的盈利能力及其增减变化情况。

（3）相关比率。相关比率是以某个项目和与其有关但又不同的项目加以对比所得的比率，反映有关经济活动的相互关系。运用相关比率进行分析就是将两个相互联系的财务指标的数额相除，据以对公司财务状况进行分析评价，如流动比率、总资产周转率、资产利润率等相关比率。

3. 因素分析法

因素分析法是依据分析指标与其影响因素之间的关系，按照一定程序和方法，确定各因素对分析指标差异影响程度的一种技术方法。财务活动的复杂性，决定了任何一项综合性财务指标，都是受许多因素影响的，这些因素的不同的变动方向、不同的变动程度对综合指标的变动具有重要影响。采用这种方法的出发点在于，当有若干因素对分析指标发生影响作用时，假定其他各个因素都无变化，顺序确定每一个因素单独变化所产生的影响。因素分析法具体有两种：连环替代法和差额分析法。

（1）连环替代法。连环替代法是将分析指标分解为各个可以计量的因素，并根据各个因素之间的依存关系，顺次用各因素的报告期数值（通常即实际值）替代基期数值（通常即标准值或计划值），据以测定各因素对分析指标的影响。计算分析步骤如下所述。

① 确定分析指标与其影响因素之间的依存关系。运用指标分解法，即将经济指标在计算公式的基础上进行分解或扩展，从而得出各影响因素与分析指标之间的关系式。

如：净资产收益率 = 净利润÷平均净资产

      = （净利润÷平均总资产）×（平均总资产÷平均净资产）

      = 总资产净利率×权益乘数

关系式既说明哪些因素影响分析指标，又说明这些因素与分析指标之间的关系及影响顺序。

② 根据分析指标的报告期数值与基期数值列出两个关系式，确定分析对象。如：

基期净资产收益率 = 基期总资产净利率 × 基期权益乘数

报告期净资产收益率 = 报告期总资产净利率 × 报告期权益乘数

分析对象 = 报告期净资产收益率−基期净资产收益率

③ 连环顺序替代，计算替代结果。所谓连环顺序替代就是以基期指标体系为计算基础，用报告期指标体系中的每一因素的报告期数顺序地替代其相应的基期数，每次替代一个因素，替代后的因素被保留下来。所谓计算替代结果，就是在每次替代后，按关系式计算出各替代因素的替代结果。

④ 比较各因素的替代结果，确定各因素对分析指标的影响程度。比较替代结果是以连环形式进行的，即将每次替代所计算的结果与这一因素被替代前的结果进行对比，二者的差额就是替代因素对分析指标的影响程度。

⑤ 检验分析结果，据以分析评价。即将各因素对分析指标的影响额相加，其代数和应等于分析对象。最后根据计算结果，针对各因素变动造成对分析指标的影响进行分析评价。

【例 3-1】 普华公司生产经营 A 产品，2012 年 4 月净利润是 2 000 万元，而 3 月是 1 800 万元，4 月比 3 月增加了 20 万元。由于净利润是由产品销售量、销售价格和销售净利率 3 个因素的乘积构成的，因此，可以把净利润分解为 3 个因素，分别分析它们对净利润的影响程度。该公司有关资料如表 3-1 所示。

表 3-1   普华公司净利润因素分析资料

项目	单位	3 月	4 月
产品销售量	万件	90	100
销售价格	元/件	125	100
销售净利率	%	16	20
净利润	万元	1 800	2 000

运用连环替代法对净利润的变动分析如下所述。

① 建立净利润与各影响因素之间的依存关系式。

净利润 = 产品销售量×销售价格×销售净利率

② 确定分析对象。

净利润的变动额 = 2 000 - 1 800 = +200（万元）

③ 替代计算。

3 月指标数：90 × 125 × 16% = 1 800（万元）

替代销售量：100 × 125 × 16% = 2 000（万元）

替代销售价格：100 × 100 × 16% = 1 600（万元）

替代销售净利率：100 × 100 × 20% = 2 000（万元）

④ 确定各因素对净利润的影响程度。

销售量的影响：2 000 - 1 800 = +200（万元）

销售价格的影响：1 600 - 2 000 = -400（万元）

销售净利率的影响：2 000 - 1 600 = +400（万元）

⑤ 验算、分析及评价。

+200 + （-400） + 400 = +200

据计算可知，普华公司净利润 2012 年 4 月比 3 月增加了 200 万元，主要是由于产品销售量增加使其增加 200 万元，销售价格下降使其减少 400 万元，销售净利率上升使其增加 400 万元。

（2）差额分析法。差额分析法是连环替代法的一种简化形式，是利用各个因素的比较值与基准值之间的差额来计算各因素对分析指标的影响。运用的基本点是确定各因素报告期数与基期数之间的差额，在此基础上乘以关系式中排列在该因素前面各因素的报告期数和排列在该因素后面各因素的基期数，所得出的结果就是该因素变动对分析指标的影响数。

【例 3-2】 仍以表 3-1 的资料为例，运用差额分析法确定各因素变动对净利润的影响。

销售量的影响：（100-90）×125×16%=+200（万元）

销售价格的影响：100×（100-125）×16%=-400（万元）

销售净利率的影响：100×100×（20%-16%）=+400（万元）

其他计算分析步骤与【例 3-1】相同。

因素分析法在财务分析中应用广泛，既可以全面分析各个影响因素对分析指标的影响，又可以单独分析某个影响因素对分析指标的影响。但具体应用时，必须注意以下问题。

第一，因素分解的关联性。即确定作为分析指标的影响因素，必须客观上存在着因果关系，并能够反映形成该分析指标差异的内在构成原因，否则就失去分析的实际意义。

第二，因素替代的顺序性。即替代因素时，必须按照各因素的依存关系，排列成一定的顺序并依次替代，不可随意颠倒顺序，否则就会得出不同的计算结果。一般来说，确定正确排列、替代顺序的原则是，按分析对象的性质，从诸因素相互依存关系出发，并使分析结果有助于分清责任。

第三，顺序替代的连环性。即在计算每个因素变动的影响时，都是在前一次计算的基础上进行，并采用连环比较的方法确定各因素变动的影响结果。因为只有保持计算程序上的连环性，才能使各个因素的影响之和等于分析指标的变动差异，以全面说明分析指标变动的原因。

第四，计算结果的假定性。由于计算所得的各因素变动的影响数，会因为替代计算顺序的不同而有所差别，因而计算结果难免带有假定性，即它不可能使每个因素的计算结果都达到绝对的精确。它只是在某种假定的前提下的影响结果，离开了这种假定前提条件，也就不会是这种影响结果。为此，分析时应力求使这种假定是合乎逻辑的假定，是具有现实经济意义的假定。这样，计算结果的假定性，才不至于妨碍分析的有效性。

3.1.4　财务报表分析的局限性[①]

财务报表分析是以财务报表为主要分析对象，而报表本身存在一定的局限性。

1. 财务报表本身的局限性

财务报表是企业会计系统的产物。每个企业的会计系统，受会计环境和企业会计战略的影响。

会计环境包括会计规范和会计管理、税务与会计的关系、外部审计、会计争端处理的法律系统、资本市场结构、公司治理结构等。这些因素是决定企业会计系统质量的外部因素。会计环境缺陷会导致会计系统缺陷，使之不能完全反映企业的实际状况。会计环境的变化会导致会计系统的变化，影响财务数据的可比性。例如，会计规范要求遵循谨慎性原则，要求会计预计损失而不预计收益，有可能少记收益和资产。

企业会计战略是企业根据环境和经营目标做出的主观选择，不同企业会有不同的会计战略。企业会计战略包括选择会计政策、会计估计、补充披露及报告具体格式。不同的会计战略会导致不同企业财务报告的差异，并影响其可比性。例如，对同一会计事项的账务处理，会计准则允许使用几种不同的规则和程序，企业可自行选择，包括存货计价方法、固定资产折旧方法、投资收益确认方法等。

由于上述两方面的原因，财务报表存在以下三方面的局限：①财务报表没有披露企业的全部信息，管理层拥有更多的信息，披露的只是其中的一部分；②已经披露的财务信息存在会计估计误差，不一定是真实情况的准确计量；③管理层的各项会计政策选择，使财务报表可能会扭曲企业的实际情况。

2. 财务报表的可靠性问题

只有根据符合规范的、可靠的财务报表，才能得出正确的分析结论。所谓"符合规范"，是指除了以上 3 点局限性以外，没有更进一步的虚假陈述。外部分析人员很难认定是否存在虚假陈述，财务报表的可靠性问题主要依靠注册会计师签证、把关。但是，注册会计师不能保证财务报表没有任何错报和漏报，而且并非所有的注册会计师都是尽职尽责的。本章引导案例中的安然公司造假案，就说明了这一点。因此，分析人员必须自己关注财务报表的可靠性，对于可能存在的问题保持足够的警惕。

3. 比较基础问题

在比较分析时，需要选择比较的参照标准，包括同业数据、本企业历史数据和计划预计数据。

横向比较时需使用同业标准。同业平均数只有一般性的指导作用，不一定有代表性，不是合理性的标志。选同行业一组有代表性的企业求平均数，作为同业标准，可能比整个行业的平均数更有意义。近年来，分析人员更重视以竞争对手的数据作为分析基础。不少公司实现多种经营，没有明确的行业归属，同业比较更困难。

趋势分析应以企业历史数据为比较基础。历史数据代表过去，并不代表合理性。经营环境变化后，今年比上年利润提高了，不一定说明已经达到应该达到的水平，甚至不一定说明管理有了改进。会计规范的改变会使财务数据失去直接可比性，要恢复其可比性成本很大，甚至缺乏必要的信息。

实际与计划的差异分析应以预算为比较基础。实际和预算出现差异，可能是执行中有问题，也可能是预算不合理，区分两者并非易事。

总之，对比较基础本身要准确理解，并且要在限定意义上使用分析的结论，避免简单化和绝对化。

① 本小节主要参考：中国注册会计师协会. 财务成本管理. 北京：中国财经经济出版社，2014。

3.2 财务比率分析

财务报表中有大量数据,可以组成涉及企业活动各个方面的许多财务比率。为便于说明财务比率的计算和分析方法,本节将以振华公司的财务报表数据为例。该公司资产负债表、利润表的简表如表 3-2、表 3-3 所示。为简化计算,这些数据都是假设的。

表 3-2　　　　　　　　　　　　振华公司资产负债表

2012 年 12 月 31 日　　　　　　　　　　　　　　　　单位:万元

资产	年初数	年末数	负债和所有者权益	年初数	年末数
流动资产:			流动负债:		
货币资金	400	450	短期借款	1 100	1 300
交易性金融资产	620	300	应付账款	500	560
应收账款	550	680	预收账款	160	200
预付账款	25	40	其他应付款	120	180
存货	1 800	2 700	流动负债合计	1 880	2 240
其他流动资产	25	35	非流动负债:		
流动资产合计	3 420	4 205	长期借款	800	1 000
非流动资产:			非流动负债合计	800	1 000
持有至到期投资	250	250	负债合计	2 680	3 240
固定资产	5 800	6 255	所有者权益:		
无形资产	330	360	实收资本(或股本)	6 000	6 000
非流动资产合计	6 380	6 865	盈余公积	600	600
			未分配利润	520	1 230
			所有者权益合计	7 120	7 830
资产总计	9 800	11 070	负债及所有者权益合计	9 800	11 070

表 3-3　　　　　　　　　　　　振华公司利润表

2012 年度　　　　　　　　　　　　　　　　　　　单位:万元

项目	上年数	本年数
一、营业收入		
减:营业成本	9 400	10 600
营业税金及附加	5 450	6 200
销售费用	540	600
管理费用	810	950
财务费用	400	500
加:投资收益	100	150
二、营业利润	150	150
加:营业外收入	2 250	2 350
减:营业外支出	50	75
三、利润总额	300	325
减:所得税费用(税率 25%)	2 000	2 100
	500	525
四、净利润	1 500	1 575
五、每股收益	0.25	0.26

3.2.1 偿债能力分析

偿债能力是指企业偿还到期债务本息的能力。偿债能力分析是通过设计偿债能力分析评价指标、计算指标数值进行分析评价，据以揭示企业的偿债能力及财务风险。偿债能力分析包括短期偿债能力分析和长期偿债能力分析。

1. 短期偿债能力分析

短期偿债能力是指企业流动资产对流动负债及时足额偿还的保证程度，是衡量企业当前财务能力，特别是流动资产变现能力的重要标志。企业短期偿债能力的分析评价指标主要有营运资本、流动比率、速动比率和现金流量比率。

（1）营运资本。营运资本是流动资产超过流动负债的部分。其计算公式为：

营运资本 = 流动资产−流动负债。

营运资本越多，企业流动资产对流动负债的偿还保障程度越高，说明企业不能偿还的风险越小，企业短期偿债能力越强。但对于企业来说，营运资本不能太多，否则会影响企业资金的使用效率。

通常而言，由于流动负债的具体到期时间不能准确判断，流动资产生成现金的金额和时间也不能准确推测，因此，企业必须保持流动资产大于流动负债，即保有一定数额的营运资本作为"缓冲垫"，以防止流动负债"穿透"流动资产。营运资本之所以能够成为流动负债的"缓冲垫"，是因为它是长期资本用于流动资产的部分，不需要在一年内偿还。其推导公式为：

营运资本=流动资产−流动负债

　　　　=（总资产−非流动资产）−（总资产−股东权益−非流动负债）

　　　　=（股东权益+非流动负债）−非流动资产

　　　　=长期资本−长期资产

【例 3-3】 根据表 3-2 的资料，该公司 2012 年的营运资本为：

年初营运资本=3 420−1 880 =（7 120+800）−6 380=1 540（万元）

年末营运资本=4 205−2 240 =（7 830+1 000）−6 865=1 965（万元）

该公司 2012 年年末、年初的营运资本较多，说明该公司具有较强的短期偿债能力，而且年末比年初的营运资本多，说明短期偿债能力有所提高。

营运资本是一个绝对数指标，如果企业之间的经营规模差别比较大，那么用营运资本进行绝对数的分析比较，其应用意义就有较大的局限性。

（2）流动比率。流动比率是流动资产与流动负债的比，它表明企业每一元流动负债有多少流动资产作为偿还的保障，反映企业可用在短期内转变为现金的流动资产偿还到期流动负债的能力。其计算公式为：

$$流动比率 = \frac{流动资产}{流动负债}$$

一般情况下，流动比率越高，说明企业短期偿债能力越强，但并不意味着流动比率越高越好。流动比率过高，表明企业流动资产占用较多，会影响资金的使用效率和企业的资本成本，进而影响获利能力。反之，流动比率过低，表明企业可能难以按期偿还债务。

运用流动比率时，要注意以下几个问题：①从债权人的角度看，流动比率越高越好，企业以流动资产偿还流动负债的保障程度越高；但从企业经营的角度看，过高的流动比率通常意味着企业闲置资金的持有量过多，必然造成企业机会成本的增加和盈利能力的下降。因此，企业应尽可能将流动比率维持在不使流动资金闲置的水平上。②流动比率越高，企业偿还短期债务的流动资产保障程度越强，但这并不等于说企业已有足够的现金或存款用来偿债。流动比率高也可能是存货积压、应收账款增多且收账期延长，以及其他流动资产增加所致，而真正可用来偿债的现金和存款却严重短缺。所以，企业应在分析流动比率的基础上，对现金流量作进一步的分析。③对流动比率的评价，不同的企业、同一企业不同的发展时期，评价标准是不同的，因此，不能用统一的标准来评价各企业的流动比率是否合理。

【例 3-4】 根据表 3-2 的资料，该公司 2012 年的流动比率为：

年初流动比率=3 420÷1 880 = 1.82

年末流动比率=4 205÷2 240 = 1.88

该公司 2012 年年末、年初的流动比率接近 2[①]，说明该公司具有较强的短期偿债能力，而且年末的流动比率比年初的稍大些，表明企业年末的短期偿债能力有所提高。

（3）速动比率。速动比率是企业速动资产与流动负债的比率，其中速动资产是指流动资产减去变现能力较差，且不稳定的存货、预付账款等后的余额。其计算公式为：

$$速动比率=\frac{速动资产}{流动负债}$$

其中，速动资产 = 货币资金 + 交易性金融资产 + 应收票据 + 应收账款。

由于剔除了存货等变现能力较弱且不稳定的资产，所以速动比率较之流动比率能够更加准确、可靠地评价企业资产的流动性及其偿还短期负债的能力。

一般情况下，速动比率越高，说明企业偿还流动负债的能力越强。从债权人角度看，速动比率越高越好；但从企业经营的角度看，速动比率不宜过大，否则会影响企业资产的盈利能力。

【例 3-5】 根据表 3-2 的资料，该公司 2012 年的速动比率为：

年初速动比率=（3 420–1 800–25–25）÷1 880 = 0.84

年末速动比率=（4 205–2 700–40–35）÷2 240 = 0.64

该公司 2012 年年末的流动比率比年初有所降低，而且未达到 1[②]，主要是流动资产中存货所占比重过大，导致该公司短期偿债能力不理想，需采取措施加以扭转。

在分析时需注意，尽管速动比率较流动比率更能反映流动负债偿还的安全性和稳定性，但并不能认为速动比率较低的企业对流动负债的偿还能力就差。实际上，如果企业存货流转顺畅，变现能力较强，即使速动比率较低，只要流动比率高，企业仍可以偿还到期债务。再者，虽然速动比率越高，企业偿还短期债务的速动资产保障程度越强，但并不是说企业已有足够的现金或存款偿债。此时影响速动比率可信性的重要因素是应收账款的变现能力。因此，分析时可将存货周转率、应收账款周转率作为辅助指标，分析它们的变现能力。

（4）现金流量比率。现金流量比率也称现金流动负债比率，是企业一定时期的经营现金净流量同流动负债的比率，它可以从现金流量角度来反映企业当期偿付短期负债的能力。其计算公式为：

$$现金流量比率=\frac{年经营现金净流量}{年末流动负债}$$

其中，年经营现金净流量是指一定时期内，企业经营活动产生的现金及其等价物的流入量与流出量的差额。

现金流量比率是从现金流入和现金流出的动态角度对企业实际的债务偿还能力进行考察。由于有利润的年份不一定有足够的现金来偿还到期债务，所以利用收付实现制为基础的现金流量比率，

---

① 流动比率一般公认标准为2。

② 速动比率一般公认标准为1。

更能充分反映企业经营活动所产生的现金净流量可以在多大程度上保证当期流动负债的偿还。现金流量比率越大，表明企业经营活动产生的现金净流量越多，越能保障企业按期偿还到期债务，但是该指标也不是越大越好，指标过大，表明企业流动资金利用不充分，获利能力不强。

【例 3-6】根据表 3-2 的资料，假设该公司 2011 年度和 2012 年度的经营现金净流量分别为 1 800万元和 3 000 万元，则该公司的现金流量比率为：

2011 年度的现金流量比率=1 800÷1 880 = 0.96

2012 年度的现金流量比率=3 000÷2 240 = 1.34

该公司 2012 年度的现金流量比率比 2011 年度明显提高，表明该公司短期偿债能力增强。

2. 长期偿债能力分析

长期偿债能力是指企业偿还长期负债的能力，一般要考虑企业的资本结构和盈利水平两个方面。资本结构反映企业债务的风险程度，而盈利水平则是企业偿还债务的根本保障。当企业现有的资本结构比较合理，而且具有较高的未来收益水平时，表明企业在未来相当长的时间内具有较强的偿付债务的能力。企业长期偿债能力的分析评价指标主要有资产负债率、产权比率、或有负债比率、带息负债比率和已获利息倍数等指标。

（1）资产负债率。资产负债率又称负债比率，是指企业负债总额对资产总额的比率，表明企业资产总额中，债权人提供的资金所占的比重，反映企业资产对债权人权益的保障程度。其计算公式为：

$$资产负债率=\frac{负债总额}{资产总额}\times100\%$$

一般情况下，资产负债率越小，说明企业长期偿债能力越强。但是，对不同的分析主体，资产负债率的评价标准是不同的。从债权人的角度来说，该指标越小越好，这样企业偿债就越有保证。从企业所有者的角度来说，如果该指标过大，说明利用较少的自有资本投资形成了较多的生产经营用资产，不仅扩大了生产经营规模，而且在经营状况良好的情况下，还可以利用财务杠杆，得到较多的投资利润，此时的前提条件是资产投资报酬率大于债务利率；该指标过小，表明企业对财务杠杆利用不够。但资产负债率过大，则表明企业的债务负担过重，企业资金实力不强，不仅对债权人不利，而且企业有濒临倒闭的危险。从企业经营决策者的角度来说，则应当将偿债能力指标与获利能力指标结合起来分析，权衡风险与收益，寻求最合理的资产负债率。保守的观点认为，资产负债率不应高于 50%，而国际上通常认为资产负债率等于 60%时较为适当。

【例 3-7】根据表 3-2 的资料，该公司 2012 年的资产负债率为：

年初资产负债率=（1 880 + 800）÷9 800 = 27%

年末资产负债率=（2 240 + 1 000）÷11 070 = 29%

该公司 2012 年年初、年末的资产负债率均低于，说明该公司资产对债权人权益的保障程度高，这有助于增强债权人对企业出借资金的信心。

（2）产权比率。产权比率也称资本负债率，是指企业负债总额与所有者权益总额的比率，反映企业所有者权益对债权人权益的保障程度。其计算公式为：

$$产权比率=\frac{负债总额}{所有者权益总额}\times100\%$$

一般情况下，产权比率越低，说明企业长期偿债能力越强。产权比率与资产负债率对评价偿债能力的作用基本相同，两者的主要区别是：资产负债率侧重于分析债务偿付安全性的物质保障程度，产权比率则侧重于揭示财务结构的稳健程度以及自有资金对偿债风险的承受能力。

【例3-8】 根据表3-2的资料,该公司2012年的产权比率为:

年初产权比率=(1 880 + 800)÷7 120 = 37.64%

年末产权比率=(2 240 + 1 000)÷7 830 = 41.38%

该公司2012年年末的产权比率比年初的有所提高,说明该公司所有者权益对债权人权益的保障程度有所下降,企业长期偿债能力降低。

类似的拓展性指标有长期负债对资本化比率、有形净资产负债率。它们的计算公式分别为:

$$长期负债对资本化比率 = 长期负债/(所有者权益 + 长期负债) \times 100\%$$

$$有形净资产负债率 = 负债总额/(所有者权益-无形资产) \times 100\%$$

(3)或有负债比率。或有负债比率是指企业或有负债总额对所有者权益总额的比率,反映企业所有者权益应对可能发生的或有负债的保障程度。其计算公式为:

$$或有负债比率=\frac{或有负债余额}{所有者权益总额}\times100\%$$

或有负债总额 = 已贴现商业承兑汇票金额 + 对外担保金额 + 未决诉讼、未决仲裁金额(除贴现与担保引起的诉讼或仲裁)+ 其他或有负债金额

一般情况下,或有负债比率越低,表明企业的长期偿债能力越强,所有者权益应对或有负债的保障程度越高;或有负债比率越高,则表明企业承担的相关风险越大。

【例3-9】 根据表3-2的资料,同时假设该公司2012年年初和年末的或有事项只有对外提供债务担保,担保金额分别是100万元和70万元,该公司2012年的或有负债比率为:

年初或有负债比率=100÷7 120 = 1.4%

年末或有负债比率=70÷7 830 = 0.9%

该公司2012年年末或有负债比率比年初的有所降低,表明该公司应对或有负债可能引起的连带偿还等风险的能力增强。

(4)带息负债比率。带息负债比率是指企业某一时点的带息负债总额与负债总额的比率,反映企业负债中带息负债的比重,在一定程度上体现了企业未来的偿债(尤其是偿还利息)压力。其计算公式为:

$$带息负债比率=\frac{带息负债总额}{负债总额}\times100\%$$

其中,带息负债总额 = 短期借款 + 一年内到期的长期负债 + 长期借款 + 应付债券 + 应付利息。

一般情况下,带息负债比率越低,表明企业的偿债压力越低,尤其是偿还债务利息的压力越低;带息负债比率越高,则表明企业承担的偿债风险和偿还利息的风险越大。

【例3-10】 根据表3-2的资料,同时假设该公司2012年年初和年末的短期借款和长期借款均为带息负债,该公司2012年的带息负债比率为:

年初带息负债比率=1 900÷2 680 = 70.90%

年末带息负债比率=2 300÷3 240 = 70.99%

该公司2012年年末的带息负债比率与年初的几乎相等,但带息负债占负债总额的比重较大,表明该公司承担了较大的偿还债务及其利息的压力。

(5)已获利息倍数。已获利息倍数又称利息保障倍数、利息赚取倍数,是指企业一定时期息税前利润与利息支出的比率,反映了获利能力对债务偿付的保障程度。其中,息税前利润总额指利润总额与利息支出的合计数,利息支出指实际支出的借款利息、债券利息等。其计算公式为:

$$已获利息倍数=\frac{息税前利润总额}{利息支出}$$

其中，息税前利润总额＝利润总额＋利息支出。

已获利息倍数不仅反映了企业盈利能力的大小，而且反映了盈利能力对偿还到期债务的保证程度，它既是企业举债经营的前提依据，也是衡量企业长期偿债能力大小的重要标志。一般情况下，已获利息倍数越高，说明企业长期偿债能力越强。国际上通常认为，该指标为 3 时，较为适当，从长期来看至少应大于 1。如果已获利息倍数过小，企业将面临亏损以及偿债的安全性与稳定性下降的风险。但究竟企业已获利息倍数应是多少，则要根据历史经验结合行业特点来判断。

【例 3-11】 根据表 3-3 的资料，同时假设表中财务费用全部为利息支出，该公司 2011 年度和 2012 年度的已获利息倍数分别为：

2011 年度已获利息倍数＝（2 000＋100）÷100＝21

2012 年度已获利息倍数＝（2 100＋150）÷150＝15

该公司 2011 年度与 2012 年度的已获利息倍数都比较高，表明该公司有较强的偿还债务利息的能力。但 2012 年度的已获利息倍数比 2011 年度有所降低，说明该公司偿还债务利息的能力有所下降。

3.2.2 营运能力分析

营运能力是指企业资产的利用效率，即资产周转速度的快慢及有效性。企业营运能力的大小对企业盈利能力的持续增长和偿债能力的不断提高起着决定性的影响。一般来说，周转速度越快，资产的利用效率越高，营运能力越强；反之，则营运能力越差。资产的周转速度通常用周转率和周转期来表示。周转率是企业在一定时期内资产的周转额与平均余额的比率，反映企业资产在一定时期的周转次数。周转次数越多，表明周转速度越快，资产运营能力越强。周转期是周转次数的倒数与计算期天数的乘积，反映资产周转一次所需要的天数，周转期越短，表明周转速度越快，资产运营能力越强。其计算公式为：

$$周转率（周转次数）=\frac{周转额}{资产平均余额}$$

$$周转率（周转天数）=\frac{计算期天数}{周转次数}=\frac{资产平均余额×计算期天数}{周转额}$$

资产周转率（周转次数）越高，周转期（周转天数）越短，说明资产的营运效率越高，营运能力越强。营运能力分析评价指标主要有应收账款周转率、存货周转率、流动资产周转率、固定资产周转率和总资产周转率等。

1. 应收账款周转率

应收账款周转率是企业一定时期营业收入（或销售收入）与平均应收账款余额的比率，反映企业应收账款变现速度的快慢和管理效率的高低。其计算公式为：

$$应收账款周转率（周转次数）=\frac{营业收入}{应收账款平均余额}$$

$$应收账款周转期（周转天数）=\frac{计算期天数}{应收账款周转次数}=\frac{应收账款平均余额×计算期天数}{营业收入}$$

其中，应收账款平均余额＝（应收账款年初数＋应收账款年末数）÷2。

利用上述公式计算应收账款周转率时，需要注意以下几个问题。

（1）销售收入的赊销比率问题。从理论上来讲，应收账款是赊销引起的，其对应的流量是赊销额，而非全部销售收入。因此，计算时应使用赊销额而非销售收入。但是，外部分析人员无法取得赊销数据，只好直接使用销售收入进行计算。实际上相当于假设现销是收现时间等于零的应收账款。

（2）应收账款年末余额可靠性的问题。应收账款是特定时点的存量，容易受季节性、偶然性和人为因素影响。在用应收账款周转率进行业绩评价时，可以使用年初和年末的平均数，或者使用多个时点的平均数，以减少这些因素的影响。

（3）应收账款的减值准备问题。财务报表上列示的应收账款是已经计提坏账准备后的净额，而销售收入并未相应减少。其结果是，计提的坏账准备越多，应收账款周转次数越多，天数越少。这种周转次数增加、天数减少不是业绩改善的结果，反而说明应收账款管理欠佳。如果坏账准备的金额较大就应进行调整，使用未计提坏账准备的应收账款进行计算。报表附注中披露的应收账款坏账准备信息，可作为调整的依据。

（4）应收票据是否应计入应收账款周转率。大部分应收票据是销售形成的，是应收账款的另一种形式，应将其纳入应收账款周转率的计算，称为"应收账款及应收票据周转率"。

（5）应收账款分析应与销售额分析、现金分析相联系。应收账款的起点是销售，终点是现金。正常情况是销售增加引起应收账款增加，现金存量和经营活动现金流量也会随之增加。如果一个企业应收账款日益增加，而销售和现金日益减少，则可能是销售出现了比较严重的问题，以致放宽信用政策，甚至随意发货，但现金却收不回来。

总之，应当深入应收账款内部进行分析，并且要注意应收账款与其他问题的联系，才能正确地评价应收账款周转率。

【例3-12】 根据表3-2、表3-3的资料，假定该公司2011年年初应收账款余额为580万元，该公司2011年和2012年的应收账款周转速度指标为：

2011年应收账款周转率=9 400÷［（580＋620）÷2］=15.67（次）

2012年应收账款周转率=10 600÷［（620＋680）÷2］=16.31（次）

2011年应收账款周转期=［（580＋620）÷2］×360÷9 400=22.97（天）

2012年应收账款周转期=［（620＋680）÷2］×360÷10 600=22.07（天）

计算结果表明，该公司2012年应收账款周转速度指标比2011年略有改善，周转次数由15.67次提高到16.31次，周转天数由22.97天缩短为22.07天，反映该公司的营运能力有所提高，并且对流动资产的变现能力和周转速度起着促进作用。

2. 存货周转率

存货周转率是企业一定时期营业成本（或销售成本）与平均存货余额的比率，反映企业生产经营各环节的管理状况以及企业的偿债能力和盈利能力。其计算公式为：

$$存货周转率（周转次数）=\frac{营业成本}{存货平均余额}$$

$$存货周转期（周转天数）=\frac{计算期天数}{存货周转次数}=\frac{存货平均余额×计算期天数}{营业成本}$$

其中，平均存货余额＝（存货年初数＋存货年末数）÷2。

在计算和使用存货周转率时，需要注意以下几个问题。

（1）计算存货周转率时，使用"销售收入"还是"销售成本"作为周转额，要看分析的目的。在短期偿债能力分析中，为了评估资产的变现能力需要计量存货转换为现金的金额和时间，应采用"销售收入"。在分解总资产周转率时，为系统分析各项资产的周转情况并识别主要的影响因素，应统一使用"销售收入"计算周转率。如果为了评估存货管理的业绩，应使用"销售成本"计算存货周转率，使其分子和分母保持口径一致。实际上，两种周转率的差额是毛利引起的，用哪一个计算都能达到分析目的。

（2）存货周转天数不是越少越好。存货过多会浪费资金，存货过少不能满足流转需要，在特定的生产经营条件下存在一个最佳的存货水平，所以存货不是越少越好。

（3）应注意应付账款、存货和应收账款（或销售收入）之间的关系。一般来说，企业销售增加会拉动应收账款、存货和应付账款的增加，不会引起周转率的明显变化。但当企业接受一个大订单时，通常要先增加存货，然后推动应付账款增加，最后才引起应收账款（销售收入）增加。因此，在该订单没有实现销售收入以前，先表现为存货周转天数增加。这种周转天数增加，没有什么不好。与此相反，预见到销售会萎缩时，通常会先减少存货，进而引起存货周转天数等下降。这种周转天数下降，不是什么好事，并非资产管理改善。因此，任何财务分析都以认识经营活动本质为目的，不可根据数据高低得出简单结论。

（4）应关注构成存货的原材料、在产品、半成品、产成品和低值易耗品之间的比例关系。各类存货的明细资料以及存货重大变动的解释，应在报表附注中披露。正常情况下，他们之间存在某种比例关系。如果产成品大量增加，其他项目减少，很可能是销售不畅，放慢了生产节奏。此时，总的存货金额可能并没有显著变动，甚至尚未引起存货周转率的显著变化。因此，在财务分析时既要重点关注变化大的项目，也不能完全忽视变化不大的项目，其内部可能隐藏着重要问题。

【例 3-13】 根据表 3-2、表 3-3 的资料，假定该公司 2011 年年初存货余额为 1 200 万元，该公司 2011 年和 2012 年的存货周转速度指标为：

2011 年存货周转率=5 450÷［（1 200＋1 800）÷2］＝3.63（次）

2012 年存货款周转率=6 200÷［（1 800＋2 700）÷2］＝2.76（次）

2011 年存货周转期=［（1 200＋1 800）÷2］×360÷5 450＝99.08（天）

2012 年存货周转期=［（1 800＋2 700）÷2］×360÷6 200＝130.65（天）

计算结果表明，该公司 2012 年存货周转速度指标比 2011 年有所下降，周转次数由 3.63 次下降到 2.76 次，周转天数由 99.08 天增加到 130.65 天，反映该公司 2012 年存货管理效率不及 2011 年，公司的营运能力有所降低。具体原因可能与 2012 年存货增长幅度过大有关。

3. 流动资产周转率

流动资产周转率是企业一定时期营业收入与平均流动资产总额的比率，反映流动资产营运效率。其计算公式为：

$$流动资产周转率（周转次数）=\frac{营业收入}{流动资产平均余额}$$

$$流动资产周转期（周转天数）=\frac{计算期天数}{流动资产周转次数}=\frac{流动资产平均余额×计算期天数}{营业收入}$$

其中，流动资产平均余额 =（流动资产年初数 + 流动资产年末数）÷2。

一般情况下，流动资产周转率越高越好。流动资产周转率越高，流动资产周转期越短，表明以相同的流动资产完成的周转额较多，流动资产在生产、销售各环节占用的时间越短，流动资产利用效果越好，从而形成流动资产的相对节约和营业收入的增加，增强企业的盈利能力。反之，则会增加周转中流动资产的投入，形成资金的浪费，降低企业盈利能力。

【例 3-14】 根据表 3-2、表 3-3 的资料，假定该公司 2011 年年初流动资产总额为 2 780 万元，该公司 2011 年和 2012 年的流动资产周转速度指标为：

2011 年流动资产周转率=9 400÷［（2 780＋3 420）÷2］＝3.03（次）

2012 年流动资产周转率=10 600÷［（3 420＋4 205）÷2］＝2.78（次）

2011 年流动资产周转期=［（2 780＋3 420）÷2］×360÷9 400＝118.72（天）

2012 年流动资产周转期=［（3 420＋4 205）÷2］×360÷10 600＝129.48（天）

计算结果表明，该公司 2012 年流动资产周转速度指标比 2011 年有所延缓，周转次数由 3.03 次下降到 2.78 次，周转天数由 118.72 天增加到 129.48 天，反映该公司 2012 年流动资产管理效率不及 2011 年，公司的营运能力有所降低。主要原因是由于 2012 年存货周转率下降所致。

4. 固定资产周转率

固定资产周转率是指企业一定时期的营业收入与平均固定资产净值的比率，它是反映企业固定资产周转情况，衡量固定资产利用效率的一项指标。其计算公式为：

$$固定资产周转率（周转次数）= \frac{营业收入}{固定资产平均净值}$$

其中，固定资产平均净值 =（固定资产净值年初数 + 固定资产净值年末数）÷2。

一般情况下，固定资产周转率越高越好。固定资产周转率高，表明企业的固定资产投资得当，利用充分，固定资产结构合理，能够充分发挥其效率；反之，如果固定资产周转率不高，则表明固定资产使用效率不高，提供的生产成果不多，企业的营运能力不强。

运用固定资产周转率时，需要考虑固定资产因计提折旧使其净值不断减少，以及因更新重置使其净值突然增加的影响。同时，由于折旧方法的不同，可能影响其可比性。因此，分析时应剔除这些因素的影响。

【例 3-15】 根据表 3-2、表 3-3 的资料，假定该公司 2011 年年初固定资产净值为 5 750 万元，该公司 2011 年和 2012 年的固定资产周转率为：

2011 年固定资产周转率=9 400÷[（5 750 + 5 800）÷2] = 1.63（次）

2012 年固定资产周转率=10 600÷[（5 800 + 6 255）÷2] = 1.76（次）

计算结果表明，该公司 2012 年固定资产周转率比 2011 年有所加快，反映该公司 2012 年固定资产管理效率好于 2011 年，公司的营运能力有所提高。主要原因是固定资产净值的增长幅度低于营业收入增长的幅度。

5. 总资产周转率

总资产周转率是企业一定时期的营业收入与平均资产总额的比率，它是反映企业全部资产周转情况，衡量企业全部资产的利用效率的一项指标。其计算公式为：

$$总资产周转率（周转次数）= \frac{营业收入}{总资产平均余额}$$

其中，总资产平均余额 =（资产总额年初数 + 资产总额年末数）÷2。

一般情况下，总资产周转率越高越好。总资产周转率越高，表明企业全部资产的使用效率越高；反之，如果总资产周转率较低，则说明企业利用全部资产进行经营的效率较低，最终会影响到企业的盈利能力。因此，企业应采取各种措施加强资产管理，提高企业资产的利用效率，增加盈利。

【例 3-16】 根据表 3-2、表 3-3 的资料，假定该公司 2011 年年初全部资产总额为 7 900 万元，该公司 2011 年和 2012 年的总资产周转率为：

2011 年总资产周转率=9 400÷[（7 900 + 9 800）÷2] = 1.06（次）

2012 年总资产周转率=10 600÷[（9 800 + 11 070）÷2] = 1.02（次）

计算结果表明，该公司 2012 年总资产周转率比 2011 年略有延缓，反映该公司 2012 年资产管理效率稍差于 2011 年，公司的营运能力略有下降。究其原因是该公司流动资产周转率下降。

3.2.3 盈利能力分析

盈利能力是指企业赚取利润的能力。不论是投资人、债权人还是企业经营者，都非常重视和关心企业的盈利能力。盈利能力一方面可以反映和衡量企业经营业绩，另一方面可以发现经营管理中存在的问题，为经营管理者提供改善经营状况的有效途径。

盈利能力反映企业资金增值的能力，通常表现为企业收益数额的大小与水平的高低。盈利能力指标主要包括营业利润率、成本费用利润率、盈余现金保障倍数、总资产报酬率、净资产收益率和资本收益率。实务中，上市公司经常采用每股收益、每股股利、市盈率、每股净资产等指标评价其盈利能力。

1．盈利能力的一般分析

（1）营业利润率。营业利润率是企业一定时期的营业利润与营业收入的比率，它反映企业营业活动的获利能力，是评价企业经济效益的主要指标。其计算公式为：

$$营业利润率=\frac{营业利润}{营业收入}\times100\%$$

营业利润率越高，表明企业市场竞争力越强，发展潜力越大，盈利能力越强。

从利润表来看，企业的利润包括营业利润、利润总额和净利润三种形式。而营业收入的来源有商品销售收入、提供劳务收入和资产使用权让渡收入等。因此，在实务中也经常使用销售毛利率、销售净利率等指标来分析企业经营业务的盈利水平。其计算公式分别为：

$$销售毛利率=\frac{销售收入-销售成本}{销售收入}$$

$$销售净利率=\frac{净利润}{销售收入}$$

【例 3-17】 根据表 3-3 的资料，该公司 2012 年和 2011 年的营业利润率为：

2011 年营业利润率=2 250÷9 400 × 100% = 23.94%

2012 年营业利润率=2 350÷10 600 × 100% = 22.17%

计算结果表明，该公司 2012 年营业利润率比 2011 年略有下降，反映该公司 2012 年营业活动的获利能力稍差于 2011 年，公司的盈利能力略有下降。究其原因是该公司 2012 年的成本费用增加幅度超过营业收入的增长幅度。

（2）成本费用利润率。成本费用利润率是企业一定时期利润总额与成本费用总额的比率，反映企业生产经营过程中发生的耗费与获得的收益之间的关系。其计算公式为：

$$成本费用利润率=\frac{利润总额}{成本费用总额}\times100\%$$

其中，成本费用总额＝营业成本＋营业税金及附加＋销售费用＋管理费用＋财务费用。

成本费用利润率越高，表明企业为取得利润而付出的代价越小，成本费用控制得越好，盈利能力越强。它是一个能直接反映增收节支、增产节约的指标。企业生产销售的增加和费用开支的节约都能使这个指标提高。

【例 3-18】 根据表 3-3 的资料，该公司 2011 年和 2012 年的成本费用利润率为：

2011 年成本费用利润率=2 000÷（5 450 + 540 + 810 + 400 + 100）× 100% = 27.40%

2012 年成本费用利润率=2 100÷（6 200 + 600 + 950 + 500 + 150）× 100% = 25%

计算结果表明，该公司 2012 年成本费用利润率比 2011 年略有下降，反映该公司 2012 年成本费用控制效果稍差于 2011 年。该公司应当深入分析导致成本费用增加的原因，以便改进管理，提高效益。

（3）总资产净利率。总资产净利率是企业一定时期内获得的净利润与平均资产总额的比率。它是反映企业资产的综合利用效果的指标，也是衡量企业利用债权人和所有者权益资金所取得利润水平的重要指标。其计算公式为：

$$总资产净利率 = \frac{净利润}{平均总资产} \times 100\%$$

一般情况下，总资产净利率越高，表明企业的资产利用效益越好，经营管理水平越高，整个企业盈利能力越强；反之，则说明企业资产利用效率低，经营管理存在问题，应该调整经营方针，改善经营管理水平。企业还可以将该指标与市场资本利率比较，如果前者大于后者，则说明企业可以充分利用财务杠杆，适当举债经营，以谋取更多的收益。

【例3-19】根据表3-2、表3-3的资料，假定该公司2011年年初全部资产总额为7 900万元，该公司2011年和2012年的总资产净利率为：

2011年总资产净利率=1 500÷[（7 900+9 800）÷2]×100%=16.95%

2012年总资产净利率=1 575÷[（9 800+11 070）÷2]×100%=15.09%

计算结果表明，该公司2012年总资产净利率比2011年有所下降，反映该公司2012年资产综合利用效率稍差于2011年，该公司应当深入分析资产的使用情况、增产节约的工作情况，以便改进管理，提高效益。

（4）净资产收益率。净资产收益率是企业一定时期的净利润与平均净资产的比率，反映了企业自有资金的投资收益水平，是评价企业盈利能力的核心指标。其计算公式为：

$$净资产收益率 = \frac{净利润}{平均净资产} \times 100\%$$

其中，平均净资产 =（所有者权益年初数 + 所有者权益年末数）÷2。

净资产收益率是评价企业自有资本及其积累获取报酬水平的最具综合性和代表性的指标，反映企业资本运营的综合效益。该指标通用性强，适用范围广，不受行业局限，在我国上市公司业绩综合评价指标中排序位于首位。通过对该指标的综合对比分析，可以看出企业获利能力在同行业中所处的地位，以及与同类企业的差距。一般认为，净资产收益率越高，企业自有资本获取收益的能力越强，运营效益越好，对企业投资人、债权人利益的保证程度越高。

【例3-20】根据表3-2、表3-3的资料，假定该公司2011年年初净资产总额为6 480万元，该公司2011年和2012年的净资产收益率为：

2011年净资产收益率=1 500÷[（6 480 + 7 120）÷2]×100% = 22.06%

2012年净资产收益率=1 575÷[（7 120 + 7 830）÷2]×100% = 21.07%

计算结果表明，该公司2012年的净资产收益率比2011年降低了0.99%，反映该公司2012年自有资本获取利润的能力稍差于2011年，这是由于该公司所有者权益的增长快于净利润的增长所导致的。

（5）资本收益率。资本收益率是企业一定时期净利润与平均资本即资本性投入及其资本溢价的比率，反映企业实际获得投资额的回报水平。其计算公式为：

$$资本收益率 = \frac{净利润}{平均资本} \times 100\%$$

其中，平均资本 = [（实收资本年初数 + 资本公积年初数）+（实收资本年末数+资本公积年末数）]÷2。

企业所有者权益的来源包括所有者投入的资本、直接计入所有者权益的利得和损益、留存收益等。其中，所有者投入的资本，反映在实收资本（股本）和资本公积（资本溢价或股本溢价）

中；直接计入所有者权益的利得和损益，反映在资本公积（其他资本公积）中；留存收益则反映在未分配利润和盈余公积中。因此，资本公积中属于所有者投入的资本只有其中的资本溢价或股本溢价。

【例3-21】 根据表3-2、表3-3的资料，假定该公司2011年年末实收资本为6 000万元，该公司2011年和2012年的资本收益率为：

2011年资本收益率=1 500÷[（6 000 + 6 000）÷2] × 100% = 25%

2012年资本收益率=1 575÷[（6 000 + 6 000）÷2] × 100% = 26.25%

计算结果表明，该公司2012年的资本收益率比2011年上升了1.25%，反映该公司2012年所有者投入资本获取利润的能力稍好于2011年，这是由于该公司所有者投入资本没有变化，而净利润有所增长所导致的。

（6）资本保值增值率。资本保值增值率是指企业本年末所有者权益扣除客观增减因素后与年初所有者权益的比率。它表示企业当年资本在企业自身努力下的实际增减变动情况，是评价企业财务效益状况的辅助指标。其计算公式为：

$$资本保值增值率=\frac{扣除客观因素后的年末所有者权益}{年初所有者权益}$$

资本保值增值率是根据"资本保全"原则设计的指标，更加谨慎、稳健地反映了企业资本保全和增值状况。它充分体现了对所有者权益的保护，能够及时、有效地发现侵蚀所有者权益的现象。该指标反映了投资者投入资本的保全性和增长性。该指标越高，表明企业的资本保全状况越好，所有者的权益增长越快，债权人的债务越有保障，企业发展的后劲越强。若该指标为负值，表明企业资本受到侵蚀，没有实现资本保全，损害了所有者的权益，也妨碍了企业进一步发展壮大。

【例3-22】 根据表3-2的资料，该公司2012年的资本保值增值率为：

2012年资本保值增值率=7 830÷7 120 = 1.1

（7）盈余现金保障倍数。盈余现金保障倍数是企业一定时期经营现金净流量与净利润的比值，反映了企业当期净利润中现金收益的保障程度，真实反映了企业盈余的质量。其计算公式为：

$$盈余现金保障倍数=\frac{经营现金净流量}{净利润}$$

一般来说，当企业当期净利润大于0时，盈余现金保障倍数应当大于1。该指标越大，表明企业经营活动产生的净利润对现金的贡献越大，企业收益质量越高。

【例3-23】根据表3-3的资料，假设该公司2011年度和2012年度的经营现金净流量分别为1 800万元和3 000万元，则该公司的盈余现金保障倍数为：

2011年度的盈余现金保障倍数=1 800÷1 500 = 1.2

2012年度的盈余现金保障倍数=3 000÷1 575 = 1.9

该公司2012年度的盈余现金保障倍数比2011年度明显提高，而且大于1，表明该公司收益质量较强。

2. 上市公司盈利能力分析

（1）每股收益。每股收益也称每股利润或每股盈余，是反映企业普通股股东持有每一股份所能享有的企业利润或承担的企业亏损的财务分析指标，是衡量上市公司盈利能力时最常用的财务指标。每股收益的计算包括基本每股收益和稀释每股收益。

基本每股收益的计算公式为:

$$基本每股收益=\frac{归属于普通股股东的当期净利润}{当期发行在外普通股的加权平均数}$$

其中,当期发行在外普通股的加权平均数 = 期初发行在外普通股股数 + 当期新发行普通股股数×已发行时间÷报告期时间-当期回购普通股股数×已回购时间÷报告期时间(已发行时间、报告期时间和已回购时间一般按天数计算,在不影响计算结果的前提下,也可以按月份简化计算)。

每股收益越高,表明公司的盈利能力越强。

【例 3-24】 根据表 3-3 的资料,该公司 2011 年度和 2012 年度发行在外的普通股股数为 6 000 万股,不存在优先股,则该公司的每股收益为:

2011 年度的每股收益=1 500÷6 000 = 0.25(元/股)

2012 年度的每股收益=1 575÷6 000 = 0.262 5(元/股)

该公司 2012 年度的每股收益比 2011 年度略有提高,表明该公司的盈利能力有所增强。

稀释每股收益是以基本每股收益为基础,假设企业所有发行在外的稀释性潜在普通股均已转换为普通股,从而分别调整归属于普通股股东的当期净利润以及发行在外的普通股的加权平均数计算而得的每股收益。

潜在普通股是指赋予其持有者在报告期或以后期间享有取得普通股权利的一种金融工具或其他合同。目前,我国企业发行在外的潜在普通股主要有可转换公司债券、认股权证、股份期权等。

稀释性潜在普通股,是指假设当期转换为普通股会减少每股收益的潜在普通股。

(2)每股股利。每股股利是上市公司本年发放的普通股现金股利总额与年末普通股总数的比值,反映上市公司当期利润的积累和分配情况。其计算公式为:

$$每股股利=\frac{普通股现金股利总额}{年末普通股总数}$$

【例 3-25】 根据表 3-3 的资料,假设该公司 2011 年度和 2012 年度发放的普通股股利分别为 720 万元、900 万元,则该公司的每股股利为:

2011 年度的每股股利=720÷6 000 = 0.12(元/股)

2012 年度的每股股利=900÷6 000 = 0.15(元/股)

该公司 2012 年度的每股股利比 2011 年度提高了 0.03,这是由该公司普通股总数没有发生变化,而发放的普通股股利增加所引起的。

(3)市盈率。市盈率是上市公司普通股每股市价相当于每股收益的倍数,反映投资者对上市公司每股净利润愿意支付的价格,可以用来估计股票的投资报酬和风险。其计算公式为:

$$市盈率=\frac{普通股每股市价}{普通股每股收益}$$

一般来说,市盈率高,说明投资者对该公司的发展前景看好,愿意出较高的价格购买该公司股票,但是某种股票的市盈率过高,也意味着这种股票具有较高的投资风险。成熟市场上的成熟公司有着非常稳定的收益,其通常的市盈率为 10~12 倍。

【例 3-26】 续前例,该公司 2011 年和 2012 年普通股每股收益分别为 0.25 元和 0.262 5 元,每股市价分别为 3.8 元和 5 元,则该公司的市盈率为:

2011 年度的市盈率=3.8÷0.25 = 15.20

2012 年度的市盈率=5÷0.262 5 = 19.05

该公司 2012 年度的市盈率比 2011 年度大幅上升,反映投资者对该公司的发展前景进一步看好。

（4）每股净资产。每股净资产是年末净资产（即股东权益）与年末发行在外的普通股股数的比率。其计算公式为：

$$每股净资产=\frac{年末股东权益}{年末普通股总数}$$

其中，年末股东权益是指扣除优先股权益后的余额。

【例 3-27】 续前例，该公司每股净资产为：

2011 年度的每股净资产=7 120÷6 000 = 1.19（元/股）

2012 年度的每股净资产=7 830÷6 000 = 1.31（元/股）

该公司 2012 年度的每股净资产比 2011 年度有所增加，反映该公司的每股账面价值有所提高。

（5）股票获利率。股票获利率即股利回报率是普通股每股现金股利与每股价格的比率，反映公司现金股利和公司股价之间的关系。其计算公式为：

$$股票获利率=\frac{普通股每股现金股利}{普通股每股价格}$$

【例 3-28】 续前例，该公司股票获利率为：

2011 年度的股票获利率=0.12÷3.8 = 3.16%

2012 年度的股票获利率=0.15÷5 = 3%

该公司 2012 年度的股票获利率比 2011 年度略有降低，反映对该公司的股票投资收益水平有所下降。

（6）股利支付率。股利支付率是指净收益中股利所占的比重，反映公司的股利分配政策和支付股利的能力。其计算公式为：

$$股利支付率=\frac{普通股每股现金股利}{普通股每股收益}$$

（7）股利保障倍数。股利保障倍数实际上就是股利支付率的倒数，倍数越大，说明支付股利的能力越强。其计算公式为：

$$股利保障倍数=\frac{普通股每股收益}{普通股每股现金股利}$$

（8）留存盈余比率。留存盈余是指净利润减去全部股利（包括优先股股利和普通股股利）后的余额。留存盈余比率是留存盈余与净利润的比率。其计算公式为：

$$留存盈余比率=\frac{净利润-全部股利}{净利润}$$

留存盈余比率的高低，反映公司的理财方针。如果企业认为有必要从内部积累资金，以扩大经营规模，经股东大会同意可以采用较高的留存盈余比率；如果企业不需要资金或可以用其他方式筹集资金，为满足股东取得现金股利的要求可降低留存盈余比率，提高股利支付率。

3.2.4 发展能力分析

发展能力是企业在生存的基础上，扩大规模、壮大实力的潜在能力。从结果来看，表现为企业价值的增长；从形成来看，表现为销售收入、资金投入和利润创造的不断增长。分析发展能力主要考察以下指标：营业收入增长率、营业收入三年平均增长率、营业利润增长率、营业利润三年平均增长率、总资产增长率、资本积累率。

1. 营业收入增长率

（1）营业（销售）收入增长率。营业收入增长率是企业本年营业收入增长额与上年营业收入总额的比率，反映企业营业收入的增减变动情况，是评价企业成长状况和发展能力的重要指标。其计算公式为：

$$营业收入增长率=\frac{本年营业收入增长额}{上年营业收入总额}\times100\%$$

其中，本年营业收入增长额＝本年营业收入总额－上年营业收入总额。

营业收入增长率是衡量企业经营状况和市场占有能力、预测企业经营发展能力的重要财务指标。营业收入增长率大于零，表明企业本年营业收入有所增长。该指标值越高，表明企业营业收入的增长速度越快，企业市场前景越好；若营业收入增长率小于零，则说明产品或服务不适销对路、质次价高，或售后服务差，市场份额缩小。实际分析时，还应结合企业前三年的营业收入平均增长率做出趋势性分析判断。

【例3-29】 根据表3-3的资料，该公司2012年营业收入增长率为：

2012年营业收入增长率=（10 600－9 400）÷9 400×100%＝12.77%

（2）营业（销售）收入三年平均增长率。营业（销售）收入三年平均增长率表明企业营业收入连续三年的增长情况，反映企业的持续发展态势和市场扩张能力。其计算公式为：

$$营业（销售）收入三年平均增长率=\left(\sqrt[3]{\frac{本年营业（销售）收入总额}{三年前年营业（销售）收入总额}}-1\right)\times100\%$$

营业（销售）收入三年平均增长率指标能够反映企业的经营业务增长趋势和稳定程度，体现企业连续发展状况和发展能力，避免了因少数年份经营业务的波动造成对企业发展潜力的错误判断。一般认为，营业收入三年平均增长率越高，表明企业营业持续增长势头越好，市场扩张能力越强。

2. 营业利润增长率

（1）营业利润增长率。营业利润增长率是企业本年营业利润增长额与上年营业利润总额的比率，反映企业营业利润的增减变动情况。其计算公式为：

$$营业利润增长率=\frac{本年营业利润增长额}{上年营业利润总额}\times100\%$$

其中，本年营业利润增长额＝本年营业利润总额－上年营业利润总额。

【例3-30】 根据表3-3的资料，该公司2012年营业利润增长率为：

2012年营业利润增长率=（2 350－2 250）÷2 250×100%＝4.44%

（2）营业利润三年平均增长率。营业利润三年平均增长率表明企业营业利润连续三年的增长情况，反映企业的持续增长态势和市场扩张能力，体现企业的发展潜力。其计算公式为：

$$营业利润三年平均增长率=\left(\sqrt[3]{\frac{本年营业利润总额}{三年前营业利润总额}}-1\right)\times100\%$$

一般认为，营业利润三年平均增长率越高，表明企业积累越多。企业营业持续增长势头越好，市场扩张能力越强。营业利润三年平均增长率指标能够反映企业的利润率增长趋势和效益稳定程度，较好体现企业连续发展状况和发展能力，可避免因少数年份利润不正常增长而造成对企业发展潜力的错误判断。

3. 总资产增长率

（1）总资产增长率。总资产增长率是企业本年总资产增长额同年初资产总额的比率，反映企业本期资产规模的增长情况，评价企业经营规模总量上的扩张程度。其计算公式为：

$$总资产增长率 = \frac{本年总资产增长额}{年初资产总额} \times 100\%$$

其中，本年总资产增长额 = 年末资产总额−年初资产总额。

总资产增长率是从企业资产总量扩张方面衡量企业的发展潜力，表明企业规模增长水平对企业发展后劲的影响。总资产增长率越高，表明企业一定时期内资产经营规模扩张的速度越快，但在分析时需要关注资产规模扩张的质和量的关系以及企业的后续发展能力，避免盲目扩张。

【例 3-31】 根据表 3-2 的资料，该公司 2012 年总资产增长率为：

2012 年总资产增长率 =（11 070−9 800）÷9 800 × 100% = 12.96%

（2）总资产三年平均增长率。总资产三年平均增长率表明企业总资产连续三年的增长情况，反映企业规模的持续增长态势，体现企业规模持续增长对发展能力的影响。其计算公式为：

$$总资产三年平均增长率 = \left(\sqrt[3]{\frac{年末资产总额}{三年前年末资产总额}} - 1 \right) \times 100\%$$

4. 资本积累率

（1）资本积累率。资本积累率，即股东权益增长率是企业本年所有者权益增长额与年初所有者权益的比率，反映企业当年资本的积累能力，是评价企业发展潜力的重要指标。其计算公式为：

$$资本积累率 = \frac{本年所有者权益增长额}{年初所有者权益} \times 100\%$$

资本积累率是企业当年所有者权益总的增长率，反映了企业所有者权益在当年的变动水平，体现了企业资本的积累情况，是企业发展强盛的标志，也是企业扩大生产的源泉，展示了企业的发展活力。资本积累率反映了投资者投入企业资本的保全性和增长性，该指标越高，表明企业的资本积累越多，企业资本保全性越强，应对风险、持续发展的能力越强。该指标如为负值，则表明企业资本受到侵蚀，所有者利益受到损害，应予以充分重视。

【例 3-32】 根据表 3-2 的资料，该公司 2012 年资本积累率为：

2012 年资本积累率 =（7 830−7 120）÷7 120 × 100% = 9.97%

（2）资本三年平均增长率。资本三年平均增长率表示企业资本连续三年的积累情况，在一定程度上反映了企业的持续发展水平和发展趋势。其计算公式为：

$$资本三年平均增长率 = \left(\sqrt[3]{\frac{年末所有者权益总额}{三年前年末所有者权益总额}} - 1 \right) \times 100\%$$

一般认为，资本三年平均增长率越高，表明企业所有者权益得到保障的程度越大，企业可以长期使用的资金越充足，应对风险和保持持续发展的能力越强。

3.3 | 财务报表综合分析

3.3.1 财务报表综合分析的含义及特点

财务报表综合分析就是将企业营运能力、偿债能力、获利能力和发展能力等诸方面的指标纳入一个有机的整体之中，全面地对企业经营状况、财务状况进行解剖与分析。

财务报表综合分析的特点体现在其对财务指标体系的要求上。综合财务指标体系的建立应当具备：①指标要素齐全；②适当主辅指标功能匹配；③满足多方信息需要。

3.3.2 财务报表综合分析方法

财务报表综合分析方法主要有杜邦分析法和沃尔评分法。

1. 杜邦分析法

（1）杜邦分析法原理。杜邦分析法是由美国杜邦（DuPont）公司在 1919 年前后率先采用的一种方法，故得此名。杜邦分析法是在考虑各财务比率内在联系的条件下，通过制定多种比率的综合财务分析体系来考察企业财务状况的一种分析方法。杜邦分析体系的基本框架如图 3-1 所示。

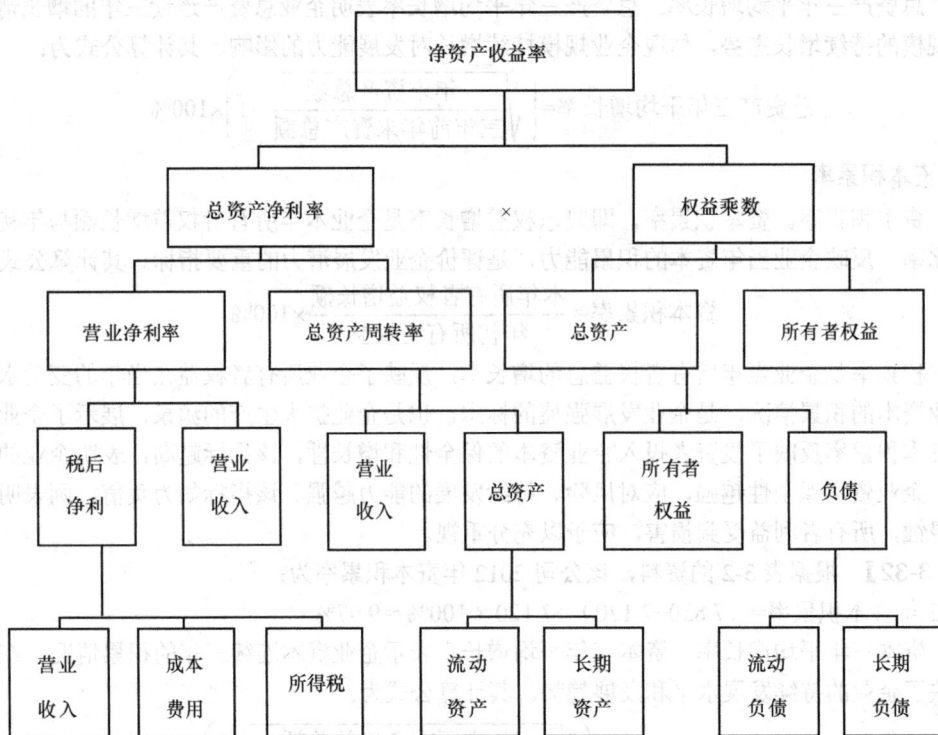

图 3-1 杜邦分析体系的基本框架

由图 3-1 可以看出，杜邦分析法是把有关财务比率和财务指标以系统分析的形式连在一起，通过对这一指标体系图的深入分析可以看出：第一，净资产收益率是指标体系分析的核心，该指标具有很强的综合性，由企业的营业净利率、总资产周转率和权益乘数所决定，说明它是与企业财务管理目标相关性最大的一个指标。第二，企业的税后净利，是由营业收入扣除成本费用总额再扣除所得税得到的，而成本费用又由一些具体项目构成，通过对这些项目的分析，能了解净资产收益率变动的原因。第三，企业的总资产是由流动资产和非流动资产构成的，它们各自又有明细项目，通过总资产构成和周转情况的分析，能发现企业资产管理中存在的问题与不足。第四，企业的总资产由所有者权益和负债两部分构成，通过对总资产结构的分析能了解企业的资产结构是否合理和财务风险的大小，从而及时发现企业筹资中存在的问题，以便采取有效措施加以改进。

杜邦分析系统的核心在于对公式的分解，其基本原理如下。

① 与净资产收益率有关的公式分解。

$$净资产收益率 = \frac{净利润}{平均净资产}$$

$$= \frac{净利润}{平均总资产} \times \frac{平均总资产}{平均净资产} \times 100\%$$

净资产收益率 = 总资产净利率 × 权益乘数

② 与总资产净利率有关的公式分解。

$$总资产净利率 = \frac{净利润}{平均总资产} = \frac{净利润}{营业收入} \times \frac{营业收入}{平均总资产}$$

总资产净利率 = 营业净利率 × 总资产周转率

③ 将前面分解的两个公式综合起来可以得到净资产收益率的分解。

净资产收益率 = 营业净利率 × 总资产周转率 × 权益乘数

（2）杜邦分析法运用。在具体运用杜邦体分析法时，可以采用因素分析法。首先，确定营业净利率、总资产周转率和权益乘数的基准值，然后顺次代入这三个指标的实际值，分别计算分析这三个指标的变动对净资产收益率的影响方向和程度；在此基础上，可以进一步分解这三个指标，并分析其变动的深层次原因，找出解决的方法。

【例 3-33】 根据表 3-2、表 3-3 的资料以及前例中的假设，可计算该公司 2012 年度杜邦体系中的各项财务指标，列示于表 3-4 中。

表 3-4 振华公司杜邦分析体系财务指标

项目	2011 年	2012 年
净资产收益率	22.06%	21.07%
营业净利率	15.96%	14.86%
总资产周转率	1.062 1	1.015 8
权益乘数	1.301 5	1.396 0

运用连环替代法对该公司 2012 年的净资产收益率的变动情况进行分析。

① 建立净资产收益率与各影响因素之间的依存关系式。

净资产收益率 = 营业净利率 × 总资产周转率 × 权益乘数

② 确定分析对象。

净资产收益率的变动：21.07%−22.06% = −0.99%

③ 替代计算。

2011 年度的指标：15.96% × 1.062 1 × 1.301 5 = 22.06%

替代营业净利率：14.86% × 1.062 1 × 1.301 5 = 20.54%

替代总资产周转率：14.86% × 1.015 8 × 1.301 5 = 19.65%

替代权益乘数：14.86% × 1.015 8 × 1.396 0 = 21.07%

④ 确定各因素对净资产收益率的影响程度。

营业净利率的影响：20.54%−22.06% = −1.52%

总资产周转率的影响：19.65%−20.54% = −0.89%

权益乘数的影响：21.07%−19.65% = +1.42%

⑤ 验算，分析评价。

$$-1.52\% + (-0.89\%) + 1.42\% = -0.99\%$$

据计算所得可知，振华公司净资产收益率 2012 年比 2011 年下降了 0.99%，主要是由于营业净利率降低使其下降了 1.52%，总资产周转率下降使其降低了 0.89%，而权益乘数上升使其增加1.42%，其中营业净利率的下降是使其降低的主要原因，但权益乘数对其产生较大的正面影响。

2. 沃尔评分法

（1）沃尔评分法原理。财务状况综合评价的先驱者之一是亚历山大·沃尔。他在 20 世纪初出版的《信用晴雨表研究》和《财务报表比率分析》中提出了信用能力指数的概念，把若干个财务比率用线性关系结合起来，以评价企业的信用水平。他首先选择了 7 种财务比率，分别给定了其在总评价中占的权重，总和为 100 分；然后确定标准比率，并与实际比率相比较，评出每项指标的得分；最后求出总评分，得出对企业财务状况的综合评价。例如，用沃尔评分法直接对 A 公司的财务状况进行综合评价，其评分过程及结果如表 3-5 所示。综合得分 109.15 分，表明 A 公司综合财务状况较好。

表 3-5 　　　　　　　　　　　　　沃尔评分法对 A 公司财务状况的综合评分

财务比率	权重 ①	标准比率 ②	实际比率 ③	相对比率 ④＝③÷②	评分 ⑤＝①×④
流动比率	25	2	2.42	1.21	30.25
净资产/负债	25	1.5	0.84	0.56	14
资产/固定资产	15	2.5	3.35	1.34	20.1
销售成本/存货	10	8	14	1.75	17.5
销售额/应收账款	10	6	10.8	1.8	18
销售额/固定资产	10	4	2.6	0.65	6.5
销售额/净资产	5	3	1.68	0.56	2.8
合计	100	—	—	—	109.15

沃尔评分法的优点是简便实用。但其缺点也是很突出的，从理论上讲，它未能证明为什么要选择这 7 个指标，而不是更多或更少些，或者选择别的财务比率，也未能证明每个指标所占权重的合理性；从技术上讲，某一指标严重异常时，会对总评分产生不合逻辑的重大影响，如财务比率提高1 倍，其评分增加 100%，而缩小 1 倍，其评分只减少 50%，这是由于相对比率与权重相乘计算评分的方法所引起。

尽管沃尔评分法在理论和技术上存在诸多缺点，但其分析评价的原理在实践中仍被广为应用。

（2）沃尔评分法的运用。现代社会与沃尔所在的时代相比，已发生了很大的变化。财务比率的选择、权重的确定、标准比率的确定、实际比率的计算等方面的研究也有了很大的发展。当前运用沃尔评分法对企业财务状况进行综合分析评价通常可按以下程序展开。

① 选择评价企业财务状况的比率指标。通常要选择能够说明企业财务状况的重要指标。一般认为企业财务评价的内容主要有盈利能力、偿债能力、营运能力和发展能力。盈利能力的主要指标有资产净利率、销售净利率和净资产报酬率等。偿债能力的主要指标有资产负债率、流动比率和速动比率等。营运能力的主要指标有应收账款周转率、存货周转率和总资产周转率等。发展能力的主要指标有销售增长率、净利增长率和资产增长率等。因此，分析评价时可以选择以上指标对企业财务状况进行综合分析评价。当然，也可以根据企业的实际情况增加或减少若干指标进

行评价。

② 根据各项比率指标的重要程度，确定其评分值，即其权重，各项比率指标的评分值之和应等于 100。各项财务比率评分值的确定是一个重要问题，它直接影响到对企业财务状况的评分多少。对各项比率指标的重要程度，不同的分析者会有不同的态度，但一般应根据企业生产经营规模、市场形象和分析者的分析目的等因素来确定。

③ 确定各项比率指标的标准值。财务比率指标的标准值是指各项比率指标在企业现时条件下最理想的数值，即最优值。分析评价时可选择的标准有企业历史标准、计划标准、经验标准、国家标准、国际标准。

④ 计算企业在一定时期各项比率指标的实际值。各项比率指标实际值应根据企业实际的财务资料计算。

⑤ 计算各项比率指标实际值与标准值的比率，即相对比率。根据各项比率指标的性质不同，相对比率的计算要区分三种不同的情况，采用不同的方法。

a. 若比率指标值越大，反映企业的财务状况或财务效果越好，属于正向指标，则该比率指标的实际值大于标准值即为理想的，其计算公式为：

$$相对比率=\frac{实际值}{标准值}$$

销售净利率、净资产报酬率等属于此类指标。

b. 若比率指标值越大，反映企业的财务状况或财务效果反而越差，属于逆向指标，则该比率指标的实际值大于标准值即为不理想的，其计算公式为：

$$相对比率=\frac{标准值-(实际值-标准值)}{标准值}$$

存货周转天数、销售成本率等属于此类指标。

c. 若比率指标值刚好等于标准值时，企业的财务状况或财务效果最好，属于适度指标，则该比率指标的实际值大于或小于标准值均为不理想的，其计算公式为：

$$相对比率=\frac{标准值-|(实际值-标准值)|}{标准值}$$

流动比率、资产负债率、自有资本比率等属于此类指标。

⑥ 计算各项比率指标的综合得分及其合计数。各项比率指标的综合得分是各比率指标的相对比率和评分值的乘积，其合计数即可作为评价企业综合财务状况的依据。一般而言，综合得分合计数如果为 100 或接近 100，表明企业财务状况基本上符合标准要求；如果与 100 有较大差距，则表明企业财务状况偏离标准要求。

【例 3-34】根据长远股份有限公司的财务资料，利用沃尔评分法，通过计算分析得出该公司财务状况的综合评价。具体过程及结果如表 3-6 所示。

表3-6　　　　　　　　　　　长远股份有限公司沃尔综合评分表

比率指标	评分值①	标准值②	实际值③	相对比率④	综合得分⑤=①×④
盈利能力：					
资产净利率	20	15%	18%	1.2	24
销售净利率	20	15%	12%	0.8	16
净资产报酬率	10	15%	14%	0.93	9.3

续表

比率指标	评分值 ①	标准值 ②	实际值 ③	相对比率	综合得分 ⑤＝①×④
偿债能力：					
资产负债率	8	40%	60%	0.5	4
流动比率	8	2	1.4	0.7	5.6
营运能力：					
应收账款周转率	8	6	4.8	0.8	6.4
存货周转期（天）	8	45	49.5	0.9	7.2
发展能力：					
销售增长率	6	30%	21%	0.7	4.2
净利增长率	6	20%	12%	0.6	3.6
资产增长率	6	20%	14%	0.7	4.2
合计	100	—	—	—	84.5

对长远股份有限公司的财务状况主要从盈利能力、偿债能力、营运能力和发展能力四个方面进行分析评价。根据对相关财务资料的计算分析可得，反映该公司盈利能力的主要指标资产净利率、销售净利率和净资产报酬率分别为18%、12%、14%，行业标准值分别为15%、15%、15%；反映偿债能力的主要指标资产负债率、流动比率分别为60%、1.4，行业标准值分别为40%、2；反映营运能力的主要指标应收账款周转率和存货周转期分别为4.8次、49.5天，行业标准值分别为6次、45天；反映发展能力的主要指标销售增长率、净利增长率和资产增长率分别为21%、12%、14%，行业标准值分别为30%、20%、20%。据此，计算编制长远股份有限公司沃尔综合评分表，结果综合得分合计为84.5分，表明该公司综合财务状况还尚未达到行业标准水平。

练习题

一、单项选择题

1. 下列指标属于企业长期偿债能力衡量指标的是（　　）。
   A. 固定资产周转率　　　　　　　　B. 速动比率
   C. 已获利息倍数　　　　　　　　　D. 总资产周转率
2. 在杜邦财务分析体系中，综合性最强的核心指标是（　　）。
   A. 总资产净利率　　　　　　　　　B. 净资产收益率
   C. 总资产周转率　　　　　　　　　D. 营业净利率
3. 一般来说，下列指标越低越好的是（　　）。
   A. 产权比率　　　　　　　　　　　B. 已获利息倍数
   C. 速动比率　　　　　　　　　　　D. 资本积累率
4. 与产权比率相比较，资产负债率评价企业偿债能力的侧重点是（　　）。
   A. 揭示财务结构的稳健程度
   B. 揭示债务偿付完全性的物质保障程度
   C. 揭示主权资本对偿债风险的承受能力
   D. 揭示负债与长期资金的对应关系

5. 下列各项中，可能导致企业资产负债率变化的经济业务是（　　）。

    A. 收回应收账款

    B. 用现金购买债券

    C. 接受所有者投资转入的固定资产

    D. 以固定资产对外投资（按账面价值作价）

6. 下列各项中，不会影响流动比率的业务是（　　）。

    A. 用现金购买短期债券

    B. 用现金购买固定资产

    C. 用存货进行对外长期投资

    D. 从银行取得长期借款

7. 用于评价企业盈利能力的总资产报酬率指标中的"报酬"是指（　　）。

    A. 息税前利润

    B. 营业利润

    C. 利润总额

    D. 净利润

8. 企业大量增加速动资产可能导致的结果是（　　）。

    A. 减少资金的机会成本

    B. 增加资金的机会成本

    C. 增加财务风险

    D. 提高流动资产的收益率

9. 产权比率与权益乘数的关系是（　　）。

    A. 产权比率 × 权益乘数 = 1

    B. 权益乘数 = 1/（1-产权比率）

    C. 权益乘数 = （1 + 产权比率）/产权比率

    D. 权益乘数 = 1 + 产权比率

二、多项选择题

1. 因素分析法既可以全面分析各因素对某一经济指标的影响，又可以单独分析某个因素对某一经济指标的影响。但采用因素分析法时，必须注意的问题有（　　）。

    A. 因素分解的关联性

    B. 因素替代的顺序性

    C. 顺序替代的连环性

    D. 计算结果的假定性

2. 企业短期偿债能力的衡量指标主要有（　　）。

    A. 流动比率

    B. 产权比率

    C. 速动比率

    D. 现金流动负债比率

3. 发展能力是企业在生存的基础上，扩大规模. 壮大实力的潜在能力。分析发展能力的主要指标有（　　）。

    A. 资本积累率

    B. 总资产周转率

    C. 总资产增长率

    D. 三年资本平均周转率

4. 由杜邦分析体系可知，提高自有资金利润率的途径有（　　）。

    A. 提高总资产周转率

    B. 提高销售利润率

    C. 降低负债率

    D. 提高权益乘数

5. 属于企业盈利能力分析指标的有（　　）。

    A. 总资产报酬率

    B. 总资产周转率

    C. 资本保值增值率

    D. 盈余现金保障倍数

6. 下列各项中，可能直接影响企业净资产收益率指标的措施有（　　）。

    A. 提高营业净利率

    B. 提高资产负债率

    C. 提高总资产周转率

    D. 提高流动比率

三、问答题

1. 试述企业财务报表分析的目的。

2．财务报表分析包括哪些内容？

3．简述财务报表分析的一般方法。

四、计算分析题

1．甲企业上年主营业务收入净额为 9 000 万元，全部资产平均余额为 3 500 万元，流动资产平均余额为 1 200 万元；本年主营业务收入净额为 9 600 万元，全部资产平均余额 3 600 万元，流动资产平均余额为 1 300 万元。要求：

（1）计算上年与本年的全部资产周转率、流动资产周转率和资产结构（流动资产占全部资产的百分比）。

（2）运用差额分析法计算流动资产周转率与资产结构变动对全部资产周转率的影响。

2．某商业企业 2012 年度赊销收入净额为 2 000 万元，销售成本为 1 600 万元；年初、年末应收账款余额分别为 200 万元和 400 万元；年初、年末存货余额分别为 200 万元和 600 万元；年末速动比率为 1.2，年末现金比率为 0.7。假定该企业流动资产由速动资产和存货组成，速动资产由应收账款和现金类资产组成，一年按 360 天计算。要求：

（1）计算 2012 年应收账款周转天数；

（2）计算 2012 年存货周转天数；

（3）计算 2012 年年末流动负债余额和速动资产余额；

（4）计算 2012 年年末流动比率。

3．某股份公司 2012 年有关资料如下。

项目	年初数	年末数	本年数或平均数
存货	7 200	9 600	
流动负债	6 000	8 000	
总资产	15 000	17 000	
流动比率		1.5	
速动比率	0.8		
权益乘数			1.5
流动资产周转次数			4
净利润			2 880

要求：

（1）计算流动资产的年初余额、年末余额和平均余额（假定流动资产由速动资产与存货组成）。

（2）计算本年主营业务收入净额和总资产周转率。

（3）计算主营业务净利率和净资产收益率。

【学习目标】

筹资是企业资本运作的前提，也是财务管理的重要环节。任何企业要形成生产经营能力、保证生产经营正常运行，都必须拥有一定数量的资金。

通过本章的学习应达到以下目标：

- 了解企业筹资的目的与原则；
- 熟悉企业筹资的渠道与方式；
- 掌握资金需要量的预测方法；
- 掌握短期筹资的特点与筹资策略的类型；
- 掌握短期借款、商业信用、短期融资券和应计项目的相关概念及其管理；
- 掌握吸收直接投资、普通股、优先股、长期借款、公司债券和融资租赁的概念和种类及其各自的优缺点；
- 掌握融资租赁租金的计算。

【引导案例】

名臣制衣公司资金筹集方式的选择

名臣股份有限公司是制衣行业的上市公司，2013年12月31日，公司总股本数（均为普通股）为60 000万股，公司的资产总额40亿元。公司过去几年在广告宣传方面有较大的投入，创造了品牌，树立了良好的企业形象信誉、在国内制衣市场中占有一定份额，经济效益较好。面对竞争越来越激烈的市场，名臣股份有限公司明显感受到了来自同行业竞争的压力。企业只有不断研发新产品，提升生产工艺技术水平、扩大生产经营规模等，才能应对激烈的市场竞争，而这一切都离不开资金的支持。最近，该公司的市场分析人员经过详细的市场调查和分析，打算新建一项大型的制衣生产流水线。该投资项目总共需要一次性投入资金5亿元，预计该生产流水线建成后每年可增加息税前利润8 500万元。名臣公司应该采用什么方式筹资？是发行股票还是发行债券？亦或从银行贷款？

任何企业要从事经营活动都需要资金，那么资金从何而来？是靠企业内部积累，还是向外筹资？这是企业必须面临的问题。企业筹资是一个十分复杂而又重要的问题，本章将对各种筹资方式进行一一介绍。

4.1
筹资概述

企业筹资就是企业根据其生产经营、对外投资以及调整资本结构的需要，通过一定的筹资渠道，采取适当的筹资方式，经济有效地筹措资金的过程。资金筹集是企业生产经营活动的前提条件，也是企业再生产顺利进行的保证。任何一个企业，为了形成生产经营能力、保证生产经营正常运行，必须拥有一定数量的资金。

筹资活动是企业一项重要的财务活动。如果说企业的财务活动是以现金收支为主的资金流转活动，那么筹资活动则是资金运转的起点。

4.1.1　筹资目的与原则

1. 筹资目的

（1）满足生产经营的需要。资金是企业能够设立并开展生产经营活动的先决条件，故筹资的首要目的是满足企业生产经营活动的需要。企业所处的时期不同，筹资的具体目的也有所不同。设立时，所筹资金用于购建生产经营设施和生产经营设备、采购材料及支付各种费用，以满足生产经营业务的需要；当扩大生产经营规模时，需扩充生产经营设施和设备，增加材料采购量和其他存货的数量，需通过筹资以补充企业原有资金的不足；当企业在产品销售后，未能及时回笼货款，或发生经营性亏损，影响了企业生产经营正常周转时，也需通过筹资来弥补资金的暂时短缺，以保证企业生产经营的正常进行。

（2）满足对外投资的需要。企业为获取更大效益，在开拓有发展前途的对外投资领域时，需要做好筹资工作，以满足对外投资的需要；企业在对外投资项目发展良好、需要扩大对外投资规模时，也需要通过筹资来补充对外投资资金的不足。

（3）满足调整资本结构的需要。当企业的资本结构不合理时，可以通过不同的筹资方式筹集资金来进行调整，调整后使企业的资本结构趋于合理。例如，当企业的债务资金比例较高时，可以通过筹集一定量的自有资金来降低债务资金比例，使之趋于合理。

2. 筹资原则

筹资渠道及方式直接决定了资金成本及取得资金的及时性，对于及时满足企业从事经营活动所需资金，降低成本，提高企业经济效益起着重要的作用。因此，企业必须认真进行资金筹集的管理工作。筹资应遵循以下原则。

（1）规模适当原则。企业筹资过少，不能满足企业正常经营所需资金；筹资过多，则可能使企业资金闲置、浪费，增加资金成本，损害企业经济利益。所以，筹资前应采用一定的方法预测资金的需要数量，合理确定筹资规模，以防止筹资不足而影响正常生产经营或筹资过剩而降低筹资效果。

（2）筹措及时原则。资金在不同时点上具有不同的价值，企业要根据资金需求的具体情况合理安排，使筹资与用资在时间上相衔接，避免筹资过早造成投放前的闲置，或筹资滞后错过资金投放的最佳时机。

（3）来源合理原则。企业不论从何种渠道、以何种方式筹资，都必须付出一定的代价，即资金成本。不同资金来源的资金成本各不相同，取得资金的难易程度也不一样。因此，企业应当针对不同来源资金的成本进行分析，尽可能选择经济、可行的筹资渠道与方式，合理选择资金来源。

（4）资本结构适当原则。企业的资本结构一般由借入资本和自有资本构成，合理负债能提高自有资金利润率，又可缓解资金紧张的矛盾；若负债过多，则会产生较大的财务风险，甚至由于丧失偿债能力而面临破产。因此，企业应适度举债，合理确定资本结构，以降低财务风险。

4.1.2　筹资渠道与筹资方式

企业筹资活动需要通过一定的渠道，并采用一定的方式来完成。

1. 筹资渠道

筹资渠道是指企业取得资金的来源渠道。认识及了解各种筹资渠道及其特点，有助于企业筹资时正确选择。目前，我国企业的筹资渠道主要有以下几种。

（1）国家财政资金。国家对企业的直接投资是国有企业最主要的资金来源渠道，特别是国有独资公司，其资本全部由国家投资形成，产权归国家所有。

（2）银行信贷资金。银行对企业的各种贷款是我国目前各类企业重要的资金来源。我国银行分为商业性银行和政策性银行两种。商业性银行主要为各类企业提供各种商业性贷款；而政策性银行主要为特定企业提供政策性贷款。

（3）非银行金融机构资金。非银行金融机构是指各种从事金融机构业务的非银行机构，如信托投资公司、保险公司、证券公司及租赁公司等。他们所提供的各种金融服务，既包括信贷资金投放，也包括物资的融通，还包括为企业承销证券等金融服务。非银行金融机构的资金力量比商业银行要小，但这些金融机构的资金供应比较灵活方便，且可提供其他方面的服务，今后发展前景广阔。

（4）其他法人单位资金。其他法人单位资金是指法人单位以其可以支配的资金在企业之间相互融通而形成的资金。企业在生产经营过程中，往往有部分暂时闲置的资金可以在企业之间相互调剂余缺，这种资金可以是临时的资金融通，也可以是相互投资形成长期稳定的经济联合。

（5）民间资金。企业职工和城乡居民个人的节余资金，可以对企业进行投资，形成民间资金来源渠道，为企业所利用。

（6）企业内部形成资金。它主要包括提取的盈余公积金和未分配利润等，这些资金的重要特征之一是它们无须企业通过一定的方式去筹集，而直接由企业内部生成或转移。

（7）外商资金。外商资金是指外国投资者和我国香港、澳门特别行政区和台湾地区投资者投入的资金。吸收外资不仅可以弥补资金不足、促进企业不断壮大，而且能够引进国外先进技术和管理经验，促进企业技术进步和管理水平的提高。

2. 筹资方式

筹资方式是指企业筹集资金所采用的具体形式。筹资渠道是客观存在的，而筹资方式则属于企业的主观能动行为，企业筹资管理的重要内容是如何针对客观存在的资金渠道，选择合理的筹资方式进行筹资。认识筹资方式的种类及各种筹资方式的特点，有利于企业选择适宜的筹资方式并有效地进行筹资组合，降低资金成本，提高资金使用效益。目前，我国企业筹资方式主要有以下几种。

（1）吸收直接投资。吸收直接投资是企业以协议等形式吸收国家、其他法人单位、个人等直接投入资金，形成企业资本金的一种筹资方式。吸收直接投资是非股份制企业筹集权益资本的一种基本方式。

（2）发行股票。股票是股份有限公司为筹集权益资本而发行的有价证券，是持股人在公司投资股份数额的凭证，它代表持股人在公司拥有的所有权。发行股票是股份制企业筹集权益资本的一种主要方式。

（3）发行债券。债券是表明债权债务关系的一种凭证，是债务人向债权人出具的到期还本付息的有价证券。发行债券，是指企业以发行公司债券的方式取得资金的筹资方式。按照我国《公司法》等相关法律法规的规定，只有股份有限公司、国有独资公司、由两个以上的国有企业或者两个以上的国有投资主体设立的有限责任公司，才有资格发行公司债券。

（4）借款。借款是指企业根据借款合同向银行或非银行金融机构借入的、按规定期限还本付息的款项，是企业负债经营时所采取的主要筹资方式。

（5）商业信用。商业信用是指企业之间在商品交易中由于延期付款或预收货款而形成的借贷关系。商业信用是企业之间融通短期资金的一种主要筹资方式。

（6）租赁。租赁是指根据事先约定的条款，资产所有者（出租人）授予承租人在契约或合同规定的期限内使用其资产的权利。租赁是企业筹资的一种特殊方式。

（7）留存收益。留存收益是指企业从税后利润中提取的盈余公积金和未分配利润等。该种筹资方式既有利于满足企业扩大生产经营规模的资金需要，又能够减小企业的财务风险，是企业长期采用的股权筹资方式。

4.1.3 资金需要量预测

企业在筹资之前，应当采用一定的方式预测资金需要量，只有这样，才能使筹来的资金既能满足企业生产经营需要，又不会有太多的闲置。预测资金需要量的方法通常有定性预测法、因素分析法、销售百分比法和线性回归分析法等，下面分别介绍。

1. 定性预测法

定性预测法是指利用直观的资料，依靠个人的经验和主观分析、判断能力，预测未来资金需要量的方法。其预测过程为：首先由熟悉财务过程和生产经营情况的专家，根据过去所积累的经验，进行分析判断，提出预测的初步意见，然后通过召开座谈会或发出各种表格等形式，对上述预测的初步意见进行修正补充。如此通过一次或数次，得出预测的最终结果。

定性预测法是十分有用的，但它不能揭示资金需要量与有关因素之间的数量关系。所以这类方法主要是在企业所掌握的数据资料不完备、不准确的情况下使用。

2. 因素分析法

因素分析法是以有关项目基期年度的平均资金需要量为基础，根据预测年度的生产经营任务和资金周转加速的要求，进行分析调整，以预测资金需要量的一种方法。这种方法计算比较简单，容易掌握，但预测结果不太精确。因素分析法的计算公式为：

$$资金需要量=（基期资金平均占用额-不合理资金占用额）\times（1\pm预测期销售增减率）$$
$$\times（1\pm预测期资金周转速度变动率） \qquad (4-1)$$

【例4-1】 某公司2015年资金平均占用额为500万元，其中不合理的部分是30万元，预计2016年销售额增长率为3%，资金周转速度加快2%。试运用因素分析法预测2016年资金需要量。

2016年资金需要量=（500-30）×（1+3%）×（1-2%）=474.42（万元）

3. 销售百分比法

销售百分比法是将反映生产经营规模的销售因素与资金占用的资产因素连接起来，根据销售增长与资产增长之间的关系，预测未来资金需要量的方法。销售百分比法首先假设某些资产与销售额存在稳定的百分比关系，根据销售与资产的比例关系预计资产额，根据资产额预计相应的负债和所有者权益，进而确定筹资需要量。现将销售百分比法进行资金预测的基本步骤举例说明。

【例4-2】 宝丰公司2015年的销售收入为1 000万元，现在还有剩余生产能力，即增加收入不需要进行固定资产方面的投资。该公司简要资产负债表及各报表项目与销售收入比率如表4-1所示。假定销售净利率为10%，利润留存率为50%，如果2016年的销售收入提高到1 200万元，试预测2016年需向外界筹集多少资金？

表4-1　　　　　　　　　　　　宝丰公司简要资产负债表

2015 年 12 月 31 日　　　　　　　　　　　　　　　单位：万元

项目	金额	占销售收入比重%	项目	金额	占销售收入比重
资产			负债及所有者权益		
现金	50	5	应付账款	150	15
应收账款	150	15	短期借款	250	N
存货	300	30	长期借款	100	N
固定资产	350	N	实收资本	250	N
			留存收益	100	N
资产合计	850	50	负债与所有者权益合计	850	15

第一步，将资产负债表中预计随销售变动而变动的项目分离出来。资产是资金使用的结果，随着销售额的变动，经营性资产项目（库存现金、应收账款、存货等项目）将占用更多的资金。而随着经营性资产的增加，相应的经营性短期债务也会增加，如存货增加会导致应付账款的增加，此类债务称为"自发性债务"，能为企业提供暂时性资金。经营性资产与经营性负债的差额通常与销售额保持稳定的比例关系。经营性负债项目不包括短期借款、短期融资券、长期借款等筹资性负债。

以宝丰公司为例，将该公司随销售变动而变动项目及其与销售额的关系百分比列示在表 4-1 中。在表 4-1 中 N 是指该项目不随销售的变化而变化。

第二步，确定需要增加的资金。从表 4-1 中可以看出，宝丰公司销售收入每增加 100 元，将增加 50 元的资金占用，但同时又自动增加 15 元的资金来源（应付账款会因存货的增加而自动增加），两者差额还有 35% 的资金需求。因此，销售每增加 100 元而需追加的资金净额为 35 元。在本例中，销售增长 200 万元（1 200-1 000）需追加的资金净额为 70 万元（200×35%）。

第三步，确定需要增加的筹资数量。2016 年的净利润为 120 万元（1 200×10%），利润留存率为 50%，则将有 60 万元利润被留存下来，还需要从外部筹资 10 万元。

以上介绍了如何运用销售百分比法预测外部筹资额的过程。为简便起见，也可用预测公式预测外部融资需要量。预测公式列示于下：

$$外部融资需要量 = \frac{A}{S_1}\Delta S - \frac{B}{S_1}\Delta S - P \times E \times S_2 \qquad (4-2)$$

式中：A——随销售而变化的敏感性资产；B——随销售而变化的敏感性负债；S_1——基期销售额；S_2——预测期销售额；ΔS——销售的增加额；P——销售净利率；E——利润留存率；$\frac{A}{S_1}$——敏感资产与销售额的关系百分比；$\frac{B}{S_1}$——敏感负债占销售额的关系百分比。

根据宝丰公司的资料利用预测公式可求得外部融资需要量为：

$$（50\%-15\%）\times 200-10\%\times 50\%\times 1\,200=10（万元）$$

【小知识】

在资产负债表中，有些项目与销售收入之间基本存在固定不变的比例关系，但有些项目与销售收入之间不存在非常直接的关系，我们将前者称为敏感项目，后者称为非敏感项目。对于不同的企业而言，敏感项目和非敏感项目不一定相同，具体要根据企业的实际情况进行分析。敏感项目又可分为敏感资产和敏感负债。常见的敏感资产有现金、应收账款、存货等。典型的敏感负债有应付账款、应付费用等。非敏感项目主要包括对外投资、短期借款、长期借款、实收资本等。

4. 线性回归分析法

线性回归分析法是指根据资金需要量与营业业务量之间的依存关系建立数学模型，然后根据历史有关资料，用回归直线方程预测资金需要量的方法。采用这一方法，根据资金同业务量之间的依存关系，可以把资金区分为不变资金和变动资金。不变资金是指在一定的经营规模内，不随业务量增减而相应变动的资金，主要包括为维持营业而需要的最低数额的现金、原材料的保险储备，必要的成品或商品储备，以及厂房、机器设备等固定资产占用的资金。变动资金是指随业务量增减而同比例变动的资金，主要包括最低储备以外的现金、存货和应收账款等占用的资金。采用线性回归分析法预测资金需要量的线性回归模型如下：

$$y=a+bx \qquad (4-3)$$

式中：y——资金需用量；a——不变资金；b——单位业务量需要的变动资金；x——业务量。

根据线性回归模型及联系历年的 n 期数据，即可建立决定回归直线的方程组：

$$\begin{cases} \Sigma y = na + b\Sigma x \\ \Sigma xy = a\Sigma x + b\Sigma x^2 \end{cases}$$

通过联立方程组预测不变资金和单位业务量需要的变动资金，然后根据预测业务量，建立线性回归模型预测资金需要量。

【例 4-3】 某公司 2010—2015 年产销量与资金需要量如表 4-2 所示，2016 年预计产销量为 200 万件，试预测 2016 年的资金需要量。

表 4-2 　　　　　　　　　　　×公司产销量与资金变化情况表

月份	2010	2011	2012	2013	2014	2015
产销量（x）万件	40	42	45	43	46	50
资金需求量（y）万元	8 800	9 100	9 600	9 300	9 800	10 500

根据上列资料编制产销量与资金需要量回归分析表如表 4-3 所示。

表 4-3 　　　　　　　　　　　回归方程数据计算表

年份	x	y	xy	x^2
2010	40	8 800	352 000	1 600
2011	42	9 100	382 200	1 964
2012	45	9 600	432 000	2 025
2013	43	9 300	399 900	1 849
2014	46	9 800	450 800	2 116
2015	50	10 500	525 000	2 500
n=6	Σx=266	Σy=57 100	Σxy=2 541 900	Σx^2=11 854

代入式（4-3）求得 b=170.65，a=1 951.19。

则资金总额模型为：y=1 951.19+170.65x。

将 2016 年预计产销量 200 万件，代入线性回归模型，预测出 2012 年资金需求量如下：

$$y=1\ 951.19+170.65\times200=36\ 081.19（元）$$

运用线性回归分析法须注意以下几个问题：①资金需要量与营业业务量之间的线性关系的假定应符合实际情况；②确定 a、b 数值，应利用连续若干年的历史资料，一般要有三年以上资料；③应考虑价格等因素的变动情况。例如，原材料价格上涨、应付工资增加等。

4.1.4　短期筹资的特点与筹资策略的类型

1. 短期筹资的特点

短期筹资是指所筹集资金的可使用时间较短，一般不超过 1 年。由于短期资本一般通过流动负债方式取得，因此短期筹资也可称为流动负债筹资或短期负债筹资。与长期负债筹资相比，短期筹资主要有以下特点。

（1）筹资速度快，容易取得。长期负债的债权人为了保护自身利益，往往对债务人进行全面的财务调查，因而筹资所需的时间一般较长，且不易取得，短期筹资在较短的时间内即可归还，故债权人顾虑较少，容易取得。

（2）筹资富有弹性。举借长期负债，债权人或有关方面经常会向债务人提出很多限定性条件或管理规定；而短期负债的限制则相对宽松些，使融资企业的资金使用较为灵活，富有弹性。

（3）筹资成本低。一般来说，当筹资到期日较短时，债权人所承担的利率风险也相对较低，因此短期筹资的资金使用成本也相对较低。

（4）融资风险高。短期筹资需在短期内偿还，因而要求融资企业在短期内拿出足够的资金偿还债务，若企业届时资金安排不当，就会陷于财务危机。此外，短期筹资利率的波动比较大，很难在较长时期内将筹资成本锁定在某个较低利率水平，因此也有可能高于长期负债的利率水平。

2. 短期筹资策略的类型

企业的流动资产具有波动性，形成波动的原因主要有季节性循环和经济周期两个方面。在经营旺季，企业会扩大经营规模，对流动资金的需求上升；在经营淡季，对资金的需求会下降。此外，当经济周期进入高涨期时，企业会提高流动资金占用量；当经济进入萧条期时，企业对流动资金的需求也随之缩小。

但是，企业流动资产的占用水平在波动过程中依然有一个稳定不变的量，这是保证企业经营存在的最低需要量。因此，我们可以把全部流动资产分为两个部分，即临时性流动资产和永久性流动资产。临时性流动资产指那些受季节性、周期性影响的流动资产，如食品加工厂为赶制季节性食品大量购入原料。永久性流动资产指那些既使企业处于经营低谷也仍然需要保留的，用于满足企业长期稳定需要的流动资产。公司的短期筹资策略就是指如何确定永久性流动资产和临时性流动资产在筹资方式上的基本原则，即短期筹资的目标是满足全部流动资金需要，还是只满足其中的一部分？通常，短期筹资策略可分为以下 3 种：即配合型筹资策略、激进型筹资策略和保守型筹资策略。

（1）配合型筹资策略。配合型筹资策略是指企业对临时性流动资产所需资金采用临时性短期负债方式筹资，对永久性流动资产及固定资产（统称为永久性资产）采用自发性短期负债和长期负债、权益资本筹资（见图 4-1）。例如，某企业在生产经营的淡季，需占用 200 万元的流动资产和 500 万元的固定资产；在生产经营旺季时，会额外增加 150 万元的季节性存货需求。在配合型筹资策略下，700 万元的永久性资产（即 200 万元的永久性流动资产和 500 万元固定资产之和）全部由自发性短期负债和长期负债、权益资本解决其资金需要，而 150 万元的季节性存货需求（为临时性流动资产）的资金来源靠临时性短期负债实现。

配合型筹资策略的基本思想是将企业资产与负债的期间相配合，从而可以减少资金闲置、浪费，提高资金使用效率。但是，现实生活中往往很难达到资产与负债的完全配合。如企业生产经营旺季的销售一旦出现不理想，未能按计划取得销售现金收入，便会发生偿还临时性短期负债的困难。因此，该模式是一种理想的、有着较高资金管理要求的融资模式。

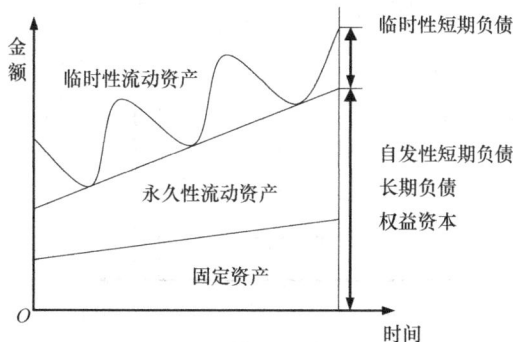

图 4-1　配合型

（2）激进型筹资策略。激进型筹资策略是指企业临时性短期负债不但要满足临时性流动资产的资金需要，还要满足一部分永久性流动资产的需要（见图4-2）。沿用上例，企业在经营低谷时仍有200万元永久性流动资产和500万元固定资产，在经营旺季额外增加150万元的季节性存货需求，但假如企业持有的自发性短期负债和长期负债、权益资本只有600万元，那么就有100万元的永久性流动资产和150万元的临时性流动资产（经营旺季时的存货需求）的资金来源是靠临时性短期负债融资实现的。这时，企业采取的融资政策是激进型筹资策略。

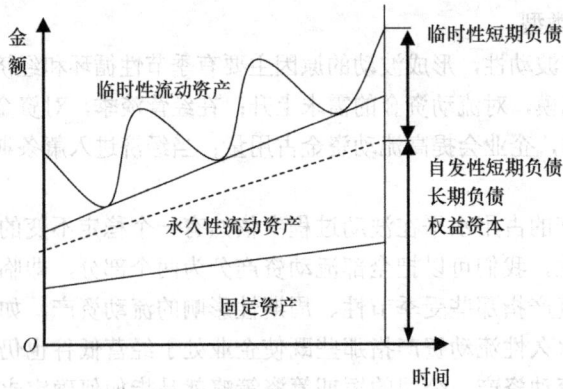

图4-2 激进型

在激进型筹资策略下，临时性短期负债在企业全部资金来源中所占的比重较大，由于一般情况下，短期融资的成本低于长期融资成本，所以该模式下企业的资金成本较低，总资产的投资回报率较高。但是，另一方面，因为企业一部分永久性流动资产是用临时性短期负债资金来源满足的，那么企业必须在临时性短期负债到期后重新举债才能满足永久性流动资产的长期需要，这样企业便会经常地借债和还债，从而增加了企业财务风险。这种风险除了旧债到期可能借不到新债以外，还有短期利率变动的风险。因此，该模式是一种风险性与获利性都较高的融资模式。

（3）保守型筹资策略。保守型筹资策略是指企业临时性短期负债只满足部分临时性流动资产的资金需要，另一部分临时性流动资产和永久性资产，则由自发性短期负债和长期负债、权益资本作为资金来源，如图4-3所示。

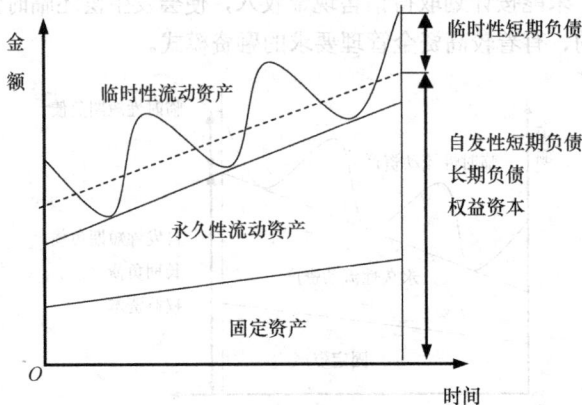

图4-3 保守型

保守型筹资策略可以降低财务风险，因为大部分资金都是通过长期资金来筹集的，有利于稳定企业财务结构。但是，却会因长期融资成本比短期融资成本高，以及经营淡季时仍需负担长期负债利息，而降低企业的收益。因此，该模式是一种风险性和获利性均较低的融资模式。

总之，如果利率不变化，短期融资的成本要低于长期融资成本，故保守型筹资策略下筹资成本高，其总资产的投资回报率一般较低，而采用激进型筹资策略，可以比较有效地降低筹资成本，其总资产的投资回报率较高。但是，一旦利率水平发生变化，这个结论就不绝对成立了。在预期未来利率水平将下降的情况下，缩短融资期限将有助于降低融资成本；相反，若预期未来利率水平将上升，延长融资期限则是明智之举。因此，在利率波动的环境下，公司的融资策略不应当是一成不变的，应当根据利率变化趋势调整融资结构，以降低融资成本。

4.2 短期筹资的方式

企业取得短期资金的方式很多，主要有以下几种。

（1）商业信用。商业信用是一种自然筹资方式，它是在商品交易过程中由企业之间延期付款或预收货款而形成的借贷关系。一般来说，商品经济越发达，商业信用的应用程度就越广。当前商业信用已成为广大企业重要的短期资金来源。

（2）短期借款。短期借款是指企业为解决短期资金周转的困难而向银行或其他金融机构借入的期限在一年以内的各种借款。

（3）短期融资券。短期融资券是由实力雄厚的大型企业发行的无担保短期本票。该票据的特点是面值高、期限较短、利率通常比银行同期贷款利率低且要求发行企业有较高的信誉。

（4）应付费用。应付费用同商业信用一样，也是一种自然筹资方式。它是企业在生产经营和利润分配过程中发生的应付而未付的费用，主要包括应付职工薪酬、应付利息、应缴税费等。

以上这些短期资金筹资方式的内容及特征将在本章以后各节中阐述。

4.2.1 商业信用

商业信用是指商品交易中由于延期付款或预收货款所形成的企业间的借贷关系。它是企业之间的一种直接信用行为，是企业广泛采用的一种筹资方式。在短期筹资方式中，它所占的比重相当大，一些小型企业由于银行借款受到的限制较多，难以通过短期借款获得足够的短期资金，因此，一般企业对商业信用的依赖程度都较高。商业信用的具体形式主要有应付账款、应付票据、预收账款等。

1. 应付账款

应付账款是指买卖双方发生商品交易后，卖方允许买方在购货后一定时期内支付货款的一种形式。利用这种形式，卖方主要是为促销，对买方来说延期付款则等于向卖方借用资金购进商品，可以满足或缓解买方的短期资金需求。

（1）应付账款的信用条件。应付账款信用条件是指销货人对付款时间和现金折扣所作的具体规定。如"2/10，N/30"表示 10 天内付款可享受 2%的现金折扣，超过 10 天在 30 天内则全价付款。信用条件从总体看，主要有以下两种形式。

① 延期付款，卖方不提供现金折扣。在这种信用条件下，卖方允许买方在交易发生后一定时期内按发票金额付款。如"net 60"，是指在 60 天内按发票金额全价付款。在这种信用条件下，买卖双方存在商业信用，买方因延期付款而取得资金来源。

② 延期付款，卖方提供现金折扣。这是指买方如提前付款，可以享受一定的现金折扣，如买方不享受现金折扣，则必须在一定时期内付清货款。如"2/10，N/30"便属于此类信用条件。买方可根据资金周转及资金成本等因素决定是否享受现金折扣。

（2）应付账款的成本。应付账款的成本是指企业因放弃现金折扣而产生的商业信用筹资的机会成本。倘若买方企业购买货物后在卖方规定的折扣期内付款，享受了现金折扣，这种情况下企业没有因享受信用而付出成本，只有当卖方给出了现金折扣，但企业未能在规定的折扣期内付款，放弃了现金折扣时，应付账款才有成本。

【例 4-4】 某企业购进一批价值为 100 000 元的材料，对方开出的信用条件是"2/10，N/60"，假设企业在购货后的第 10 天、第 60 天付款，试分别计算商业信用的成本率。

① 如果企业在购货后的第 10 天或更早付款，便享受了 10 天的免费信用期，并获得折扣 2 000 元（100 000×2%），只需支付 98 000 元（100 000−2 000），此时，商业信用没有成本。

② 如果企业不享受这一现金折扣，在购货后第 60 天付款，则须支付 100 000 元，这就比享受现金折扣多付 2 000 元，可以理解为该企业占用对方货款 98 000 元，期限为 50 天支付 2 000 元的利息，折算成年利率为：

$$（2 000÷98 000）×（360÷50）×100\%=14.69\%$$

这就是因企业放弃现金折扣而发生的商业信用成本率，放弃现金折扣的成本还可以用另一种方式计算：

$$放弃现金折扣成本率=\frac{折扣率}{1-折扣率}×\frac{360}{信用期-折扣期} \quad (4\text{-}4)$$
$$=\frac{2\%}{1-2\%}×\frac{360}{60-10}×100\%=14.69\%$$

一般来说，如果能以低于放弃现金折扣成本的利率（其实质是一种机会成本）借入资金，便应在现金折扣期内用借入的资金支付货款，利用现金折扣。例如，与上例同期的银行短期借款年利率为 8%，则买方企业应利用资金成本低的银行借款在折扣期内偿还应付账款；否则，企业应放弃折扣。

如果在折扣期内将应付账款用于短期投资，所得的投资收益率高于放弃现金折扣成本的利率，则应放弃现金折扣。当然，假如企业放弃现金折扣优惠，也应将付款日推迟至信用期内的最后一天（如上例中的第 60 天），以降低放弃折扣的成本。

如果面对两家以上提供不同信用条件的卖方，应通过衡量放弃现金折扣成本的大小，选择信用成本最小的一家。假如，假使上例中另有一家供应商提出"1/20，N/60"的信用条件，其放弃折扣的成本为：

$$\frac{1\%}{1-1\%}×\frac{360}{60-20}×100\%=9.09\%$$

与上例中的"3/10，N/60"信用条件的情况相比，后者的成本较低，如果买方企业估计会拖延付款，那么宁肯选择第二家供应商。

2. 应付票据

应付票据是购销双方按购销合同进行商品交易，延期付款而签发的、反映债权债务关系的票据。应付票据按承兑人不同，分为商业承兑汇票和银行承兑汇票。商业承兑汇票是由收款人签发，经付款人承兑，或由付款人签发并承兑的票据。银行承兑汇票是由收款人或承兑申请人签发，并由承兑申请人向银行申请，经由银行审查同意承兑的票据。其付款期限由交易双方商定。我国商业汇票的付款期限最长不超过 6 个月。商业汇票可以带息，也可以不带息。带息商业汇票的利息率一般不高于同期银行借款利息率，商业汇票到期须承付票款，否则，付款人将要按规定受到经济处罚。例如，现行结算制度规定，付款人使用银行承兑汇票到期无款支付，银行在垫付后再从付款人的存款户扣收，直到扣清垫款，并对尚未扣回的承兑金额按每天万分之五计收罚息。

在商品交易活动中，买方对卖方延期付款既可以采取应付账款方式，也可以采取商业汇票结算方式，但在下列情况下通常采取商业汇票结算方式：①卖方对买方的信用不了解；②买方信用不佳，不被卖方所信任；③赊销货款的金额较大。

3. 预收账款

预收账款是卖方企业在交付货物之前，向买方预先收取部分或全部货款的信用形式。预收账款相当于卖方向买方借款，而在以后一定时期用商品归还，是卖方的一种短期资金来源。企业通常在销售紧俏商品或销售生产周期长、价值高的商品时采用预收货款的方式，以缓和资金需求的矛盾。

4. 商业信用筹资评价

企业利用商业信用筹资的优点主要有：①它是一种"自然性筹资"，伴随商品交易而自然产生，无须正式办理筹资手续；②与银行借款筹资相比，限制条件较少，选择余地较大；③如果没有现金折扣，或者企业不放弃现金折扣，以及使用不带息商业汇票，则商业信用筹资不负担成本。其不足之处在于商业信用期限一般较短，如果企业取得现金折扣，则时间会更短；如果放弃现金折扣，则要付出较高的成本；如果展延付款期则会影响企业信誉，对今后购货和付款都不利。

4.2.2 短期借款

短期借款是指企业向银行和其他非银行金融机构借入的期限在一年以内的借款。从金融机构取得短期借款是企业经常采用的一种短期筹资方式，我国目前为企业提供短期借款的金融机构主要有商业银行、信托投资公司及其他经营贷款业务的金融机构。

1. 短期借款的种类

我国目前的短期借款按借款的目的和用途可分为生产周转借款、临时借款、结算借款等。生产周转借款是指企业因流动资金不能满足正常生产经营需要，而向银行或其他金融机构取得的借款。临时借款是借款人在生产经营过程中因季节性或临时性的物资采购资金需求，以对应的产品（商品）销售收入和其他合法收入等作为还款来源而发放的短期贷款。结算借款是企业采用托收承付结算的方式向异地发出商品，在委托银行收款期间为解决在途结算资金占用的需要，以托收承付结算凭证为保证向银行取得的借款。按照国际通行做法，短期借款按偿还方式的不同可分为一次性偿还借款和分期偿还借款；按利息支付方法的不同可分为收款法借款、贴现法借款和加息法借款；按有无担保分为抵押借款和信用借款等。

2. 短期借款的程序

企业向金融机构申请借款时，主要程序如下所述。

（1）企业提出借款申请。企业申请借款必须符合贷款原则和规定，只有符合贷款条件的企业才能向银行提出申请。企业申请借款时，应当在《借款申请书》上填写申请借款金额、借款用途、偿还能力及还款方式等内容，另外，企业还需提供与借款相应的有关资料。一般情况下，贷款人要求借款企业提供以下几个方面的重要资料：①借款人及保证人的基本情况；②近三年经审计的财务报表及最近一期的月度资产负债表和损益表；③对外担保情况说明；④抵押物、质物清单，有处分权人同意抵押、质押的证明及保证人拟同意保证的有关证明文件；⑤用款计划和还款来源说明；⑥贷款人认为需要提供的其他资料。

【小知识】

银行对企业发放贷款的原则是按计划发放、择优扶持、有物资保证、按期归还。申请贷款首先必须符合银行申请借款的基本条件，这些基本条件有：贷款企业实行独立核算，自负盈亏、具有法人资格，有健全的组织机构和管理人员；经营方向和业务范围符合国家产业政策，借款用途属于银行贷款办法规定的范围并提供有关借款项目的可行性分析报告；借款企业有一定的物资和财产保证，为之提供担保的单位具有相应的经济能力；具有偿还贷款的能力；企业财务管理和经济核算制度健全，资金使用效益及企业经济效益良好；在借款银行开立账户，办理结算。

（2）对借款人的信用等级进行评估。根据借款企业的领导素质、财务状况、资金结构、经济效益、履约情况和发展前景等因素，评定借款人的信用等级。信用等级的评估可由金融机构（贷款人）独立进行，内部掌握，也可委托独立的评估机构进行评估。

（3）贷款调查。贷款人受理借款人申请后，需要对借款人的信用等级以及借款人的合法性、安全性、盈利性进行调查，核实抵押物质、保证人情况，根据调查的结果测定贷款的风险度。

（4）贷款审批。金融机构一般都建立了审贷分离、分级审批的贷款管理制度。即贷款的调查人员负责调查评估，贷款的审查人员负责贷款风险的审查，贷款的发放人员负责贷款的检查和清收。审查人员要对调查人员提供的资料进行核实、评定，复测贷款的风险度，提出意见，按规定权限审批，决定是否提供贷款。

（5）签订贷款合同。为了维护借贷双方的合法权益，企业向银行借款时，双方应签订贷款合同。贷款合同的内容主要包括借款种类、借款金额、用途、利率、借款期限、还款方式、借贷双方的权利与义务、违约责任和双方认为需要约定的其他事项。保证贷款还应当由保证人与借款人签订保证合同，或保证人在借款合同上载明与贷款人协商一致的保证条款，加盖保证人的法人公章，并由保证人的法人代表或其授权代理人签署姓名。抵押贷款、质押贷款应当由抵押人、出质人与贷款人签订抵押合同，需要办理登记的，应当依法办理登记。

（6）贷款发放及贷后检查。借款合同签订后，贷款人要按借款合同规定按期发放贷款。贷款人不按合同约定按期发放贷款的，应偿付违约金。借款人不按合同约定用款的，也应偿付违约金。

贷款发放后，贷款人将对借款人执行借款合同情况及借款人的经营情况进行跟踪调查和检查。企业应积极配合贷款人做好这项工作。因为贷后检查既是对本次贷款情况的评估，实际上同时也是为下一次的贷款做调查准备。

（7）企业归还借款。企业应按合同规定按时足额归还借款本息。一般而言，贷款人会在借款到期一个星期之前，向借款企业发送还本付息通知单。企业在接到还本付息通知单时，要及时筹备资金，按时归还本息。如因故不能如期还款，可向贷款人申请贷款展期，但是否展期，由贷款人根据具体情况决定。

3. **短期借款的信用条件**

（1）信贷限额。信贷限额是银行对借款人规定的无担保贷款的最高额。其有效期限通常为一年，但根据情况也可延期一年。通常企业在批准的信贷限额内，可随时使用银行借款，但银行并不承担必须提供全部信贷限额的义务。如果企业信誉恶化，即使银行曾同意过按信贷限额提供贷款，也可能得不到借款，这时银行不会承担法律责任。

（2）周转信贷协定。周转信贷协定是银行具有法律义务地承诺提供不超过某一最高限额的贷款协定。在协定有效期内，只要企业的借款总额未超过最高限额，银行必须满足企业任何时候提出的借款要求，但企业通常要就贷款限额的未使用部分付给银行一笔承诺费。例如，某借款企业周转信贷额为 2 000 万元，承诺费率为 0.5%，企业年度内使用了 1 400 万元，余额 600 万元，借款企业该年度就需要向银行支付承诺费 3 万元（600×0.5%）。

（3）补偿性余额。补偿性余额是银行要求借款企业必须在其账户内按其贷款限额或实际借用额保留一定百分比（通常为 10%~20%）的最低存款余额，它使借款企业实际可使用贷款金额减少，提高了实际贷款利率。从银行角度看，借款企业账户内的最低存款余额降低了贷款风险。如某企业按年利率 6%向银行借款 100 万元，银行要求保留贷款额的 20%作为补偿余额，则该笔贷款的实际利率为：

$$K_{实}=\frac{1\,000\,000\times6\%}{1\,000\,000\times(1-20\%)}=7.5\%$$

（4）借款抵押。银行向财务风险较大的企业或对其信誉了解不充分的企业发放贷款，有时需要有抵押品（借款企业的房屋、股票、债券）担保，以减少自己蒙受损失的风险。银行接受抵押品后，将根据抵押品的面值决定贷款金额，一般为抵押品面值的 30%～90%。这一比例的高低，取决于抵押品的变现能力和银行的风险偏好。企业向贷款人提供抵押品，会限制其财产的使用和将来的借款能力。

（5）偿还条件。贷款的偿还有到期一次偿还和在贷款期内定期（每月、季）等额偿还两种方式。一般企业不希望采用后种偿还方式，因为这会提高借款实际利率；而银行不希望采用前种偿还方式，因为这会加重企业的财务负担，增加企业拒付风险，同时会降低实际贷款利率。

（6）其他承诺。银行有时会要求企业为取得贷款而做出其他承诺，如及时提供财务报表，保持适当的特定的流动比率等。如果企业违背承诺，银行可要求企业立即偿还全部贷款。

4．短期借款利息支付方法

一般来说，借款企业通常用以下 3 种方法支付银行贷款利息。

（1）收款法。收款法是企业在借款到期时向银行支付利息的方法。银行向工商企业发放的贷款大都采用这种方法收取利息。

（2）贴现法。贴现法是银行向企业发放贷款时，先从本金中扣除利息部分，而到期时借款企业则要偿还全部本金的一种计息方法。采用这种方法，企业可利用的贷款额只有本金减去利息部分后的差额，因此贷款的实际利率要高于名义利率。

【例 4-5】 某企业从银行取得贷款 600 000 元，期限一年，年利率为 10%（名义利率），利息为 60 000 元（600 000×10%）；按照贴现法计息，企业可实际利用的贷款为 540 000 元，该项贷款的实际利率为：

$$K_{实}=\frac{I}{M-I}=\frac{60\,000}{600\,000-60\,000}=11.11\% \tag{4-5}$$

式中：K——实际利率；I——利息费用；M——贷款面值。

（3）加息法。加息法是银行发放分期等额偿还贷款时采用的利息收取方法。在分期等额偿还贷款的情况下，银行将根据报价利率计算的利息加到贷款本金上，计算出贷款的本息和，要求企业在贷款期内分期偿还本息之和的金额。

【例 4-6】 某企业借入年利率 12%的贷款 30 000 元，期限为 1 年，分 12 个月等额偿还本息，则该项贷款的实际利率是多少？

由于企业贷款时取得 30 000 元，全部偿还的本息为 33 600 元（30 000+3 600），则每月的偿还额为 2 800 元。由于银行在 12 个月里每月等额收到 2 800 元，也就意味着企业 12 个月等额付出 2 800 元，因此实际上这是一个年金问题。30 000 元贷款面值就是该 12 期年金（企业每月付款数 2 800 元为年金）的现值。下面以现值的方法来计算其实际利率。计算过程为：

$$30\,000=2\,800\times(P/A，i，12)$$

$$(P/A，i，12)=30\,000/2\,800=10.714$$

查年金现值系数表，寻找 $N=12$ 时系数 10.714 所指的利率。查表结果，与 10.714 接近的年金现值系数 10.575 和 11.255 分别指向 1%和 2%。用内插法确定月利率 i 为：

$$1\%\begin{cases}1\%\\i\\2\%\end{cases}x \qquad 0.68\begin{cases}11.255\\10.714\\10.575\end{cases}0.541$$

由　　$1\%/0.68=X/0.541$　　可求得 $X=0.796\%$

则 $i=1\%+0.796\%=1.796\%$。

计算出月利率后，可据以计算该项贷款的年实际利率为：

$$K_{实}=(1+i)^{12}-1=(1+1.796\%)^{12}-1=23.81\%$$

从计算结果可以看出，这样的借款成本是相当高的。一般说来分期等额付款的实际利率高于报价利率大约 1 倍。利用现值法计算分期等额付款的实际利率，虽然比较精确，但较复杂。现介绍一种简单的估计方法。由于借款是分期等额偿还的，所以在一年内的平均贷款额为 15 000 元（30 000/2），而借款人所付的利息 3 600 元就等于是使用这 15 000 元贷款的利息，据此可以计算实际利率为：

$$K_{实}=\frac{I}{M/2}=\frac{3\,600}{30\,000/2}=24\% \qquad\qquad (4\text{-}6)$$

式中：I——利息费用；M——贷款面额。

通过以上分析可以看出，两种方法计算的结果非常接近。在要求不太精确的前提下，一般都是选用后者计算。

通过以上对短期借款利率的计算可以看出，随着银行对利息支付方式的不同和对借款企业的诸多条件限制，企业借款的实际利率可能会大大超过报价利率，因此企业在向银行借款时，应根据银行要求的利息支付方式及限制条件的要求确定借款人的实际利率，以便做出筹资选择。

5. 借款企业对银行的选择

借款企业在进行短期借款筹资时，除了要考虑借款种类、借款成本等因素外，还需对贷款银行进行分析，做出选择。对短期贷款银行的选择，通常要考虑下列有关因素。

（1）银行对贷款风险的政策。银行通常都对其贷款的风险做出政策性的规定。有些银行倾向于保守政策，只愿承担较小的贷款风险，有些银行则富有开拓性，敢于承担较大的风险。企业宜选择在贷款风险政策上具有开拓精神的银行，因为这些银行通常不会因企业某些短期的困难而改变贷款政策，从而保证银行信贷资金的稳定来源。

（2）银行对借款企业的咨询与服务。有些银行会主动帮助借款企业分析潜在的财务问题，提出解决问题的建议和办法，有着良好的服务，乐于为具有发展潜力的企业发放大量贷款，在企业遇到困难时帮助其渡过难关；而有些银行很少为企业提供咨询与服务，在企业遇到困难时却对其清偿贷款而施加压力。

（3）银行对贷款专业化的区分。一般而言，大银行都设有不同的专业部门，分别处理不同行业、不同类型的贷款。企业与这些拥有丰富专业化贷款经验的银行合作，会更多地受益。

（4）银行资金的稳定性。资金量稳定的银行通常能使企业的借款资金更有保障，因此，企业应选择资本雄厚、存款水平波动程度低、存款结构优的银行。

6. 短期借款筹资评价

短期借款与其他短期筹资方式和长期借款相比，具有一定的优点，主要有：①筹资效率较高，企业获得短期借款所需的时间要比长期借款短得多，因为银行在发放长期借款前，通常要对借款企业进行比较全面的调查分析，花费时间较长；②筹资的弹性大，借款企业可以按急需随时借款，在资金充裕时及早还款，便于企业灵活安排。其突出的缺点是短期内要归还，筹资风险高，实际利率较高，在补偿性余额和附加利率情形下，尤其如此。

4.2.3 短期筹资的其他方式

1. 短期融资券

短期融资券是由企业依法发行的无担保短期本票。在我国，短期融资券是指企业依照《银行间债券市场非金融企业债务融资工具管理办法》的条件和程序在银行间债券市场发行和交易，约定在 1 年内还本付息的债务融资工具，募集资金主要为补充企业流动资金所用。中国人民银行对短期融资券的发行、交易、登记、托管、结算和兑付进行监督管理。

（1）短期融资券的种类。

① 按发行方式分类，可将短期融资券分为经纪人承销的融资券和直接销售的融资券。

② 按发行人的不同分类，可将短期融资券分为金融企业的融资券和非金融企业的融资券。我国目前发行和交易的是非金融企业的融资券。

③ 按融资券的发行和流通范围分类，可将短期融资券分为国内融资券和国际融资券。

（2）短期融资券的发行条件。

① 发行人为非金融企业，发行企业均应经过在中国境内工商注册且具备债券评级能力的评级机构的信用评级，并将评级结果向银行间债券市场公示。

② 发行和交易的对象是银行间债券市场的机构投资者，不向社会公众发行和交易。

③ 融资券的发行由符合条件的金融机构承销，企业不得自行销售融资券，发行融资券募集的资金用于本企业的生产经营。

④ 对企业发行融资券实行余额管理，待偿还融资券余额不超过企业净资产的 40%。

⑤ 融资券采用实名记账方式在中央国债登记结算有限责任公司（简称中央结算公司）登记托管，中央结算公司负责提供有关服务。

⑥ 融资券在债权债务登记日的次一工作日，即可以在全国银行间债券市场的机构投资人之间流通转让。

（3）短期融资券筹资评价。利用短期融资券筹资主要有以下优点：①短期融资券的融资成本较低，短期融资券的利率通常低于银行同期贷款利率；②短期融资券筹资数额比较大。短期融资券筹资不像银行借款筹资在筹资数量上受限制，因而，对于需要大量短期资金的公司来说，短期融资券这一筹资方式更为适用；③发行短期融资券可以提高企业信誉和知名度。由于人们普遍认为只有信用等级很高的企业才能发行短期融资券，因此，发行短期融资券的企业可以此提高企业的形象和知名度。

短期融资券筹资的缺点主要有：①不能展期，而且由于持有人较分散，一旦出现偿付困难，进行谈判的成本会比较高；②只有当企业的资金需求达到一定数量时才适合使用短期融资券，如果资金需求量小，考虑到发行成本，则发行上则变得相当不经济；③条件比较严格。短期融资券并非任何企业都能采用，它有一些严格限制条件，最大的限制条件必须是信誉好、实力强的企业才能使用，而新成立的或规模较小的企业则不能利用短期融资券筹集短期资金。因此，大部分希望得到短期资金的企业，由于不符合条件，而被排斥在外，只能寻求其他资金来源。

2. 应付费用

（1）应付费用的概念。应付费用是企业应付未付的费用，这些应付费用是形成在前，支付在后，因此在支付之前可以为企业所利用。企业中常见的应付费用如应付职工薪酬、应付税费等。企业每月发生的应付职工薪酬，每月或每季度发生的应付利息、应交增值税、营业税、所得税及年中或年末发生的应付股利等，它们都是在生产中预先提取但尚未支付的费用，或已经形成但尚未支付的款项。此类负债通常都规定有一个必须支付的日期。以税金为例，企业需上缴的各种税款必须在税务机关规定的日期内缴纳，若推迟缴纳，则必须支付税款滞纳金。同样，应付职工薪酬也必须如期支付给职工，若推迟支付，将会影响职工的生活和工作积极性。一般来说，企业的生产和销售规模越大，可利用的应付项目而形成的自然资金也就越多，应付项目从发生到支付的间隔时间越长，企业可利用的资金时间也就越长。应付费用融资额可按下列公式计算：

$$应付费用融资额=\Sigma（应付项目日平均发生额×占用天数）\qquad(4-7)$$

式中，应付项目日平均发生额可根据各项目预计发生数除以预计期天数计算。占用天数常有两种计算方法：一种是按照经常占用天数计算；另一种是按照平均占用天数计算，即按两次支付间隔天数的一半来计算。

【例 4-7】 某企业预计每月职工工资总额为 360 000 元，工资每月支付一次。则可计算应付职工薪酬形成的融资额为：

$$应付职工薪酬融资额=\frac{36\,000}{30}\times\frac{30}{2}=180\,000（元）$$

（2）应付费用筹资评价。应付费用是在企业生产经营过程中自然形成的资金，它可供企业在某一规定期限内无条件占用，因此是一项免费的短期资金来源。但使用时必须注意对支付期的控制，以免拖欠应付费用给企业带来损失。

4.3 长期筹资方式

长期筹资，是指企业筹集的使用期限在 1 年以上的资金筹集活动。长期筹资的目的主要在于形成和更新企业的生产和经营能力，或扩大企业的生产经营规模等。长期筹资通常采用吸收直接投资、发行股票、发行债券、取得长期借款、融资租赁等方式，所形成的长期资金主要用于购建固定资产、形成无形资产、进行对外长期投资、垫支流动资金、产品和技术研发等。从资金权益性质来看，长期资金可以是股权资金，也可以是债务资金。

4.3.1 吸收直接投资

吸收直接投资指企业吸收国家、法人、个人及外商以货币、实物、无形资产等形式出资形成企业资金的一种筹资方式。吸收直接投资方式下，企业寻找资金提供者，不以股票为媒介，由资金提供者直接注入资金到企业，注入资金到企业的资金提供者成为企业的直接投资者，各个投资者对企业共同投资、共同经营、共担风险、共享利润。

吸收直接投资是非股份制企业筹措资本的基本方式。吸收直接投资的实际出资额，注册资本部分形成实收资本，超过注册资本的部分属于资本溢价，形成资本公积。

1. 吸收直接投资的种类

根据直接投资者的身份不同，企业采用吸收直接投资方式筹集的资金一般可分为以下四类。

（1）吸收国家投资。国家投资是指有权代表国家投资的政府部门或者机构以国有资产投入企业，由此形成国家资本金。吸收国家投资是国有企业筹集自有资金的主要方式。目前，除了国家以拨款形式投入企业所形成的各种资本外，用税后利润归还贷款后所形成的国家资本、财政和主管部门拨给企业的专用拨款以及减免税后形成的资本，也视为国家投资。吸收国家投资一般具有以下特点。

① 产权归属于国家。根据谁投资、谁所有的原则，由国家投资形成的资产，其权属归国家所有。

② 资本数额较大。由国家直接进行的投资，其涉及资金数额一般都比较大。

③ 在国有企业中采用比较广泛。

④ 资金的运用和处置受国家约束较大。吸收国家直接投资受国家宏观经济政策影响较大，通过此渠道筹集到的资金，在资金运用和处置方面都受到国家的约束。

（2）吸收法人投资。法人投资是指法人单位以其依法可以支配的资产投入企业中，由此形成法人资本金，目前主要指法人单位在进行横向经济联合时所产生的联营、合资等投资。吸收法人投资一般具有以下特点：①发生在法人单位之间；②以参与企业利润分配为目的；③投资方式灵活多样。

（3）吸收个人投资。个人投资是指社会个人或本企业内部职工以个人合法财产投入企业，由此形成个人资本金。吸收个人投资一般具有以下特点：①参加投资的人员较多，个人投资一般为社会个人或本企业内部职工，投资者人数众多；②每人投资的数额相对较少；③以参与企业利润分配为目的。

（4）吸收外商投资。外商投资是指外国投资者以及我国香港、澳门、台湾地区的投资者投入的资金，由此形成外商资本金。随着我国改革开放的不断前进，吸收外商投资已成为企业筹集资金的重要方式。吸收外商投资一般具有以下特点：①一般只有中外合资、合作或外商独资经营企业才能采用；②可以筹集外汇资金；③出资方式比较灵活。

2. 吸收直接投资的出资方式

我国《公司法》规定，企业在采用吸收直接投资这一方式筹集资金时，投资者可以用现金、厂房、机器设备、材料物资、无形资产等多种方式向企业投资。具体而言，主要有以下几种出资方式。

（1）现金出资。现金出资是吸收直接投资中一种最重要的投资方式。企业有了现金，就可以购置各种物质资料，支付各种费用，比较灵活方便。因此，企业应尽量动员投资者采用现金方式出资。

吸收投资中所需投入现金的数额，取决于投入的实物及工业产权之外建立企业的开支和日常周转需要。

（2）实物出资。实物出资是指以房屋、建筑物、设备等固定资产和存货等流动资产所进行的投资。应该注意的是，并非任何实物都可以作为股东的出资。一般来说，企业吸收的实物投资应符合以下条件：①确为企业生产、经营所需；②技术性能比较好；③作价公平合理。

实物出资所面临的问题是作价困难，投资实物的具体作价，可由双方按公平合理的原则协商确定，也可以聘请各方同意的专业资产评估机构评定。另外，对于实物出资，各国公司法都规定必须一次付清，并办理其财产权的转移手续。

（3）无形资产出资。无形资产投资是指以专有技术、商标权、专利权、土地使用权等无形资产所进行的投资。我国公司法曾规定，以工业产权、非专利技术作价出资的金额不得超过公司注册资本的20%，但是，为了适应新的经济形势，鼓励以工业产权、非专利技术和高新技术出资，2006年1月1日开始实施的新《中华人民共和国公司法》（以下简称《公司法》）中取消了这一规定。但《外资企业法实施细则》另有规定，外资企业的工业产权、专有技术的作价应与国际上通常的作价原则相一致，且作价金额不得超过注册资本的20%。

① 专有技术出资。专有技术又称技术秘密，是指生产所必需的、不享有专利保密技术知识和经验，主要包括工业专有技术、商业专有技术、管理专有技术等。一般来说，企业吸收的专有技术投资应符合以下条件：能帮助企业研究和开发出高新技术产品；能帮助企业生产出适销对路的高科技产品；能帮助企业改进产品质量，提高生产效率；能帮助企业大幅度降低各种消耗；能帮助企业开拓市场；能帮助企业提高管理效率；作价公平合理。

② 商标权出资。商标权是指企业、事业单位或个体工商者对于依照法定程序，经由商标局核准的注册商标所享有的商标专用权。商标权人可以依法有偿转让商标权，也可以将自己所有或持有的

商标权折价作为向公司的出资。

③ 专利权出资。专利权是指按专利法的规定，由国家专利机关授予发明人、设计人或其所属单位，在一定期限内对某项发明创造享有的专有权。专利权人有权将自己所有或持有的专利作为向公司的投资，并以此为对价取得股权。

④ 土地使用权出资。土地使用权是指非土地所有人依法对土地加以利用和取得收益的权利。在我国，土地归国家和集体所有，非土地所有人可以通过出让或转让方式取得土地使用权。投资者也可以用土地使用权来进行投资。

企业吸收土地使用权投资应符合以下条件：企业科研、生产、销售活动所需要的；交通、地理条件比较适宜；作价公平合理。

3. 吸收直接投资评价

（1）吸收直接投资的优点。对需要资金的企业而言，吸收直接投资的筹资方式，有以下优点。

① 能提高企业的资信和借款能力。吸收直接投资所筹取的资本属于企业的股权资本，与债务资本相比，它能提高企业的资信和借款能力。

② 能使企业尽快形成生产能力，将产品迅速推向市场。

③ 有助于企业之间强强联合，优势互补。

④ 与负债筹资相比，不存在还本付息的压力，财务风险小。

（2）吸收直接投资的缺点。企业吸收直接投资，也有以下缺点。

① 资金成本较高。吸收直接投资向投资者支付的报酬一般是根据其出资数额和企业实现利润的多少来计算，通常情况下，资金成本较高。

② 容易分散企业控制权。采用吸收直接投资方式筹资的条件，往往是投资者获得与投资数额相应的经营管理权，如果外部投资者的投资较多，则投资者会拥有相当大的管理权，甚至对企业实行完全控制。

③ 筹资范围小，不能面向大众筹资。

④ 不以股票为媒介，产权关系有时不够明晰，不便于转让。

4.3.2 发行股票

股份有限公司可以通过向投资者发行股票筹集所需资金。股票发行人必须是具有股票发行资格的股份有限公司，股份有限公司发行股票，必须符合一定的条件。我国《股票发行与交易管理暂行条件》对新设立股份有限公司公开发行股票，原有企业改组设立股份有限公司公开发行股票、增资发行股票及定向募集公司公开发行股票的条件分别做出了具体的规定。股票按股东权利和义务可以分为普通股和优先股。

1. 发行普通股

（1）普通股的定义。普通股是指在公司的经营管理和盈利及财产的分配上享有普通权利的股份，代表满足所有债权偿付要求及优先股东的收益权与求偿权要求后对企业盈利和剩余财产的索取权。它构成公司资本的基础，是股票的一种基本形式，也是发行量最大、最为重要的股票。

（2）普通股的种类。股份有限公司根据有关法规的规定以及筹资和投资者的需要，可以发行不同种类的普通股。

① 按股票有无记名，可分为记名股票和不记名股票。记名股票是在股票票面上记载股东姓名或名称的股票。这种股票除了股票上所记载的股东外，其他人不得行使其股权，且股份的转让有严格的法律程序与手续，需办理过户。我国《公司法》规定，向发起人、国家授权投资的机构、法人发

行的股票，应为记名股票。不记名股票是票面上不记载股东姓名或名称的股票。这类股票的持有人即股份的所有人，具有股东资格，股票的转让也比较自由、方便，无需办理过户手续。

② 按股票是否标明金额，可分为有面值股票和无面值股票。有面值股票是在票面上标有一定金额的股票。持有这种股票的股东，对公司享有的权利和承担的义务大小，依其所持有的股票票面金额占公司发行在外股票总面值的比例而定。无面值股票是不在票面上标出金额，只载明所占公司股本总额的比例或股份数的股票。无面值股票的价值随公司财产的增减而变动，而股东对公司享有的权利和承担义务的大小，直接依股票标明的比例而定。目前，我国《公司法》不承认无面值股票，规定股票应记载股票的面额，并且其发行价格不得低于票面金额。

③ 按投资主体的不同，可分为国家股、法人股、个人股。国家股是有权代表国家投资的部门或机构以国有资产向公司投资而形成的股份。法人股是企业法人依法以其可支配的财产向公司投资而形成的股份，或具有法人资格的事业单位和社会团体以国家允许用于经营的资产向公司投资而形成的股份。个人股是社会个人或公司内部职工以个人合法财产投入公司而形成的股份。

④ 按发行对象和上市地区的不同，可分为 A 股、B 股、H 股和 N 股。A 股是人民币普通股票，由我国境内公司发行，境内上市交易，以人民币标明票面金额并以人民币认购和交易的股票。B 股即人民币特种股票，由我国境内公司发行，境内上市交易，以人民币标明票面金额但以外币认购和交易的股票。H 股是注册地在内地，上市地在香港的股票，N 股是在纽约上市的股票。

（3）发行普通股的方式、销售方式和发行价格。公司发行股票筹资，应当选择适宜的股票发行方式和销售方式，并恰当地制定发行价格，以便及时募足资本。

① 股票发行方式。股票发行方式，指的是公司通过何种途径发行股票。总的来讲，股票的发行方式可分为以下两类。

a. 公开间接发行。公开间接发行是指通过中介机构，公开向社会公众发行股票。我国股份有限公司采用募集设立方式向社会公开发行新股时，须由证券经营机构承销的做法，就属于股票的公开间接发行。这种发行方式的发行范围广、发行对象多，易于足额募集资本；股票的变现性强，流通性好；股票的公开发行还有助于提高发行公司的知名度和扩大其影响力。但这种发行方式也有不足，主要是手续繁杂，发行成本高。

b. 不公开直接发行。不公开直接发行指不公开对外发行股票，只向少数特定的对象直接发行，因而不需经中介机构承销。我国股份有限公司采用发起设立方式和以不向社会公开募集的方式发行新股的做法，即属于股票的不公开直接发行。这种发行方式弹性较大，发行成本低；但发行范围小，股票变现性差。

② 股票的销售方式。股票的销售方式，指的是股份有限公司向社会公开发行股票时所采取的股票销售方法。股票销售方式有两类：自销和委托承销。

a. 自销方式。股票发行的自销方式，指发行公司自己直接将股票销售给认购者。这种销售方式可由发行公司直接控制发行过程，实现发行意图，并可以节省发行费用；但往往筹资时间长，发行公司要承担全部发行风险，并需要发行公司有较高的知名度、信誉和实力。

b. 承销方式。股票发行的承销方式，指发行公司将股票销售业务委托给证券经营机构代理。这种销售方式是发行股票所普遍采用的。我国《公司法》规定股份有限公司向社会公开发行股票，必须与依法设立的证券经营机构签订承销协议，由证券经营机构承销。股票承销又分为包销和代销两种具体办法。所谓包销，是根据承销协议商定的价格，证券经营机构一次性全部购进发行公司公开募集的全部股份，然后以较高的价格出售给社会上的认购者。对发行公司来说，包销的办法可及时筹足资本，免于承担发行风险（股款未募足的风险由承销商承担）；但股票以较低的价格售给承销商会损失部分溢价。所谓代销，是证券经营机构仅替发行公司代售股票，并由此获取一定的佣金，但不承担股款未募足的风险。

③ 股票发行价格。股票的发行价格是股票发行时所使用的价格，也就是投资者认购股票时所支付的价格。股票发行价格通常由发行公司根据股票面额、股市行情和其他有关因素决定。以募集设立方式设立公司首次发行的股票价格，由发起人决定；公司增资发行新股的股票价格，由股东大会做出决议。

股票的发行价格可以和股票的面额一致，但多数情况下不一致。股票的发行价格一般有以下三种。

a. 等价。等价就是以股票的票面额为发行价格，也称为平价发行。这种发行价格，一般在股票的初次发行或在股东内部分摊增资的情况下采用。等价发行股票容易推销，但无从取得股票溢价收入。

b. 时价。时价就是以本公司股票在流通市场上买卖的实际价格为基准确定的股票发行价格。其原因是股票在第二次发行时已经增值，收益率已经变化。选用时价发行股票，考虑了股票的现行市场价值，对投资者也有较大的吸引力。

c. 中间价。中间价就是以时价和等价的中间值确定的股票发行价格。

按时价或中间价发行股票，股票发行价格会高于或低于其面额。前者称溢价发行，后者称折价发行。如属溢价发行，发行公司所获的溢价款列入资本公积。

我国《公司法》规定，股票发行价格可以等于票面金额（等价），也可以超过票面金额（溢价），但不得低于票面金额（折价）。

（4）普通股筹资评价。

① 发行普通股筹资的优点。与其他筹资方式相比，普通股筹措资本具有以下优点。

a. 发行普通股筹措资本具有永久性，无到期日，不需归还。这对保证公司对资本的最低需要、维持公司长期稳定发展极为有益。

b. 发行普通股筹资没有固定的股利负担，股利的支付与否和支付多少，视公司有无盈利和经营需要而定，经营波动给公司带来的财务负担相对较小。由于普通股筹资没有固定的到期还本付息的压力，所以筹资风险较小。

c. 发行普通股筹集的资本是公司最基本的资金来源，它反映了公司的实力，可作为其他方式筹资的基础，尤其可为债权人提供保障，增强公司的举债能力。

d. 由于普通股的预期收益较高并可一定程度地抵销通货膨胀的影响（通常在通货膨胀期间，不动产升值时普通股也随之升值），因此普通股筹资容易吸收资金。

② 普通股融资的缺点。运用普通股筹措资本也有以下缺点。

a. 普通股的资本成本较高。首先，从投资者的角度讲，投资于普通股风险较高，相应地要求有较高的投资报酬率。其次，对于筹资公司来讲，普通股股利从税后利润中支付，不像债券利息那样作为费用从税前支付，因而不具抵税作用。此外，普通股的发行费用一般也高于其他证券。

b. 以普通股筹资会增加新股东，这可能会分散公司的控制权。此外，新股东分享公司未发行新股前积累的盈余，会降低普通股的每股净收益，从而可能引发股价的下跌。

c. 如果公司股票上市，需要履行信息披露制度，这会带来较大的信息披露成本，也增加了保护公司商业秘密的难度。

2. 发行优先股

（1）优先股的定义。优先股是公司在筹集资金时，给予投资者某些优先权的股票。这种优先权主要表现在两个方面：优先股有固定的股息，不随公司业绩好坏而波动，并且可以先于普通股股东领取股息；当公司破产进行财产清算时，优先股股东对公司剩余财产有先于普通股股东的要求权。

但优先股一般不参加公司的红利分配，持股人也无表决权，不能借助表决权参加公司的经营管理。因此，优先股与普通股相比较，虽然风险较小，但收益和决策参与权有限。

（2）优先股的分类。根据不同的分类标准，可以将优先股分成以下几大类别。

① 累积与非累积优先股。累积优先股是指在某个营业年度内，如果公司所获的盈利不足以分派规定的股利，日后优先股的股东对往年来付给的股息，有权要求如数补给。对于非累积的优先股，虽然对于公司当年所获得的利润有优先于普通股获得分派股息的权利，但如该年公司所获得的盈利不足以按规定的股利分配时，非累积优先股的股东不能要求公司在以后年度中予以补发。一般来讲，对投资者来说，累积优先股比非累积优先股具有更大的优越性。

② 参与优先股与非参与优先股。当企业利润增大，除享受既定比率的利息外，还可以跟普通股共同参与利润分配的优先股，称为"参与优先股"。除了既定股息外，不再参与利润分配的优先股，称为"非参与优先股"。一般来讲，参与优先股较非参与优先股对投资者更为有利。

③ 可转换优先股与不可转换优先股。可转换的优先股是指允许优先股持有人在特定条件下把优先股转换成为一定数额的普通股。否则，就是不可转换优先股。可转换优先股是近年来日益流行的一种优先股。即优先股可按规定转换成普通股。虽然可转换的优先股本身构成优先股的一个种类，但在国外投资界，也常把它看作是一种实际上的收回优先股方式，只是这种收回的主动权在投资者而不在公司里，对投资者来说，在普通股的市价上升时这样做是十分有利的。

④ 可收回优先股与不可收回优先股。可收回优先股是指允许发行该类股票的公司，按原来的价格再加上若干补偿金将已发生的优先股收回。当该公司认为能够以较低股利的股票来代替已发生的优先股时，就往往行使这种权利。反之，就是不可收回的优先股。

（3）优先股的三种收回方式。

① 溢价回收。公司在赎回优先股时，虽是按事先规定的价格进行，但由于这往往给投资者带来不便，因而发行公司常在优先股面值上再加一笔"溢价"实现回收。

② 建立偿债基金。公司在发行优先股时，从所获得的资金中提出一部分款项创立"偿债基金"，专用于定期地赎回已发出的一部分优先股。

③ 发行可转换优先股。转换方式，即优先股可按规定转换成普通股。虽然可转换的优先股本身构成优先股的一个种类，但在国外投资界，也常把它看作是一种实际上的收回优先股方式，只是这种收回的主动权在投资者而不在公司里，对投资者来说，在普通股的市价上升时这样做是十分有利的。

（4）我国发行优先股的相关规定。2014 年 3 月 21 日，证监会发布《优先股试点管理办法》（证监会令第 97 号），自公布之日起施行。

《优先股试点管理办法》主要内容包括以下几个方面。一是上市公司可以发行优先股（上市公司不得发行可转换为普通股的优先股），非上市公众公司可以非公开发行优先股（票面股息率不得高于最近两个会计年度的年均加权平均净资产收益率）。二是三类上市公司可以公开发行优先股：①其普通股为上证 50 指数成份股；②以公开发行优先股作为支付手段收购或吸收合并其他上市公司；③以减少注册资本为目的回购普通股的，可以公开发行优先股作为支付手段，或者在回购方案实施完毕后，可公开发行不超过回购减资总额的优先股。三是上市公司发行优先股，可以申请一次核准，分次发行。四是公司非公开发行优先股仅向本办法规定的合格投资者发行，每次发行对象不得超过二百人，且相同条款优先股的发行对象累计不得超过二百人。五是优先股交易或转让环节的投资者适当性标准应当与发行环节保持一致；非公开发行的相同条款优先股经交易或转让后，投资者不得超过二百人。

4.3.3 发行债券

1. 债券的概念与特征

（1）债券的概念。债券是政府、金融机构、工商企业等机构直接向社会借债筹措资金时，向投资者发行，并且承诺按一定利率支付利息并按约定条件偿还本金的债权债务凭证。

债券的本质是债的证明书，具有法律效力。债券购买者与发行者之间是一种债权债务关系，债券发行人即债务人，投资者（或债券持有人）即债权人。

（2）债券的特征。作为一种重要的融资手段和金融工具，债券具有以下特征。

① 偿还性。债券一般都规定有偿还期限，发行人必须按约定条件偿还本金并支付利息。

② 流通性。债券一般都可以在流通市场上自由转换。

③ 安全性。与股票相比，债券通常规定有固定的利率，与企业绩效没有直接联系，收益比较稳定，风险较小。此外，在企业破产时，债券持有者享有优先于股票持有者对企业剩余财产的索取权。

④ 收益性。债券的收益性主要表现在两个方面：一是投资债券可以给投资者定期或不定期地带来利息收益；二是投资者可以利用债券价格的变动，买卖债券赚取差额。

（3）债券的基本要素。一般而言，债券包含以下基本要素。

① 票面价值。债券的面值是指债券的票面价值，是发行人对债券持有人在债券到期后应偿还的本金数额，也是企业向债券持有人按期支付利息的计算依据。债的面值与债券实际的发行价格并不一定是一致的，发行价格大于面值称为溢价发行，小于面值称为折价发行。

② 偿还期限。债券偿还期是指企业债券上载明的按面值偿还债券的期限，即债券发行日至到期日之间的时间间隔。公司要结合自身资金周转状况及外部资本市场的各种影响因素来确定公司债券的偿还期。

③ 付息期。债券的付息期是指企业发行债券后的利息支付的时间。它可以是到期一次支付，或一年、半年或者三个月支付一次。在考虑货币时间价值和通货膨胀因素的情况下，付息期对债券投资者的实际收益有很大影响。到期一次付的债券，其利息通常是按单利计算的；而年内分期付息的债券，其利息是按复利计算的。

④ 票面利率。债券的票面利率是指债券利息与债券面值的比率，是发行人承诺以后一定时期支付给债券持有人报酬的计算标准。债券票面利率的确定主要受到银行利率、发行者的资信状况、偿还期限和利息计算方法以及当时资金市场上资金供求情况等因素的影响。

上述要素是债券票面的基本要素，但在发行时并不一定全部在票面印制出来，例如，在很多情况下，债券发行者以公告或条例形式向社会公布债券的期限和利率。

2. 债券的分类

按照不同的方法，可以对债券进行以下分类。

（1）按发行主体分类。根据发行主体的不同，债券可分为政府债券、金融债券和公司债券三大类。

① 政府债券。由政府发行的债券称为政府债券，它的利息享受免税待遇，其中由中央政府发行的债券也称公债或国库券，其发行债券的目的都是弥补财政赤字或投资于大型建设项目；而由各级地方政府机构如市、县、镇等发行的债券就称为地方政府债券，其发行目的主要是为地方建设筹集资金，因此都是一些期限较长的债券。

② 金融债券。金融债券是指由银行或其他金融机构发行的债券，称之为金融债券。金融债券发行的目的一般是筹集长期资金，其利率也一般要高于同期银行存款利率，而且持券者需要资金时可以随时转让。

③ 公司债券。公司债券是指由非金融性质的企业发行的债券，其发行目的是筹集长期建设资金。我国《公司法》中对公司债券的定义为公司依照法定程序发行、约定在一定期限还本付息的有价证券。按有关规定，企业要发行债券必须先参加信用评级，级别达到一定标准才可发行。因为企业的资信水平比不上金融机构和政府，所以公司债券的风险相对较大，因而其利率一般也较高。

（2）按债券发行的区域分类。按发行的区域划分，债券可分为国内债券和国际债券。

① 国内债券，是指由本国的发行主体以本国货币为单位在国内金融市场上发行的债券。

② 国际债券，是指本国的发行主体到别国或国际金融组织等以外国货币为单位在国际金融市场上发行的债券。如最近几年我国的一些公司在日本或新加坡发行的债券都可称为国际债券。由于国际债券属于国家的对外负债，所以本国的企业如到国外发债事先需征得政府主管部门的同意。

（3）按利息的支付方式分类。根据利息的不同支付方式，债券一般分为附息债券、贴现债券和普通债券。

① 附息债券，是指在它的券面上附有各期息票的中长期债券，息票的持有者可按其标明的时间期限到指定的地点按标明的利息额领取利息。息票通常以 6 个月为一期，由于它在到期时可获取利息收入，息票也是一种有价证券，因此它也可以流通、转让。

② 贴现债券，是指在发行时按规定的折扣率将债券以低于面值的价格出售，在到期时持有者仍按面额领回本息，其票面价格与发行价之差即为利息。

③ 普通债券，除上述两种债券之外的就是普通债券，它按不低于面值的价格发行，持有者可按规定分期分批领取利息或到期后一次领回本息。

（4）按发行方式分类。按照是否公开发行，债券可分为公募债券和私募债券。

① 公募债券，是指按法定手续，经证券主管机构批准在市场上公开发行的债券，其发行对象是不限定的。这种债券由于发行对象是广大的投资者，因而要求发行主体必须遵守信息公开制度，向投资者提供多种财务报表和资料，以保护投资者利益，防止欺诈行为的发生。

② 私募债券，是发行者向与其有特定关系的少数投资者为募集对象而发行的债券。该债券的发行范围很小，其投资者大多数为银行或保险公司等金融机构，它不采用公开呈报制度，债券的转让也受到一定程度的限制，流动性较差，但其利率水平一般较公募债券要高。

（5）按有无抵押担保分类。债券根据其有无抵押担保，可以分为信用债券和担保债券。

① 信用债券，也称无担保债券，是仅凭债券发行者的信用而发行的、没有抵押品作担保的债券。一般政府债券及金融债券都为信用债券。少数信用良好的公司也可发行信用债券，但在发行时须签订信托契约，对发行者的有关行为进行约束限制，由受托的信托投资公司监督执行，以保障投资者的利益。

② 担保债券，指以抵押财产为担保而发行的债券。具体包括：以土地、房屋、机器、设备等不动产为抵押担保品而发行的抵押公司债券、以公司的有价证券（股票和其他证券）为担保品而发行的抵押信托债券和由第三者担保偿付本息的承保债券。当债券的发行人在债券到期而不能履行还本付息义务时，债券持有者有权变卖抵押品来清偿抵付或要求担保人承担还本付息的义务。

（6）按是否记名分类。根据在券面上是否记名的不同情况，可以将债券分为记名债券和无记名债券。

① 记名债券，是指在券面上注明债权人姓名，同时在发行公司的账簿上作同样登记的债券。转让记名债券时，除要交付票券外，还要在债券上背书和在公司账簿上更换债权人姓名。

② 无记名债券，是指券面未注明债权人姓名，也不在公司账簿上登记其姓名的债券。现在市面上流通的一般都是无记名债券。

（7）按是否可转换来分类。按是否可转换成其他金融工具，债券又可分为可转换债券与不可转换债券。

① 可转换债券。是能按一定条件转换为其他金融工具的债券，这种债券的持有者可按一定的条件根据自己的意愿将持有的债券转换成其他金融工具，一般是股票。

② 不可转换债券就是不能转化为其他金融工具的债券。

3. 债券的发行

在我国，发行债券要符合《公司法》和《中华人民共和国证券法》（以下简称《证券法》）的规定。

（1）债券发行的条件。我国《公司法》规定，公司发行公司债券应当符合《证券法》规定的发行条件。而《证券法》要求公开发行公司债券，应当符合下列条件。

① 股份有限公司的净资产不低于人民币 3 000 万元，有限责任公司的净资产不低于人民币 6 000 万元。

② 本次发行后累计债券余额不超过最近一期期末净资产额的 40%。

③ 最近三年平均可分配利润足以支付公司债券一年的利息。

④ 筹集的资金投向符合国家产业政策。

⑤ 债券的利率不超过国务院限定的利率水平。

⑥ 国务院规定的其他条件。

公开发行公司债券筹集的资金，必须用于核准的用途，不得用于弥补亏损和非生产性支出。上市公司发行可转换为股票的公司债券，除应当符合上述规定的条件外，还应当符合本法关于公开发行股票的条件，并报国务院证券监督管理机构核准。

此外，《证券法》第十八条规定，有下列情形之一的，不得再次公开发行公司债券：

① 前一次公开发行的公司债券尚未募足；

② 对已公开发行的公司债券或者其他债务有违约或者延迟支付本息的事实，仍处于继续状态；

③ 违反本法规定，改变公开发行公司债券所募资金的用途。

（2）债券发行的程序。依照我国《公司法》的规定，公司发行公司债券应按下列程序进行。

第一步，做出决议或决定。股份有限公司、有限责任公司发行公司债券，要由董事会制定发行公司债券的方案，提交股东会审议做出决议。国有独资公司发行公司债券，由国家授权投资的机构或者国家授权的部门做出决定。

第二步，提出申请。公司应当向国务院证券管理部门提出发行公司债券的申请，根据《证券法》第十七条规定，申请公开发行公司债券，应当向国务院授权的部门或者国务院证券监督管理机构报送下列文件。

① 公司营业执照；

② 公司章程；

③ 公司债券募集办法；

④ 资产评估报告和验资报告；

⑤ 国务院授权的部门或者国务院证券监督管理机构规定的其他文件。

第三步，经主管部门批准。国务院证券管理部门对公司提交的发行公司债券的申请进行审查，对符合公司法规定的，予以批准；对不符合规定的不予批准。

第四步，与证券商签订承销协议。

第五步，公告公司债券募集方法。《公司法》第一百五十五条规定，发行公司债券的申请经国务院授权的部门核准后，应当公告公司债券募集办法。公司债券募集办法应当载明下列主要事项：公司名称；债券募集资金的用途；债券总额和债券的票面金额；债券利率的确定方式；还本付息的期限和方式；债券担保情况；债券的发行价格、发行的起止日期；公司净资产额；已发行的尚未到期的公司债券总额；公司债券的承销机构。

第六步，认购公司债券。社会公众认购公司债券的行为称为应募，应募的方式可以是先填写应募书，而后履行按期缴清价款的义务，也可以是当场以现金支付购买。当认购人缴足价款时，发行人负有在价款收讫时交付公司债券的义务。

（3）债券的发行价格。债券的发行价格受市场利率，又称社会平均利率的影响。为了吸引投资者购买，债券的发行价格不能高于债券的内在价值。当债券票面利率低于发行时市场利率时，债券需要折价发行才能吸引投资者购买。反之，则溢价发行也能吸引投资者。若债券票面利率等于发行时市场利率，那么，债券可以平价发行。

债券的内在价值一般是根据债券面值和将支付的利息，按照发行当时的市场利率折算成现值来确定。

假设某债券发行后，于每期期末支付利息，到期按面值兑现，则其内在价值可按下列公式计算：

$$债券发行价格 = \sum_{t=1}^{n} \frac{面值 \times 票面利率}{(1+市场利率)^t} + \frac{面值}{(1+市场利率)^n}$$

式中：t 表示债券付息期数；n 表示债券期限。

【例 4-8】 某企业发行三年期债券，票面面值为 1 000 元，票面利率为 8%，于发行后每期期末支付利息，发行时市场利率为 6%，则该债券的内在价值为：

债券的内在价值 = 1 000×8%×（P/A，6%，3）+1 000×（P/F，6%，3）= 1 053.44（元）

债券发行时，发行价格不能高于这一数值，否则，将吸引不到投资者购买。

【例 4-9】 承【例 4-8】，假如上述债券的利息于发行后每期期初发放，则该债券的内在价值为：

债券的内在价值 = 1 000×8%×[（P/A，6%，2）+1]+1 000×（P/F，6%，3）= 1 066.27（元）

债券发行时，发行价格不能高于这一数值，否则，将吸引不到投资者购买。

（4）债券上市。上市债券指经由政府管理部门批准，在证券交易所内买卖的债券，也叫挂牌债券。债券上市，需要具备一定的条件。

与股票不同，企业债券有一个固定的存续期限，而且发行人必须按照约定的条件还本付息，因此，债券上市的条件与股票有所差异。为了保护投资者的利益，保证债券交易的流动性，证券交易所在接到发行人的上市申请后，一般要从以下几个方面来对企业债券的上市资格进行审查。

① 债券的发行量必须达到一定的规模。这是因为，如果上市债券流通量少，就会影响交易的活跃性，而且价格也容易被人操纵。

② 债券发行人的经营业绩必须符合一定条件。如果发行人的财务状况恶化，就会使发行人的偿债能力受到影响，从而可能发生债券到期不能兑付的情况，使投资者的利益受到损害。

③ 债券持有者的人数应该达到一定数量。如果持有者人数过少，分布范围很小，那么即使债券

的发行量大，其交易量也不会太大，从而影响债券的市场表现。

4. 债券筹资评价

（1）债券筹资的优点。

① 债券筹资的范围广、金额大。债券筹资的对象十分广泛，它既可以向各类银行或非银行金融机构筹资，也可以向其他法人单位、个人筹资，因此筹资比较容易并可筹集较大金额的资金。

② 具有长期性和稳定性。发行债券所筹集的资金一般属于长期资金，且债券的投资者一般不能在债券到期日之前向企业索要本金，因此债券筹资方式具有长期性和稳定性的特点。

③ 具有财务杠杆作用。债券的利息是固定的费用，债券持有人除获取利息外，不能参与公司净利润的分配，因而具有财务杠杆作用，在息税前利润增加的情况下会使股东的收益以更快的速度增加。

（2）债券筹资的缺点。

① 财务风险大。债券有固定的到期日和固定的利息支出，当企业资金周转出现困难时，易使产业陷入财务困境，甚至破产清算。因此筹资企业在发行债券来筹资时，必须考虑利用债券筹资方式所筹集资金进行的投资项目的未来收益的稳定性和增长性的问题。

② 限制性条款多，资金使用缺乏灵活性。因为债权人没有参与企业管理的权利，为了保障债权人债权的安全，通常会在债券合同中包含各种限制性条款。这些限制性条款会影响企业资金使用的灵活性。

4.3.4 长期借款

1. 长期借款的种类

长期借款是指企业向银行或其他金融机构借入偿还期限较长的资金。一般而言，人们通常把期限在 1 年以上的借款称为长期借款。根据不同的方式，人们把长期借款作以下分类。

（1）按照付息方式与本金的偿还方式分类。长期借款按照付息方式与本金的偿还方式分类可分为分期付息到期还本长期借款、到期一次还本付息长期借款及分期偿还本息长期借款。

（2）按所借币种分类。长期借款按所借币种分类可分为人民币长期借款和外币长期借款。

（3）按照用途分类。长期借款按照用途分类可分为固定资产投资借款、更新改造借款、科技开发和新产品试制借款等。

（4）按照提供贷款的机构分类。长期借款按照提供贷款的机构分类可分为政策性银行贷款、商业银行贷款等。此外，企业还可从信托投资公司取得实物或货币形式的信托投资贷款，从财务公司取得各种中长期贷款等。

（5）按照有无担保分类。长期借款按照有无担保分类可分为信用贷款和抵押贷款。信用贷款指不需企业提供抵押品，仅凭其信用或担保人信誉而发放的贷款。抵押贷款是指要求企业以抵押品作为担保的贷款。长期贷款的抵押品常常是房屋、建筑物、机器设备、股票、债券等。

2. 长期借款的保护性条款

由于长期借款的期限长、风险大，按照国际惯例，银行通常对借款企业提出一些有助于保证贷款按时足额偿还的条件。这些条件写进贷款合同中，形成了合同的保护性条款。归纳起来，保护性条款大致有以下 3 类。

（1）一般性保护条款。一般性保护条款应用于大多数借款合同，但根据具体情况会有不同内容，其具体内容和目的如表 4-4 所示。

表 4-4　　　　　　　　　　　　　一般性保护条款的内容和目的

条款内容	目的
① 对借款企业流动资金保持量的规定	保持借款企业资金的流动性和偿债能力
② 对支付现金股利和再购入股票的限制	限制现金外流
③ 对资本支出规模的限制	减少企业日后不得不变卖固定资产以偿还贷款的可能性，仍着眼于保持借款企业资金的流动性
④ 限制其他长期债务	防止其他债权人取得对企业资产的优先求偿权

（2）例行性保护条款。长期借款例行性保护条款作为例行常规，在大多数借款合同中都会出现，其具体内容和目的如表 4-5 所示。

表 4-5　　　　　　　　　　　　　例行性保护条款内容和目的

内容	目的
① 借款企业定期向银行提交财务报表	及时掌握企业的财务情况
② 不准在正常情况下出售较多资产	保持企业正常的生产经营能力
③ 如期缴纳的税金和清偿其他到期债务	以防被罚款而造成现金流失
④ 不准以资产作为其他承诺的担保或抵押	避免企业过重的负担
⑤ 不准贴现应收票据或出售应收账款	避免或有负债
⑥ 限制租赁固定资产的规模	防止企业负担巨额租金以致消弱其偿债能力，还防止企业以租赁固定资产的办法摆脱对其资本支出和负债的约束

（3）特殊性保护条款。特殊性保护条款是针对某些特殊情况而出现在部分借款合同中的，其具体内容和目的如表 4-6 所示。

表 4-6　　　　　　　　　　　　　特殊性保护条款内容及目的

内容	目的
① 贷款专款专用	避免贷款被用到其他风险高的项目中，保证企业的偿债能力
② 不准企业投资于短期内不能收回资金的项目	保证企业资金的流动性
③ 限制企业高级职员的薪金和奖金总额	保证企业的偿债能力
④ 要求企业主要领导人在合同有效期间担任领导职务	避免企业主要领导人更换导致企业经营状况不善
⑤ 要求企业主要领导人购买人身保险等	避免企业主要领导人因意外身故致企业经营陷入困境，无法偿还债务

3. 长期借款筹资评价

（1）长期借款筹资的优点。

① 融资速度快。与发行股票、债券比较，长期贷款手续相对简单，融资速度更快一些。

② 借款弹性大。贷款前，企业根据自身需要与银行商量借款具体事宜，如数额、期限、利率、还款方式等；在借款期间，若企业情况发生变化，也可根据实际情况进行再次协商调整；还款期间，如有正当理由，仍可根据实际情况就还款时限等与银行进行再次协商。所以，长期借款对企业来说具有较大的灵活性。

③ 可以发挥财务杠杆作用。借款利息有税盾作用，可以产生财务杠杆效应，增加普通股股东的收益。

④ 有助于保守企业财务秘密。长期贷款不必对公众（潜在的投资者）负责，无需对外公开公司的财务状况，不必披露公司的重大事项，银行也负有为企业保密的义务，有助于保守企业的财务秘密。

（2）长期借款筹资的缺点。

① 限制条件多。银行为了维护自身的利益，在与企业签订的长期借款合同中常常会附加许

多限制性条款，这些条款会限制企业对借入资金的灵活运用，并在一定程度上减弱企业的再融资能力。

② 融资数量有限。长期借款只是向某家或几家金融机构融资，不能像发行股票或债券那样融得大量资金。

③ 财务风险高。长期借款有固定利息和还款期限限制，当企业经营不利、陷入财务困难时，固定的利息支出将成为企业的负担，甚至可能导致企业无法偿还到期债务而破产。

4.3.5　融资租赁

租赁，是一种以一定费用借贷实物的经济行为。在这种经济行为中，出租人将自己所拥有的某种资产使用权交与承租人使用，承租人由此获得在一段时期内使用该资产的权利，但资产的所有权仍保留在出租人手中。承租人为其所获得的使用权需向出租人支付一定的费用，即租金。

1. 租赁的种类

租赁可从不同的角度进行分类。从租赁的目的分，可分为融资租赁和经营租赁。

（1）融资租赁。融资租赁是设备租赁的基本形式，以融通资金为主要目的，是租赁贸易的一种。它是以出租机电设备、通信设备、交通工具为主要形式，融通资金与设备购买为一体的复合型贸易方式，具有"融资融物"的性质。由于承租企业只须定期交付租金，就能从租赁公司获得先进的机器设备，在一定期限内享有专用权，租期结束时还可以续租、留购或用名义价格购买，最终取得物件的所有权，因此融资租赁实质上是金融业务的一种特殊形式。其特点包括以下几点。

① 不可撤销。这是一种不可解约的租赁，在基本租期内双方均无权撤销合同。

② 完全付清。在基本租期内，设备只租给一个用户使用，承租人支付租金的累计总额为设备价款、利息及租赁公司的手续费之和。承租人付清全部租金后，设备的所有权即归于承租人。

③ 租期较长。基本租期一般相当于设备的有效寿命。

④ 承租人负责设备的选择、保险、保养和维修等；出资人仅负责垫付货款，购进承租人所需的设备，按期出租，以及享有设备的期末残值。

在融资租赁中，出租人实际上已将租赁所有权所引起的成本和风险全部转让给了承租人。拥有一项固定资产是要承担一定风险和成本的。所有权所引起的成本主要有因租赁物的维修、保险所花费的成本。所有权风险则主要包括两个方面：

① 出售风险。企业拥有某项资产后如因某种原因需将其脱手，往往要蒙受一定的损失，以低于买进的价格在市场上卖出。

② 技术陈旧风险。企业拥有的设备有可能因有技术更先进的同类设备出现，或因技术进步使同样设备的价格下降而贬值，从而使企业蒙受损失。

（2）经营租赁。经营租赁，又称为业务租赁，是为了满足经营使用上的临时或季节性需要而发生的资产租赁。这是一种短期租赁形式，在这种租赁关系中，出租人不仅要向承租人提供设备的使用权，还要向承租人提供设备的保养、保险、维修和其他专门性技术服务的一种租赁形式（融资租赁不需要提供这些服务）。经营租赁以获得租赁物的使用权为目的。其主要特点如下。

① 可撤销性。这种租赁是一种可解约的租赁，在合理的条件下，承租人预先通知出租人即可解除租赁合同，或要求更换租赁物。

② 经营租赁的期限一般比较短，远低于租赁物的经济寿命。

③ 不完全付清性。经营租赁的租金总额一般不足以弥补出租人的租赁物成本并使其获得正常收

益，出租人在租赁期满时将其再出租或在市场上出售才能收回成本，因此，经营租赁不是全额清偿的租赁。

④ 出租人不仅负责提供租金信贷，而且要提供各种专门的技术设备。

⑤ 经营租赁中租赁物所有权引起的成本和风险全部由出租人承担。

⑥ 其租金一般较融资租赁为高。

⑦ 经营租赁的对象主要是那些技术进步快、用途较广泛或使用具有季节性的物品。

2. 租赁的特点

不论是融资租赁还是经营租赁，都具有以下共同特点。

① 租赁一般采用融通设备使用权的租赁方式，以达到融通资产的主要目的。对出租人来说，它是一种金融投资的新手段，对承租人来说，它是一种筹措设备的方式。

② 租赁设备的使用限于工商业、公共事业和其他事业，排除个人消费用途。

③ 租金是融通资金的代价，具有贷款本息的性质。

④ 租期内，设备的所有权归出租人，使用权归承租人。

3. 融资租赁的方式

（1）简单融资租赁。简单融资租赁是指由承租人选择需要购买的租赁物件，出租人通过对租赁项目风险评估后出租租赁物件给承租人使用的融资租赁。在整个租赁期间，承租人没有所有权但享有使用权，并负责维修和保养租赁物件。出租人对租赁物件的好坏不负任何责任，设备折旧在承租人一方。

（2）杠杆融资租赁。杠杆租赁是指涉及承租人、出租人和资金出借人三方的融资租赁业务。一般来说，当所涉及的资产价值昂贵时，出租方自己只投入部分资金，通常为资产价值的20%～40%，其余资金则通过将该资产抵押担保的方式，向第三方（通常为银行）申请贷款解决。然后租赁公司将购进的设备出租给承租方，用收取的租金偿还贷款，该资产的所有权属于出租方。出租人既是债权人也是债务人，如果出租人到期不能按期偿还借款，资产所有权则转移给资金的出借者。杠杆租赁是目前采用较为广泛的一种国际租赁方式。

（3）委托融资租赁。常见的委托融资租赁有两种方式。第一种方式是拥有资金或设备的人委托非银行金融机构从事融资租赁，接受委托的非银行金融机构（租赁合同中的出租人）接受委托人（即拥有资金或设备的人）的资金或租赁标的物，根据委托人的书面委托，向委托人指定的承租人办理融资租赁业务。在租赁期内租赁标的物的所有权归委托人，出租人只收取手续费，不承担风险。这种委托租赁的一大特点就是让没有租赁经营权的企业，可以"借权"经营。电子商务租赁即依靠委托租赁作为商务租赁平台。第二种方式是出租人委托承租人或第三人购买租赁物，出租人根据合同以租金的形式分期支付货款，又称委托购买融资租赁。

（4）项目融资租赁。这种融资租赁方式中，承租人以自己的某项项目自身的财产和效益为保证，与出租人签订项目融资租赁合同，从出租人处租用某设备，出租人对租金的收取只能以项目的现金流量和效益来确定，出租人对承租人项目以外的财产和收益无追索权。

通常，出卖人（即租赁物品生产商）通过自己控股的租赁公司采取这种方式推销产品，扩大市场份额。通讯设备、大型医疗设备、运输设备甚至高速公路经营权都可以采用这种方法。

（5）售后回租。售后回租又称售后租回融资租赁，是承租人将其所拥有的物品出售给出租人，再从出租人手里将该物品重新租回，此种租赁形式也称为回租。采用这种租赁方式可使承租人迅速回收购买物品的资金，加速资金周转。售后回租具有以下特点：在出售回租的交易过程中，出售/承租人可以毫不间断地使用资产；资产的售价与租金是相互联系的，且资产的出售损益通常不得计入当期损益；出售/承租人将承担所有的契约执行成本（如修理费、保险费及税金等）；承租人可从出售回租交易中得到纳税的财务利益；回租的对象多为已使用的旧物品。

（6）转租赁。转租赁又称转融资租赁，是指承租人经出租人同意，将租赁物转租给第三人的行为。承租人转租的，承租人与出租人之间的租赁合同继续有效，第三人对租赁物造成损失的，承租人应当赔偿损失。承租人未经出租人同意转租的，出租人可以解除合同。

4. 融资租赁的租金

融资租赁最重要的特征是以定期交付租金作为唯一的支付方式。因此租金计算是该业务的核心要素。它直接关系承租人和出租人的利益分配，是租赁合同谈判和签约的基本条件，同时又是租赁合同履约过程中双方进行成本核算、利润核算、财务处理的重要依据。

租金计算的方法很多，目前国际上流行的租金计算方法主要有平均分摊法、等额年金法、附加率法、浮动利率法。我国大部分企业采用平均分摊法和等额年金法，下面就对这两种方法进行简单介绍。

（1）平均分摊法。这种计算方法不考虑设备购置成本的货币时间价值，先以确定的利息率和手续费率计算出租赁期间应支付的复利利息和手续费，再加上设备成本，然后按支付次数平均计算每次应支付的租金。

若以 A 表示每次支付的租金，C 表示租赁设备的购置成本，S 表示租赁设备的预计残值，I 表示租赁期间的利息，F 表示租赁期间的手续费，N 表示支付次数，如果残值归租赁公司，则每次支付的租金 A 为：

$$A = \frac{(C-S)+F+I}{N}$$

【例 4-10】 某企业于 2015 年 1 月 1 日从租赁公司租入一套设备，该套设备购置成本为人民币 1 000 万元，租期为 10 年；预计期满时，该套设备残值为 3 万元，归租赁公司；租赁手续费为设备价值的 2%，约定于承租期内分期支付；约定利息率为 9%，利息按复利计算。租金于每年年末支付一次，租赁该套设备每次支付租金为多少？

解：租赁该套设备每次支付租金为：

$$A = \frac{(1\,000-3)+1\,000\times2\%+1\,000[(1+9\%)^{10}-1]}{10} = 238.44 （万元）$$

（2）等额年金法。等额年金法运用年金现值的计算原理测算每期应付租金。在等额年金法下，通常综合考虑租赁手续费率和利率，依此确定一个租赁率，并以此作为折现率。

假设每期租金在期末支付，若以 A 表示每期支付的租金，PVA_n 表示等额租金现值，即年金现值；$(P/A, i, n)$ 表示等额租金现值系数，即年金现值系数；N 表示支付租金期数；i 表示折现率，则有：

$$A = \frac{PVA_n}{(P/A, i, n)}$$

【例 4-11】 仍采用【例 4-10】的资料。假设租金于每年年末支付一次，综合考虑租赁手续费率和利率之后的折现率定为 10%，租赁该套设备每次支付租金为多少？

解：租金的现值总和为：

$$PVA_0 = 10\,000\,000 - 30\,000(P/F, 10\%, 10)$$
$$= 10\,000\,000 - 30\,000 \times 0.385\,5$$
$$= 9\,988\,435 （元）$$

每年应支付租金：

$$A = \frac{PVA_0}{(P/A, 10\%, 10)} = \frac{9\,988\,435}{6.144\,6} = 1\,625\,563.10 （元）$$

为了便于按计划安排租金的支付，承租企业可编制租金摊销计划表。根据本例的资料，编制的租金摊销计划表如表 4-7 所示。

表 4-7　　　　　　　　　　　　　　　　租金摊销计划表　　　　　　　　　　　　　　单位：元

年份	期初本金①	支付租金②	应计租费 ③=①×10%	本金偿还额 ④=②-③	本金余额 ⑤=①-④
2015	10 000 000	1 625 563.10	1 000 000	625 563.10	9 374 436.90
2016	9 374 436.90	1 625 563.10	937 443.69	688 119.41	8 686 317.50
2017	8 686 317.50	1 625 563.10	868 631.75	756 931.35	7 929 386.15
2018	7 929 386.15	1 625 563.10	792 938.62	832 624.48	7 096 761.67
2019	7 096 761.67	1 625 563.10	709 676.17	915 886.93	6 180 874.74
2020	6 180 874.74	1 625 563.10	618 087.47	1 007 475.63	5 173 399.11
2021	5 173 399.11	1 625 563.10	517 339.91	1 108 223.19	4 065 175.92
2022	4 065 175.92	1 625 563.10	406 517.59	1 219 045.51	2 846 130.41
2023	2 846 130.41	1 625 563.10	284 613.04	1 340 950.06	1 505 180.35
2024	1 505 180.35	1 625 563.10	*150 382.75	1 475 180.35	30 000
合计		16 255 631	6 285 630.99	9 970 000.01	30 000

注：*含尾差。

5. 融资租赁筹资评价

（1）融资租赁筹资的优点。

① 减轻购置设备的现金流量压力。承租人不必像一般性购买那样立即支付大量的资金就可取得所需要的资产或设备，因此，融资租赁能帮助企业解决资金短缺和想要扩大生产的问题。企业通过先付很少的资金得到自己所需的生产设备或资产后，通过投入生产，可以用设备所生产的产品出售所得支付所需偿还的租金。这样，可以减轻购置资产的现金流量压力。

② 可以降低资产折旧的风险。在当今这个科技不断进步、生产效率不断提高的时代，资产的无形损耗是一种必然产生的经济现象，对企业的发展有着重大的影响。任何拥有设备的单位都得承担设备的无形损耗，而租赁则有助于减少这种损耗，有助于企业充分利用资源。

③ 筹资的限制条件少。如果从银行等金融机构筹措资金，通常要受到严格的限制，想要获得贷款的条件非常苛刻，租赁协议中各项条款的要求则宽松很多。此外，租赁业务大多都是通过专业性的公司来进行的，租赁公司的专业特长及经验能为承租人找到更有利的客户。

④ 融资速度快。实现"融资"与"融物"的统一，使得融资速度更快，企业能够更快地投入生产。

（2）融资租赁筹资的缺点。

① 资本成本较高。一般来说，租金通常高于银行借款或债券负担的利息，租金总额通常要高于设备价值的 30%。与长期借款和债券比，融资租赁的资本成本较高。

② 形成企业的财务负担。公司经营不景气时，租金支出将是一项沉重的财务负担。且租期长，一般不可撤销，企业资金运用受到制约。

练习题

一、单项选择题

1. 以下各种筹资方式中，属于商业信用的是（　　　）。

A．票据贴现　　　　　　B．短期融资券　　　　　　C．商业汇票　　　　　　D．短期借款

2. 下列等式中，符合保守型筹资策略的是（　　）。

    A. 临时性流动资产=临时性短期负债

    B. 临时性流动资产+部分永久性流动资产=临时性短期负债

    C. 部分临时性流动资产=临时性短期负债

    D. 临时性流动资产+固定资产=临时性短期负债

3. 某企业向银行借款 20 万元，年利率为 10%，银行要求维持贷款数额 15%的补偿性余额，那么企业实际承担的利率为（　　）。

    A. 10%   B. 12.76%   C. 11.76%   D. 9%

4. 下列筹资方式中，常用来筹措短期资金的是（　　）。

    A. 商业信用   B. 发行股票   C. 发行债券   D. 融资租赁

5. 某企业拟以 "2/20，N/40" 的信用条件购进原料一批，则企业放弃现金折扣的机会成本率为（　　）。

    A. 2%   B. 36.73%   C. 18%   D. 36%

6. 下列关于应付费用的描述，说法错误的是（　　）。

    A. 应付费用是指企业生产经营过程中发生的应付而未付的费用

    B. 应付费用的筹资额通常取决于企业经营规模、涉足行业等

    C. 应付费用的资本成本通常为零

    D. 应付费用可以被企业自由利用

7. 我国《公司法》规定，向发起人、国家授权投资的机构、法人发行的股票，应为（　　）。

    A. 记名股票   B. 不记名股票   C. A 股   D. B 股

8. 股份公司增资发行新股的股票价格，由（　　）做出决议。

    A. 董事会   B. 董事长   C. 总经理   D. 股东大会

9. 债券在发行时按规定的折扣率将债券以低于面值的价格出售，在到期时持有者仍按面额领回本息，其票面价格与发行价之差即为利息，此种债券是（　　）。

    A. 普通债券   B. 贴现债券   C. 附息债券   D. 低息债券

10. 为了满足经营使用上的临时或季节性需要而发生的资产租赁属于（　　）。

    A. 融资租赁   B. 简单租赁   C. 经营租赁   D. 项目租赁

11. 一般而言，人们通常把期限在（　　）以上的借款称为长期借款。

    A. 3 年   B. 3～5 年   C. 10 年   D. 1 年

12. 当票面利率（　　）市场利率时，债券应当高于票面价值发行。

    A. 高于   B. 等于   C. 低于   D. 大于等于

二、多项选择题

1. 我国企业的筹资渠道主要有（　　）。

    A. 国家财政资金   B. 银行信贷资金

    C. 其他法人单位资金   D. 企业内部形成资金

2. 以下属于企业筹资方式的有（　　）。

    A. 发行股票   B. 发行债券   C. 借款   D. 商业信用

3. 以下属于短期筹资特点的有（　　）。

    A. 筹资速度快   B. 筹资富有弹性

    C. 筹资成本低   D. 融资风险高

4. 短期筹资策略的类型一般有（　　）。

    A. 配合型筹资策略   B. 激进型筹资策略

    C. 保守型筹资策略   D. 协商型筹资策略

5．商业信用筹资的优点主要有（　　　）。

    A．它是一种"自然性筹资"　　　　　　　B．限制条件较少

    C．筹资数额大　　　　　　　　　　　　　D．一般不负担成本

6．一般来说，借款企业通常采用的银行贷款利息支付方法有（　　　）。

    A．折现法　　　　　　　B．收款法　　　　　　　C．贴现法　　　　　　　D．加息法

7．根据直接投资者的身份不同，企业采用吸收直接投资方式筹集的资金一般可分为（　　　）。

    A．吸收国家投资　　　　　　　　　　　　B．吸收法人投资

    C．吸收个人投资　　　　　　　　　　　　D．吸收外商投资

8．股份有限公司发行股票可以（　　　）。

    A．公开间接发行　　　　　　　　　　　　B．不公开直接发行

    C．公开直接发行　　　　　　　　　　　　D．不公开间接发行

9．根据利息的不同支付方式，债券一般分为（　　　）。

    A．附息债券　　　　　　B．企业债券　　　　　　C．贴现债券　　　　　　D．普通债券

10．作为一种重要的融资手段和金融工具，债券具有（　　　）特征。

    A．流通性　　　　　　　B．安全性　　　　　　　C．收益性　　　　　　　D．偿还性

11．长期借款按照用途分类可分为（　　　）等。

    A．固定资产投资借款　　　　　　　　　　B．更新改造借款

    C．科技开发借款　　　　　　　　　　　　D．新产品试制借款

12．债券应当包含的基本要素包括（　　　）。

    A．票面价值　　　　　　B．偿还期　　　　　　　C．票面利率　　　　　　D．付息期

13．以下（　　　）都是融资租赁的方式。

    A．售后回租　　　　　　B．杠杆租赁　　　　　　C．经营租赁　　　　　　D．转租赁

三、判断题

1．商业信用是指商品交易中的延期付款或预收货款所形成的借贷关系，是企业之间的一种直接信用关系。（　　　）

2．赊购商品和预付货款是商业信用筹资的两种典型形式。（　　　）

3．应付费用所筹集的资金不用支付任何代价，是一项免费的短期资金来源，因此可以无限制地加以利用。（　　　）

4．银行短期借款的优点是具有较好的弹性，缺点是短期内要归还，筹资风险高。（　　　）

5．由于放弃现金折扣的机会成本很高，因此购买单位应该尽量争取获得此项折扣。（　　　）

6．我国股票发行价格可以低于其面值。（　　　）

7．B股即人民币特种股票，由我国境内公司发行，境外上市交易，以人民币标明票面金额但以外币认购和交易的股票。（　　　）

8．与普通股相比较，优先股风险较小，收益和决策参与权也优于普通股。（　　　）

9．当市场利率大于票面利率时，债券的发行价格会高于面值。（　　　）

10．一般性保护条款应用于大多数借款合同。（　　　）

四、问答题

1．简述短期筹资的特点及短期筹资策略的类型。

2．什么是商业信用？简述商业信用的形式及其筹资特点。

3．试评价短期借款筹资的优缺点。

4．短期借款利息的计算有几种方法？对筹资成本有何影响？

5．公司股票上市对公司有何利弊？

6．债券发行价格该如何确定？

7．试分析融资租赁的优缺点。

8．试比较普通股与优先股的区别。

五、计算分析题

1．某企业 2010—2015 年的产销量及资金需要量如表 4-8 所示，若其 2016 年的产销量为 150 万件，试用线性回归分析法测算 2016 年的资金需要量。

表 4-8   产销量与资金变化情况表

年份	产销量（万件）	资金需要量（万元）
2010	120	100
2011	110	95
2012	100	90
2013	115	97
2014	130	105
2015	140	112

2．某企业向银行借入 80 000 元为期一年的短期借款，经过双方协商，银行提出以下三种支付银行贷款利息的方式。

（1）年利率 7.5%，年末一次支付本金和利息。

（2）年利率 5.5%，采用贴现法付息。

（3）年利率 4.5%，采用加息法付息。

要求：假如你是该企业财务主管，你会选择哪种支付利息的方式？

3．某企业购进一批价值为 10 000 元的材料，对方开出的商业信用条件是 2/10，N/30，市场利率为 12%，问：该企业是否应该争取享受这个现金折扣？并说明原因。

4．某企业打算采购一批零件，供应商报价如下。

（1）立即付款，价格为 9 630 元。

（2）30 天内付款，价格为 9 750 元。

（3）31～60 天付款，价格为 10 000 元。

假设银行短期贷款利率为 7.5%，每年按 360 天计算，要求：计算放弃现金折扣成本率，并确定对该企业最有利的付款日期和价格。

5．某公司发行 5 年期公司债券，每份债券面值为 1 000 元，票面利率为 10%，若此时市场利率为 8%，请分别就以下情况计算此债券发行价格：

（1）发行后每期期末支付债券利息。

（2）发行后每期期初支付债券利息。

6．某公司融资租入设备一套，该设备价款 50 万元；双方约定租期为 8 年，期满后设备归承租方所有，租赁期间折现率为 10%，手续费为设备买价的 2%，设备价款与手续费都以后付等额年金方式支付租金。请计算该公司每期期末应付的租金。

筹资管理（下）｜第5章

【学习目标】

本章介绍了筹资的成本、杠杆原理和资本结构理论及决策方法。

通过本章的学习应达到以下目标：

- 掌握个别资本成本率、加权平均资本成本率及边际资本成本率的计算；
- 理解财务管理中的杠杆原理，熟练掌握杠杆系数的计算；
- 了解影响资本结构的因素，掌握资本结构的决策方法。

【引导案例】

瑞林公司筹资方案的决策

瑞林公司是一家已上市的大型制药集团。公司现有15个生产厂家，还有物资、进出口两个专业公司和一个生物研究所。现公司需要从国外引进一条先进的生产线，需资金1亿元。目前公司全部资金总额为8亿元，其中自有资金和债务资金各为4亿元，负债比率为50%。目前有两个筹资方案：①发行公司1亿元期限为2年、利率为10%的公司债券；②发行普通股。这两个筹资方案各有优缺点，且无论采用哪一个筹资方案，都会改变公司的资本结构，也意味着公司会面临不同的财务风险。

通过本章的学习，可以为如何选择筹资方案提供依据。

5.1 资本成本

资本成本是财务管理的一个非常重要的概念。资本成本是衡量筹资、投资经济效益的标准。企业筹得的资本投入使用以后，只有投资项目的投资收益率高于资本成本率，才能表明所筹集和使用的资本取得了较好经济效益。因此，正确估计项目的资本成本是制定投资决策的基础，也是评价投资项目是否可行的标准。

5.1.1 资本成本的含义和作用

1. 资本成本的含义

企业从各种渠道筹集的资本不能无偿使用，而要付出代价。资本成本是指企业为取得和使用资本而支付的各种费用，包括筹资费用和用资费用两个部分。资本成本可以用绝对数表示，也可以用相对数表示，但在企业筹资实务中，常常运用资本成本的相对数，即资本成本率表示。资本成本率是企业用资费用与有效筹资额之间的比率，常用百分比表示。

（1）用资费用。用资费用是指企业因使用资本而付出的费用。例如，向债权人支付利息，向股东支付股利等，它构成了资本成本的主要内容。

（2）筹资费用。筹资费用是指企业在筹集资本过程中为获取资本而付出的花费。例如，发行债券、股票支付的发行费，向银行借款支付的手续费等。筹资费用一般在筹资时一次发生，通常从筹资额中扣除。

2. 资本成本的作用

（1）资本成本是企业选择资金方式、确定筹资方案的重要依据。企业筹集长期资金一般有很多方式选择，如长期借款、发行债券、发行股票等。不同筹资方式的资金成本也不相同，资本成本的高低可以作为比较筹资方式的依据，有助于企业选择最优的筹资方案。

（2）资本成本是企业评价投资项目、确定投资方案的主要标准。任何投资项目，如果它的预期投资收益率超过资金成本率，则将有利可图，这个项目在经济上是可行的；如果它的预期投资收益率不能达到资本成本率，则企业盈利用以支付资本成本以后将发生亏损，这项方案就应舍弃不用。因此，资本成本是企业用以确定投资项目可否采用的标准。

（3）资本成本是评价企业经营成果的最低标准。资本成本率是企业最低要求的投资报酬率。无论一项投资以何种方式筹资，该项目的资本成本是该项目必须实现的最低报酬，以补偿企业使用资本需要支付的成本。因此，在实际的生产经营活动中，资本成本率就成为衡量企业投资收益率的最低标准。如果资本成本率高于投资收益率，企业就必须做出相应的改善措施。

5.1.2 个别资本成本

个别资本成本是指各种筹资方式的成本。企业的长期资本一般有长期借款、债券、优先股、普通股、留用利润等，其中前两者可以统称债务资本，后三者可统称为权益资本。个别资本成本率相应的有长期借款资本成本率、债券资本成本率、优先股资本成本率、普通股资本成本率、留用利润资本成本率。

资本成本率为年资金使用费占筹资净额的百分比，用公式表示即为：

$$资本成本率 = \frac{资金使用费}{筹资总额 - 筹资费用}$$

1. 银行借款资本成本

银行借款的资本成本包括借款利息和借款手续费。根据我国所得税法规定，借款利息可以在企业的所得税前列支，因此企业实际负担的借款的资本成本率应当考虑所得税因素。

银行借款资本成本率可以按照下列公式计算：

$$K_t = \frac{I_t(1-T)}{L(1-F_t)} = \frac{R_t(1-T)}{1-F_t} \tag{5-1}$$

式中：K_t——银行借款资本成本率；I_t——银行借款年利息；T——企业所得税税率；L——银行借款筹资额，即借款本金；F_t——银行借款筹资费用率；R_t——银行借款年利率。

【例 5-1】 某企业从银行取得借款 200 万元，期限为两年，年利率为 6%，利息按季支付，本金于借款到期日一次性支付。银行借款筹资费用率为 1%，企业所得税税率为 25%，那么该笔借款的资本成本率为多少？

解： $K_t = \dfrac{200 \times 6\% \times (1-25\%)}{200 \times (1-1\%)} = 4.54\%$

银行借款的手续费一般比较低，如果手续费很少，可以忽略不计，此时银行短期借款的成本可以简化为：

$$K_t = I_t(1-T) \tag{5-2}$$

【例 5-2】 仍以【例 5-1】为例，由于银行借款的手续费为 1%，可以忽略不计，则：

$$K_t = I_t(1-T) = 6\% \times (1-25\%) = 4.5\%$$

2. 债券资本成本

债券成本的利息也可以在所得税前列支，但是债券的筹资费用比较高。债券的筹资费用包括申请费、注册费、印刷费以及推销费等。债券的发行价格有等价、折价、溢价等情况。债券的利息按照债券的票面金额和票面利率确定，但是债券的筹资额按发行价格确定，而不是债券的票面价格。债券资本成本率的计算公式为：

$$K_b = \frac{I_b(1-T)}{B(1-F_b)} \tag{5-3}$$

式中：K_b——债券资本成本率；I_b——债券年利息；T——企业所得税税率；B——债券筹资额，按发行价格确定；F_b——债券筹资费用率；

【例 5-3】 某公司发行面值为 1 000 元 3 年期的债券共计 10 000 张，票面利率为 8%，发行价格为 950 元/张，每年付息一次，发行费为发行价格的 3%，企业所得税税率为 25%，则该企业债券的资本成本率为：

发行价格总额为=950×10 000=9 500 000（元）

筹资费用=9 500 000×3%=285 000（元）

每年支付的利息=1 000×8%×10 000=800 000（万元）

$$债券资本成本率 = \frac{I_b(1-T)}{B(1-F_b)} = \frac{800\,000 \times (1-25\%)}{9\,500\,000 - 285\,000} = 6.51\%$$

该债券的资本成本率为 6.51%，由于发行价格（950 元）低于票面价格（1 000 元），该债券为折价发行。

【例 5-4】 沿用【例 5-3】的资料，如果债券的发行价格为 1 000 元时，债券资本成本率为：

$$债券资本成本率 = \frac{I_b(1-T)}{B(1-F_b)} = \frac{1\,000 \times 10\,000 \times 8\% \times (1-25\%)}{1\,000 \times 10\,000 \times (1-3\%)} = 6.19\%$$

该债券的资本成本率为 6.19%，由于发行价格（1 000 元）等于票面价格（1 000 元），该债券为平价发行。

【例 5-5】 沿用【例 5-3】的资料，如果债券发行价格为 1 100 元时，债券资本成本率为：

$$债券资本成本率 = \frac{I_b(1-T)}{B(1-F_b)} = \frac{1\,000 \times 10\,000 \times 8\% \times (1-25\%)}{1100 \times 10\,000 \times (1-3\%)} = 5.62\%$$

该债券的资本成本率为 5.62%，由于发行价格（1 100 元）高于票面价格（1 000 元），该债券为溢价发行。

在实际中，债券发行费较多，债券的利率水平也要高于长期借款的利率，因此，债券资本成本率一般要高借款的资本成本率。

3. 普通股资本成本

普通股成本是面向未来的，不是过去的成本。发行股票筹集资金，企业需要支付发行费，企业要赚取更多的报酬，用以满足股东及发行中介要求的报酬率，因此发行新股与留存收益的成本不同，留存收益不存在发行费。

（1）资本资产定价模型。在计算权益成本时，使用最为广泛的方法是资本资产定价模型。按照资本资产定价模型，权益成本等于无风险报酬率加上风险溢价。

$$K_s = R_f + \beta \times (R_m - R_f) \tag{5-4}$$

式中：K_s——普通股资本成本率；R_f——无风险报酬率；β——该股票的贝塔系数；R_m——平均风险

股票报酬率；(R_m-R_f)——权益市场风险溢价；$\beta \times (R_m-R_f)$——该股票的风险溢价。

【例 5-6】 市场无风险报酬率为 6%，平均风险股票报酬率为 10%，某公司普通股 β 为 1.2。则普通股的资本成本率是多少？

解： $K_s=R_f+\beta \times (R_m-R_f)=6\%+1.2 \times (10\%-6\%)=10.8\%$

普通股的资本成本率为 10.8%。

（2）股利增长模型。股利增长模型是依照股票投资的收益率不断提高的思路计算权益资本成本。一般假定收益以固定的年增长率递增，则权益成本的计算公式为：

$$K_s=\frac{D_1}{P_0(1-F)}+g \tag{5-5}$$

式中：K_s——普通股成本率；D_1——预期年股利额；P_0——普通股当前市价；F——发行普通股筹资费率；g——股利的年增长率。

使用股利增长模型的主要问题是估计长期平均增长率 g。如果企业本年已派发股利 D_0 元，则预期下一年派发股利额 $D_1=D_0(1+g)$。

【例 5-7】 某公司普通股目前的股价为 10 元/股，筹资费率为 5%，股利固定增长率 4%，所得税税率为 25%，预计下次支付的每股股利为 0.8 元，该公司普通股资本成本率为多少？

解： $K_s=\frac{D_1}{P_0(1-F)}+g=\frac{0.8}{10 \times (1-5\%)}+4\%=12.42\%$

由于公司向股东支付的股利是在缴完所得税后的净利润支付的，因此，支付股利不能抵减所得税。

【例 5-8】 某公司普通股市价 20 元，筹资费用率 3%，本年发放现金股利每股 1 元，预期股利年增长率为 5%。该公司普通股资本成本率为多少？

解： $K_s=\frac{D_1}{P_0(1-F)}+g=\frac{D_0(1+g)}{P_0(1-F)}+g=\frac{1 \times (1+5\%)}{20 \times (1-3\%)}+5\%=10.41\%$

该公司普通股资本成本率为 10.41%。

4. 留存收益资本成本

企业的留用收益是由企业税后净利润形成的，是一种所有者权益，其实质是所有者向企业的追加投资。企业利用留存收益筹资无需发生筹资费用。如果企业将留存收益用于再投资，所获得的收益率低于股东自己进行一项风险相似的投资项目的收益率，企业就应该将其分配给股东。留存收益的资本成本率，表现为股东追加投资要求的报酬率，其计算与普通股成本基本相同，也分为股利增长模型法和资本资产定价模型法，不同在于留存收益资本成本率不考虑筹资费用。

5.1.3 加权平均资本成本

加权平均资本成本率是指多种融资方式下的综合资本成本率，可以反映企业资本成本整体水平。在衡量和评价企业筹资总体经济性时，需要计算企业的平均资本成本率。

企业加权平均资本成本率，是以各项个别资本在企业总资本中的比重为权数，对各项个别资本成本率进行加权平均而得到的加权平均资本成本。其计算公式为：

$$K_w=\sum_{j=1}^{n} K_j W_j \tag{5-6}$$

式中：K_W——加权平均资本成本率；K_j——第 j 种个别资本成本率；W_j——第 j 种个别资本在全部资本中的比重。

【例 5-9】 某公司共有长期资本（账面价值）1 000 万元，其中长期借款 200 万元、债券 300 万元、普通股 400 万元、留用利润 100 万元，其成本分别为 5.64%、6.32%、10.50%和 11.00%。该公司的综合资本成本可分两步计算。

第一步，计算各种资本占全部资本的比重。

$$长期借款：W_l=200÷1\ 000=0.20$$
$$债券：W_l=300÷1\ 000=0.30$$
$$普通股：W_c=400÷1\ 000=0.40$$
$$留用利润：W_r=100÷1\ 000=0.10$$

第二步，计算加权平均资本成本率。

$$K_W=0.2×5.64\%+0.3×6.32\%+0.4×10.50\%+0.1×11.00\%=8.32\%$$

平均资本成本率的计算，存在权数价值的选择问题，即各项个别资本按什么权数来确定资本比重，通常，可供选择的价值形式有账面价值、市场价值、目标价值等。

1. 账面价值权数

账面价值权数即指以各项个别资本的会计报表账面价值为基础来计算资本权数，确定各类资本占总资本的比重。其优点是资料容易获得，可以直接从资产负债表中得到，而且计算结果比较稳定。其缺点是，当债券和股票的市价与账面价值差距较大时，导致按账面价值计算出来的资本成本，不能反映目前从资本市场上筹集资本的现实机会成本，不适合评价现时的资本结构。

2. 市场价值权数

市场价值权数即指以各项个别资本的现行市价为基础来计算资本权数，确定各类资本占总资产的比重。其优点是能够反映现时的资本成本水平，有利于进行资本结构决策。但现行市价处于经常变动之中，不容易取得，且现行市价反映的只是目前的资本结构。

3. 目标价值权数

目标价值权数即指以各项个别资本预计的未来价值为基础来确定资本权数，确定各类资本占总资本的比重。对于公司筹集新资金，需要反映期望的资本结构来说，目标价值是有益的，适用于未来的筹资决策，但是目标价值的确定难免具有主观性。

5.1.4 边际资本成本

公司无法以某一固定的资本成本筹集无限的资金，当公司筹集的资金超过一定限度时，原来的资本成本就会增加。边际资本成本率就是指企业追加筹资的资本成本率。边际资本成本率是企业追加投资和筹资决策中必须考虑的问题。企业追加筹资有时可能只需采用一种筹资方式，但在筹资金额较大或在目标资本结构下，通常需要通过多种筹资方式的组合来实现，这时边际资本成本率应该按加权平均法计算。

当资本成本随筹资额的增加而发生相应变化时，边际资本成本率的计算步骤如下所述：

第一步，确定目标资本结构；

第二步，测算各种资本的成本率；

第三步，测算筹资总额分界点。

筹资总额分界点是指在保持某资本成本率的条件下可以筹集到的资金总限度。在筹资总额分界点范围内筹资，原来的资本成本率不会改变，一旦筹资额超过分界点，即使维持现有资本结构，其资本成本率也会增加。测算筹资总额分界点的计算公式为：

$$筹资总额分界点=\frac{某一特定成本下筹集的该项新资本的限额}{该项资本在资本结构中的比重}$$

第四步，测算边际资本成本率。

【例5-10】 强力公司拥有长期资金1 000万元，其中长期借款300万元，普通股700万元，该资本结构为公司理想的目标结构。公司拟筹集新的资金，并维持目前的资本结构。公司财务管理人员对金融市场及企业的融资能力分析后认为，随筹资额增加，各种资金成本的变化如表5-1所示。现在公司有一个投资项目，投资额为200元，预计项目的投资报酬率为8%，公司是否应该进行该项投资？

表5-1 博文公司追加筹资资本成本资料

资金种类	新筹资额（万元）	资本成本
长期借款	≤120	5%
	>120	8%
普通股	≤210	9%
	>210	12%

要求：计算各筹资总额分界点及相应各筹资范围的边际资本成本率并做出是否投资的决策。

（1）确定各种筹资方式的筹资比重：

长期借款在目前资本结构中所占的比重=300÷1 000= 30%

普通股在目前资本结构中所占的比重=700÷1 000= 70%

（2）计算筹资总额分界点如表5-2所示。

表5-2 筹资总额分界点计算表

筹资方式	个别资本成本率	追加筹资范围（万元）	筹资总额分界点（万元）	筹资总额的范围（万元）
长期借款	5%	≤120	120÷30%=400	≤400
	8%	>120		>400
普通股	9%	≤210	210÷70%=300	≤300
	12%	>210		>300

（3）计算各个筹资总额区间的边际资本成本率如表5-3所示。

表5-3 边际资本成本率的计算

	筹资总额的范围（万元）	筹资方式	目标资本结构	个别资本成本率	边际资本成本率
1	≤300	长期借款	30%	5%	1.5%
		普通股	70%	9%	6.3%
		第1个范围的边际资本成本率=7.8%			
2	300～400	长期借款	30%	5%	1.5%
		普通股	70%	12%	8.4%
		第2个范围的边际资本成本率=8.9%			
3	>400	长期借款	30%	8%	2.4%
		普通股	70%	12%	8.4%
		第3个范围的边际资本成本率=10.8%			

由于公司新的投资项目为 200 万元,则追加投资的资本成本为 7.8%,而项目的投资报酬率为 8%,大于项目的加权资本成本,所以可以对该项目进行投资。

5.2 杠杆原理

5.2.1 经营风险与经营杠杆

1. 经营风险

经营风险是指企业未使用债务时经营的内在风险,一般是指由于生产经营上的原因给企业的利润额或利润率带来的不确定性。影响企业经营风险的因素有很多,主要有以下几个方面。

（1）产品需求。市场对企业的需求量稳定,企业的经营风险小;市场对企业需求量波动大,企业的经营风险大。

（2）产品售价。企业产品售价稳定,企业的经营风险小;产品售价波动大,企业的经营风险大。

（3）产品成本。产品收入减去产品成本为产品利润,产品成本波动大,导致产品利润不稳定,经营风险大;反之,经营风险小。

（4）调节产品价格能力。当产品成本变动时,企业具有较强的调节产品价格的能力,以保持稳定的利润,经营风险小;反之,经营风险大。

（5）固定成本比重。当固定成本所占比重较大时,会导致利润变动增大,企业的经营风险大;反之,企业的经营风险小。

2. 经营杠杆的含义

经营杠杆反映了资产报酬的波动性,用以评价企业的经营风险。经营杠杆,是指由于固定经营成本的存在,而使得企业息税前利润变动率大于业务量变动率的现象。息税前利润计算公式为:

$$EBIT=S-V-F=（P-V_C）Q-F=M-F \tag{5-7}$$

式中:$EBIT$——息税前利润;S——销售总额;V——变动成本总额;F——固定成本总额;P——销售单价;V_C——单位变动成本;Q——产销业务量;M——边际贡献。

当息税前利润为零时,企业的销售收入和成本总额（变动成本总额+固定成本总额）相等,达到盈亏平衡点,此时产品销售数量为:

$$Q=\frac{F}{P-V_C} \tag{5-8}$$

【例 5-11】 某企业生产产品 A,销售单价为 50 元,单位变动成本 30,固定成本总额为 10 000 元,则盈亏平衡点的销量是多少?

解:$Q=\dfrac{F}{P-V_C}=\dfrac{10\,000}{50-30}=500$（件）

该公司盈亏平衡点的销量为 500 件。

3. 经营杠杆系数

由息税前利润计算公式可知,影响息税前利润的因素包括销售单价、销售量、产品成本等因素。当产品成本中存在固定成本时,如果其他条件不变,产销业务量的增加虽然不会改变固定成本总额,

财务管理

但单位固定成本就会降低，产品的利润得到提高，使息税前利润的增长率大于产销业务量的增长率，从而产生经营杠杆效应。当不存在固定成本时，所有成本都是变动成本，边际贡献等于息税前利润，此时息税前利润的变动率与产销业务量的变动率完全一致。

【例 5-12】 假设 A、B、C 三个公司下一年度销售量增加 20%，且下一年度三家公司的固定经营成本保持不变，三家公司下一年度息税前利润变动分别是多少？

表 5-4　　　　　　　　　　　A、B、C 公司息税前利润分析表

	A公司	B公司	C公司
本年度			
销量（件）	200	200	200
单价（元）	10	10	10
销售收入（元）	2 000	2 000	2 000
单位变动成本（元）	6	6	6
变动成本总额（元）	1 200	1 200	1 200
固定成本总额（元）	0	200	400
息税前利润（元）	800	600	400
固定成本/总成本	0	14.28%	25%
下一年度			
销量（件）	240	240	240
单价（元）	10	10	10
销售收入（元）	2 400	2 400	2 400
单位变动成本（元）	6	6	6
变动成本总额（元）	1 440	1 440	1 440
固定成本总额（元）	0	200	400
息税前利润（元）	960	760	560
息税前利润变动率	20%	26.67%	40%

从表 5-4 中可以发现两个现象。

① A、B、C 公司预计下一年度销售量均增加 20%时，由于 A 公司没有固定成本，息税前利润变动率也增长了 20%，由于 B、C 公司存在固定成本，两家公司息税前利润分别增长了 26.67%、40%。

② 由于 C 公司固定成本占总成本的比重大于 B 公司，因此，息税前利润变动程度大于 B 公司。B 公司增加了 26.67%，而 C 公司增加了 40%。

经营杠杆系数（DOL），也称营业杠杆系数或营业杠杆程度，是指息税前利润（EBIT）的变动率相当于产销业务量变动率的倍数。只要企业存在固定性经营成本，就存在经营杠杆效应。计算公

式为：

$$DOL=\frac{息税前利润变动率}{产销量变动率}=\frac{\Delta EBIT}{EBIT}\Big/\frac{\Delta Q}{Q} \tag{5-9}$$

式中：DOL——经营杠杆系数；$\Delta EBIT$——息税前利润变动额；ΔQ——产销业务变动量的变动值。

由于 $EBIT=(P-V_C)Q-F$，$\Delta EBIT=(P-V_C)\Delta Q$，因此 DOL 也可以表示为：

$$DOL=\frac{(P-V_C)Q}{(P-V_C)Q-F} \tag{5-10}$$

对以上公式推导，经营杠杆系数的计算也可以简化为以下两个公式：

$$DOL=\frac{S-V}{S-V-F} \tag{5-11}$$

$$DOL=\frac{EBIT+F}{EBIT} \tag{5-12}$$

从上式可以看出，如果固定成本等于零，则经营杠杆系数为 1，即不存在经营杠杆效应。当固定成本不为零时，通常经营杠杆系数大于 1，即显现出经营杠杆效应，经营杠杆系数越大，经营风险就越大。

根据【例 5-12】的资料，计算不同企业的经营杠杆系数如下所述。

采用经营杠杆系数的定义：

A 公司经营杠杆系数=20%÷20%=1

B 公司经营杠杆系数=26.67%÷20%=1.33

C 公司经营杠杆系数=40%÷20%=2

采用简化的公式：

$$A 公司经营杠杆系数=\frac{2\,000-1\,200}{2\,000-1\,200-0}=1$$

$$B 公司经营杠杆系数=\frac{2\,000-1\,200}{2\,000-1\,200-200}=1.33$$

$$C 公司经营杠杆系数=\frac{2\,000-1\,200}{2\,000-1\,200-400}=2$$

根据以上的计算，两种方法计算的结果是一致的。以上不同公司的经营杠杆系数说明，B 公司的经营风险是 A 公司的 1.33 倍，C 公司的经营风险是 A 公司的 2 倍。

【例 5-13】 某企业生产产品 Q，固定成本为 50 万元，单位变动成本为 100 元/件，售价为 200 元/件，当企业的销量分别为 10 000 件、8 000 件、5 000 件时，各自的经营杠杆系数分别是多少？

解： 当销量为 10 000 件时，$DOL=\dfrac{10\,000\times(200-100)}{10\,000\times(200-100)-500\,000}=2$

当销量为 8 000 件时，$DOL=\dfrac{8\,000\times(200-100)}{8\,000\times(200-100)-500\,000}=2.67$

当销量为 5 000 件时，$DOL=\dfrac{5\,000\times(200-100)}{5\,000\times(200-100)-500\,000}=\infty$

以上计算结果表明：在固定成本不变的情况下，销售收入越大，经营杠杆系数越小，经营风险就越小；反之，销售收入越小，经营杠杆系数越大，经营风险就越大。当销量为 1 万件时，销售收入为 200 万元，经营杠杆系数为 2；当销量为 8 000 件，销售收入为 160 万元，经营杠杆系数为 2.67；当销量为 5 000 件，销售收入为 100 万元，恰好处于盈亏平衡点，经营杠杆系数为 ∞，此时企业销售额稍有减少便会导致更大的亏损。显然，盈利越接近盈亏平衡点，盈利的不稳定性越大，经营风险越大。

经营杠杆说明，企业管理层在控制经营风险杠杆系数时，不能简单考虑固定成本的绝对量，而应关注固定成本与盈利水平的相对关系。企业一般可以通过增加销量、提高销售单价、降低单位变动成本、降低固定成本占总成本比重等措施降低经营风险。

5.2.2 财务风险与财务杠杆

1. 财务风险

财务风险是指由于企业运用了债务筹资方式而产生的丧失偿付能力的风险。企业财务风险的表现主要有以下几个方面。

（1）无力偿还债务的风险。如果企业的负债为定期付息，到期还本，企业利用负债投资未能按时收回并取得收益，则无法偿还利息及本金，其结果不仅导致公司资金链紧张，还会影响企业的信誉，甚至走向破产。

（2）利率变动风险。企业在负债期间，由于通货膨胀、贷款利率增加等因素影响，负债的资本成本增加，抵减了预期收益。

（3）筹资风险。企业负债经营，继续举债，会降低债权人的债权保障程度，从而限制企业再从其他渠道增加负债筹资的能力。

2. 财务杠杆的含义

财务杠杆，是指由于固定性资本成本的存在，而使得企业的普通股收益变动率大于息税前利润变动率的现象。财务杠杆可以反映企业普通股资本报酬的波动性，以评价财务风险。普通股权益资本报酬可用每股收益表示。公式为：

$$EPS=（EBIT-I）（1-T）/N \tag{5-13}$$

式中：EPS——每股收益；I——债务资本利息；T——所得税税率；N——普通股数。

从上式可以看出，在其他条件不变的情况，息税前利润的增加不改变固定利息费用总额，但会降低每一元息税前利润分摊的利息费用，提高每股收益，因此每股收益的增长率大于息税前利润的增长率，产生财务杠杆效应。

3. 财务杠杆系数

由于财务杠杆的作用，普通股每股收益能随经营收益的增长而增长，在一定的条件下甚至可成倍地增长。财务杠杆系数是由企业资本结构决定的，即支付固定性资本成本的债务资本越多，财务杠杆系数越大；同时财务杠杆系数又反映着财务风险，即财务杠杆系数越大，财务风险也越高。

【例5-14】 假定有A、B、C三家公司，目前的息税前利润均为20万元，如果息税前利润均增长50%，那么这三家公司下一年度的每股收益如何变动？

表5-5　　　　　　　　　　　A、B、C公司财务杠杆作用分析表

	A公司	B公司	C公司
息税前利润为200 000元			
普通股股数（股）	10 000	10 000	10 000
资本总额（元）	2 000 000	2 000 000	2 000 000
债务总额（元）	0	500 000	1 000 000
资产负债率	0	25%	50%

续表

	A 公司	B 公司	C 公司
息税前利润为 200 000 元			
利率	0	8%	8%
利息支出（元）	0	40 000	80 000
息税前利润（元）	200 000	200 000	200 000
利息支出/息税前利润	0	20%	40%
税前利润（元）	200 000	160 000	120 000
所得税（25%）	50 000	40 000	30 000
税后利润（元）	150 000	120 000	90 000
每股收益（元）	15	12	9
息税前利润增加 50%，息税前利润为 300 000 元，其他条件不变			
普通股股数（股）	10 000	10 000	10 000
资本总额（元）	2 000 000	2 000 000	2 000 000
债务总额（元）	0	500 000	1 000 000
资产负债率	0	25%	50%
利率	0	8%	8%
利息支出（元）	0	40 000	80 000
息税前利润（元）	300 000	300 000	300 000
利息支出/息税前利润	0	13.33%	26.67%
税前利润（元）	300 000	260 000	220 000
所得税（25%）	75 000	65 000	55 000
税后利润（元）	225 000	195 000	165 000
每股收益（元）	22.5	19.5	16.5
每股收益变动率	50%	62.5%	83.33%

通过对表 5-5 的分析，可以得出以下结论。

① 完全没有负债的 A 公司，当息税前利润增加 50%，每股收益也增加了 50%，说明息税前利润和每股收益同步变化，没有显现出财务杠杆效应。B 公司、C 公司每股收益分别上涨了 62.5% 和 83.33%，显示出财务杠杆效应。

② B 公司每股收益变动率低于 C 公司每股收益变动率，是由于 B 公司资产负债率低于 C 公司资产负债率，结果表明：资产负债率越高的公司，其每股收益变化程度越大，说明财务杠杆效应越明显。

③ 息税前利润增加 1 倍后，B 公司、C 公司利息支出占息税前利润的比重降低了。这表明息税前利润增加，降低了公司的财务风险。

财务杠杆效应放大了企业息税前利润的变化对每股收益的变动程度，财务杠杆作用越大，财务杠杆系数越大，财务风险也就越大，反之亦然。

衡量财务杠杆效应大小的指标是财务杠杆系数。所谓财务杠杆系数（DFL），是指普通股每股收益的变动率相当于息税前利润变动率的倍数。只要企业存在固定的筹资成本，就存在财务杠杆效应。财务杠杆系数的计算公式为：

$$DFL = \frac{\text{每股收益变动率}}{\text{息税前利润变动率}} = \frac{\Delta EPS / EPS}{\Delta EBIT / EBIT} \qquad (5\text{-}14)$$

式中：DFL——财务杠杆系数；ΔEPS——普通股每股收益变动额；EPS——变动前的普通股每股收益；$\Delta EBIT$——息前税前利润变动额；$EBIT$——变动前的息税前利润。

$$\because EPS = (EBIT - I)(1 - T) / N$$

$$\Delta EPS = \Delta EPS (1 - T) / N$$

$$\therefore DFL = \frac{EBIT}{EBIT - I} \qquad (5\text{-}15)$$

根据【例 5-14】的资料，计算不同企业的财务杠杆系数如下所述。

根据财务杠杆系数的定义：

A 公司财务杠杆系数=50%÷50%=1

B 公司财务杠杆系数=62.5%÷50%=1.25

C 公司财务杠杆系数=83.33%÷50%=1.67

根据简化的公式：

$$A \text{ 公司财务杠杆系数} = \frac{200\,000}{200\,000 - 0} = 1$$

$$B \text{ 公司财务杠杆系数} = \frac{200\,000}{200\,000 - 40\,000} = 1.25$$

$$C \text{ 公司财务杠杆系数} = \frac{200\,000}{200\,000 - 80\,000} = 1.67$$

以上的计算，两种方法计算的结果是一致的。以上不同公司的财务杠杆系数说明，B 公司的财务杠杆效应是 A 公司的 1.25 倍，即当 B 公司息税前利润增长 10%时，该公司的每股收益将增长 12.5%；当 B 公司息税前利润下降 10%时，公司的每股收益将下降 12.5%，即 B 公司的财务风险也是 A 公司的 1.25 倍。同样地，C 公司的财务效应和财务风险是 A 公司的 1.67 倍。

由此可见，企业通过负债融资，会增加企业的财务风险，但如果全部采用权益资本筹资又不能发挥财务杠杆效应。因此，企业应该适度负债。

5.2.3 公司总风险与复合杠杆

公司风险包括企业的经营风险和财务风险。通常把经营杠杆与财务杠杆的连锁作用称为复合杠杆（或总杠杆）作用。复合杠杆作用程度直接考察了营业收入的变化对每股收益的影响程度，通常用复合杠杆系数（DTL）来衡量复合杠杆效应。复合杠杆系数，是指每股收益变动率相当于产销业务量的倍数，其计算公式为：

$$DTL = \frac{\text{每股收益变动率}}{\text{产销量变动率}} = \frac{\Delta EPS / EPS}{\Delta Q / Q} \qquad (5\text{-}16)$$

复合杠杆系数可以进一步表示为经营杠杆系数和财务杠杆系数的乘积，反映了企业经营风险与财务风险的组合效果。

$$DTL = DOL \times DFL \qquad (5\text{-}17)$$

【例 5-15】 甲公司的经营杠杆系数为 1.5，财务杠杆系数为 2，复合杠杆系数是多少？

解：$DTL = DOL \times DFL = 1.5 \times 2 = 3$

甲公司的复合杠杆系数为 3。

此例中，说明当公司的销售量增长 10%时，普通股每股收益将增长 30%，具体反映公司的复合杠杆利益；反之，当公司销售量下降 10%时，普通股每股收益将下降 30%，具体反映公司的复合杠杆风险。

5.3 | 资本结构决策

企业筹资管理的核心问题是资本结构。企业应该综合考虑有关影响因素，运用合适的方法确定最佳资本结构。

资本结构是指企业资本总额中的各种资本的构成及其比例关系。在筹资管理中，资本结构有广义和狭义之分。广义的资本结构包括全部债务与股东权益的构成比例；狭义的资本结构则指长期负债与股东权益资本构成比例。本书指的资本结构为狭义的资本结构。不同的资本结构会给企业带来不同的后果。企业利用债务资本进行举债经营具有双重作用，既可以发挥财务杠杆效应，也可能带来财务风险。因此企业必须权衡财务风险和资本成本的关系，确定最佳的资本结构。

评价企业资本结构最佳状况的标准应该是能够提高股权收益或降低资本成本，最终目的是提升企业价值。股权收益，表现为净资产报酬率或普通股每股收益；资本成本，表现为企业的平均资本成本率。根据资本结构理论，当企业平均资本成本最低时，公司价值最大。最佳资本结构，是指在一定条件下使企业平均资本成本率最低，企业价值最大的资本结构。资本结构优化的目标，是降低平均资本成本率或提高普通股每股收益。

从理论上讲，最佳资本结构是存在的，但由于企业内部条件和外部环境的经常性变化，动态地保持最佳资本结构十分困难。因此在实践中，目标资本结构通常是企业结合自身实际进行适度负债经营所确定的资本结构。

5.3.1 资本结构理论

资本结构理论是证券投资理论体系中的一个重要组成部分。该理论体系的主要目标就是实现企业的价值最大化或者股东财富的最大化，研究的主要对象是资本结构中权益资本与中长期债务资本的构成比例对企业总价值的影响，同时试图为企业找出最为合适的资本结构、融资方式或者融资工具。

1. 早期的资本结构理论

（1）净收益理论。负债可以提高企业价值是净收益理论最核心的观点，该理论认为，企业降低自身的加权平均资本成本率，可以利用负债融资的方式来提高本企业财务杠杆比率来实现，进而实现提高企业价值的目的。由此可以得出结论，企业的债务融资活动对企业永远有利，那么就等于认为企业负债越多越好，当企业的负债率为 100%时，企业的价值最大，这显然不符合实际。

（2）净营业收益理论。净营业收益理论认为，资本结构不会影响企业的总市场价值，企业财务杠杆比率的变化无法对企业的加权平均资本成本造成影响，这种观点认为不存在最优资本结构，一切资本结构都可以被看作是最优资本结构，显然这种观点没有任何的实践意义。

（3）折衷理论。传统折衷理论是对净收益理论以及净营业收益理论的中和及概括总结。由于权益资本成本要高于债务资本成本，只要债务融资比率的上升被控制在了特定的范围内，企业的风险就不会增加，这反而会使企业的综合资本成本降低，实现企业价值的提升，而企业的债务融资比率的增加一旦超出特定范围，就会引起一系列反应，如企业的综合资本成本增加、风险增加等，会导致企业价值的降低。如此说来，企业是存在一种最优资本结构的，在这种情况下，企业的总市场价值会达到最大，同样每股股票的价格也达到顶峰。

2. 现代资本结构理论

（1）MM理论。MM理论是由Modigliani和Miller（1958）最初提出，核心内容是资本结构与企业价值无关，这一理论认为，以不考虑公司所得税和严格完全的市场假设为前提，公司价值的高低与企业资本结构无关，其价值取决于企业的投资价值。后来，Modigliani和Miller（1962）对MM定理做了一些修正，在考虑公司的所得税的前提下，企业的价值不仅与企业投资价值有关，也与资本结构决策有着密切关联，提高企业的负债率会使企业的价值增大，负债融资即是企业最合理的外源融资方式。

（2）税收差异理论。20世纪60年代，Farrar和Selwyn共同提出了所得税率差异理论，这一理论强调现金所得税和资本利得所得税二者之间存在一定差异，较为理性的投资者往往倾向于推迟其获得的资本收益，达到延迟缴纳所得税的目的。后来，Brennan把税率差异理论，通过创立股票评估模型，将其拓展到了一般均衡的情况。Brennan认为，在特定的风险水平条件下，股利所得税比资本利得税要高，股票的潜在股利收益率和投资者要求的证券收益率成正比。Stapleton认为，税收在留存收益和负债上存在差别，因此企业的财务政策很有可能会决定企业价值。

Miller（1976）提出，在研究财务杠杆影响企业价值的时候，可以把公司及个人所得税全部纳入考虑范畴，他认为股东个人所缴纳的那部分个人所得税，会抵消公司负债的节税价值，这样一来，负债无法影响公司价值，资本结构对于企业的资本成本没有丝毫影响，对企业价值更是这样，这就又回到了当初的结论。

（3）权衡理论。权衡理论是由Robicheck、Myers（1966）和Scott（1976）等人提出，并逐渐完善的。这一理论认为，负债会对企业产生税盾效应，但与此同时，负债也会增加企业破产的风险。所以，税盾收益与破产成本二者之间是存在一种均衡的，即税收节约边际收益与企业因债务而导致破产的边际成本相等时，企业的资本结构达到最优。后来，Diamond、Myers等人将权衡理论逐步发展，形成了后权衡理论，实际上，就是把企业融资作为税收收益与企业的各类负债成本间的一种权衡来看待。

3. 新资本结构理论

1970年以后，现代资本结构理论框架产生了重大变革，基于"信号"和"契约"、"动机"和"激励"等，这些存在于信息不对称理论中的概念，人们对资本结构问题的研究开始介入企业的"内部因素"，将信息不对称理论作为核心思想的新资本结构理论开始活跃在学术界，现代资本结构理论被取而代之。这一时期产生了四个主流学派：分别是Myers与Majluf代表的新优序融资理论，Jensen与Meckling的代理成本说，和Ross、Leland与Pyle的信号传递理论以及财务契约论。

（1）优序融资理论。从企业资本成本与非对称信息之间的关系着手，Myers、Majluf（1984）提出了优序融资理论。认为在非对称信息和存在交易成本的前提下，鉴于代理成本与破产风险同时存在，投资者会认为企业的对外股票融资反映出的是企业的经营状况不好，进而影响对企业的评价水平，况且，相对于企业内部融资，外部融资成本更高。所以，企业融资的首选还是内部融资，然后才是债务融资，接下来才是股权融资。

（2）代理成本理论。Jensen 和 Meckling（1976）共同开创了代理成本理论，他们把为设计、监督以及约束利益冲突等问题的代理人之间，形成的一组契约时所必须付出的成本，作为代理成本定义。这一理论认为，由于企业的债权人和经理人以及其他股东之间的目标不同，导致企业产生了代理成本，因此，企业的最优资本结构可以说是代理成本最小化时企业的资本结构。

（3）财务契约论。财务契约理论是从 Jensen 和 Meckling 关于债务契约可以有效解决股东和债权人之间由于利益冲突导致的代理成本这一观点衍生而来。企业风险债务的引进，必然导致企业内不同利益主体之间产生冲突，因此，设计出一个可以将代理成本降到最低，并且激励与约束相容的财务契约，激励相容的债务理论对财务契约论影响深远。

（4）信号传递理论。信号传递理论是不对称信息影响资本结构研究的初期阶段。这种理论认为信息不对称会歪曲企业的市场价值，从而造成企业的投资决策没有效率；企业的价值信号是通过企业的资本结构传递给市场的，企业的经理人员等通过选择合适的资本结构，达到向市场传递企业质量信号的目的，同时尽量避免传递出负面信息。

5.3.2 资本结构决策方法

1. 资本结构的影响因素分析

影响资本结构的因素较为复杂，大体分为内部因素和外部因素，具体包括以下因素。

（1）企业营业收入的稳定程度。如果企业营业收入稳定，企业可较多负担固定的财务费用；如果营业收入和盈余有周期性，则要负担固定的财务费用将承担较大的财务风险。经营发展能力表现为未来营业收入的增长率，如果营业收入能够以较高的水平增长，其业务可以采用高负债的资本结构，以提升权益资本的报酬。

（2）企业财务状况。企业财务状况良好，信用等级高，债权人愿意向企业提供信用，企业容易获得债务资本。相反，如果企业财务状况欠佳，信用等级不高，债权人投资风险大，这样会降低企业获得信用的能力，加大债务资本筹资的资本成本。

（3）企业投资人和管理当局的态度。从企业投资人的角度看，如果企业股权分散，企业为了避免财务压力更多的会选择发行股份筹集资金，分散企业风险。如果企业股权为少数股东控制，股东为了避免稀释控制权，通常会选择优先股或债券资本筹资，尽量避免发行股票筹资。从企业管理当局的角度来看，高负债的资本结构财务风险高，经营一旦失败就会出现财务危机。稳健的管理当局会偏向发行股票筹资。

（4）行业特征和企业发展周期。市场稳定、销售稳定的成熟产业经营风险低，可以提高债务资本比重，发挥财务杠杆作用。不成熟的市场，如高新技术企业等，经营风险大，因此可适当地降低债务资本，降低财务杠杆风险。同一企业的不同阶段，资本结构也会不同。企业在初创期，经营风险高，应控制负债比率；企业在稳定成熟阶段，经营风险低，可适度地提高负债比率；企业在衰退阶段，经营风险高，应控制负债比率。

（5）经济环境的税务政策和货币政策。政府调控经济的手段包括财政税收政策和货币金融政策，所得税率较高时，债务利息抵税作用大，企业可以利用抵税作用提高企业价值。当国家执行紧缩的货币政策时，市场利率高，企业债务资本成本增大，企业应控制债务资本总额。

2. 资本结构决策方法

适度利用负债可以降低企业的资本成本，但如果债务比率过高，杠杆利益就会被债务成本抵消，企业的财务风险就会大大增加。因此，企业应当取得其最佳的负债比率即资本结构，使加权平均资本成本最低，企业价值最大。由于每个企业都处于不断变化的经营条件和外部经济环境中，使得确定企业最佳资本结构十分困难。

（1）资本成本比较法。通过计算筹资组合方案的平均资本成本，选择资本成本率最低的方案。这种方法侧重从资本投入的角度对筹资方案和资本结构进行优化分析。

【例 5-16】 信达公司需要筹集 3 000 万元长期资本，可以用向银行贷款、发行债券、发行股票三种方式筹资，个别资本成本率已分别测定，A 信达公司应该选择哪个方案？有关资料如表 5-6 所示。

表 5-6 信达公司资本成本与资本结构数据表

筹资方式	资本结构			个别资本成本率
	方案一	方案二	方案三	
贷款	30%	15%	20%	6%
债券	20%	45%	35%	8%
普通股	50%	40%	45%	11%
合计	100%	100%	100%	

解：

筹资方案一资本成本率 K=30%×6%+20%×8%+50%×11%=8.9%

筹资方案二资本成本率 K=15%×6%+45%×8%+40%×11%=8.7%

筹资方案三资本成本率 K=20%×6%+35%×8%+45%×11%=8.95%

因为方案二的筹资成本最低，为 8.7%，因此，选择筹资方案二。

资本成本比较法仅以资本成本最低为选择标准，因计算过程容易，是一种比较简单的方法。但这种方法只是以资本成本为唯一的判断标准，没有考虑不同筹资方案的财务风险，因此采用此方法决策还要结合企业财务风险情况一并进行。

（2）每股收益分析法。每股收益分析法是利用每股收益无差别点来进行资本结构决策的方法。不同的资本结构和影响企业的每股收益，合理的资本结构能够提高普通股每股收益。企业每股收益受到经营利润、债务资本成本等因素的影响，根据每股收益与资本结构，可以找到每股收益无差别点。每股收益无差别点是指不同筹资方式下每股收益都相等时的息税前利润或业务量水平。根据每股收益无差别点，可以分析判断在什么样的息税前利润水平或产销业务量水平前提下，宜采用何种筹资组合方式，进而确定企业的资本结构安排。

在每股收益无差别点上，无论采用债券还是股权筹资方案，每股收益都是相等的。当预期息税前利润或业务量水平大于每股收益无差别点时，应当选择财务杠杆效应较大的筹资方案，反之亦然。在每股收益无差别点时，不同筹资方案的每股收益是相等的，用公式表示为：

$$\frac{(\overline{EBIT}-I_1)(1-T)}{N_1}=\frac{(\overline{EBIT}-I_2)(1-T)}{N_2} \tag{5-18}$$

$$\overline{EBIT}=\frac{I_1\times N_2-I_2\times N_1}{N_2-N_1} \tag{5-19}$$

式中：$\overline{EBIT}$——每股收益无差别点时的息税前利润；I_1、I_2——两种筹资方式下的债务利息；N_1、N_2——两种筹资方式下的普通股股数。

【例 5-17】 某公司的资本结构为：总资本为 2 000 万元，其中债务资本为 800 万元，年利率为 6%，普通股资本为 1 200 万元（1 200 万股，面值 1 元，市值 5 元）。企业目前要投资一个新的项目，项目需要资金为 500 万元，现有两种筹资方案。

甲方案：发行债券 500 万元，利息率为 8%。

乙方案：发行普通股股数 125 万股，每股发行价格为 4 元。

假定该公司的所得税税率为 25%，根据以上数据，则这两种方案每股收益无差别点为：

方案甲 $I_1 = 800 \times 6\% + 500 \times 8\% = 88$（万元）

$\quad N_1 = 1\ 200$（万股）

方案乙 $I_2 = 800 \times 6\% = 48$（万元）

$\quad N_2 = 1\ 200 + 125 = 1\ 325$（万股）

$$\frac{(\overline{EBIT} - I_1)(1-T)}{N_1} = \frac{(\overline{EBIT} - I_2)(1-T)}{N_2}$$

$$\frac{(\overline{EBIT} - 88)(1-25\%)}{1\ 200} = \frac{(\overline{EBIT} - 48)(1-25\%)}{1\ 325}$$

$$\overline{EBIT} = 472\ （万元）$$

即当息税前利润为 472 万元时，增发普通股和增发债券后的每股收益是相等的，即选择两种筹资方案给股东带来的利益是相等的，如表 5-7 所示。

表 5-7 每股收益计算表 单位：万元

项目	发行债券	增发普通股
息税前利润	472	472
减：利息	88	48
税前利润	384	424
减：所得税（25%）	96	106
普通股股份数（万股）	1 200	1 325
每股收益（元）	0.24	0.24

根据上述对每股收益无差别点的分析，可绘制图 5-1。

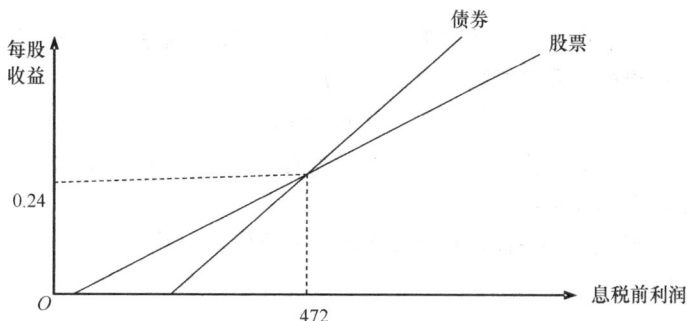

图 5-1 每股收益无差别点分析图

$\overline{EBIT}$ 为 472 万元的意义在于：当息税前利润大于 472 万元时，增发债券筹资要比增发普通股有利；当息税前利润小于 472 万元时，不应该增发债券，当然企业发行债券筹资也不是没有限制的，当企业负债增加到一定程度时，对债权人的债权保障程度降低，企业的信用也会下降，债权的利率上升，企业还本付息的风险很大，再增加债券就对企业不利了。

现再举一例对上述结论加以说明。

【例 5-18】 假设企业的息税前利润分别为 450 万元和 500 万元，其他条件如【例 5-17】不变，试计算两种情况下增发普通股和增发债券的每股收益。具体计算如表 5-8 所示。

表 5-8　　　　　　　　　　　每股收益计算表　　　　　　　　　　　单位：万元

项目	息税前利润 450 万元		息税前利润 500 万元	
	增发普通股	发行债券	增发普通股	发行债券
息税前利润	450	450	500	500
减：利息	48	88	48	88
税前利润	402	362	452	412
减：所得税（25%）	100.5	90.5	113	103
普通股股份数（万股）	1 325	1 200	1 325	1 200
每股收益	0.227 5	0.226 2	0.255 8	0.257 5

由表 5-8 可以看出，当该企业息税前利润高于 472 万元，达到 500 万元时，采用发行债券方式筹资，企业的普通股每股收益为 0.257 5 元，高于采用发行股票筹资的每股收益 0.255 8；当企业息税前利润低于 472 万元，降为 450 万元时，采用发行债券方式筹资，每股收益为 0.226 2 元，低于采用发行股票筹资的每股收益 0.227 5。因此，我们可利用每股收益无差别点（筹资无差别点）来决定筹资或追加筹资方案。

（3）公司价值比较法。资本成本比较法和每股收益分析法没有考虑风险因素。公司价值比较法在考虑风险的基础上，以公司市场价值为标准进行资本结构优化。合理的资本结构是能够提升公司价值的资本结构。

设：V 表示公司价值，B 表示债务资本价值，S 表示权益资本价值。公司价值应该等于资本的市场价值，即

$$V=S+B \tag{5-20}$$

为简化分析，假设公司各期的 $EBIT$ 保持不变，债务资本的市场价值等于其面值，权益资本的市场价值可以通过下式计算：

$$S=\frac{(EBIT-I)(1-T)}{K_e} \tag{5-21}$$

式中：$EBIT$——息税前利润；I——年利息额；T——公司所得税税率；K_e——权益资本成本。

采用资本资产定价模型计算普通股的资本成本 K_e：

$$K_e = R_f + \beta(R_M - R_f) \tag{5-22}$$

通过上述公式计算出企业总价值和加权平均资本成本，以企业价值最大化为标准确定最佳资本结构，此时的加权平均资本成本最小。

加权平均资本成本=税前债务资本成本×债务价值占总资本比重×（1-所得税税率）+权益资本成本×股票价值占总资本比重

$$K_{WACC} = K_d(1-T) \times \frac{B}{V} + K_e \times \frac{S}{V} \tag{5-23}$$

式中：K_{WACC}——加权平均资本成本；K_d——税前的债务资本成本。

下面举例说明公司价值比较法的应用。

【例 5-19】 某公司息税前利润为 400 万元，资本总额账面价值为 1 000 万元，假设无风险报酬率为 5%，证券市场平均报酬率为 10%，所得税率为 25%，经过测算，不同债务水平下的权益资本成本率和债务资本成本率如表 5-9 所示。

表 5-9   不同债务水平下的债务资本成本率和权益资本成本率

债务市场价值 B（万元）①	税前债务资本成本 K_d ②	β ③	权益资本成本率 ④	股票市场价值（万元）⑤=（400-①×②）×（1-25%）/④
0	—	1.1	10.50%	2 857.14
300	8.00%	1.15	10.75%	2 623.26
600	8.30%	1.2	11.00%	2 387.73
900	10.00%	1.4	12.00%	1 937.50
1 200	11.50%	2	15.00%	1 310.00
1 500	13.00%	2.3	16.50%	931.82
1 800	14.00%	2.6	18.00%	616.67
2 100	14.50%	2.9	19.50%	367.31

根据表 5-9，可计算出不同长期债务规模下的企业价值和加权平均资本成本，计算结果如表 5-10 所示。

表 5-10   公司市场价值和加权平均资本成本

公司市场价值 V 万元①=②+③	债务市场价值 B 万元②	股票市场价值 S 万元③	税前债务资本成本 K_d	权益资本成本 K_e	加权平均资本成本 K_{WACC}
2 857.14	0	2 857.14	—	10.50%	10.50%
2 923.26	300	2 623.26	8.00%	10.75%	10.26%
2 987.73	600	2 387.73	8.30%	11.00%	10.04%
2 837.50	900	1 937.50	10.00%	12.00%	10.57%
2 510.00	1 200	1 310.00	11.50%	15.00%	11.95%
2 431.82	1 500	931.82	13.00%	16.50%	12.34%
2 416.67	1 800	616.67	14.00%	18.00%	12.41%
2 467.31	2 100	367.31	14.50%	19.50%	12.16%

根据公式"公司价值=债务资本价值+权益资本价值"可知，企业在没有债务的情况下，公司价值=权益资本价值=2 857.14 万元，权益资本成本 10.5%即为企业的加权平均成本；当企业债务为 300 万元，权益资本价值为 2 623.26 万元时，公司价值即为 2 923.26 万元，加权平均资本为 $=8\%\times\dfrac{300}{2\,923.26}\times(1-25\%)+10.75\%\times\dfrac{2\,623.26}{2\,923.26}=10.26\%$，同理可以计算出不同企业价值及其对应的加权平均成本。从表 5-10 中可以看出，公司开始发行债券时，公司价值开始上升，加权平均资本成本开始降低。直到债务到达 600 万元时，公司价值最大，对应的公司加权平均成本最低为 10.04%。如果公司继续发行债券，公司价值开始下跌，加权平均资本成本开始上升。因此，债务为 600 万元的资本结构是公司最优的资本结构。

练习题

一、单项选择题

1. 在计算下列各项资金的筹资成本时，不需要考虑筹资费用的是（   ）。

    A. 普通股   B. 债券   C. 长期借款   D. 留存收益

2. 某公司平价发行公司债券，面值 1 000 元，期限 5 年，票面利率 8%，每年付息一次，5 年后一次还本，发行费率为 4%，所得税税率为 25%，则该债券资本成本率为（　　）。

    A. 8%　　　　　　　　　B. 7.55%　　　　　　　　C. 6.25%　　　　　　　　D. 7.05%

3. 诚信公司共有资金 20 000 万元，其中债券 6 000 万元，优先股 2 000 万元，普通股 8 000 万元，留存收益 4 000 万元；各种资金的成本率分别为 6%、12%、15.5%、15%。则该企业的综合资本成本率为（　　）。

    A. 10%　　　　　　　　B. 12.2%　　　　　　　　C. 12%　　　　　　　　D. 13.5%

4. 已知某企业目标资本结构中长期债务的比重为 20%，债务资金的增加额在 0～10 000 元范围内，其利率维持 5% 不变。该企业与此相关的筹资总额分界点为（　　）元。

    A. 5 000　　　　　　　B. 20 000　　　　　　　C. 50 000　　　　　　　D. 200 000

5. 如果企业一定期间内的固定生产成本和固定财务费用均不为零，则由上述因素共同作用而导致的杠杆效应属于（　　）。

    A. 经营杠杆效应　　　　　　　　　　　　　　B. 财务杠杆效应
    C. 复合杠杆效应　　　　　　　　　　　　　　D. 风险杠杆效应

6. 在其他条件不变的情况下，如果企业资产负债率增加，则财务杠杆系数将会（　　）。

    A. 保持不变　　　　　　　　　　　　　　　　B. 增大
    C. 减小　　　　　　　　　　　　　　　　　　D. 变化但方向不确定

7. 如果企业的全部资本中权益资本占 80%，则下列关于企业相关风险的叙述正确的是（　　）。

    A. 只存在经营风险　　　　　　　　　　　　　B. 只存在财务风险
    C. 同时存在经营风险和财务风险　　　　　　　D. 财务风险和经营风险正好相互抵消

8. 如果不存在企业所得税，则资本结构与企业价值无关；当考虑企业所得税时，提高企业的负债率会使企业的价值增大。此资本结构理论是（　　）。

    A. 净收益理论　　　　B. 折衷理论　　　　　　C. MM 理论　　　　　　D. 代理理论

9. 以下考虑了风险的资本结构决策方法是（　　）。

    A. 资本成本比较法　　　　　　　　　　　　　B. 加权资本成本法
    C. 每股收益分析法　　　　　　　　　　　　　D. 公司价值比较法

10. 运用普通股每股收益无差别点确定最佳资本结构时，需计算的指标是（　　）。

    A. 息税前利润　　　　B. 营业利润　　　　　　C. 净利润　　　　　　　D. 利润总额

二、多项选择题

1. 用资费用是指企业因使用资本而付出的费用，一般包括（　　）。

    A. 债券利息　　　　　　　　　　　　　　　　B. 股利
    C. 股票发行费用　　　　　　　　　　　　　　D. 银行借款手续费

2. 平均资本成本的计算，存在着权数价值的选择问题，即各项个别资本按什么权数来确定资本比重。通常，可供选择的价值形式有（　　）。

    A. 账面价值　　　　　B. 市场价值　　　　　　C. 目标价值　　　　　　D. 历史价值

3. 某公司经营风险较大，准备采取系列措施降低杠杆程度，下列措施中可行的有（　　）。

    A. 降低销售量　　　　　　　　　　　　　　　B. 降低固定成本
    C. 降低变动成本　　　　　　　　　　　　　　D. 提高产品销售单价

4. 下列各项中会直接影响企业平均资本成本的有（　　）。

    A. 个别资本成本　　　　　　　　　　　　　　B. 各种资本在资本总额中占的比重
    C. 筹资规模　　　　　　　　　　　　　　　　D. 企业的经营杠杆

5. 下列关于经营杠杆系数表述正确的有（　　）。

　　A. 在固定成本不变下，经营杠杆系数说明了销售额变动所引起息税前利润变动的幅度

　　B. 在固定成本不变下，销售额越大，经营杠杆系数越大，经营风险也就越小

　　C. 当销售额达到盈亏临界点时，经营杠杆系数趋于无穷大

　　D. 企业一般可以通过增加销售额、降低产品单位变动成本、降低固定成本比重等措施使经营风险降低

6. 下列关于财务杠杆的论述中，正确的有（　　）。

　　A. 财务杠杆系数越大，财务风险越小

　　B. 财务杠杆效益指利用债务筹资给企业自有资金带来的额外收益

　　C. 财务杠杆系数越大，财务风险越大

　　D. 财务杠杆是由于固定性资本成本的存在，使得普通股收益变动率大于息税前利润变动率的现象

7. 以下可以降低企业风险的措施有（　　）。

　　A. 增加销售收入　　　　　　　　　　B. 降低资产负债率

　　C. 增加权益资金比重　　　　　　　　D. 降低产品单位成本

8. 影响资本结构的因素有（　　）。

　　A. 营业收入　　　　　　　　　　　　B. 企业的财务状况

　　C. 行业特征　　　　　　　　　　　　D. 企业发展周期

三、判断题

1. 资本成本可以用绝对数表示，也可以用相对数表示，但在企业筹资实务通常用资本成本的相对数，即资本成本率表示。　　　　　　　　　　　　　　　　　（　　）

2. 当市场利率高于债券的票面利率时，债券往往溢价发行。　　　　　　　　（　　）

3. 企业为了避免财务压力更多的会选择发行股份筹集资金。　　　　　　　　（　　）

4. 优序融资理论提出企业融资的首选内部融资，然后才是债务融资和发行股票。（　　）

5. 净营业收益理论认为企业的负债率越高，企业的价值越大。　　　　　　　（　　）

四、问答题

1. 什么是资本成本，有哪些作用？

2. 经营杠杆系数的含义、经营杠杆系数与经营风险之间存在着怎样的关系？

3. 财务杠杆系数的含义、财务杠杆系数与财务风险之间存在着怎样的关系？

4. 广义资本结构与狭义资本结构的区别是什么？

5. 简述资本结构的 MM 理论，优序融资理论的融资顺序是这样的。

6. 如何利用每股收益无差别点选择筹资方式？

五、计算分析题

1. 某企业对外筹集的资金可以通过两种渠道获得：一是向银行借款筹资 200 万元，借款总额手续费率为 1.5%，年利率为 5%，期限为 5 年，每年结息一次，到期还本；二是发行债券筹资 500 万元，债券面值为 1 000 元/张，发行价格为 995 元/张，发行费为每张 20 元，票面利率为 6%，每年结息一次，到期还本。假设公司适用的所得税税率为 25%，计算长期借款的资本成本率和债券的资本成本率。

2. 某公司在 2012 年初创时，拟定的初始筹资总额为 2 000 万元。其筹资方案如下：向银行申请长期借款 400 万元，年利息率为 8%，平价发行公司债券 600 万元，票面利率为 10%，期限为 3 年。每年付息一次，到期偿还本金；发行普通股筹资 1 000 万元，该股票的 β 系数为 1.5，已知无风

险报酬率为 4%，股票市场的平均报酬率为 10%。公司所得税税率为 25%。以上筹资均不考虑筹资费用。

要求：

（1）计算长期借款的资本成本。

（2）计算公司债券的资本成本。

（3）计算普通股的资本成本。

（4）计算全部资本的加权平均资本成本。

3．某股份有限公司拥有长期资金 1 000 万元，其中，债券 400 万元，普通股 600 万元，该结构为公司的目标资金结构。公司拟筹资 500 万元，并维持目前的资金结构。随着筹资数额增加，各种资金成本的变化如表 5-11 所示。

表 5-11

资金种类	新筹资额（万元）	资金成本
债券	200 及以下	6%
	200 以上	8%
普通股	420 及以下	12%
	420 以上	15%

请计算各筹资分界点及相应各筹资范围的边际资金成本。

4．某公司 2015 年度的利润表有关资料如下。

销售收入	5 000
变动成本	3 000
固定成本	1 000
息税前利润	1 000
利息	400
所得税	150

要求：

（1）计算经营杠杆系数、财务杠杆系数和复合杠杆系数。

（2）若 2016 年销售收入增长 20%，息税前利润与每股收益增长的百分比是多少？

5．某公司目前拥有长期资金 4 000 万元，其资本结构是：普通股 2 000 万股（每股 1 元），债券 2 000 万元，年利率 8%。该公司打算为一个新的投资项目融资 1 000 万元，新项目投产后公司每年息税前利润增加到 2 400 万元。现有两个方案可供选择：按 10% 的利率发行债券（方案 1）；按每股 10 元发行新股（方案 2）。公司适用所得税税率 25%。

要求：

（1）计算两个方案的每股收益。

（2）计算两个方案每股收益无差别点时的息税前利润。

（3）计算两个方案的财务杠杆系数。

（4）做出选择哪个筹资方案的决策。

项目投资决策 | 第6章

📚 **【学习目标】**

项目投资具有投资金额大、周期长、变现能力弱的特点，因此投资的风险程度高，在投资之前必须做好科学的评估和规划。本章将讲述项目投资评价的财务方法。

通过本章的学习应达到以下目标：

- 了解项目投资的类型、项目计算期的构成以及项目投资决策程序；
- 掌握项目投资现金流的特点、构成及估算方法；
- 掌握项目投资决策的评价指标——投资回收期、净现值、内含报酬率的计算；
- 掌握项目投资评价指标的应用；
- 理解项目投资特有风险的分析工具——决策树分析、敏感分析、情景分析。

🕊 **【引导案例】**

电影投资方案的决策

电影公司准备拍摄一部浪漫爱情片，制片人在考虑影片的预算方案。第一方案是小预算方案，影片预计投资1 000万元进行拍摄和宣传，按照同类型影片的情况，一年后即可上映并得到大约4 000万元的现金流入；第二方案是增加电影预算，预计要投资2 500万元才能完成，这样可以邀请具有票房号召力的明星出演，去国外取景拍摄，并在上映前投入多种广告宣传。当然，在这种情况下，票房收入会更为理想，电影公司预计一年后可以收回6 500万元。

如果投资人要求的收益率为25%，应该选择按照哪个方案投拍电影？通过本章的学习，可以得到答案。

6.1 | 项目投资概述

企业投资购买具有实质内涵的经营资产，包括有形资产和无形资产，形成具体的生产经营能力，开展实质性的生产经营活动，谋取经营利润。这类投资称为项目投资。从性质上看，它是企业直接的、生产经营性的对内投资形式，通常包括固定资产投资、无形资产投资和流动资产投资等内容。

6.1.1　项目投资的特点

1. 投资金额大

项目投资一般需要投入较多的资金，其投资额往往是企业和投资人多年的资金积累。项目投资对企业未来的现金流量和财务状况都将产生深远的影响，投资人在做决策时会非常谨慎。

2. 影响时间长

项目投资一旦进行，资金回收时间长，在企业中发挥作用的时间也较长，对企业未来的生产经营活动会产生持续性的影响。

3. 变动能力差

项目投资一般无法在一年或一个营业周期内变现，即使在短期内出售变现，损失的价值也会较大。因此，项目投资一旦完成，变更是相当困难的。

4. 投资风险大

综上所述，由于项目投资具有涉及的金额大、影响时间长且一旦投入难以变更的特点，必然造成其投资风险大于流动资产方面的投资。因此，在项目投资进行之前必须做好科学的评估和规划，包括项目投资的技术可行性、市场可行性、财务可行性分析等。

6.1.2 项目投资的类型

项目投资主要分为以新增生产能力为目的的新建项目和以恢复或改善生产能力为目的的更新改造项目两大类。新建项目可以进一步细分为单纯固定资产投资项目和完整工业投资项目。单纯固定资产投资项目简称固定资产投资，其特点在于，投资中只包括为取得固定资产而发生的资本投入；完整工业投资项目则包括固定资产投资、无形资产投资以及流动资金投资。

6.1.3 项目计算期的构成及资本投入的构成

1. 项目计算期的构成

项目计算期是指投资项目从投资建设开始到最终清理结束整个过程的全部时间，即项目的有效持续时间。完整的项目计算期包括投资期和生产经营期。其中投资期的第一年初称为建设起点，投资期的最后一年末称为投产日；项目计算期的最后一年末称为终结点，从投产日到终结点之间的时间间隔称为生产经营期。

> **注意** 项目计算期=投资期+生产经营期

2. 原始总投资

从项目投资的角度看，原始总投资是企业为使项目完全达到设计生产能力、开展正常生产经营而投入的全部资金，包括建设投资和流动资产投资。

建设投资是指在建设期内按一定的生产经营规模和建设内容进行的投资，包括固定资产投资、无形资产投资。固定资产投资是项目用于购置或安装固定资产发生的投资。无形资产投资是指项目用于取得无形资产而发生的投资。流动资产投资是指项目投产前后投放于流动资产项目的投资增加额，又称垫支流动资金。

6.1.4 项目投资决策程序

项目投资的决策一般要经过以下4个步骤。

1. 项目投资的提出

企业在生产经营过程中，会不断产生新的投资需求，也会出现很多新的投资机会，企业相关部门会提出新的投资项目。这些项目一般由项目的提出者以报告的形式上报管理当局，以便管理层研究和选择。管理当局会从各种投资方案中进行初步筛选、排队，同时结合企业的长期目标和具体情况，制订初步的投资计划。

2. 项目投资的可行性分析

制订了初步投资计划后，企业需要组织专门人员或委托专业机构对项目进行可行性分析。可行性分析应该主要从以下 3 个方面进行。

（1）技术上，要考虑项目的技术能否取得、能否实施、是否先进，同时要考虑项目本身在设计、施工等方面的具体要求。

（2）经济上，要考虑项目投产后产品销量如何，能增加多少销售收入，为此发生多少成本和费用，能产生多少利润，面临哪些主要风险等。

（3）财务上，首先要预测资金的需要量，如果资金不足，能否筹集到所需资金，这是投资项目的前提。接着，财务人员要计算项目的现金流量和以现金流量为基础的各种评价指标。具体计算方法及指标运用将在本章后面几节内容中介绍。

除了以上 3 个方面的分析评价外，通常还要考虑投资项目是否符合产业政策，项目对环境的影响，原材料供应、基础设施、人力资源能否达到项目要求等多方面因素。

3. 项目投资的方案评价

企业决策者要综合技术人员、市场人员、财务人员的评价结果，集思广益，全面分析，最后做出是否采纳或采纳何种项目方案的决定。

4. 项目投资的实施

项目批准采纳后，要筹集资金并付诸实施。大项目一般设立专门的工程部来负责，拟订具体的计划并落实项目实施工作；各有关方面如财务、技术部门要密切配合，保障项目的实施；也可以由项目的提出部门或原设计人员组成的专门小组负责项目的实施。

6.2 项目投资现金流量的内容及估算

6.2.1 项目现金流量的概念

项目现金流量是指投资项目在其项目计算期内各期现金流入和现金流出量的总称，它是进行项目投资评价时必须具备的基础性数据。项目资金流具体可分为现金流入量（CI_t），现金流出量（CO_t），现金净流量（NCF_t）。这里的现金是广义的现金，它不仅包括各种货币资金，还包括项目需要投入的企业现有的非货币资源的变现价值。例如，一个项目需要使用已有的厂房、设备、材料等，相关的现金流量指它们的变现价值，而不是账面成本。

项目现金净流量是指项目各期现金流入量与现金流出量之差（$NCF_t = CI_t - CO_t$，$t = 0, 1, 2, 3, \cdots, n$）。在一般情况下，投资决策中的现金流量指的就是现金净流量（NCF）。项目计算期各阶段上的现金净流量在数值上表现出不同的特点，即投资期内的现金净流量一般小于或等于零，而在经营期内的净现金流量多为正值。理解项目现金净流量应注意以下几点。

1. 考虑增量现金流量

在确定投资项目相关的现金流量时，应遵循的基本原则是：只有增量现金流量才是与项目相关的现金流量。只有因采纳某个项目引起的现金支出增加额，才是该项目的现金流出；只有因采纳某个项目引起的现金流入增加额，才是该项目的现金流入。

例如，与项目投资相配套的流动资金投入之所以视为现金流量，是因为如果不实施该项目，企业就无需投入这笔流动资金，只要企业实施投资该项目，这笔流动资金就无法避免地要投入。

2. 现金流量而非会计利润

财务管理通常运用现金流量，而财务会计则强调利润。当评价一个项目时，我们通常对项目产生的现金流量进行贴现。

3. 沉没成本

沉没成本是指已经发生的成本。由于沉没成本是在过去发生的，它并不因未来接受或放弃某个项目的决策而改变。我们在进行投资评价时应该忽略这类成本。例如，牛奶公司欲建设一条巧克力牛奶生产线，公司已经向一家咨询公司支付了 10 万元作为市场调查的报酬，这 10 万元与牛奶公司面临的投资项目决策是否有关呢？答案是无关。因为这 10 万元成本的发生是不受未来投资决策影响的，即沉没成本。

4. 机会成本

机会成本是指在决策过程中选择某个方案而放弃其他方案所丧失的潜在收益。资金往往都有多种用途，用在一个项目上，就不能同时用在另一个项目上。因此，一个投资项目的收益往往是建立在放弃另一个项目的收益基础之上的。尽管放弃的收益不构成公司真正的现金流出，但是必须作为选中项目的成本来加以考虑，否则就不能正确判断一个项目的优劣。

5. 关联效应

当我们采纳一个新的项目后，该项目可能对公司的其他部门造成有利或不利的影响。例如新建车间生产的产品上市之后，原有其他产品的销量可能减少。因此，公司在进行投资分析时，不应该将新车间的收入作为增量收入来处理，而应扣除其他部门因此减少的收入。

6.2.2 项目现金流量的估算

项目投资现金流量的估算，可以按时间段分为 3 部分，即投资期、营业期、终结点。

1. 投资期现金流量的估算

投资阶段的现金流量主要是现金流出量，即在该投资项目上的原始投资，包括在长期资产上的投资和垫支的营运资金。如果该项目的筹建费、开办费较高，也可以作为初始阶段的现金流出量计入递延资产。

（1）长期资产投资。它包括在固定资产、无形资产、递延资产等长期资产上的购入、建造、运输、安装、试运行等方面所需的现金支出。

（2）营运资金垫支。它是指投资项目为了形成生产经营能力，需要在流动资产上追加的投资。由于企业扩大了生产经营能力，存货、应收账款、现金等流动资产规模也随之扩大，需要追加投入日常营运资金；同时，企业营业规模扩大后，应付账款等结算性流动负债也随之增加，补充了一部分营运资金的需要。因此，为该项投资垫支的营运资金是流动资产增加量与结算性流动负债增加量的净差额。

2. 经营期现金流量的估算

经营期阶段既有现金流入量，也有现金流出量。现金流入量主要是经营期各年的营业收入，现金流出量主要是经营各年的付现经营成本。经营期每一年的经营现金流入和经营现金流出的差额，称为该年的经营现金净流量。经营期现金净流量可以用以下方法进行估算。

（1）直接法。用直接法计算经营期现金净流量的公式为：

营业现金净流量=营业收入-付现经营成本-所得税

其中，所得税是一种现金流出，应当作为每年营业现金净流量的一个减项。

（2）间接法。企业每年现金的增加来自两个方面。一是当年增加的营业净利润；二是非付现成本带来的现金留存，这里的非付现成本包括各种长期资产的折旧、摊销和资产减值准备的计提，其中主要是折旧费。用间接法计算经营期现金净流量的公式为：

营业现金净流量=税后营业利润+非付现成本

=收入×（1-所得税税率）-付现经营成本×（1-所得税税率）+非付现成本×所得税税率

【小知识】

固定资产计提折旧、无形资产摊销、计提资产减值准备这些业务发生时，会增加企业的成本费用，但不会带来实际现金流出，由此产生了非付现成本费用，这可以给企业带来现金的沉淀。

3. **终结点现金流量的估算**

终结点的现金流量主要是现金流入量，包括固定资产变价净收入和垫支营运资金的回收。

（1）固定资产变价净收入。投资项目在终结阶段，原有固定资产将退出生产经营，企业对固定资产进行清理处置。固定资产变价净收入，是指固定资产出售或报废时的出售价款或残值收入扣除清理费用后的净额。

（2）垫支营运资金的收回。投资项目结束时，企业将出售与该项目相关的存货，收回应收账款，偿还应付账款。运营资金回复到原有水平，项目开始垫支的运营资金在项目结束时得到回收。

对某一投资项目在项目期内各年的现金流量情况，一般通过编制投资项目现金流量表进行反映，以便进一步对投资项目进行可行性分析评价。

【例 6-1】 阳光公司准备进行一项固定资产投资，用于某种新产品的生产。预计该设备的购置、运输及安装调试等各项费用共需 105 万元，当年建设当年即可投产，投产时还需投入 10 万元的流动资金。该固定资产项目的存续期和设备预计使用年限均为 5 年，采用直线法计提折旧，5 年后设备有净残值回收收入 5 万元。设备投产后，预计每年可获得 55 万元的销售收入，且第 1 年付现成本为 20 万元，同时由于设备的逐年磨损，从第二年起需要逐年增加设备的维修费 2 万元。

对本投资项目而言，初始投资现金流量有两项内容：一是固定资产的取得成本 105 万元；二是与该项目相配套的 10 万元的流动资金投入，两项之和共计 115 万元。

本投资项目终结现金流量也包括两项内容：一是设备清理取得的净残值收入 5 万元；二是垫支流动资金的收回，两项之和为 15 万元。

下面先计算各年营业现金流量，如表 6-1 所示；然后，结合初始投资现金流量和终结现金流量编制投资项目现金流量汇总，如表 6-2 所示。

表 6-1　　　　　　　　　　　各年营业现金流量　　　　　　　　　　单位：万元

年份	1	2	3	4	5
销售收入	55	55	55	55	55
付现成本	20	22	24	26	28
折旧	20	20	20	20	20
税前利润	15	13	11	9	7
所得税（25%）	3.75	3.25	2.75	2.25	1.75
净利润	11.25	9.75	8.25	6.75	5.25
营业现金流量	31.25	29.75	28.25	**26.75**	25.25

表 6-2		投资项目的现金流量				单位：万元
年份	0	1	2	3	4	5
初始投资现金流量	（115）					
营运现金流量		31.25	29.75	28.25	**26.75**	25.25
终结现金流量						15

6.3 项目投资评价方法及应用

投资项目评价时使用的指标分为两大类。一类是折现指标，即考虑了时间价值因素的指标，主要包括净现值、现值指数和内含报酬率；另一类是非折现指标，即不考虑时间价值因素的指标，主要有静态投资回收期。根据评价指标的类别，投资评价方法可分为折现评价法和非折现评价法两种。由于项目投资的期限较长，不同时间点的现金流量的时间价值差异大，因此对投资项目进行评价的主要指标是折现指标，辅助指标是非折现指标。

6.3.1 项目投资评价方法

1. 静态投资回收期法

静态投资回收期（PP）是指没有考虑货币时间价值，投资项目的未来现金净流入与原始投资额相等所需要的时间。它代表收回原始投资所需要的年限，回收年限越短，方案越有利。静态投资回收期计算的基本原理如式（6-1）所示：

$$\sum_{t=0}^{PP} NCF_t = 0 \qquad (6-1)$$

式中：PP 即为静态投资回收期。

在原始投资为一次性支出，每年现金净流量相等时，回收期的计算公式为：

$$回收期 = \frac{原始总投资}{投产后每年相等的净现金流量}$$

上述公式的应用条件比较特殊，即项目投产后的若干年内每年净现金流量相等。在通常情况下，应该采用下列公式计算回收期：

$$回收期 = 累计净现金流量出现正数的年份 - 1 + \frac{上年末收回的投资}{当年的现金净流入量}$$

【例 6-2】某项目的现金净流量如表 6-3 所示，试计算该项目静态投资回收期。

表 6-3		某投资项目现金流量表				单位：万元
年度	0	1	2	3	4	5
NCF	−100	20	30	40	50	40

【分析与解答】

首先计算该项目的累计净现金流量，如表 6-4 所示。

表 6-4		投资回收期计算表				单位：万元
年度	0	1	2	3	4	5
NCF	−100	20	30	40	50	40
ΣNCF	−100	−80	−50	−10	40	80

则 PP=4−1+10/50=3.2（年）。

静态投资回收期计算简单，容易理解。它的缺点是没有考虑时间价值，而且没有考虑收回投资以后的现金流量。回收期法一般会优先考虑短期见效益的项目，可能导致放弃具有长期收益的方案。

2. 净现值法

净现值（NPV）是指项目计算期内，各期净现金流量的复利现值之和。它是评估项目是否可行的最重要的指标。其计算公式为：

$$NPV = \sum_{t=0}^{n} NCF_t \times (P/F, i, t) \tag{6-2}$$

在计算净现值时，贴现率是投资者的必要报酬率。净现值为正，说明项目方案的预期收益率高于投资者要求的必要报酬率，方案具有财务可行性；净现值为负，说明项目方案的预期收益率低于投资者要求的必要报酬率，方案不可行。当净现值为零时，说明方案的预期收益率刚好达到投资者要求的必要收益率，方案也可行。其他条件相同情况下，净现值越大，方案越好。

【例 6-3】 甲、乙两个投资方案各年净现金流量如表 6-5 所示，已知资本成本为 10%，利用净现值法判断甲、乙两方案的可行性。

表 6-5 甲、乙两方案各年净现金流量表 单位：万元

年份	0	1	2	3	4	5
甲方案净现金流量	（10 000）	3 000	3 000	3 000	3 000	3 000
乙方案净现金流量	（10 000）	1 000	2 000	3 000	4 000	5 000

尽管甲、乙两个方案在 5 年内产生的净现金流量总额相同，但是分布不同，所以净现金流量的价值量意义不同，净现值存在较大差异。

甲方案净现值计算为：

$$NPV = 3\,000 \times (P/A, 10\%, 5) - 10\,000$$
$$= 3\,000 \times 3.790\,8 - 10\,000$$
$$= 1\,372.4（万元）$$

乙方案净现值计算为：

$$NPV = 1\,000 \times (P/F, 10\%, 1) + 2\,000 \times (P/F, 10\%, 2) + 3\,000 \times (P/F, 10\%, 3) + 4\,000 \times$$
$$(P/F, 10\%, 4) + 5\,000 \times (P/F, 10\%, 5) - 10\,000$$
$$= 1\,000 \times 0.909\,1 + 2\,000 \times 0.826\,4 + 3\,000 \times 0.751\,3 + 4\,000 \times 0.683\,0 + 5\,000 \times 0.620\,9 - 10\,000$$
$$= 652.3（万元）$$

由于甲、乙两方案的净现值都大于零，因此这两个方案都可行。但甲方案的净现值最大，若只能选择一个方案，则应选用甲方案。

在实际工作中，一般可以选择以下几种方法确定投资项目的贴现率。①以投资项目的资本成本作为贴现率。②以投资的机会成本作为贴现率。③根据投资的不同阶段，分别采用不同的贴现率。例如，在计算项目建设期现金净流量的现值时，以贷款的实际利率作为贴现率，在计算项目经营期现金净流量的现值时，以社会平均收益率作为贴现率。④以行业平均资金收益率作为项目贴现率。

净现值法的主要优点如下：①考虑了货币时间价值；②能够利用项目计算期内的全部净现金流量信息；③考虑了投资风险，项目投资风险可以通过折现率水平加以反映。净现值法主要缺点如下：①净现值是一个绝对数，不能从动态的角度直接反映投资项目的实际收益率；②净现值的计算需要有较准确的现金净流量的预测，并且要正确选择贴现率。

3. 现值指数法

净现值反映了一个项目按现金净流量计算的净收益的现值，它是一个绝对值，为了反映投资额

不同项目的资金使用效率，人们提出了现值指数法。

现值指数（PI）是未来现金净流入现值与现金净流出现值的比率，也称获利指数。其计算公式为：

$$PI = \frac{\sum_{t=s+1}^{n} NCF_t(P/F, i, t)}{\left| \sum_{t=0}^{s} NCF_t(P/F, i, t) \right|} \tag{6-3}$$

式中：s 代表建设期；n 代表项目期。

决策规则为，在单一方案采纳与否的决策中，现值指数大于 1 则采纳，现值指数小于 1 不采纳；在多个方案的优选决策中，应选用现值指数超过 1 最多的投资项目。

在【例 6-3】中，甲方案的净现值是 1 372.4 万元，乙方案的净现值是 652.3 万元。这两个项目方案的现值指数分别计算：

$$甲方案 PI = \frac{3\,000 \times (P/A, 10\%, 5)}{10\,000} = 1.14$$

$$乙方案 PI = \frac{10\,652.3}{10\,000} = 1.07$$

现值指数是每 1 元投资可望获得的现值净收益，它是相对数指标，可以从动态的角度反映项目投资的资金投入与总产出之间的关系；其缺点是无法直接反映投资项目的实际收益率。

4. 内含报酬率法

内含报酬率（IRR）是指对投资方案未来的每年现金净流量进行贴现、所得到的现值恰好与原始投资现值相等的贴现率，或者说是使投资项目净现值等于零的贴现率。内含报酬率本身不受资本成本率的影响，完全取决于项目自身的现金流量，反映了项目预计可以达到的收益率水平。其计算公式为：

$$NPV = \sum_{t=0}^{n} NCF_t \times (P/F, IRR, t) = 0 \tag{6-4}$$

式中：贴现率 IRR 即为内含报酬率。

（1）用年金法计算内含报酬率的过程。如果每年的 NCF 相等，则可用年金法计算项目内含报酬率，其计算步骤如下。

第一步，计算年金现值系数。

第二步，查年金现值系数表，相同的期间内，找出与上述年金现值系数相邻近的较大和较小的两个贴现率。

第三步，根据上述两个邻近的贴现率和已经求得的年金现值系数，采用插值法计算该投资方案的内含报酬率。

（2）用逐步测试法计算内含报酬率的过程。如果每年的 NCF 不相等，内含报酬率的计算可采用逐步测试法。其计算步骤如下。

第一步，先估计一个贴现率，用它来计算项目的净现值。如果计算出的净现值为正数，说明项目本身的报酬率超过估计的贴现率，应提高贴现率后进一步测试；如果净现值为负数，说明项目本身的报酬率低于估计的贴现率，应降低贴现率后进一步测试。经过多次测试之后，找到净现值由正到负并且比较接近于零的两个贴现率。

第二步，根据上述两个邻近的贴现率再使用插值法，计算出该投资方案的内含报酬率。

下面仍以【例 6-3】的资料为例来说明内含报酬率的计算方法。

甲方案的每年 NCF 相等，可以用年金法计算。

甲方案 $NCF_0=-10\ 000$（万元）

甲方案 $NCF_{1\sim5}=3\ 000$（万元）

则：$NPV=3\ 000\times(P/A,\ IRR,\ 5)-10\ 000=0$

得 $(P/A,\ IRR,\ 5)=3.333\ 3$

查年金现值系数表可得

$(P/A,\ 15\%,\ 5)=3.352\ 2$，$(P/A,\ 16\%,\ 5)=3.274\ 3$

所以，IRR 为 15% 和 16%，用插值法求得 $IRR=15.24\%$。

乙方案每年 NCF 不相等，因而必须逐次进行测算，测算结果如表 6-6 所示。

表 6-6　　　　　　　　　　　　　　乙方案内含报酬率的测算过程　　　　　　　　　　　　　　单位：万元

时间（t）	NCF_t	测试 10%		测试 11%		测试 13%	
		复利现值系数 $PVIF_{10\%,\ t}$	现值	复利现值系数 $PVIF_{11\%,\ t}$	现值	复利现值系数 $PVIF_{13\%,\ t}$	现值
0	−10 000	1.00	−10 000	1.00	−10 000	1.00	−10 000
1	1 000	0.909 1	909.1	0.900 9	900.9	0.885 0	885
2	2 000	0.826 4	1 652.8	0.811 6	1 623.2	0.783 1	1 566.2
3	3 000	0.751 3	2 253.9	0.731 2	2 193.6	0.693 1	2 079.3
4	4 000	0.683 0	2 732	0.658 7	2 634.8	0.613 3	2 453.2
5	5 000	0.620 9	3 104.5	0.593 5	2 967.5	0.542 8	2 714
NPV	—	—	652.3	—	320	—	−302.3

由表 6-6 可知，先按 10% 的贴现率进行测算，净现值为 652.3，大于 0，说明所选用的贴现率偏低，因此调高贴现率；以 11% 进行第二次测算，净现值为 320，大于 0，说明所选用的贴现率还是偏低，需调高贴现率；以 13% 进行第三次测算，净现值变为负数，说明甲方案的内含报酬率为 11%～13%，用插值法求得 $IRR=12.03\%$。

【小知识】

净现值法（NPV）和内部收益率法（IRR）是经常使用的方法，有时常将二者结合起来使用。一份对美国大型跨国公司的调查报告显示，有 80% 的公司使用净现值法和内部收益率法，回收期法很少成为首选的决策方法，但却是使用率最高的辅助方法。

6.3.2　投资评价方法的应用

1. 独立投资项目方案的决策

独立投资方案，是指两个或两个以上项目互不依赖，可以同时并存，各方案的决策也是独立的。独立投资方案的决策属于筛分决策，即评价各方案本身是否可行，方案本身是否达到某种预期的可行性标准。

（1）完全具备财务可行性。如果某一投资项目的所有指标处于以下状态，则可以断定该项目无论从哪个方面看都完全具备财务可行性。这些指标状态是：$NPV\geqslant0$；$PI\geqslant1$；$IRR\geqslant$ 设定的贴现率（投资必要报酬率）；$PP\leqslant$ 标准回收期。

（2）完全不具备财务可行性。如果某一投资项目的所有指标处于以下状态，则可以断定该项目无论从哪个方面看都完全不具备财务可行性。这些指标状态是：$NPV<0$；$PI<1$；$IRR<$ 设定的贴现率；$PP>$ 标准回收期。

贴现评价指标在评价财务可行性的过程中起主导作用。在对单一投资项目进行财务评价过程中，投资回收期的评价结论与净现值等主要指标的评价结论发生矛盾时，应当以贴现指标的结论为准。

利用贴现指标对同一个投资项目进行评价和决策，会得出完全相同的结论。在对单一投资项目进行财务评价时，净现值、现值指数和内含报酬率指标的评价结论是一致的。

独立投资方案之间进行比较，即确定各种可行方案的投资顺序时，应以各独立方案的获利程度作为评价标准，一般采用内含报酬率法进行比较决策。

【例 6-4】 某公司有充足的资金进行投资，现在有 3 个独立投资项目方案，方案的原始投资额、每年现金净流量、期限如表 6-7 所示。投资必要报酬率为 8%。结合各项投资评价指标，如何安排投资顺序？

表 6-7 独立投资方案的评价指标 单位：元

项目	甲方案	乙方案	丙方案
原始投资额	150 000	250 000	250 000
每年现金净流量	44 000	70 000	54 000
期限	5	5	8
净现值（NPV）	25 679	29 490	31 144
现值指数（PI）	1.171	1.118	1.125
内含报酬率（IRR）	14.29%	12.38%	11.55%

在独立投资方案进行排序决策时，内含报酬率指标综合反映了各方案的获利程度，本例中，投资顺序应该按照甲、乙、丙顺序进行。

2. 互斥投资项目方案的决策

互斥项目方案，是指接受一个项目方案就必须放弃另一个项目方案，方案之间互相排斥，不能并存，因此决策的实质就是选择最优方案。面对互斥项目方案，如果它们都有正的净现值，即项目方案都具有财务可行性时，我们需要知道哪一个更好些。如果一个项目方案的所有评估指标均比其他的项目方案好，我们在选择时不会有什么困难。但是如果评估指标出现矛盾，我们如何选择最优方案。

评估指标出现矛盾的原因有两种情况，一是投资额不同，二是项目计算期不同。下面分别说明这两种情况下互斥方案的优选问题。

（1）投资额不同、项目期相同的互斥方案的优选。如果只是项目方案的投资额不同，互斥项目方案应当以净现值法进行优选，即净现值高的方案为优。因为它可以给股东带来更多的财富增长，股东需要获利总额高，而不是一个很高的报酬比率。

下面回到本章开始的引导案例，通过这个例子说明在投资额不同的互斥方案优选时，净现值法为什么总是正确的。

我们首先将两个预算方案的净现金流量、净现值、内含报酬率列示在表 6-8 中。

表 6-8 电影预算方案的财务指标 单位：万元

	NCF_0	NCF_1	NPV（i=25%）	IRR
小预算方案	−1 000	4 000	2 200	300%
大预算方案	−2 500	6 500	2 700	160%

从表 6-8 可以看出，在折现率为 25% 的情况下，大预算方案在 NPV 指标上占优，而小预算方案明显具有更高的 IRR 指标，究竟应该选择哪个方案呢。这里，我们可以借助一个指标——差额投资内含报酬率来解释这个问题。

差额投资内含报酬率是在差额净现金流量（ΔNCF）的基础上，计算出差额投资的内含报酬率

ΔIRR。如果 ΔIRR 大于投资者要求的收益率，表明追加投资是合算的，应该选择投资额大的方案；相反，则选择投资额小的方案。差额投资内含报酬率的计算与内含报酬率的计算方法完全一样，也需要采用逐步测试法，目的是找到使净现值等于零的贴现率。

对比大预算方案和小预算方案，我们可以得到：$\Delta NCF_0 = -1\,500$ 万元，$\Delta NCF_1 = 2\,500$ 万元。这意味着大预算方案比小预算方案多投资 1 500 万元，但是可以在影片上映后多收回 2 500 万元。如果我们把多投资的 1 500 万元看成一个新方案，就可以利用计算内含报酬率的方法，计算出它的收益率是 66.67%。投资者要求的收益率是 25%，因此多投资的部分是符合投资者的收益率要求的，我们应该选择大预算方案投拍电影，也就是说，按照 NPV 指标选择的结果是正确的。

我们再来考虑另一种情况。如果投资者认为投拍电影是一项风险很大的投资，要求的收益率水平相应上升到 100%，财务指标数据见表 6-9。这时，我们应该选择哪个方案？

表 6-9　　　　　　　　　　重新测算电影预算方案的财务指标　　　　　　　　　　单位：万元

	NCF_0	NCF_1	NPV（i=100%）	IRR
小预算方案	−1 000	4 000	1 000	300%
大预算方案	−2 500	6 500	750	160%

根据前述的决策原则，我们很容易判断，在投资的必要收益率上升到 100% 时，应该选择小预算方案，因为此时小预算方案的净现值高于大预算方案。如果以差额投资内含报酬率来解释，则是因为大预算方案多投资的 1 500 万元只能给投资者带来 66.67% 的内含报酬率，达不到 100% 的必要收益率水平，因此多投资的方案应予以放弃。

> **注意**　对于投资额不同、项目期相同的互斥方案的优选，我们既可以直接采用净现值法，也可以采用差额投资内含报酬率法进行判断。

（2）项目期不同的互斥方案的优选。如果两个互斥项目方案不仅投资额不同，而且项目期也不同，则其净现值没有可比性。此时，进行互斥方案的优选可以采用等额年金法。等额年金法是指比较所有投资方案的年等额净回收额指标，年等额净回收额大者为优。运用等额年金法的具体步骤如下。

第一步，估算各项目的净现金流量（NCF）；

第二步，确定各项目的净现值；

第三步，根据各项目净现值计算各项目的年等额净回收额（公式如下）；

$$年等额净回收额 = \frac{项目方案净现值}{年金现值系数}$$

第四步，选择年等额净回收额大者为优。

【例 6-5】　某企业准备建设一条生产线，有两个方案可供选择。甲方案的原始投资额 1 250 万元，项目期为 11 年，净现值为 958.7 万元；乙方案原始投资额 1 100 万元，项目期 10 年，净现值为 920 万元。行业基准收益率为 10%。请分析企业应该选择哪个方案：

$$甲方案年等额净回收额 = 958.7 \times \frac{1}{(P/A,\ 10\%,\ 11)}$$
$$= 147.6（万元）$$

$$乙方案年等额净回收额 = 920 \times \frac{1}{(P/A,\ 10\%,\ 10)}$$
$$= 149.7（万元）$$

乙方案的年等额净回收额大于甲方案年等额净回收额，所以应该选择乙方案。

项目投资风险的评价与处置

前面的决策分析，都是假设项目的现金流量是经过估算可以确知的，但实际上项目未来现金流量总会有某种程度的不确定性，项目投资的评价是有风险的。

6.4.1 投资风险的类型

投资项目中有 3 种风险，分别是项目特有风险、公司风险和项目系统风险，下面分别介绍。

1. 项目特有风险

特有风险是指项目本身的风险，它可以用项目预期收益率的波动性来衡量。如果公司只有一个项目，投资人只投资于这一个公司，此时投资项目所具有的风险就是投资人的风险，成为投资决策时的风险度量。

当我们孤立地考察每个项目的自身特有风险时，可能都具有较高的风险；但这些项目经过组合，单个项目的大部分风险可以在企业内部分散掉，企业的整体风险会低于单个项目的风险。

2. 公司风险

项目的公司风险是指项目给公司带来的风险。它可以用项目对于公司未来现金流入不确定性的大小来衡量。投资项目所具有的风险，可以通过与公司内部其他项目和资产的组合分散掉一部分。因此应着重考察新项目对公司现有项目和资产组合的整体风险可能产生的增量。

3. 项目的系统风险

项目的系统风险是指新项目给股东带来的风险。这里的股东是指投资于许多公司、投资风险已被完全分散化的股东。

从股东角度来看，项目特有风险被公司资产多样化分散后剩余的公司风险中，有一部分能被股东的资产多样化组合而分散掉，从而只剩下任何多样化组合都不能分散的系统风险，所以，唯一影响股东预期收益的是项目的系统风险。

6.4.2 项目投资风险处置的一般方法

1. 调整现金流量法

调整现金流量法，是把不确定的现金流量调整为确定的现金流量，然后用无风险的收益率作为折现率计算项目净现值。其公式如下。

$$净现值 = \sum_{t=0}^{n} \frac{a_t \times 现金流量预期值}{(1+无风险收益率)^t}$$

其中，a_t 是 t 年现金流量的肯定当量系数，在 0~1 之间。它是指不肯定的 1 元现金流量期望值相当于使投资者满意的肯定的金额的系数。利用肯定当量系数，可以把不确定现金流量折算为肯定的现金流量，也就是去掉了现金流量中有风险的部分。由于现金流量已经消除了风险，折现率就可以选择无风险的收益率。

【例 6-6】 假设当前的无风险收益率为 4%，公司现有两个投资机会，资料如表 6-10 所示。

表 6-10   A 项目和 B 项目净现值计算表   单位：元

年数	现金流量	肯定当量系数	肯定现金流量	现值系数（4%）	未调整现值	调整后现值
A 项目						
0	-40 000	1.0	-40 000	1.000 0	-40 000	-40 000
1	13 000	0.9	11 700	0.961 5	12 500	11 250
2	13 000	0.8	10 400	0.924 6	12 020	9 616
3	13 000	0.7	9 100	0.889 0	11 557	8 090
4	13 000	0.6	7 800	0.854 8	11 112	6 667
5	13 000	0.5	6 500	0.821 9	10 685	5 342
净现值					17 874	965
B 项目						
0	-47 000	1	-47 000	1	-47 000	-47 000
1	14 000	0.9	12 600	0.961 5	13 461	12 115
2	14 000	0.8	11 200	0.924 6	12 944	10 356
3	14 000	0.8	11 200	0.889	12 446	9 957
4	14 000	0.7	9 800	0.854 8	11 967	8 377
5	14 000	0.7	9 800	0.821 9	11 507	8 055
净现值					15 325	1 859

调整前 A 项目的净现值较大，调整后 B 项目的净现值较大。可见如果不进行调整，可能会导致错误的判断。

2. 风险调整折现率法

这种方法的基本思路是对高风险项目采用较高的折现率计算净现值。其公式为：

$$净现值 = \sum_{t=0}^{n} \frac{预期现金流量}{(1 + 风险调整折现率)^t}$$

【例 6-7】 预期现金流数据承【例 6-6】，当前的无风险报酬率为 4%，市场平均收益率为 12%，A 项目的预期现金流量风险较大，β 值为 1.5；B 项目的预期现金流量风险小，β 值为 0.75。

解：A 项目的风险调整折现率=4%+1.5×（12%-4%）=16%

B 项目的风险调整折现率=4%+0.75×（12%-4%）=10%

则以 16%的折现率和预期现金流量计算 A 项目的净现值=-40 000+13 000×（P/A，16%，5）=2 565.9；以 10%的折现率和预期现金流量计算 B 项目的净现值=-47 000+14 000×（P/A，10%，5）=6 071.2。

如果不进行折现率调整，A 项目的净现值较高；调整以后，两个项目当中，B 项目更好。

6.4.3 项目特有风险的评价与分析

项目的特有风险是指实际报酬与预期报酬的偏离程度。一个投资项目的获利能力会受到诸多因素的影响，如销售量、单价、成本费用和资本成本等，这些因素本身也是不确定的，都有各自的概率分布。在对投资项目进行评价时，可以根据影响项目获利能力的不同因素的概率分布，来确定项目净现值的概率分布，以此来衡量项目的特有风险。具体分析工具有决策树分析、敏感分析、情景分析和盈亏平衡分析。

1. 决策树分析

决策树分析是指决策人员根据影响项目净现值的各因素变化情况，把一系列项目投资的可能结果按树枝分布状列出，从而产生不同的项目现金流量组合，并以此进行投资分析。决策人员可以通过树状结构分析，找出可能的现金流量组合及概率分布，计算净现值的预期值，进而确定项目的总体风险。

【例 6-8】 某鞋业公司正在考虑一个三年期的新跑鞋的生产销售项目。生产新鞋投放到市场需要 5 000 万元。项目的成功依赖于消费者的接受程度和产品的需求状况。为了更合理地评价项目，管理层把预测分为两种情况：市场需求好和差。市场调查研究表明，有 60%的概率市场需求会很好，40%的概率市场需求会很差。如果需求状况是好的，第 1 年产生的现金流量为 3 000 万元。并且根据经验，如果第 1 年的需求是好的，将有 30%的概率销售会增长，预测在第 2 年和第 3 年产生的现金流量分别为 4 000 万元和 5 000 万元；也有 70%的概率是市场需求在第 2 年和第 3 年保持不变，因此每年仍然是 3 000 万元的现金流量。如果市场需求差，则每年可以获得 1 500 万元的现金流量。公司资本成本为 10%。要求分析该项目，并计算项目预期净现值。

首先，画出新鞋生产销售项目的决策树，如图 6-1 所示。

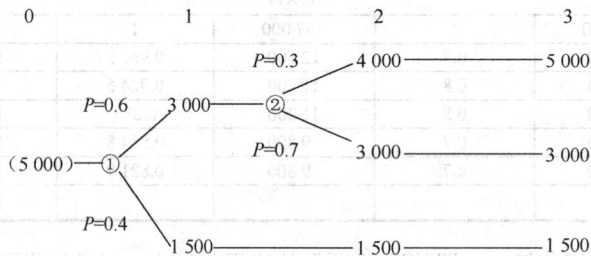

图 6-1 新鞋生产销售项目决策树

其次，计算每条路径的净现值。

最上面一条路径的净现值计算公式为：

$$NPV = -5\,000 + 3\,000 \times (P/F, 10\%, 1) + 4\,000 \times (P/F, 10\%, 2) + 5\,000 \times (P/F, 10\%, 3)$$
$$= 4\,790（万元）$$

中间一条路径的净现值计算公式为：

$$NPV = -5\,000 + 3\,000 \times (P/A, 10\%, 3) = 2\,461（万元）$$

最下面一条路径的净现值计算公式为：

$$NPV = -5\,000 + 1\,500 \times (P/A, 10\%, 3) = -1\,270（万元）$$

最后，计算项目的预期净现值。

注意沿着决策树到任一路径最后的概率就是这条路径的所有概率相乘。因此，上面一条路径的概率为 0.18（0.6×0.3），中间路径的概率为 0.42（0.6×0.7），下面路径的概率是 0.4。则项目的 NPV=4 790×0.18+2 641×0.42+（-1 270）×0.4=1 463（万元）。

进行决策树分析比单纯估计某一种情况下项目 NPV 能够了解更多的信息。在这个例子中，额外的信息告诉我们有 18%的可能性项目完成得很好，但仍有 40%的概率项目会亏损。这些信息是非常重要的。即使项目的 NPV 期望值是正的，由于风险的原因，公司也可能拒绝这个项目。

2. 敏感性分析

投资项目的敏感性分析，是假定其他变量不变的情况下，测定某一个变量发生变化时对净现值的影响。

敏感分析的主要步骤如下：（1）给定计算净现值的每项参数的预期值，如原始投资金额、预计的销售收入、成本费用额、终结点回收额、资本成本率；（2）根据各参数的预期值计算项目的净现值，得出的净现值称为基准净现值；（3）选择一个变量并假定一个变化幅度，计算净现值的变动，如，假定原始投资金额增加 5%，其他参数保持不变，重新计算项目的净现值，并与基准净现值相比计算净现值变化的百分比；（4）选择另一个变量，重复（3）的过程。

【例 6-9】 一个二年期的新的生产项目，初步估计投资额为 3 500 万元，资本成本 10%。项目第一年和第二年预计现金净流量分别为 1 000 万元和 4 000 万元。则根据上述的参数可以计算出项目的基准净现值=-3 500+1 000×（P/F，10%，1）+4 000×（P/F，10%，2）=715（万元）。

假设资本成本上升为 12%，其他条件不变，重新计算项目的净现值=-3 500+1 000×（P/F，12%，1）+4 000×（P/F，12%，2）=582（万元），则该项目在资本成本上升 20% 的情况下，净现值下降 18.61%。

3. 情景分析

情景分析是一种变异的敏感性分析。情景分析与敏感分析的区别是，它允许多个变量同时变动，而不是假设一个变量改变其他因素不变。

情景分析一般假设以下 3 种情景：（1）基准情景，即最可能出现的情况；（2）最坏情景，即所有变量处于最悲观的估计；（3）最好情景，即所有变量处于最理想的状况。

【例 6-10】 某投资项目需购买一台价值 240 000 元的设备，项目期 6 年，设备折旧年限 6 年，无残值，采用直线法折旧。资本成本 10%，所得税税率 25%。其他信息如表 6-11 所示。

表 6-11　　　　　　　　　　　　　　投资项目的情景分析表

项目	基准情景	最坏情景	最好情景
销售量（件）	7 000	6 000	8 000
单价（元）	85	82	87
单位变动成本（元）	60	65	55
年固定成本（不含折旧）	60 000	70 000	50 000
销售收入（元）	595 000	492 000	696 000
变动成本（元）	420 000	390 000	440 000
固定成本（元）	60 000	70 000	50 000
折旧（元）	40 000	40 000	40 000
利润（元）	75 000	-8 000	166 000
所得税（元）	18 750	-2 000	41 500
净利润（元）	56 250	-6 000	124 500
折旧（元）	40 000	40 000	40 000
年营业现金流量（元）	96 250	34 000	164 500
初始现金流量（元）	-240 000	-240 000	-240 000
净现值（元，折现率10%）	179 198	-91 920	476 447

根据表 6-11 的计算结果可知，在正常情况和最佳状况下，项目可以取得合理的收益；但在最坏情景下，净现值会出现负数，这要看企业是否能够承受这样的风险。

练习题

一、单项选择题

1. 项目投资决策中，不宜作为折现率进行投资项目评价的是（　　　）。

　　A. 活期存款利率　　　　　　　　　　　B. 企业为投资项目筹资的资本成本率

　　C. 同期其他投资项目的预计收益率　　　D. 行业投资的平均收益率

2．某企业投资方案的预计年销售收入为 200 万元，年经营总成本为 100 万元，其中，年折旧额为 10 万元，年无形资产摊销额为 10 万元，所得税税率为 25%，则该项目年营业现金净流量为（ ）万元。

    A．85   B．95   C．105   D．115

3．下列投资项目评价指标中，没有考虑收回投资以后现金流量影响的是（ ）。

    A．静态投资回收期   B．现值指数

    C．净现值   D．内含报酬率

4．项目投资评价中的敏感性分析是衡量（ ）。

    A．全部因素的变化对项目评价标准（如 NPV）的影响程度

    B．确定因素的变化对项目评价标准（如 NPV）的影响程度

    C．不确定因素的变化对项目净利润的影响程度

    D．不确定因素的变化对项目评价标准（如 NPV）的影响程度

5．风险调整折现率法对风险大的项目采用（ ）。

    A．较高的折现率   B．较低的折现率   C．资本成本率   D．贷款利率

6．风险调整现金流量法的基本思路是（ ）。

    A．计算一个投资项目的风险投资收益率

    B．用一个系数将有风险的现金流量调整为无风险的现金流量

    C．用一个系数将有风险的折现率调整为无风险的折现率

    D．采用不同的折现率计算一个投资项目的净现值

7．已知某投资项目按 14% 折现率计算的净现值为 25 元，按 16% 折现率计算的净现值为 −16 元，则该项目的内含报酬率是（ ）。

    A．13.86%   B．14.56%   C．15.22%   D．16.15%

8．某企业计划投资 50 万元建设一条生产线，建设期 1 年，预计生产线投产后每年新增净利润 7 万元，年折旧额 3 万元，则包括建设期的投资回收期是（ ）年。

    A．5   B．6   C．7   D．8

9．当贴现率为 8% 时，项目的净现值为 45 元，则说明该项目的内含报酬率（ ）。

    A．低于 8%   B．等于 8%   C．高于 8%   D．无法界定

二、多项选择题

1．下列关于净现值法的优点的表述中，正确的有（ ）。

    A．考虑了货币时间价值

    B．可以从动态上反映项目的收益率

    C．考虑了投资风险

    D．考虑了项目计算期的全部净现金流量

2．下列各项中，属于评价投资项目时采用的折现指标有（ ）。

    A．净现值   B．现值指数

    C．静态投资回收期   D．内含报酬率

3．在考虑所得税影响的情况下，下列可用于计算营业现金净流量的计算式中，正确的有（ ）。

    A．税后营业利润+非付现成本

    B．营业收入−付现成本−所得税

    C．（营业收入−付现成本）×（1−所得税税率）

    D．营业收入×（1−所得税税率）+非付现成本×所得税税率

4. 以下各项中，属于对项目投资内部报酬率产生影响的因素有（ ）。
   A．投资项目的项目期
   B．投资项目的原始投资
   C．投资项目的现金流量
   D．投资项目的行业基准折现率

5. 下列关于内含报酬率的表述中，正确的有（ ）。
   A．投资报酬与总投资的比率
   B．项目投资实际可望达到的报酬率
   C．使投资方案净现值为零的贴现率
   D．投资报酬现值与总投资现值的比率

6. 下列财务评价指标中，指标数值越大表明项目可行性越强的有（ ）。
   A．净现值
   B．现值指数
   C．内含报酬率
   D 静态投资回收期

四、问答题

1. 简述项目投资的特点。
2. 项目投资的现金流量由哪几部分构成，它与财务会计的现金流量有什么差异？
3. 静态投资回收期指标有何优缺点？
4. 净现值指标有何优缺点？
5. 如何对独立项目方案进行财务可行性评价？
6. 对项目期相同的互斥项目方案进行优选的方法有哪些？
7. 如何利用风险调整折现率法与调整现金流量法处理风险条件下的项目投资评价？
8. 如何进行投资项目的敏感性分析和情境分析？

五、计算题

1. 某企业拟新建一条产品生产线，有两个项目方案备选。

方案一：需固定资产投资 100 万元，全部在建设起点投入。该生产线当年建设当年投产，预计可使用 8 年，项目结束时有残值 20 万元。投产后每年可获净利润 15 万元。

方案二：需固定资产投资 100 万元，全部在建设起点投入，建设期一年，另在投产日需流动资金投资 10 万元，在终结点收回。该生产线投产后，预计可使用 9 年，清理时无残值。投产后每年可获利润 20 万元。

该企业要求的投资收益率是 8%，固定资产从投产年度开始按直线法计提折旧。

要求：用年等额净回收额法判断应选用的项目方案。

2. 宏光公司欲投资一小型太阳能发电设备的生产，经过财务部门的相关调研和预测，该投资项目建设期 2 年，在建设期初设备资金 100 万元，在第二年初投入设备资金 50 万元，在建设期末投入流动资金周转 50 万。项目投产后，经营期 8 年，每年可增加销售 384 万元，经营成本 192 万元。设备采用直线折旧法，期末有 8% 的净残值。企业所得税税率为 25%，现资金成本率为 18%。要求：（计算结果保留两位小数）

（1）计算该投资项目每年的固定资产折旧额。
（2）计算分析项目计算期内每年的净现金流量。
（3）计算项目的净现值并判断该投资项目是否可行。
（4）计算项目的年等额净回收额。
（5）假如宏光公司财务经理认为，公司资金成本相对较高，欲尽量降低企业的资金成本，那么对该项目的投资决策是否会产生影响，试分析阐述企业资金成本与投资项目净现值的关系。

3. 某企业拟进行一项固定资产项目投资，该项目的净现金流量如表 6-12 所示。

表 6-12   项目净现金流量表   单位：元

t	建设期		经营期					合计
	0	1	2	3	4	5	6	
NCF	−1 000	−1 000	100	1 000	B	1 000	1 000	2 900
累计净现金流量	−1 000	−2 000	−1 900	A	900	1 900	2 900	
净现金流量现值	−1 000	−943.4	89	839.6	1 425.8	747.3	705	

要求：

（1）计算表 6-12 中 A、B 的值的数值。

（2）计算下列指标：①投资回收期；②计算净现值，并评价项目可行性。

4. 为了提高生产效率，某企业拟对尚可使用 5 年的设备进行更新改造，新旧设备的替换将在当年完成（即更新设备的建设期为零），不涉及流动资金的投资，直线法计提折旧，所得税税率为 25%，公司资本成本为 10%。新旧设备的资料如下所述。

新设备资料：购置成本 60 000 元，估计使用年限 5 年，期满残值 10 000 元，每年收入 80 000 元，每年付现成本 40 000 元。

旧设备资料：原始购置成本 40 000 元，已经使用 5 年，已提折旧 20 000 元，期满无残值。如果现在出售该设备，可得价款 20 000 元。使用该设备每年收入 50 000 元，每年付现成本 30 000 元。

要求：通过差额投资内含报酬率指标分析公司是否应更新设备。

证券投资管理 | 第7章

【学习目标】

自改革开放以来，中国的金融走上了高速发展的快车道。近些年，中国资本市场根本性的变革顺利完成，使得市场规模迅速扩大，资本市场的发展已经成为推动中国金融体系发展的重要力量。目前，资本市场已与人们的经济生活息息相关，证券投资管理对于企业显得越发重要。

通过本章的学习应达到以下目标。

- 了解证券投资的含义及其种类与目的；
- 掌握债券、股票的估价及收益率的计算；
- 理解债券投资、股票投资和基金投资的优缺点。

【引导案例】

巴菲特最坚定持有的股票：可口可乐

股神沃伦·巴菲特持有的最大一只股是什么？答案很简单：可口可乐。巴菲特曾不止一次在公开场合表示，他将永久持有可口可乐股票。目前持有的4亿股，是他所持全部股票的20%。他对可口可乐之所以有如此坚定不移的信心，是因为他对公司经营业绩、运营管理、市场前景等因素的综合判断。可口可乐过去百余年的发展和近几十年持续不断的增长，特别是在全球经济衰退时，股价也依然坚挺，给股东和巴菲特带来了丰厚的回报。

对于投资者来说，投资回报率是对投资对象最直接的考量。在过去的5年中，可口可乐对股东的回报近乎45%，将竞争对手远远甩在身后。巴菲特1988年首次买入可口可乐大约10亿美元的股票。那时候，华尔街人士认为他的行为太过疯狂。但仅仅两年以后，他的投资就升值了2.66倍，这让巴菲特本人感到有些意外，更让全世界的投资家咋舌。之后的10年，可口可乐股票市值总体跑赢大盘，因此，巴菲特10年赚了10倍，几乎书写了全世界迄今为止最传奇的投资案例。

为什么巴菲特坚定持有可口可乐的股票呢？通过本章的学习，你可以得到答案。

7.1 | 证券投资概述

现代经济，既是一种知识为本的经济，又是一种金融化的经济。随着经济全球化、市场一体化和资产证券化的发展，现代金融体系正逐步发展壮大并成为现代经济运行的强大发动机。

在现实生活中，投资活动几乎无处不在。所谓投资，就是将货币转化为资本的过程。在货币转化为资本的过程中，需要借助于投资媒介或投资对象。一般而言，投资媒介可分为真实资产和金融资产两种。真实资产是指一些可看到、可触摸的物件，如房地产、名表、古董、黄金等；金融资产是指一种契约，保障持有人获得契约内所规定的权益，如股票、债券、期货、期权等。两者主要区别在于资产套现和变卖能力。相对而言，金融资产的套现和变卖能力要强于真实资产。至于投资者选择哪种投资方式，往往取决于投资者的投资目的。

7.1.1 证券投资的含义

1. 证券的含义与特征

证券是商品经济和社会化大生产的产物。通常，证券是指用以证明或设定权利所做成的书面凭证，它表明证券持有人或第三者有权取得该证券拥有的特定权益。

证券必须具有法律特征和书面特征两个基本特征，凡具备这两个特征的书面凭证才可称之为证券。从法律特征看，证券反映的是某种法律行为的结果，其本身必须具有合法性，其所包含的特定内容具有法律效力。从书面特征看，证券必须采用书面形式或与书面形式具有同等效力的其他形式，并且必须按照特定的格式进行书写制作，载明有关法规规定的全部必要事项。

2. 证券的种类

（1）证券按其性质分类，分为凭证证券和有价证券。凭证证券是指本身不能使持有人或第三者取得一定收入的证券，如借据、收据等；有价证券是指有票金额，证明持券人有权按期取得一定收入并可自由转让的所有权或债券凭证，如股票、债券等。

（2）证券按其发行主体分类，分为政府证券、金融证券和公司证券 3 种。政府证券是指中央政府或地方政府为筹集资金而发行的证券；金融证券是指银行或其他金融机构为筹措资金而发行的证券；公司证券又称企业证券，是指工商企业为筹集资金而发行的证券。

（3）证券按权益关系分类，分为所有权证券和债券证券两种。所有权证券是指证券的持有人便是证券发行单位的所有者的证券，这种证券持有人一般对发行单位都有一定的管理权和控制权；债权证券是指证券的持有人是发行单位的债权人的证券，这种证券持有人一般无权对发行单位进行管理和控制。

（4）证券按收益的决定因素分类，分为原生证券和衍生证券两类。原生证券是指证券收益的大小取决于发行者的财务状况的证券。衍生证券是从原生证券演化而来，其收益取决于原生证券的价格。

（5）证券按收益稳定状况分类，分为固定收益证券和变动收益证券；按到期日分为短期证券和长期证券；按是否在证券交易所挂牌交易分为上市证券和非上市证券；按募集方式分为公募证券和私募证券。

3. 证券投资的含义与特点

证券投资一般就是指有价证券投资，是企业或个人买卖股票、债券、基金等有价证券或有价证券的衍生产品，借以获得收益的行为和过程。证券投资是一种间接投资活动，比直接投资具有更大的风险性。证券投资是一种存在双重获利机会的投资，因为它除了取得利息或红利外，还有可能获得资本利得。随着我国资本市场的不断发展和完善，证券投资也越来越受到人们的重视。

相对于实体投资而言，证券投资具有以下特点。

（1）流动性强。证券存在十分活跃的二级市场，其转让过程快捷、简便。证券投资流动性强体现于证券满足资产流动性的 3 个条件：第一，有明显的、大规模的投资单位的交易，而不引起市场价格的上下波动；第二，营业时间内存在连续的买价和卖价；第三，存在"微小"的买卖差价。

（2）价值不稳定。影响证券价值的因素除了证券发行人的财务状况外，还有许多因素，如政治的、经济的、心理的，甚至还有自然的因素。这些因素影响着证券交易主体之间的财务交易，推动了证券价格的变动，导致证券价值的不稳定。

（3）交易成本低。证券交易集中于少数几个证券市场，便于投资者寻找投资对象；证券交易过程中，交易手续简便快捷、手续费相对较小。另外，证券交易一般通过交易系统自动形成，避免实际资产交易的谈判、合同签署等一系列环节，既节约金钱又节约时间。

7.1.2 证券投资的种类与目的

金融市场上可供企业投资的证券很多，这些证券主要有国债、短期融资券、可转让存单、企业股票与债券、投资基金以及期权、期货等金融资产。可以投资的金融资产各有优缺点，企业应结合自身的情况进行选择。国债具有本金安全性高、流动性好的特点，并且有多种期限可供选择。短期融资券的利率一般比国库券的利率高，企业购买短期融资券一般须持有至到期日，因为短期融资券的流动性较弱，买卖不方便。可转让存单的利率也较高，而且存在活跃的交易市场，流动性较好。企业债券和股票均属于长期证券，有活跃的二级市场，可进行长期投资，也可以进行短期投资，是企业进行证券投资的理想对象之一。

1. 证券投资的种类

证券投资按其投资的对象划分，可以分为以下几种。

（1）债券投资。债券投资是指企业购买债券以取得资金收益的一种投资活动。企业可以将资金投资到各种各样的债券。这些债券包括政府债券、金融债券和公司债券。与股票投资相比，债券投资能够获得稳定收益，投资风险较低，但是其收益也较低。

（2）股票投资。股票投资是指企业将资金投向股票，通过股票的买卖获取收益的投资行为。企业将资金投向其他企业所发行的股票，将资金投向优先股和普通股都属于股票投资。企业投资于股票，尤其是投资于普通股，要承担较大风险，但在通常情况下，也会取得较高收益。

（3）基金投资。基金投资是指企业通过购买投资基金股份或受益凭证来获取收益的投资方式。这种方式可使投资者享受专家服务，有利于分散风险，获得较大投资收益。

（4）期货投资。期货投资是指企业通过买卖期货合约规避价格风险或赚取利润的一种投资方式。所谓期货合约是指为了在将来一定时期以指定价格买卖一定数量和质量的商品而由商品交易所制定的统一的标准合约，它是确定期货交易关系的一种契约，是期货市场的交易对象。期货投资可以分为商品期货投资和金融期货投资。

（5）期权投资。期权投资是指为了实现盈利目的或避免风险而进行期权买卖的一种投资方式。根据期权买进卖出的性质划分，期权投资可分为看涨期权、看跌期权和双向期权；根据期权合同买卖的对象划分，期权投资又可分为商品期权、股票期权、债权期权、期货期权等。

（6）证券组合投资。证券组合投资是指企业将资金同时投资于多种证券。有效的证券组合可以有效地分散证券投资风险。证券组合投资是企业进行证券投资的常用投资方式。

2. 证券投资的目的

企业进行证券投资主要有以下目的。

（1）暂时存放闲置资金。企业在资金逐利本性的驱动下，拥有过多的货币资金必然会降低企业的盈利能力。因此，企业出于理性理财的需要，有必要持有一定量的有价证券，以替代较大量的非盈利的现金和低盈利的货币资金。企业出现现金短缺时，通过将持有的有价证券出售，以增加现金持有量。

（2）与筹集长期资金相配合。处于成长期或扩张期的企业一般每隔一段时间就会发行长期证券（股票或债券）。但筹集的资金所投资的项目存在一定的建设期，在资金不是一次投入的情况下，就会形成暂时不用的资金。这一部分暂时不用的资金可以投资于有价证券以谋求保值增值，在项目需要资金时出售有价证券，满足项目资金的需要。

（3）满足未来的财务需求。企业在其财务战略的指引下，为了满足中长期资金的需求，必须进行一定的资本积累。对于企业为未来积累的资金，基于保值和增值的需要，将这部分资金投资于有价证券，在需要资金时出售有价证券，满足财务需求。

（4）满足季节性经营对现金的需求。如果企业的生产经营受季节性影响，则意味着企业的现金随季节波动。淡季出现现金短缺，而旺季出现现金盈余。为了调节季间现金余缺，企业可以在旺季购买有价证券以降低现金的持有量；同时，在淡季出售有价证券取得现金，以弥补淡季现金的不足。

（5）获得相关企业的控制权。有些企业往往从企业发展战略上考虑有必要控制一些相关企业，为了实现对相关企业进行控制，可以通过购买目标企业的普通股实现。例如一家铅锌冶炼企业，为了保证生产过程中的电力供应，可以购买一家电力公司的股票，甚至将电力公司变成本企业的控股子公司。

7.1.3　影响证券投资的因素分析

处于成熟期的企业会有比较充沛的现金流，企业利用闲置资金进行证券投资能提高企业资金使用效率，提升企业的经营效益。企业管理层利用该项资金进行证券投资时，应当充分考虑到证券市场波动所带来的风险和收益。因此，作为企业的决策者应该充分考虑到可能影响其证券投资的多种因素，最大限度地提高收益，避免风险。一个企业要利用闲置资金进行证券投资，应当考虑到影响证券市场变动的多种因素。

1. 宏观经济因素

经济景气变动和国内经济形势的分析是证券投资的宏观性展望，是指从经济发展的宏观角度进行观察，从而判断对证券投资的影响。

（1）经济形势的变化情况分析。能源与原材料的价格波动是左右经济形势变化的重要原因，经济是否景气在很大程度上取决于能源和原材料供求关系。一般来说，经济若从繁荣转向萧条，则决策层应避免证券投资。管理层在考虑证券投资时应该了解经济的变化情况，做出正确的判断。否则，错误的决策将可能导致公司的投资出现亏损。

（2）国家经济政策的导向及 GDP 分析。国家经济政策直接影响到证券市场的变化。当代市场经济国家对经济的干预主要是通过货币政策和财政政策来实现的，根据宏观经济运行状态的不同，政府可以采取扩张或紧缩的货币政策和财政政策，政策的实施及政策目标的实现均会反映到作为国民经济"晴雨表"的证券市场上。

国内生产总值（GDP）是指一个国家（或地区）所有常住单位在一定时期内生产活动的最终成果。我们通常用国内生产总值的增长速度衡量经济增长率，GDP 呈不断增长趋势，企业进行证券投资一般会获得较好的收益；反之，收益则会降低。

（3）通货膨胀分析。通货膨胀对证券市场的影响有以下 3 个方面。第一，通货膨胀影响经济的发展，证券市场的波动正是经济状况的变化反映。第二，通货膨胀使投资者产生保值心理，投资股市则推动股市上涨。第三，温和的通货膨胀使物价上升缓慢，生产和就业随通胀而增加，促使经济繁荣；而恶性通胀则使生产者投机活动增加，造成原料、成品的囤积，使之利润扩大，生产经营情况受到影响，当低价原料消耗殆尽，高价原料使生产者无法承受，利润降低，工厂经营情况每况愈下，投资者则不愿投资该上市公司，就会造成股价的下跌。总之，通货膨胀会降低投资者的实际收益水平。当通货膨胀持续增长时，整个经济形势就会很不稳定，一方面，企业的经济发展不稳定，影响资金投资；另一方面，政府会提高利率水平，从而使股价下降。

（4）货币供给量分析。货币供给量就是通货净额加上存款货币净额。对于证券市场来讲，货币供给量是影响市场的推手。通过观察我们可以得出一些结论，货币供给量持续增加则能引导金融业活跃，反之，紧缩则导致证券市场萎靡不振，影响到企业的证券投资收益。另外，货币供给额的增加则是导致通货膨胀的重要原因。企业的证券投资应根据货币供给量的变动而适时地调整策略。

2. 证券市场的行业分析

（1）行业生命周期对股价的影响。行业生命周期分为 4 个阶段：初创阶段、成长阶段、成熟阶段和衰退阶段。影响行业生命周期兴衰的因素一般有市场需求、技术进步、政府的政策、社会习惯的改变等。股票在不同行业生命周期阶段的表现一般如下：初创阶段——股价大起大落；成长阶段——股价稳步上升；成熟阶段——股价稳中趋跌；衰退阶段——股价持续下跌。越是竞争激烈的行业，企业产品的定价权和利润受到供求关系的影响就越大，因此企业的风险就越大，而相对于投资者来讲，投资的利益就必定受制于该企业。

（2）政府行业政策对股价的影响。政府一般运用信贷、税收、价格、补贴等手段干预证券行业的发展，以维护公平和自由竞争，促进行业结构的调整与优化，维持证券行业的稳定与发展。

3. 企业经营和企业管理情况分析

综合考虑国家产业政策、经济形势、国内外市场变动影响等外部环境的因素，在确定要投资的所属行业后，在同一行业中，又会有很多的企业，如何选定目标企业，这对投资成败至关重要。因此，要对比分析筛选出企业的战略管理能力、资产营运能力、企业盈利能力、发展创新能力、风险控制能力、基础管理能力、行业影响能力等各种经营管理情况，进行投资分析评价后，做出最后的投资选择。

对企业的分析，过去可能更多地关注财务指标的分析，通过多年参与内部审计、绩效评价工作、报表审计等实践发现，非财务指标因素对企业战略目标的实现的作用也是不可小觑的。就财务指标及非财务指标需重点关注的事项做以下分析。

（1）主要财务指标分析。对主要财务指标的分析有以下 4 个方面的内容。

① 盈利能力分析。盈利能力越强，企业所发行的证券就越安全，盈利能力指标主要通过净资产收益率、总资产报酬率、销售利润率、成本费用利润率等指标反映。

② 经营增长能力分析。经营增长能力反映企业的经营增长水平、资本增值状况及企业发展后劲。该指标主要分析企业的资产、销售、收益增长能力，通过销售增长率、销售利润增长率、总资产增长率、技术投入比率等指标反映。通常指标越高，反映企业发展前景越好，该企业的证券也就越具投资价值。

③ 偿债能力分析。偿债能力反映企业的财务状况及资产偿还长期债务与短期债务的能力，关系到企业生存和健康发展，也是影响证券投资的主要因素。一般情况下，该指标值越大，企业偿付借款利息的能力越强，财务风险越小。该种情况主要通过资产负债率、已获利息倍数、速动比率、带息负债比率或者负债比率反映。

④ 资产质量状况分析。企业资产质量状况反映企业所占用经济资源的利用效率、资产管理水平与资产安全性，主要通过总资产周转率、应收账款周转率、资产现金回收率、不良资产比率等指标反映。一般情况下，该指标数值越高，说明企业资产周转速度越快，销售能力越强，资产利用效率越高，该企业在证券投资所属行业中也越有竞争优势。

（2）非财务指标因素。除了上述财务指标分析，企业还需考虑非财务因素的影响，主要有战略管理及经营决策、风险评估及控制能力、基础管理及发展创新和行业影响及社会贡献等。这些非财务指标是实现企业战略目标和可持续健康发展的保障，也是企业进行证券投资分析和决策不可或缺的因素，有时候这些因素可能成为上市公司股票价格剧烈波动的导火索，因此有必要对此加以关注。

7.2 债券投资

7.2.1 债券投资风险

债券投资风险是指投资者在债券投资过程中投资收益的不确定性。债券投资风险主要包括以下几个方面。

（1）违约风险。违约风险是指借款人无法按约定期限支付债券本息的风险。违约风险的大小与发行者的财务状况和管理水平有关，主要表现为发行者信用等级的高低。一般情况下，企业财务状况好，管理水平高，企业的信用程度越高，其债券的违约风险越低。从风险高低来看，政府债券违约风险最低，金融债券次之，公司债券风险最高。

（2）利率风险。利率风险是指由于利率的变动引起债券持有者收益下降的风险。由于债券的票面利率通常是固定的，投资者购买债券后将在约定的时间收到固定的本金和利息。市场利率的变化必然会改变债券的实际利率水平，从而影响投资者的实际投资收益。

（3）购买力风险。购买力风险是指由于通货膨胀使货币购买力下降从而使投资者蒙受经济损失的风险。债券投资存在购买力风险同样是因为债券的票面利率通常是固定的，投资者购买债券后将在约定的时间收到固定的本金和利息。未来的固定收入在发生通货膨胀的经济条件下，其实际的购买力下降，这种损失就是购买力风险造成的。

（4）流动性风险。流动性风险是指投资者需要货币资金时，不能及时将所持有的债券转让变现的风险。债券投资能否及时变现受债券本身的资质和市场状况影响。如果债券资质很差，其他投资者对这类债券的预期收益缺乏信心，则购买的欲望低，那么债券变现就很困难；如果债券的二级市场很不完善，就会影响债券的流通，从而产生流动性风险。

（5）期限风险。期限风险是指证券期限长而给投资者带来的风险。一项投资，到期日越长，投资者遭受的不确定性因素就越多，承担的风险就越大。

7.2.2 债券的估价

企业进行债券投资，必须知道债券本身的价值如何，因此，企业投资债券之前应该先对债券的价值进行评估。

对于投资者来说，债券的价值是指债券未来现金流入量的现值。债券未来现金流入量是指债券的利息和本金。债券价值计算的一般形式为：

债券价值 = 利息的现值 + 面值的现值

但是，由于债券的利息支付方式不同，导致现金流入的时点不同，债券的价值计算也不同。具体而言，债券价值计算有以下几种形式。

1. 分期付息，到期还本债券价值的计算

$$V = M \cdot i \cdot (P/A,\ k,\ n) + M \cdot (P/F,\ k,\ n) \tag{7-1}$$

式中：V 为债券价值；M 为债券面值；i 为票面利率；n 为债券期数；k 为市场利率。

【例 7-1】 A 公司购买 B 企业新发行的面值为 1 000 元，票面利率为 10%，期限为 5 年，每年年末计付利息一次。假设当前市场利率为 12%，则债券价值为多少？

解：

$V = M \cdot i \cdot (P/A, k, n) + M \cdot (P/F, k, n)$

$= 1\ 000 \times 10\% \times (P/A, 12\%, 5) + 1\ 000 \times (P/F, 12\%, 5)$

$= 927.88$（元）

2. 一次还本付息且不计复利的债券价值计算

$$V = M(1 + i \cdot n) \cdot (P/F, k, n) \tag{7-2}$$

式中：V 为债券价值；M 为债券面值；i 为票面利率；n 为债券期数；k 为市场利率。

【例 7-2】 A 公司购买 B 企业新发行的面值为 1 000 元，票面利率为 10%，期限为 5 年，该债券一次还本付息且不计复利。假设当前市场利率为 12%，则债券价值为多少？

解：

$V = M(1 + i \cdot n) \cdot (P/F, k, n)$

$= 1\ 000 \times (1 + 10\% \times 5) \times (P/F, 12\%, 5)$

$= 851.1$（元）

3. 零票面利率债券价值计算

$$V = M \cdot (P/F, k, n) \tag{7-3}$$

式中：V 为债券价值；M 为债券面值；n 为债券期数；k 为市场利率。

【例 7-3】 A 公司购买 B 企业新发行的面值为 1 000 元，期限为 5 年，该债券期内不计付利息，到期按面值偿还。假设当前市场利率为 12%，则债券价值为多少？

解：

$V = M \cdot (P/F, k, n)$

$= 1\ 000 \times (P/F, 12\%, 5)$

$= 567.4$（元）

7.2.3 债券的收益率

债券的投资收益包含两个方面的内容：一是债券的年利息收入；二是资本损益。债券的年利息收入是在债券发行时决定的，一般情况下，债券利息收入不会改变，投资者在购买债券时就明确知道；而资本损益是指债券卖出价和买入价之间的差额，当债券卖出价大于买入价时，为资本收益，当债券卖出价小于买入价时，为资本损失。由于债券买卖价格受市场利率和供求关系等因素影响，资本损益很难在投资前做准确预测。

衡量债券收益水平的尺度为债券收益率，即在一定时期内所得收益与投入本金的比率。为了便于比较，债券收益率一般以年率为计算单位。决定债券收益率的主要因素有债券面值、票面利率、期限、持有期间、购买价格和出售价格。债券收益率的具体形式有票面利息率、直接收益率、持有期间收益率和到期收益率等多种形式，这些收益率分别反映投资者在不同买卖价格和持有年限下的不同收益水平。其具体计算如下。

1. 票面利息率

票面利息率是指固定票面利息收入与票面本金的比率。票面利息率一般在债券票面上注明，是债券投资最直观的收益率指标。面值相同的债券，票面注明的利率高的，利息收入自然就高。由于大多数债券都是可以在二级市场上流通的，其转让价格随行就市，投资者购买债券时实际支付的价款并不一定与面值相等。因此，用票面利率衡量投资收益没有多大实际意义。

2. 直接收益率

直接收益率又称现行收益率，是投资者实际支付的价款与实际利息之间的比率。其计算公式为：

$$直接收益率=\frac{票面面额\times票面利率}{实际购买债券价格}\times100\% \tag{7-4}$$

【例7-4】 某企业2015年1月1日以900元的价格买入A公司发行的面值为1 000元、票面利率9.6%、每年付息一次的债券。计算直接收益率公式为：

解：

$$直接收益率=\frac{1\,000\times9.6\%}{900}\times100\% =10.67\%$$

直接收益率反映了投资者的投资成本带来的收益。用直接收益率评估投资风险程度，比票面利率指标显然是进步了，它对那些每年从债券投资中获得一定利息现金收入的投资者来说是很有意义的。但它与票面利率一样，不能全面地反映投资者的实际收益，因为它忽略了资本损益，既没有计算投资者买入价格与持有到期满按面值偿还本金之间的差额，也没有反映买入价格与到期前出售或赎回之间的差额。

3. 持有收益率

如果购入债券后，持有一定时期，在债券到期偿还前将债券卖出，得到的收益率就是持有收益率。债券持有期长短和计息方式不同，债券持有收益率的计算公式存在差异。此处暂不考虑持有期长短不同的差异。持有收益率的计算具体分为分期付息债券持有收益率和到期一次还本付息债券持有收益率两种。具体计算公式分别为：

$$分期付息债券持有收益率=\frac{债券年利息+（卖出价-买入价）÷持有年限}{债券买入价}\times100\% \tag{7-5}$$

$$到期一次还本付息债券持有收益率=\frac{（卖出价-买入价）÷持有年限}{债券买入价}\times100\% \tag{7-6}$$

【例7-5】 A公司2010年1月1日以120元的价格购买B公司于2009年1月1日发行的面值100元、票面利率10%、每年1月1日支付利息一次的10年期公司债券，持有到2015年1月1日，以140元的价格售出。计算持有收益率公式为：

解：

$$分期付息债券持有收益率=\frac{100\times10\%+（140-120）÷5}{120}\times100\% =11.67\%$$

【例7-6】 A公司2011年4月1日以10 000元的价格购买B公司于当天发行的面值10 000元，票面利率12%、到期还本付息的2年期公司债券，持有到2012年7月1日，以11 300元的价格售出。计算持有收益率。

解：

因为A公司持有到2012年7月1日，总共持有1年零3个月，即1.25年，则

$$到期一次还本付息债券持有收益率=\frac{（11\,300-10\,000）÷1.25}{10\,000}100\% =10.4\%$$

4. 到期收益率

到期收益率，又称最终收益率，是指从债券发行认购日起至最终到期偿还日为止，投资者获得的收益率。其计算公式为：

$$到期收益率=\frac{（至期收回的本利和-认购价格）÷偿还年限}{认购价格}\times100\%$$
$$=\frac{年利息+（面值-认购价格）÷偿还年限}{认购价格}\times100\% \tag{7-7}$$

【例 7-7】 A 公司 2010 年 4 月 1 日以 95 元的价格购买 B 公司于当天发行的面值 100 元、票面利率 10%、到期还本付息的 2 年期公司债券，持有到 2012 年 4 月 1 日。计算到期收益率。

解：

$$到期收益率 = \frac{100 \times 10\% + (100 - 95) \div 2}{95} \times 100\% = 13.16\%$$

需要说明的事，上述收益率的计算只是停留在理论上的计算，在实际操作过程中，收益率的计算要考虑购买成本、交易成本、通货膨胀和税收成本等因素，需要对上述计算公式做相应的调整。

7.2.4 债券投资的优缺点

1. 债券投资的优点

债券投资具有以下优点。

（1）本金安全性高。与股票相比，债券投资风险比较小。政府发行的债券由国家财力作后盾，其本金的安全性非常高，通常被视为无风险证券。企业债券的持有者拥有优先求偿权，即当企业破产时，优先于股东分得企业的资产，因此，其本金损失的可能性较小。

（2）收入稳定性强。债券票面一般都标有固定利息率，债券的发行人有按时支付利息的法定义务。因此，在正常情况下，投资于债券都能获得比较稳定的收入，且利率高时也颇为可观。

（3）市场流动性好。许多债券都具有较好的流动性。政府及大型企业发行的债券一般都可在金融市场上迅速出售，流动性很好，可以自由流通，不一定要到期才能还本，随时可以到次级市场变现。

2. 债券投资的缺点

债券投资的缺点如下。

（1）购买力风险较大。债券的面值和利息率在发行时就已确定，如果投资期间的通货膨胀率比较高，则本金和利息的购买力将不同程度地受到侵蚀，在通货膨胀率非常高时，投资者虽然名义上有收益，但实际上却有损失，因此，其对抗通货膨胀的能力比较差。

（2）没有经营管理权。投资于债券只是获得收益的一种手段，无权对债券发行单位施以影响和控制。

7.3
股票投资

7.3.1 股票投资的风险

投资者以股票作为投资对象时，所面临的风险通常包括两类：一是由影响所有同类股票价格的因素所导致的未来收益的不确定性，即系统风险；二是由某一公司或行业特有的原因所导致的未来收益的不确定性，即非系统风险。股票投资风险具体如下。

1. 股市价格风险

股市价格风险是由于股市上大部分股票同方向变化而引起可能的资本损失。股票价格风险的直接原因是投资者对有形或无形事件的反应，如投资者对国家某种政策的预期、对某一突发事件的反应等。股市价格风险的根本原因是一些影响较大的经济因素，如经济周期的变动等。一般来说，不管上市公司、被投资方的财务状况和收益状况如何，股市价格风险是所有股票投资者都可能遭受到的系统风险。

财务管理

2．利率风险

股票的利率风险与债券的利率风险的影响机制是不同的。通常，当银行利率上升时，公司借款利率上升，导致资金成本上升，公司利润减少，股票价格就会下降；反之，股票价格上涨。若金融市场上利率上升，就会导致资金撤出证券市场，转存入银行，结果股票价格下降；反之，股票价格上涨。

3．购买力风险

股票投资的购买力风险与债券投资的购买力风险是相同的，都是因通货膨胀而导致的风险。

4．公司风险

公司风险是由于被投资公司的收益能力的变动而造成投资者的资本损失或收益损失。如公司经营状况恶化、竞争失败、面临破产、倒闭等因素导致投资者蒙受损失的风险，这些是形成公司经营风险的因素，与公司所处的经营环境、内部经营管理水平等皆有关系。

5．财务风险

由于发行公司的资本结构的变动导致发行公司收益的不确定性，企业只有在全部资金利润率大于负债利息率的条件下，扩大负债才能提高普通股每股收益。一旦全部资金利润率小于负债利息率，其结果就是降低普通股每股收益，从而导致股票市场价格下降，对投资者造成资本损失。

7.3.2 股票的估价

企业进行股票投资，也必须知道股票本身的价值如何。股票的价值是指股票的内在价值或者投资价值，是指股票的未来现金净流量的现值之和。股票估价的常见模型有以下几种。

1．短期持有、未来准备出售的股票估价模型

投资者购入普通股，持有一段时间以后，将其转让出去。在这种情况下，股票的内在价值等于持有期间的股利的现值加最终转让股票时转让价格的现值。其计算公式为：

$$V = \sum_{t=1}^{n} \frac{d_t}{(1+K)^t} + \frac{V_n}{(1+K)^n} \tag{7-8}$$

式中：V 为股票的内在价值；V_n 为未来出售时预计的股票价格；K 为投资人要求的必要资金收益率；d_t 为第 t 期的预期股利；n 为预计持有股票的期数。

【例 7-8】 假定 A 公司持有 B 公司的股票，要求的投资收益率为 15%。上年年末 B 公司发放现金股利 2 元，预计未来 3 年 B 公司股利高速增长，年增长率达 10%。若 A 公司在第三年末以 22.85 元出售。问：B 公司股票的内在价值是多少？

解： ①未来 3 年 B 公司股利及其现值计算如表 7-1 所示。

表 7-1   单位：元

t	第 t 期的预期股利	第 t 期的预期股利的现值
1	2 × （1 + 10%）= 2.2	2.2 × （P/F, 15%, 1）= 1.91
2	2.2 × （1 + 10%）= 2.42	2.42 × （P/F, 15%, 2）= 1.83
3	2.42 × （1 + 10%）= 2.66	2.66 × （P/F, 15%, 3）= 1.75
合计	——	5.49

② 3 年末出售价格 22.85 元的现值计算为：

$V_3 = 22.85 × （P/F, 15\%, 3）= 15.03$（元）

③ B 公司股票的内在价值计算为：

$V = 5.49 + 15.03 = 20.52$（元）

2. 长期持有、股利稳定不变的股票估价模型

在股利稳定不变、投资人长期持有的情况下，股利的支付过程是一个永续年金，则股票的价值计算公式为：

$$V = \frac{D}{K} \tag{7-9}$$

式中：V 为股票的内在价值，D 为每年固定股利，K 为投资人要求的必要资金收益率。

【例 7-9】 假定 A 公司持有 B 公司的股票，要求的投资收益率为 15%。B 公司每年发放现金股利 6 元，若 A 公司投资人长期持有该股票。计算 B 公司股票的内在价值。

解：$V = \dfrac{D}{K} = \dfrac{6}{15\%} = 40$（元）

3. 长期持有、股利固定增长的股票估价模型

投资人评估一个长期持有并且股利不断增长的公司股票价值是相当困难的，这种公司的股票价值只能计算近似数。估算公式为：

$$V = \frac{D_0(1+g)}{K-g}$$
$$= \frac{D_1}{K-g} \tag{7-10}$$

式中：V 为股票的内在价值，D_1 是预期年股利额，K 为投资人要求的必要资金收益率，g 为股利固定增长率。

【例 7-10】 假定 A 公司持有 B 公司的股票，要求的投资收益率为 15%。上年年末 B 公司发放现金股利 2 元，预计未来稳定增长，年增长率为 5%。若 A 公司长期持有 B 公司的股票。计算 B 公司股票的内在价值。

解：

$$V = \frac{D_0(1+g)}{K-g}$$
$$= \frac{2 \times (1+5\%)}{15\% - 5\%}$$
$$= 21 \text{（元）}$$

7.3.3 股票投资的收益率

股票投资的收益是指投资者从购入股票开始到出售股票为止整个持有期间的收入。股票投资的收益包括股利收入和资本利得两个方面。股票的收益主要受公司的经营业绩和股票市场的价格变化影响，同时与投资者的经验与技巧也有一定关系。股票投资收益率主要有本期收益率和持有收益率两种形式。

1. 本期收益率

本期收益率是指股份公司以现金派发股利与本期股票价格的比率。其计算公式为：

$$本期收益率 = \frac{年现金股利}{本期股票价格} \times 100\% \tag{7-11}$$

式中：本期股票价格指证券市场上的该股票的当日收益价，年现金股利是指上一年每股股利。本期收益率表明以现行价格购买股票的预期收益。

【例 7-11】 某公司 2012 年 5 月 20 日的市场价格为 6.2 元/股，公司决定 2011 年度派发现金股利 0.2 元/股。计算本期收益率公式为：

解：

$$本期收益率 = \frac{0.2}{6.2} \times 100\% = 3.23\%$$

由于股票价格波动起伏，用本期收益率评价股票的收益率时应该以动态思维来分析，否则该指标没有意义，因为股票价格上升时会降低本期收益率，但会给投资者带来资本利得。

2. 持有收益率

持有收益率是指投资者购买股票并持有一定时期后又卖出该股票，投资者在持有期间获得的收益率。如果投资者持有股票时间不超过 1 年，不用考虑货币时间价值，其持有收益率计算公式为：

$$持有收益率 = \frac{年现金股利 + （卖出价 - 买入价）\div 持有年限}{买入价} \times 100\% \qquad (7\text{-}12)$$

如果投资者持有股票超过 1 年，需考虑货币时间价值。其持有收益率计算公式为：

$$V = \sum_{t=1}^{n} \frac{D_t}{(1+i)^t} + \frac{F}{(1+i)^n} \qquad (7\text{-}13)$$

式中：V 为股票的购买价格，F 为股票的出售价格，D_t 为某年的现金股利，n 为持有期数，i 为持有收益率。

【例 7-12】 投资者于 2012 年 1 月 10 日以 10 元/股的价格购买 A 公司股票，2012 年 3 月 5 日收到 A 公司派发 0.5 元/股现金股利，投资者持有股票至 2012 年 4 月 10 日，并以 15 元的价格出售。计算持有收益率。

解：

投资者持有该股票共 3 个月，即 0.25 年，则

$$持有收益率 = \frac{0.5 + （15 - 10）\div 0.25}{10} \times 100\% = 205\%$$

7.3.4 股票投资的优缺点

1. 股票投资的优点

股票投资是一种具有挑战性的投资，其收益和风险比较高。股票投资的优点主要有以下几点。

（1）能够获得较高的投资收益。普通股票的价格虽然变动频繁，但从长期看，优质股票的价格常呈上涨趋势，只要选择得当，能得到优厚的投资收益。

（2）能适当降低购买力风险。普通股的股利不固定，在通货膨胀率比较高时，由于物价普遍上涨，股份公司盈利增加，股利的支付也随之增加，因此，与固定收益证券相比，普通股能有效地降低购买力风险。

（3）流动性很强。上市公司的股票流动性很强，投资者拥有闲散资金可以随时买入，需要资金时又可以随时卖出。这既有利于增强资产的流动性，又有利于提高其收益水平。

（4）拥有一定的经营控制权。普通股股东属于股份公司的所有者，有权监督和控制企业的生产经营状况，当投资者的投资额达到公司股本的一定比例时，就可以实现控制公司的目的。因此，欲控制一家企业，最好是收购这家公司的股票。

2. 股票投资的缺点

股票投资的缺点主要是风险大，原因如下。

（1）求偿权居后。普通股对企业资产和盈利的求偿权均居于最后。企业破产时，股东原来的投

资可能得不到全额补偿，甚至一无所有。

（2）股票价格不稳定。普通股的价格受众多因素影响，很不稳定。政治因素、经济因素、投资者心理因素、企业的盈利情况、风险情况，都会影响股票价格，这也使股票投资具有较高的风险。

（3）股利收入不稳定。普通股股利的多少，视企业经营状况和财务状况而定，其有无、多寡均无法律上的保证，其收入的风险也远远大于固定收益证券。

7.4 基金投资

7.4.1 证券投资基金的概述

证券投资基金是一种实行组合投资、专业管理、利益共享、风险共担的集合投资方式。与股票、债券不同，证券投资基金是一种间接投资工具，基金投资者、基金管理人和基金托管人是基金运作的主要当事人。

证券投资基金通过发行基金份额的方式募集资金，个人投资者或机构投资者通过购买一定数量的基金份额参与基金投资。基金所募集的资金在法律上具有独立性，由选定的基金托管人托管，并委托基金管理人进行股票、债券的分散化组合投资。基金投资者是基金的所有者。基金投资收益在扣除由基金管理人和基金托管人所承担费用后的盈余全部归基金投资者所有，并依据各个投资者所购买的基金份额的多少在投资者之间进行分配。

与直接投资股票、债券不同的是，基金投资是一种间接投资工具。一方面，证券投资基金以股票、债券等金融有价证券作为投资对象；另一方面，基金投资者通过购买基金份额的方式间接地进行证券投资。

7.4.2 证券投资基金的特点

1. 集合投资

基金将零散的资金巧妙地汇集起来，交给专业机构投资于各种金融工具，以谋取资产的增值。基金对投资的最低限额要求不高，投资者可以根据自己的经济能力决定购买数量，有些基金甚至不限制投资额大小，完全按份额计算收益的分配，因此，基金可以最广泛地吸收社会闲散资金，集腋成裘，汇成规模巨大的投资资金。在参与证券投资时，资本越雄厚，优势越明显，而且可能享有大额投资在降低成本上的相对优势，从而获得规模效益的好处。

2. 分散风险

以科学的投资组合降低风险、提高收益是基金的另一大特点。在投资活动中，风险和收益总是并存的，因此，"不能将所有的鸡蛋都放在一个篮子里"，是证券投资的箴言。但是，要实现投资资产的多样化，需要一定的资金实力，对小额投资者而言，由于资金有限，很难做到这一点，而基金则可以帮助中小投资者解决这个困难。基金可以凭借其雄厚的资金，在法律规定的投资范围内进行科学的组合，分散投资于多种证券，借助于资金庞大和投资者众多的公有制使每个投资者面临的投资风险变小，另一方面又利用不同的投资对象之间的互补性，达到分散投资风险的目的。

3. 专业理财

基金实行专家管理制度，这些专业管理人员都经过专门训练，具有丰富的证券投资和其他项目投资经验。他们善于利用基金与金融市场的密切联系，运用先进的技术手段分析各种信息资料，能对金融市场上各种品种的价格变动趋势做出比较正确的预测，最大限度地避免投资决策的失误，提高投资成功率。对于那些没有时间或者对市场不太熟悉，没有能力专门研究投资决策的中小投资者来说，投资基金，实际上就可以获得专家们在市场信息、投资经验、金融知识和操作技术等方面所拥有的优势，从而尽可能地避免盲目投资带来的失败。

7.4.3 证券投资基金的分类

1. 证券投资基金根据募集方式不同可分为公募基金和私募基金

（1）公募基金，是指以公开发行方式向社会公众投资者募集基金资金并以证券为投资对象的证券投资基金。它具有公开性、可变现性、高规范性等特点。

（2）私募基金，指以非公开方式向特定投资者募集基金资金并以证券为投资对象的证券投资基金。它具有非公开性、募集性、大额投资性、封闭性和非上市性等特点。

2. 证券投资基金根据能否在证券交易所挂牌交易可分为上市基金和非上市基金

（1）上市基金，是指基金份额在证券交易所挂牌交易的证券投资基金，比如交易型开放式指数基金（ETF）、上市开放式基金（LOF）、封闭式基金。

（2）非上市基金，是指基金份额不能在证券交易所挂牌交易的证券投资基金，包括可变现基金和不可流通基金两种。可变现基金是指基金虽不在证券交易所挂牌交易，但可通过"赎回"来收回投资的证券投资金，如开放式基金。不可流通基金，是指基金既不能在证券交易所公开交易又不能通过"赎回"来收回投资的证券投资基金，如某些私募基金。

3. 证券投资基金根据运作方式不同可分为封闭式证券投资基金和开放式证券投资基金

（1）封闭式证券投资基金，可简称为封闭式基金，又称为固定式证券投资基金，是指基金的预定数量发行完毕，在规定的时间（也称"封闭期"）内基金资本规模不再增大或缩减的证券投资基金。从组合特点来说，它具有股权性、债权性和监督性等重要特点。

（2）开放式证券投资基金，可简称为开放式基金，又称为变动式证券投资基金，是指基金证券数量从而基金资本可因发行新的基金证券或投资者赎回本金而变动的证券投资基金。从组合特点来说，它具有股权性、存款性和灵活性等重要特点。

4. 证券投资基金根据组织形式不同可分为公司型证券投资基金和契约型证券投资基金

（1）公司型证券投资基金，简称公司型基金，在组织上是指按照公司法（或商法）规定所设立的、具有法人资格并以营利为目的的证券投资基金公司（或类似法人机构）；在证券上是指由证券投资基金公司发行的证券投资基金证券。

（2）契约型证券投资基金，简称契约型基金。在组织上是指按照信托契约原则，通过发行带有受益凭证性质的基金证券而形成的证券投资基金组织；在证券是指由证券投资基金管理公司作为基金发起人所发行的证券投资基金证券。

7.4.4 基金投资的优缺点

1. 基金投资的优点

基金投资最大的优点就是能够在不承担太大风险的情况下获得较高收益。其原因如下。

（1）投资基金具有专家理财优势。投资基金的管理人都是投资方面的专家，他们在投资前均进行多种研究，这能够降低投资风险，提高收益。

（2）投资基金具有资金规模优势。我国的投资基金一般拥有 20 亿元以上，西方大型投资基金一般拥有资金百亿美元以上，这种资金优势可以进行充分的投资组合，能够降低投资风险，提高收益。

2. 基金投资的缺点

基金投资的缺点如下。

（1）无法获得很高的投资收益。投资基金在投资组合过程中，在降低风险的同时，也丧失了获得巨大收益的机会。

（2）在大盘整体大幅度下跌的情况下，进行基金投资也可能会损失较多，投资人需要承担较大风险。

（3）基金投资于何种证券是由基金托管人代为选择的，个人的操作性比较弱。

【小知识】

在美国，公募发行的公司型基金通常被称为共同基金（Mutual Fund），而私募发行的基金通常被称为对冲基金（Hedge Fund）。共同基金投资者人数的限制性不强，根据美国有关法律规定，投资者人数必须达到一定规模才能上市。而对冲基金对于投资者人数则有严格限制。美国《证券法》规定，若以个人名义参加，最近两年里个人年收入至少在20万美元以上；若以家庭名义参加，夫妇俩最近两年的年收入至少在30万美元以上；若以机构名义参加，净资产至少在100万美元以上。1996年做出了新的规定，参加者由100人扩大到500人，参加者的条件是个人必须拥有价值500万美元以上的投资证券。

练习题

一、单项选择题

1. 在证券投资中，因通货膨胀带来的风险是（　　）。
    A. 违约风险　　　　B. 利息率风险　　　　C. 购买力风险　　　　D. 流动性风险
2. 利率升高对证券投资的影响表现为（　　）。
    A. 股票价格上升　　　　　　　　　　B. 债券价格上升
    C. 股票价格下降　　　　　　　　　　D. 对证券价格没有影响
3. 已知某证券 β 系数等于 1，则表明该证券（　　）。
    A. 无风险
    B. 有非常低的风险
    C. 与金融市场所有证券平均风险一致
    D. 比金融市场所有证券平均风险高一点
4. 基金发起人在设立基金时，规定了基金单位的发行总额，筹集到这个总额后，基金即宣告成立，在一定时期内不再接受新投资，这种基金称为（　　）。
    A. 契约型基金　　　　B. 公司型基金　　　　C. 封闭式基金　　　　D. 开放式基金
5. 相对于股票投资而言，下列项目中能够揭示债券投资的特点的是（　　）。
    A. 无法事先预知投资收益水平　　　　B. 投资收益率的稳定性较强
    C. 投资收益率比较高　　　　　　　　D. 投资风险比较大

二、多项选择题

1. 以下关于投资组合风险的表示，正确的有（　　）。
    A. 一种股票的风险由两部分构成，它们是系统风险和非系统风险
    B. 非系统风险可以通过证券组合来消除
    C. 股票的系统风险不能通过证券投资风险来消除
    D. 不可分散风险可以通过 β 系数来测量

2. 关于股票或股票组合的 β 系数，下列说法正确的有（　　）。

    A. 作为整体的市场投资组合的 β 系数等于 1

    B. 股票组合的 β 系数是构成组合的个股 β 系数的加权平均数

    C. 股票的 β 系数衡量个别股票的系统风险

    D. 股票的 β 系数衡量个别股票的非系统风险

3. 下列各项中，影响债券内在价值的因素有（　　）。

    A. 债券的价格   B. 票面利率   C. 当前的市场利率   D. 债券的计息方式

4. 股票投资具有以下缺点（　　）。

    A. 拥有经营控制权   B. 投资收益高   C. 收入不稳定   D. 求偿权居后

5. 与债券投资相比，股票投资具有的特点是（　　）。

    A. 收益稳定性差   B. 价格波动大   C. 收益率低   D. 风险大

三、问答题

1. 简述债券投资的风险与收益。

2. 简述股票投资的风险与收益。

3. 分别简述债券投资、股票投资、基金投资的优缺点。

四、计算题

1. 某企业于 2010 年 1 月 5 日以每张 1 050 元的价格购买 Y 企业发行的利随本清的企业债券。该债券的面值为 1 000 元，期限为 5 年，票面利率为 10%，不计复利。购买债券时市场利率为 8%。不考虑所得税。（附：5 年期 8% 的复利现值系数为 0.681）

（1）利用债券股价模型评价该企业购买该债券是否合算？

（2）如果该企业于 2011 年 1 月 5 日将该债券以 1 150 元的市场价出售，计算该债券的投资收益率。

2. 某投资者准备从证券市场购买 A、B、C、D 4 种股票组成投资组合。已知 A、B、C、D 4 种股票的 β 系数分别为 0.7、1.2、1.6、2.1。现行国库券的收益率为 8%，市场平均收益率为 15%。要求：

（1）采用资本资产定价模型分别计算这 4 种股票的预期收益率。

（2）假设该投资者准备长期持有 A 股票。A 股票去年的每股股利为 4 元，预计年股利增长率为 6%，当前每股市价为 58 元。投资 A 股票是否合算？

3. 某企业计划利用一笔长期资金投资购买股票。现有 M 公司股票和 N 公司股票可供选择，该企业只准备投资一家公司股票。已知 M 公司股票现行市价为每股 9 元，上年每股股利为 0.15 元，预计以后每年以 6% 的增长率增长。N 公司股票现行市价为 7 元，上年每股股利为 0.6 元，股利分配政策将一贯坚持固定股利政策，甲企业所要求的投资的投资必要报酬率为 8%。要求：利用股票股价模型，分别计算 M、N 公司的股票价值，并为企业做投资决策。

4. 某公司的普通股现在年股利是 6 元，估计年增长率为 6%。一位投资者准备购买该公司股票，他的期望收益率为 12%，打算持有两年后转让，预计转让价格可以达到 30 元。要求：计算该股票的价值。

5. 某企业 2010 年 4 月 1 日以 850 元的价格购买一张面值 1 000 元，票面利率 8%，到期还本付息债券。该企业于 2011 年 4 月 1 日以 900 元的价格出售。要求：计算该债券的投资收益率。

6. 某公司 2010 年 4 月 1 日购买当天发行的债券，面值为 1 000 元，票面利率 8%，4 年期，每年付息一次。要求：

（1）若该债券的发行价格为 825 元，计算债券的到期收益率。

（2）若该公司的期望报酬率为 10%，则以 825 元购买该债券是否合算？

【学习目标】

由于竞争加剧和环境动荡，营运资本管理对于企业盈利能力以及生存能力的影响越来越大，管理者必须对各项流动资产投资的最佳数量进行决策。

通过本章的学习应达到以下目标：

- 了解营运资本的内涵和特点；
- 了解现金的持有动机，掌握最佳现金持有量的确定方法；
- 掌握应收账款管理中信用标准、信用条件、收账政策的决策方法；
- 了解存货的功能与成本，掌握存货经济订货批量和订货点的确定方法。

【引导案例】

戴尔高速成长的财务秘诀

戴尔在1999—2003年的销售收入和净利润呈现高速增长，资本收益率高得令人难以置信。上述成功主要归功于两个方面：一是定单制造法和战略同盟的建立大幅降低了戴尔的存货周转天数和成本，满足了客户需求，增强了产品的竞争能力；二是戴尔利用其全世界最大个人电脑制造商的地位，增强其与零部件供应商的讨价还价能力，不断延长零部件采购的付款期限。例如，戴尔的现金转化周期在2002年度是-36天，2003年扩大至-44天，说明戴尔占用在存货和应收账款上的资金不仅完全由供应商解决，而且还无偿占用了供应商提供的资金长达36至44天。这种营运资本管理策略不仅降低了戴尔公司的利息负担，而且让戴尔在自身有限资金的基础上实现快速的发展。

什么叫营运资本管理策略？如何进行有效营运资本管理？通过本章的学习，你可以得到答案。

8.1 营运资本概述

莱瑞吉特曼和查尔斯·马克斯维尔曾经对美国 1 000 家大型企业的财务经理进行了调查，以了解他们是如何分配工作时间的。调查结果表明，他们在营运资本管理上所花费的时间占其 2 年时间总量的1/3。可见，营运资本管理是企业财务管理的重要内容。另外，营运资本管理几乎涉及企业的所有部门，需要采购、生产、销售和信息部门的通力配合。

8.1.1 营运资本的含义

营运资本（Working Capital），是企业经营过程中用于日常运营周转的资金。从企业营运资本的外在表现形态上看，营运资本即为占用在全部流动资产上的资金，这是广义上的营运资本概念。从企业财务策略和融资结构角度讲，营运资本则是指流动资产与流动负债的差额部分，即净营运资金，这是狭义的营运资本概念。营运资本管理从静态角度看，主要是加强对货币资金、应收款项、存货和预付款项等流动资金项目的管理；从企业动态营运过程来看，则是对采购与付款、销售与收款、存货收发存和货币资金收支等业务循环的管理与控制。

本章所采用的是广义营运资本概念，即讨论企业投资于流动资产上的资金的确定问题，主要包括 3 个重要的流动资产项目——现金、应收账款和存货。

8.1.2 营运资本的特点

营运资本的特点主要有以下几点。

（1）流动性强。流动资产相对固定资产等长期资产来说，具有较强的变现能力，这对于增强企业偿债能力，降低企业财务风险具有重要意义。

（2）回收期短。企业占用在流动资产上的资金一般在一年或一个营业周期内收回，资金周转速度快，对企业影响的时间短。

（3）收益性差。相比固定资产，流动资产的盈利性较弱，如果企业持有过多的流动资产，必将影响整个企业的盈利能力。

营运资本管理的目标是在风险与收益权衡下，以最低的成本满足生产经营资金周转的需要。

8.2
现金管理

这里所说的现金，是指广义上的现金，包括企业的库存现金、银行存款和其他货币资金。另外，企业所持有的有价证券，也是企业现金的一种转换形式，或者可以说是企业现金的替代品，这是因为有价证券的变现能力强，当企业现金流出量大于流入量、企业需要补充现金时，可以随时在证券市场上出售兑换成现金；而当企业有多余的现金时，也常将其转换成有价证券，这样既保证了资金的流动性，又能够获得一定的收益。

现金是流动性最强的资产，代表着企业直接的支付能力和偿还能力，也就是说，它可以随时用来购买原材料、商品、劳务或用于偿还债务。因此，企业拥有足够的现金，对于降低企业的财务风险，具有非常重要的意义。但现金收益性弱，对其持有量不是越多越好。因此，企业对现金的管理应该努力做到既保证企业生产经营活动和偿还债务所需现金，降低风险，又不会使企业出现过多的现金闲置，提高整个企业的收益性。在实际工作中，企业通常首先要编制现金收支计划，以便合理地估计和预测未来的现金需要量；还要考虑现金的持有成本，确定最佳现金持有量，并做好现金的日常管理。

8.2.1 现金的持有动机与成本

1. 现金的持有动机

对现金进行管理，首先应该搞清楚企业为什么要持有一定数量的现金。一般情况下，企业持有现金的动机主要是为了满足交易性需要、预防性需要和投机性需要。

（1）交易性需要。是指企业持有现金以便满足日常业务支付的需要，如用于购买原材料、支付工资、缴纳税金、支付办公管理经费等。企业在正常的经营过程中，会经常发生现金流入和现金流出，但二者很少同时等额发生。当现金流入量大于现金流出量时，形成现金闲置，企业可以进行有价证券或其他方面的投资活动；而当现金流出量大于现金流入量时，则需补充现金的不足，如果筹集资金出现问题，则影响企业的日常经营活动。因此，企业会保留一定的现金余额，以保证在现金支出大于现金收入时，不会中断正常的生产经营活动。

（2）预防性需要。是指企业持有现金以防发生意外情况的支付需要。企业除了日常经营业务之外，可能会发生预算之外的事件影响企业的现金流量，如自然灾害、意外的生产事故、突如其来的行业政策调整等。因此，企业在保证交易性需要的现金余额之外，往往还要持有更多的现金，以防意外情况的发生，从而保证整个企业经营业务的顺利进行。预防性需要的现金数额主要取决于以下3 个因素。其一，企业现金收支预测的可靠程度。即如果现金流量的可预测性很强，在未来一段时间不会发生较大变化，则预防性需要的现金数额就可以减少，反之则应当增加。其二，企业的临时借款能力。即如果企业有能力随时筹措短期资金，也可以减少预防性现金的数额；若筹资能力有限，则应扩大预防性需要的现金数额。其三，企业经营者对风险的态度。即企业经营者如果比较敢于承担风险，则可以减少预防性需要的现金数额。

（3）投机性需要。是指企业持有现金用于不寻常购买机会的支付需要。市场上各种商品以及有价证券的价格会随时发生变动，这就使一些投资者产生了"为卖而买"的投机心理。例如，遇到廉价的原材料或有价证券的价格低谷这样的购买机会时，就需要企业持有一定数额的现金作为抓住购买机会的保证。当然，一般企业对投机性需要的现金储备相对较少。

2. 持有现金的成本

（1）机会成本。现金的机会成本，是企业因保留现金余额而丧失的进行有价证券投资所产生的收益。这种成本与现金持有量成正比，是一种变动成本。

（2）管理成本。企业持有现金会发生一定的管理费用，如管理人员薪酬及必要的安全防范措施费用，这就是现金的管理成本。管理成本具有固定成本的性质，在一定范围内与现金持有量的多少关系不大。

（3）转换成本。转换成本是指企业买卖有价证券付出的交易费用，即现金和有价证券相互转换的成本，包括委托买卖佣金、手续费、印花税等。这些费用中，固定性的交易费用与证券变现次数密切相关，因此在现金需求总量一定的情况下，每次现金持有量越少，变现次数越多，转换成本就越大；反之，每次现金持有量越多，变现次数越少，转换成本就越小。可见，现金的转换成本当中的固定性交易费用，与现金持有量成反比。

（4）短缺成本。短缺成本是指因现金持有量不足，又无法通过有价证券变现及时补充而给企业造成的损失，包括停工待料损失以及不能及时支付而蒙受的信誉损失，现金的短缺成本会随现金持有量的增加而下降，随现金持有量的减少而上升。

8.2.2 最佳现金持有量的确定

现金是企业主要的支付手段，又是一种非营利性的资产。现金持有不足，则可能影响企业的生产经营，加大企业的财务风险；现金持有过多，则会降低企业的整体盈利水平。因此，确定最佳现金持有量具有非常重要的意义。

1. 鲍莫尔模型

鲍莫尔模型（Baumol Model）是由美国学者 W. J. Baumol 于 1952 年提出的，也称为存货模式。他认为，现金最佳余额在很多方面与存货相似。运用存货模式确定最佳现金持有量时，其基本前提如下：第一，预测期内现金需要量是可预测的；第二，企业的现金流入量和现金流出量是均匀发生的；第三，在预测期内，企业不会发生现金短缺，可以通过出售有价证券及时补充现金。

鲍莫尔模型的基本原理是将现金的持有成本与有价证券的转换成本结合起来进行权衡，以求得两者总成本最低时的现金余额，从而得出最佳现金持有量。在一定时期内，如果现金持有量较多，则持有现金的机会成本较高，但现金的转换成本可减少；如果现金持有量较少，则现金的转换成本较高，但现金的持有成本可减少。也就是说，现金的持有成本和转换成本是此消彼长的关系，所以这两种成本之和最低情况下的现金持有量即为最佳现金持有量。这样，就得出了鲍莫尔模型下现金持有量和现金相关总成本的函数关系如下：

$$TC = \frac{N}{2}i + \frac{T}{N}b \tag{8-1}$$

式中：TC 为相关总成本；b 为现金与有价证券的单次转换成本；T 为特定时期内现金需求总量；N 为最佳现金持有量；i 为短期有价证券利息率。

随着现金持有量上升而产生的转换成本的边际减少额与随着现金持有量上升而产生的机会成本的边际增加额相等时，持有现金的总成本最低，此时的现金持有量为最佳现金持有量。使用求导数的方法，可求出总成本的最小值。此时最佳现金持有量计算公式为：

$$N = \sqrt{\frac{2Tb}{i}} \tag{8-2}$$

【例8-1】 某企业的现金流量稳定，预计全年的现金总需求量为250 000元，现金与有价证券的转换成本为每次500元，有价证券的收益率为10%。要求采用鲍莫尔模型确定该企业的最佳现金持有量。

解：

根据鲍莫尔模型的公式，可计算出该企业的最佳现金持有量 N 如下：

$$N = \sqrt{\frac{2 \times 250\,000 \times 500}{10\%}} = 50\,000 \text{（元）}$$

变现次数为：250 000÷50 000 = 5（次）

鲍莫尔模型反映了现金管理中基本的成本结构，并可以计算出一定时期内的最佳现金持有量和变现次数，对加强企业的现金管理有一定的作用。但鲍莫尔模型也有以下缺点。一是该模型假定现金流量是均匀的，且成周期性变化，实际上企业现金流量的变化存在不确定性。二是该模型假定企业的现金补偿都来源于有价证券的出售，企业所需的现金均可通过证券变现取得，实际上以有价证券变现收入作为现金来源的企业很少；企业以有价证券投资作为现金调节的也不多见。所以鲍莫尔模型只有在其假设成立的情况下，最佳现金持有量的确定才是正确的。

2. 米勒奥尔模型（随机模型）

在现金收支的不确定性很大时，存货模型就失效了。每日现金收付是一个随机过程，其收付量也许不可预知，但企业可以根据历史经验和现实需要，测算出一个现金持有量的控制范围，即定出现金持有量的上限和下限，并将现金持有量控制在上下限之内。如图8-1所示，虚线 H 为现金存量的上限，虚线 L 为现金存量的下限，实线 R 为最优现金返回线，即最佳现金持有量所对应的期望值。从图8-1中可以看到，企业的现金存量（表现为现金每日余额）是随机波动的，当其达到 A 点时，即达到了现金控制的上限，企业可用现金购买有价证券，使现金量回落到现金返回线（R 线）的水平；当现金存量降至 B 点时，即达到了现金控制的下限，企业则应转让有价证券换回现金，使其存量回升至现金返回线的水平。现金存量在上下限之间的波动属于控制范围内的变化，是合理的，企业不采取任何措施。

图8-1与鲍莫尔模型相同的是，随机模型也依赖于现金的转换成本和机会成本，且每次转换有价证券的交易成本被认为是固定的，而每期持有现金的机会成本率则是有价证券的日利息率。与鲍莫尔模型不同的是，随机模型每期的交易次数是一个随机变量，且根据每期现金流入与流出量的不同而发生变化。因此，每期的转换成本就取决于各期有价证券的期望交易次数。同理，持有现金的机会成本就是关于每期期望现金额的函数。

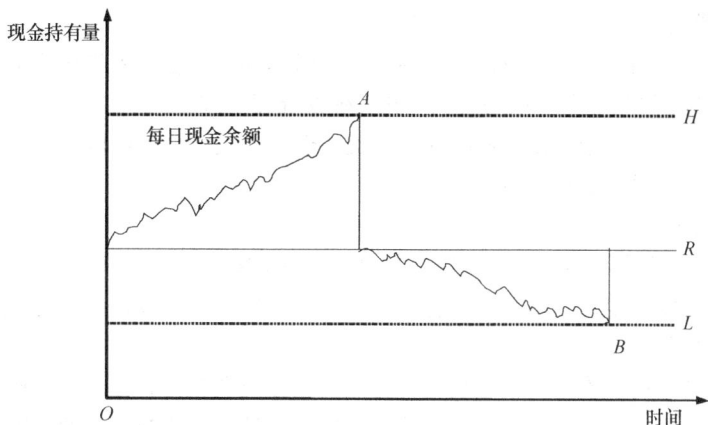

图 8-1　米勒奥尔（随机）模型图例

式中：L 可以是等于零或大于零的某一个安全储备额，或银行要求的某一最低现金余额；上限 H 和最优现金返回线 R 的最优值不仅依赖于转换成本和机会成本，还依赖于现金余额的波动程度 δ^2。使现金持有量的总成本，即交易成本和机会成本之和最小的 R 值和 H 值的计算公式分别为：

$$R = \sqrt[3]{3b\delta^2 \div 4i} + L \tag{8-3}$$
$$H = 3R - 2L \tag{8-4}$$

【例 8-2】假定某企业有价证券的日利率为 0.018%，每次现金与有价证券的转换成本为 120 元；该企业认为其任何时候的现金余额均不能低于 50 000 元，根据历史数据测出的现金余额波动标准差为 6 000 元。计算其最优现金返回线 R 和现金控制上限 H。

解：

$$R = \sqrt[3]{\dfrac{3 \times 120 \times 6\,000^2}{4 \times 0.018\%}} + 50\,000 = 26\,207 + 50\,000 = 76\,207 \text{（元）}$$

$H = 3R - 2L = 3 \times 76\,207 - 2 \times 50\,000 = 128\,621$（元）

在本例中，当企业的现金余额达到 128 621 元时，即应以 52 414 元（128 621−76 207）的现金去投资于有价证券，使现金持有量回落为 76 207 元；当企业的现金余额降至 50 000 元时，则应转让 26 207 元（76 207−50 000）的有价证券，使现金持有量回升为 76 207 元。

通过分析和计算可以看出，随机模型说明最优现金返回线 R 与转换成本 b 成正比，与机会成本成反比，与现金流量的波动程度成正比，即现金流量不确定性大的企业应持有更大的平均现金余额。同时，该模型是建立在企业的未来现金需求总量和收支不可预测的前提下，所以计算出来的现金持有量比较保守。

8.2.3　资金集中管理

如果一个企业集团下属机构众多，地域分布广，子公司、分公司多头开户，则会造成资金存放分散，降低资金使用效率，不利于资金的管控。通过资金集中管理，由集团总部统一筹集、合理分配、有序调度资金，能够降低融资成本，提高资金使用效率，实现集团整体利益最大化。

资金集中管理，也称为司库制度，是集团企业借助商业银行网上银行功能及其他信息技术手段，将分散在集团各企业的资金集中到总部，由总部统一调度、统一管理和统一运用。资金集中管理的具体运用可能存在差异，但一般包括资金集中、内部结算、融资管理、外汇风管理、支付管理等内容。其中，资金集中是基础。目前，资金集中管理模式有以下几种。

1. 统收统支模式

在该模式下，企业的一切现金收入都集中在总部财务部门，各分支机构或子公司不单独设立账号，一切现金支出都通过集团总部财务部门付出。统收统支模式有利于企业集团实现全面收支平衡，提高资金使用效率，减少资金沉淀，监控现金收支。但是该模式会影响成员企业经营的灵活性，降低整个集团经营活动和财务活动的效率。

2. 拨付备用金模式

拨付备用金模式是集团按照一定的期限，拨付给所有集团成员企业备其使用的一定数额的现金。各分支机构或子公司发生现金支出后，持有关凭证到集团财务部门报销以补足备用金。

3. 结算中心模式

结算中心是在企业内部设立的，办理内部各成员企业现金收付和往来结算业务的专门机构。结算中心通常设在财务部内，是一个独立运行的职能机构。结算中心帮助企业集中管理各分子公司的现金收入和支出。

4. 内部银行模式

内部银行是将银行的基本职能与管理方式引入企业内部管理而建立起来的一种内部资金管理机构。内部银行将企业的自有资金和商业银行的信贷资金统筹运作，在企业内部统一调剂、融通运用。通过吸纳企业下属各单位闲散资金，调剂余缺，活化与加速资金周转速度，提高资金使用效率和效益。内部银行通常具有三大职能，即结算、融资信贷和监督控制。

5. 财务公司模式

财务公司是一种非银行金融机构，它需要经过人民银行审核批准才能设立。它的职责是开展集团内部资金集中结算，同时为成员企业提供包括存贷款、担保、信用鉴证、债券承销、财务顾问等在内的金融服务。集团设立财务公司是把市场化的银企关系引入集团资金管理中，使得集团各子公司可以自行经营自身的现金，对现金的使用行使决策权。集团对子公司的现金控制通过财务公司进行，这种控制是建立在子公司各自具有独立的经济利益基础上的。

8.2.4 现金的日常管理

加强现金日常管理的主要目的在于提高现金的使用效率。为达到这一目的，要注意对现金收入和现金支出的日常管理。现金日常管理主要包括以下几个方面。

1. 网上银行

银行利用互联网技术，通过互联网向客户提供开户、销户、查询、对账、行内转账、跨行转账、信贷等服务项目，它不受时间、空间限制，能够在任何时间、任何地点以任何方式为客户提供金融服务。随着银行业竞争的加剧，企业可以以较低的费用在网上银行进行"汇划即时通""集团理财""对公账户查询"等业务。网银将提供资金汇划、批量委托、授权模式定制、到账时间查询、交易数据下载等服务。

2. 合理使用现金"浮游量"

现金浮游量是指企业账户上的银行存款余额小于银行账户上所显示的存款余额的差额。企业账簿上的现金数字往往并不能代表企业在银行中的可用现金。实际上，企业在银行里的可用现金余额，通常要大于企业账簿上的现金余额。这主要是因为有些支票企业虽然已经开出，但对方企业还没有到银行进行兑现所造成的。如果能够正确预测现金浮游量并合理利用，可以降低现金持有量，从而提高企业的现金使用效率。但使用现金浮游量也有一定的风险。一方面，可能会出现支付不及时的情况，影响企业的信用程度；另一方面，可能会出现银行存款的透支现象。所以在使用现金"浮游量"时，必须注意控制好使用额度和使用时间。

3. 推迟支付

在不影响企业商业信用的前提下，企业应当尽量利用供货方所提供的信用优惠，推迟应付账款的支付时间，尽量在信用期的最后一天付款。例如，企业在采购材料时，如果付款条件是"2/10，N/30"，就应安排在发票开出日后的第 10 天付款，这样企业可以最大限度地推迟现金支付而又不丧失现金折扣。当然，如放弃折扣付款，则应在第 30 天付款。

8.3 | 应收账款管理

随着市场经济的不断发展和商业竞争的加剧，企业的应收账款数额明显增加，应收账款管理已经成为营运资本管理中的重要组成部分。应收账款的管理目标，就是正确衡量信用成本和信用风险，合理确定信用政策，及时收回账款，保证流动资产的质量。

8.3.1 应收账款的功能和成本

1. 应收账款的功能

企业应收账款的功能主要有以下 3 点。

（1）结算的需要。在现金销售中，发货的时间和收到货款的时间也会有不同，这是因为货款结算需要时间的缘故。结算手段越是落后，结算所需时间越长，销售企业只能承担由此引起的资金垫支。

（2）市场竞争的需要。这是发生应收账款的主要原因。在市场经济的条件下，存在着激烈的商业竞争。企业在竞争中利用各种手段扩大销售，除了依靠产品质量、价格、售后服务、广告等外，赊销也成了促销的手段之一。出于扩大销售的竞争需要，企业不得不以赊销的方式招揽客户，因而产生了应收账款。

（3）减少存货，加速资金周转的需要。企业持有存货，仓储过程中会有各种管理费用，还可能发生存货的正常损耗，成本较高；相反，通过较为优惠的赊销条件，把存货转化为应收账款，在一定条件下可减少各种存储支出，加速存货更新，促进资金周转，提高资金使用效率。

2. 应收账款的成本

企业占用在应收账款上的资金，会发生各种成本，主要包括以下几个方面。

（1）机会成本。企业的资金如果不占用在应收账款上，可用于其他投资而获取收益。这种因将资金投放于应收账款而放弃的其他收益就是机会成本。确定机会成本需要考虑 3 个因素，即应收账款占用资金数额、企业进行其他投资的投资。报酬率及持有时间。计算应收账款的机会成本可以采用下面的方法。

应收账款机会成本=应收账款占用资金×短期投资收益率（或资金成本率）

应收账款占用资金=应收账款平均余额×变动成本率

应收账款平均余额=一定期间赊销额/一定期间应收账款周转率

（2）管理成本。应收账款的管理成本主要有调查客户信用情况的费用、催收和组织收账的费用、账簿的记录费用等。

（3）坏账成本。应收账款因不能收回而发生的损失，就是坏账成本。发生坏账的原因主要是客户破产、解散、财务状况恶化或拖欠时间较长等。一般来说，应收账款数额越大，拖欠时间越长，发生坏账成本的可能性也就越大。

通过对企业应收账款的功能及有关成本的分析，我们可以看出，企业提供商业信用，一方面可以扩大销售、增加利润；另一方面也会造成有关成本费用的发生，如资金垫支成本、坏账损失等。因此，进行应收账款管理的最终目标，就是在充分发挥应收账款扩大销售、减少存货等积极作用的前提下，尽可能降低应收账款的投资成本。只有当应收账款所增加的盈利超过所增加的成本时，才应当实施赊销政策。

8.3.2 应收账款信用政策

应收账款的信用政策是指企业对应收账款投资进行规划与控制而确立的基本原则和行为规范，包括信用标准、信用条件和收账政策 3 个部分内容。制定合理的信用政策，是加强应收账款管理，提高应收账款投资效益的重要前提。

1. 信用标准

信用标准是指客户获得企业的信用交易所应具备的条件，通常用客户的信用分数或预计坏账损失率来表示。例如，"只对那些信用分数在 80 分以上的客户提供商业信用"或"只对那些预计坏账损失率低于 5%的客户提供商业信用"。如果客户达不到信用标准，便不能享受企业的信用销售。如果企业的信用标准制定过高，将使许多客户因信用品质达不到标准而被企业拒绝赊销，其结果尽管有利于降低企业承担的违约风险及收账费用，但会影响企业市场竞争力的提高和销售收入的扩大；相反，如果企业采用较低的信用标准，虽然有利于扩大销售，提高市场竞争力和市场占有率，但同时也会导致坏账损失和收账费用的增加。因此，企业应结合实际情况选择制定合理的信用标准，在收益和费用之间进行权衡。

为了预防和控制信用风险，企业必须对每一个提出赊购的客户进行信用评估，预测客户延迟支付或发生坏账的可能性。首先要对客户进行信用调查，通常采用的方法有两种。①直接调查。直接调查是指调查人员直接与被调查单位接触，通过当面采访、询问、观察、记录等方式获取信用资料的一种方法。②间接调查。间接调查是以被调查单位以及其他单位保存的有关原始记录和核算资料为基础，通过加工整理来获得被调查单位信用资料的一种方法。这些资料的来源主要有财务报表、信用评估机构、银行、其他企业。

在进行了客户的信用调查后，企业需要进行客户的信用风险评估，可以采用 5C 评估法和信用评分法。

（1）5C 评估法。该方法中的"5C"是指：品德（Character）、能力（Capacity）、资本（Capital）、抵押（Collateral）和条件（Conditions）。

① 品德是指客户履行偿还债务义务的态度，这是评价客户信用品质的首要因素。众所周知，信用交易意味着付款承诺，债务人能否诚心履约尤为重要。为此，企业应对客户过去的往来账务记录进行分析，对客户的付款表现做到心中有数。

② 能力是指客户偿还债务的财务能力。为了了解客户偿还债务的财务能力，应着重了解客户的流动资产数量、质量以及流动负债的性质，计算流动比率和速动比率，同时辅以实地观察客户的日常运营情况，并进行评价。

③ 资本是指客户的资本金，表明客户可以偿还债务的背景和财务实力。这主要根据有关的财务比率进行判断。

④ 抵押是指客户提供作为信用安全保证的资产。这对于不知底细或信用状况有争议的客户尤为重要。客户提供的抵押品越充足，信用安全保障就越大。

⑤ 条件是指可能影响客户付款能力的经济环境。当社会经济环境发生变化时，客户的经营状况和偿债能力可能受到影响。为此，应了解客户以往在困境时期的付款表现。

通过以上 5 个方面的分析，基本上可以判断客户的信用状况，这就为是否提供商业信用做好了准备。但 5C 评估法的特点是基本上凭经验进行判断，因此有一定的主观随意性，是一种定性的分析方法。

（2）信用评分法。该方法是先对一系列财务比率和信用情况指标进行评分，然后按照一定的权重进行加权平均，得出客户综合的信用分数，以此进行信用评估的一种方法。信用评分的基本公式为：

$$y = a_1x_1 + a_2x_2 + a_3x_3 + \cdots + a_nx_n = \sum_{i=1}^{n} a_ix_i \qquad (8\text{-}5)$$

式中：y 为某企业的信用评分；a_i 为事先拟定出的对第 i 种财务比率或信用品质进行加权的权重；x_i 为第 i 种财务比率和信用品质的评分。

【例 8-3】 某企业信用评分表如表 8-1 所示。试分析该企业的信用状况。

表 8-1 某企业信用评分表

项目	财务比率和信用品质（1）	分数（x_i）（2）	预计权数（a_i）（3）	加权平均数（a_ix_i）（4）=（2）×（3）
流动比率	1.8	90	0.20	18.00
资产负债率（%）	60	90	0.10	9.00
净资产收益率（%）	10	85	0.10	8.50
银行授予信用等级	AA	90	0.25	22.5
付款历史	良好	80	0.25	20
企业未来发展	尚好	80	0.05	4.00
经营现金流状况	好	85	0.05	4.25
合计	—	—	1.00	86.25

在用信用评分法进行信用评估时，通常认为分数在 80 分以上者，其信用状况良好；分数在 60～80 分之间者，其信用状况一般；分数在 60 分以下者，其信用状况较差。

2. 信用条件

所谓信用条件就是指企业接受客户信用订单时所提出的付款要求。主要包括信用期限、折扣期限及现金折扣等。其中，信用期限是企业为客户规定的最长付款时间；折扣期限是为客户规定的可享受现金折扣的付款时间；现金折扣是在鼓励客户提前付款时给予的优惠。信用标准是企业评价客户信用状况，决定给予或拒绝信用销售的依据。一旦企业决定向客户赊销时，就需要考虑具体的信用条件。信用条件通常的表达方式如"1/10，N/30"，意思是：若客户能够在发票开出后的 10 日内付款，可以享受 1% 的现金折扣；最长付款期为开出发票后 30 天。在此，30 天为信用期限，10 天为折扣期限，1% 为现金折扣率。

（1）信用期限决策。信用期限是指企业允许客户从购货到支付货款的最长时间限定。企业产品销售量与信用期限之间存在着一定的关系。通常，给予赊销客户更长的信用期限，可以在一定程度上刺激销售，从而增加毛利。但不适当地延长信用期限，会给企业带来不良后果。一是使平均收账期延长，引起应收账款上的机会成本增加；二是引起坏账损失和收账费用的增加。因此，企业是否给客户延长信用期限，应视延长信用期限增加的收入是否大于增加的成本而定。

【例 8-4】 某企业预测的年度赊销收入净额为 3 600 万元，现在的信用期限是 30 天，变动成本率为 70%，资金成本率（或短期投资收益率）为 10%。假设企业收账政策不变，变动成本率不变，分别测算该企业 3 个信用期限的备选方案下的收益和成本。A. 维持 N/30 的信用期限；B. 将信用期限放宽到 N/60；C. 将信用期限放宽到 N/90。3 种信用期限方案下预计的赊销净额、应收账款周转次数、坏账损失率和收账费用如表 8-2 所示。

表 8-2　　　　　　　　　　　　3 种信用期限方案下的指标变动情况表　　　　　　　　　　　　单位：万元

项目	A（N/30）	B（N/60）	C（N/90）
年赊销额	3 600	4 320	5 040
应收账款周转率（次数）	12	6	4
应收账款平均余额	3 600/12 = 300	4 320/6 = 720	5 040/4 = 1 260
应收账款占用资金	300 × 70% = 210	720 × 70% = 504	1 260 × 70% = 882
坏账损失/年赊销额	2%	3%	4%
坏账损失	3 600 × 2% = 72	4 320 × 3% = 129.6	5 040 × 4% = 201.6
收账费用	24	50	80

根据以上资料，可计算以下指标，如表 8-3 所示。

表 8-3　　　　　　　　　　　　3 种信用期限方案下的成本收益计算表　　　　　　　　　　　　单位：万元

项目	A（N/30）	B（N/60）	C（N/90）
年赊销额	3 600	4 320	5 040
变动成本	2 520	3 024	3 528
贡献毛益	1 080	1 296	1 512
信用成本：			
应收账款机会成本	210 × 10% = 21	504 × 10% = 50.4	882 × 10% = 88.2
坏账损失	72	129.6	201.6
收账费用	24	50	80
合计	117	230	369.8
扣除信用成本后收益	963	1 066	1 142.2

根据表 8-3 中的资料可知，在这 3 种方案中，C 方案（N/90）信用成本后收益最大，在其他条件不变的情况下，C 方案为最佳。

（2）现金折扣和折扣期限决策。许多企业为了加速资金周转，及时收回货款，减少坏账损失，往往在延长信用期限的同时，给予一定的提前付款优惠，即在规定的时间内提前偿付货款的客户可按销售收入的一定比率享受现金折扣。实际上，现金折扣也是应收账款的一项成本，企业决定是否提供以及提供多大程度的现金折扣，重点考虑的是提供折扣后所得的收益是否大于现金折扣的成本。同延长信用期限一样，采取现金折扣方式在刺激销售的同时，也需要付出一定的成本代价，即给予现金折扣造成的损失。如果加速收款带来的机会成本和坏账成本的减少能够绰绰有余地补偿现金折扣成本的增加，企业就可以采取现金折扣或进一步改变当前的折扣条件；如果加速收款带来的机会成本和坏账成本的减少不能补偿现金折扣成本的增加，则现金折扣优惠条件则被认为是不恰当的。

【例 8-5】 承【例 8-4】，如果企业选择了 C 方案，但为了加速应收账款的回收，决定将付款条件改为"2/15，1/45，N/90"（D 方案）。估计约有 60% 的客户（按赊销额计算）会利用 2% 的折扣；20% 的客户将利用 1% 的折扣；坏账损失率降为 2%，收账费用降为 30 万元。请为该企业进行信用决策。

根据上述资料，有关指标可计算为：

应收账款周转期 = 60% × 15 + 20% × 45 + 20% × 90 = 36（天）

应收账款周转率 = 360/36 = 10（次）

应收账款平均余额 = 5 040/10 = 504（万元）

应收账款占用资金 = 504 × 70% = 352.8（万元）

应收账款机会成本 = 352.8 × 10% = 35.28（万元）

坏账损失 = 5 040 × 2% = 100.8（万元）

现金折扣 = 5 040 × （2% × 60% + 1% × 20%） = 70.56（万元）

根据以上资料可编制表 8-4。

表 8-4　　　　　　　　　　　　C 方案和 D 方案的数据对比　　　　　　　　　　　单位：万元

项目	C（N/90）	D（2/15，1/45，N/90）
年赊销额	5 040	5 040
减：现金折扣	—	70.56
年销售净额	5 040	4 969.44
减：变动成本	3 528	3 528
信用成本前收益	1 512	1 441.44
减：信用成本		
应收账款机会成本	88.2	35.28
坏账损失	201.6	100.8
收账费用	80	30
合计	369.8	166.08
信用成本后收益	1 142.2	1 275.36

通过以上计算可看出，实行现金折扣以后，企业的信用成本后收益增加 133.16 万元，因此，企业最终应选择 D 方案（2/15，1/45，N/90）。

3. 收账政策

在企业向客户提供商业信用时，必须考虑 3 个问题。一是客户是否会拖欠或拒付账款，程度如何；二是怎样最大限度地防止客户拖欠账款；三是一旦账款遭到拖欠甚至拒付，企业应采取怎样的对策。前两个问题主要靠信用调查和严格信用审批制度及信用条件来解决，而第三个问题则必须通过制定完善的收账方针，采取有效的收账措施予以解决。所谓收账政策，即收账方针，是指当客户违反信用条件，拖欠甚至拒付账款时，企业所采取的收回应收账款的策略与措施。

企业对拖欠的应收账款，无论采用何种方式进行催收，都需要付出一定的代价，即收账费用。如收款需支付的邮电通信费、派专人收款的差旅费和不得已时的法律诉讼费等。在一定的范围内，收账费用与坏账损失呈反方向变动，即收账费用适当增加，坏账损失率会相对减少，但二者之间并不存在线性关系。通常，初始期，随着收账业务的展开，坏账损失有小部分减少；以后，收账费用继续增加，坏账损失有明显减少，即费用增加的幅度将小于坏账损失减少的幅度；但当收账费用达到一定限度时，继续增加收账费用对坏账损失减少的影响就较小了，这个限度称为饱和点，如图 8-2 所示。

收账费用除与坏账损失有关外，还与应收账款机会成本有一定的关系，即增加收账费用，将会减少应收账款平均收回天数，从而减少应收账款机会成本。企业可以根据收账费用、坏账损失和应收账款机会成本三者之间的关系，制定合理的收账政策，或修改原有的收账政策。因此，制定收账政策就是要在增加收账费用与减少坏账损失、减少应收账款机会成本之间进行权衡，若前者小于后者，则说明制定的收账政策是可取的。

【例 8-6】 某企业现行收账政策和拟改变的收账政策如表 8-5 所示，假设该企业的资本成本率（短期投资收益率）为 10%，则两种收账政策的信用成本分析如表 8-6 所示。

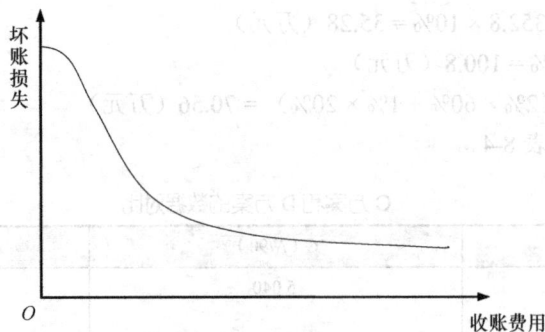

图 8-2 坏账损失与收账费用的关系

表 8-5 收账政策备选方案 单位：万元

项目	现行收账政策	拟改变的收账政策
年赊销额	720	720
应收账款周转天数（天）	45	30
年收账费用	5	8
坏账损失率	2%	1%

表 8-6 不同收账政策信用成本计算表 单位：万元

项目	现行收账政策	拟改变的收账政策
年赊销额	720	720
应收账款周转率（次数）	360/45 = 8	360/30 = 12
应收账款平均占用额	720/8 = 90	720/12 = 60
坏账损失率	2%	1%
应收账款机会成本	90 × 10% = 9	60 × 10% = 6
坏账损失	720 × 2% = 14.4	720 × 1% = 7.2
年收账费用	5	8
信用成本合计	28.4	21.2

通过表 8-6 中两种收账政策的成本分析可知，拟改变的收账政策预计将使企业减少应收账款成本 7.2 万元，因此企业应当改变现行的收账政策。

8.3.3 应收账款的日常管理

应收账款是企业对外提供商业信用的结果，涉及的对象广，有些企业应收账款的总额还比较大，其中潜藏着巨大的风险。因此，除了制定好信用政策外，还需要对应收账款加强日常管理，及时发现问题、解决问题，应收账款管理的措施主要包括应收账款的追踪分析和账龄分析。

1. 应收账款追踪分析

一般来说，客户赊购了产品，能否按期偿还货款，主要取决于以下 3 个因素。第一，客户的信用品质；第二，客户的财务状况；第三，客户是否可以实现该产品的价值转换或增值。其中，客户信用品质和财务状况是企业在赊销之前就必须注意分析的问题。但在赊销之后，仍然应进行追踪分析，因为这两个因素是有可能随时发生变化的。当发现客户的信用品质和财务状况发生变化时，企业应采取果断的措施，尽快地收回应收账款，并且对客户的信用记录进行相应的调整。第三个因素对客户能否及时支付应收账款也具有重大的影响。如果客户可以实现该产品的价值转换或增值，那么客户一般会愿意及时付款。一方面，客户具有付款的能力；另一方面，客户希望建立良好的信誉，为以后的交易打下基础。在商品的流通过程中，有一个环节出了问题，将可能导致一系列的信用危机。所以，应收账款的追踪分析应时刻关注客户及其交易伙伴上述 3 个因素的变化，以便及时做出政策的调整。

当然，企业不可能也没有必要对全部的应收账款都进行追踪分析。企业应该把主要精力集中在交易金额大、交易次数频繁或信用品质有疑问的客户身上。

2. 应收账款账龄分析

应收账款的账龄分析是指企业在某一时点，将各笔应收账款按照开票日期进行归类（即确定账龄），并计算出各账龄应收账款的余额占总余额的比重。列出账龄分析表，如表 8-7 所示。企业对逾期账款应予以足够重视，查明原因。对不同拖欠时间的账款及不同信用品质的客户，应采取不同的收账方式，制定出经济可行的收账政策、催讨方案。一般而言，客户逾期拖欠账款时间越长，账款催收的难度越大，成为坏账损失的可能性也就越高。为此，企业必须做好应收账款的账龄分析，密切注意应收账款的回收进度和出现的变化。

表 8-7 应收账款账龄分析表 2015 年 12 月 31 日

应收账款账龄	账户数量（个）	金额（万元）	金额百分比（%）
信用期内	220	3 250	81.25
超过信用期 1～10 天	23	360	9
超过信用期 11～30 天	15	120	3
超过信用期 31～60 天	11	49	1.22
超过信用期 60～90 天	16	126	3.15
超过信用期 91～120 天	5	50	1.25
超过信用期 120 天以上	10	45	1.13
合计	300	4 000	100

通过对应收账款的账龄分析，企业财务管理部门可以掌握以下信息。有多少客户在折扣期限内付款；有多少客户在信用期限内付款；有多少客户在信用期限过后才付款；有多少应收账款拖欠太久，可能会成为坏账。

如果账龄分析显示企业的应收账款的账龄开始延长或者过期账户所占比例逐渐增加，那么就必须及时采取措施，调整企业信用政策，努力提高应收账款的收现效率。对尚未到期的应收账款，也不能放松监督，以防发生新的拖欠。

3. 应收账款保理

保理是保付代理的简称，是指保理商与债权人签订协议，转让债权人对应收账款的部分或全部权利与义务，并收取一定费用的过程。

应收账款保理是企业将赊销形成的未到期应收账款，在满足一定条件下转让给保理商，以获得流动资金，加快资金的周转。保理可以分为有追索权和无追索权保理。有追索权保理指供应商企业将债权转让给保理商，供应商向保理商融通货币资金，如购货方破产或无力支付，保理商有权向供应商要求偿还预付的货币资金。这种保理方式在我国采用较多。

应收账款保理对于企业而言，实质上是一种利用未到期应收账款作为抵押，从而获得短期借款的融资方式。这项业务将应收账款交给专业的保理商进行管理，减轻了企业应收账款的管理负担，使企业一定程度上从应收账款的管理之中解脱出来。

8.4 存货管理

在很多企业的流动资产中，存货所占比重较大，一般约占流动资产的 40%～60%，存货管理能力的强弱，对企业财务状况的影响极大。因此，加强存货的规划与控制，使存货保持在最优水平上，是财务管理的一项重要内容。

8.4.1 存货的功能和成本

1. 存货的功能

存货功能是指存货在企业生产经营过程中所具有的作用。在企业的正常生产经营过程中，如果工业企业能在生产投料时随时购入所需的原材料，或者商业企业能在销售时随时购入该项商品，就不需要存货。但实际上，企业总是或多或少地储备存货，这是出于以下几个方面的考虑。

（1）防止停工待料。适量的原材料、在产品和半成品是企业生产正常进行的前提和保障。就企业外部而言，供应商的产品供应会因某些原因而暂停或推迟，从而影响企业材料的及时采购、入库和投产；就企业内部而言，有适量的半成品储备，能使各生产环节的生产调度更加合理，各生产工序步调更为协调，联系更为紧密，不至于因等待半成品而影响生产。可见，适量的储备存货能有效防止停工待料事件的发生，维持生产的连续性。

（2）适应市场变化。存货储备能增强企业在生产和销售方面的机动性以及适应市场变化的能力。企业有了足够的库存产成品，能有效地供应市场，满足顾客的需要。相反，若某种畅销产品库存不足，将会坐失目前的或未来的销售良机，并有可能因此失去顾客。

（3）降低进货成本。很多企业为扩大销售规模，对购货方提供较优厚的商业折扣待遇，即购货达到一定数量时，便在价格上给予相应的折扣优惠。企业采取批量集中进货，可获得较多的商业折扣。此外，通过增加每次购货数量，减少购货次数，可以降低采购费用支出。

（4）维持均衡生产。对于那些所生产产品属于季节性产品、生产所需材料的供应具有季节性特征的企业，为实施均衡生产，降低生产成本，就必须适当储备一定的半成品存货或保持一定的原材料存货。否则，这些企业若按照季节变动组织生产活动，难免会产生忙时超负荷运转，闲时生产能力得不到充分利用的情形，拥有合理的存货可以缓冲这种变化对企业生产活动及获利能力的影响。

2. 与存货有关的成本

企业持有一定数量的存货，必然要有一定的支出，与存货有关的成本可以分为取得成本、储存成本和缺货成本等。

（1）取得成本。取得成本是指为取得某种存货而支出的成本，通常用 TC_a 来表示。其中又分为订货成本和购置成本。

① 订货成本。订货成本指取得存货订单的成本，如办公费、差旅费、邮资、电报、电话费等支出。其中一部分与订货次数无关，如常设采购机构的基本开支等，称为固定订货成本，用 F_1 表示；另一部分与订货次数有关，如差旅费、邮资等，这类成本与订货次数成正比，称为变动订货成本，每次订货的变动成本用 K 表示。订货成本应为变动订货成本与固定订货成本之和。订货次数等于存货年需要量 D 除以每次进货量 Q。订货成本的计算公式为：

$$订货成本 = F_1 + \frac{D}{Q}K \tag{8-6}$$

② 购置成本。购置成本是指存货本身的价格，通常用数量与单价的乘积来确定，当存货采购总

量一定，价格保持不变，并且无数量折扣时，存货的购置成本是稳定的；若存货购置有数量折扣，则必须考虑订购批量变动时购置成本的变动。通常单价用 U 表示，于是购置成本为 DU。

总之，订货成本加上购置成本，即为存货的取得成本。其公式可表达为：

$$取得成本 = 订货成本 + 购置成本$$
$$= 固定订货成本 + 变动订货成本 + 购置成本$$

即

$$TC_a = F_1 + \frac{D}{Q}K + DU \tag{8-7}$$

（2）储存成本。储存成本指为储存存货而发生的成本，通常用 TC_c 来表示，包括存货占用资金所应计的利息、仓储费用、保险费用、存货毁损和变质损失等。

储存成本分为固定储存成本和变动储存成本。固定储存成本与存货数量的多少无关，如仓库折旧、仓库管理人员的固定月工资等，通常用 F_2 表示；变动储存成本与存货的数量有关，如按存货量计算的仓库租金、存货占用资金的机会成本、存货的毁损和变质损失、存货的保险费用等，变动储存成本通常用平均存货量与单位存货的变动储存成本的乘积表示，其中单位存货的变动储存成本用 K_c 表示。因此，储存成本的公式表达为：

$$储存成本 = 固定储存成本 + 变动储存成本$$

即

$$TC_c = F_2 + \frac{Q}{2}K_c \tag{8-8}$$

（3）缺货成本。缺货成本是指由于存货供应中断而造成的损失，通常用 TC_s 来表示，包括材料供应中断造成的停工损失、产成品库存缺货造成的拖欠发货损失、丧失销售机会的损失和企业信誉损失等。如果生产企业以紧急采购代用材料解决库存材料中断之急，那么缺货成本表现为紧急额外购入材料而超过正常开支的成本。

总之，企业持有一定数量的存货必然会发生各种成本，存货的总成本应为上述 3 种主要的成本之和，总成本用 TC 表示。它的计算公式为：

$$TC = TC_a + TC_c + TC_s = F_1 + \frac{D}{Q}K + DU + F_2 + \frac{Q}{2}K_c + TC_s \tag{8-9}$$

存货管理不仅仅涉及企业的财务部门，而且还关系到企业的采购部门、生产部门和销售部门的工作。通常来说，销售经理、生产经理和采购经理都倾向于保持较多存货，因为持有充足的存货，不仅有利于生产过程的顺利进行，节约采购费用与生产时间，而且能够迅速地满足客户各种订货的需要，为企业的生产与销售提供较大的机动性，避免因存货不足带来的机会损失。因此，抵制保持大量存货的责任就落在了财务经理身上，他必须在考虑存货的成本基础上来确定合理的存货水平。存货的增加必然要占用更多的资金，将使企业付出更大的持有成本（即存货的机会成本），而且存货的储存与管理费用也会增加，影响企业获利能力的提高。因此，如何在存货的功能（收益）与成本之间进行利弊权衡，在充分发挥存货功能的同时降低成本、增加收益，成为存货管理的基本目标。

8.4.2　经济批量模型及其扩展

在整个企业的存货管理工作中，通常要进行 4 个方面的决策，即决定进货项目（进什么货）、选择供货单位（何处进货）、决定进货时间（何时进货）和决定进货批量（进多少货）。其中，决定进货项目和选择供货单位往往是销售部门、采购部门和生产部门的职责。财务部门要做的则是决定进货时间和决定进货批量（分别用 T 和 Q 表示），并根据进货有关要求控制、安排和调度资金。又因为存货本身不会直接产生收益，所以对存货管理的目的就是为了在满足正常生产经营活动的基础上，使存货的各项成本之和达到最低。

1. 经济订货批量模型

存货经济订货批量是在给定存货的预计用量、单位订货成本和储存成本的条件下，确定能使存货的相关总成本达到最低的一次采购数量。

采用经济订货量基本模型确定经济订货量，应满足以下假设条件：①存货市场供应充足且企业资金充裕，即企业需要订货时便可立即取得存货；②能集中到货且不允许缺货，即无缺货成本；③一定时期的存货需求量稳定，并且能够预测；④存货单价已知并且保持不变，同时不考虑现金折扣；⑤每次变动订货成本和一定时期内的单位存货变动储存成本保持不变；⑥存货均衡耗用。

由上述假设可以看出，在存货的 3 项成本中，购置成本与订购批量决策无关，缺货成本则无需考虑。那么，与存货订购批量有关的成本就只有订货成本和储存成本两项。这两项成本中的固定部分是常量。订购的批量大，储存的存货就多，会使变动性储存成本上升，但由于订货次数减少，则会使变动性订货成本降低；反之，如果降低订货批量，可降低变动性储存成本，但由于订货次数增加，会使变动性订货成本上升。也就是说，随着订货批量大小的变化，这两种成本是互为消长的。存货管理的目的，就是要寻找这两种成本合计数最低的订购批量，即经济订购批量。

存货总成本的公式可以简化为：总成本 = 订货成本 + 储存成本。

即

$$TC = F_1 + \frac{D}{Q}K + F_2 + \frac{Q}{2}K_c \qquad (8\text{-}10)$$

其中，固定订货成本 F_1 和固定储存成本 F_2 为常量，因此总成本 TC 的大小取决于订货量 Q。为了求出总成本 TC 的极小值，对其进行求导并令其为零，可得出下列公式：

$$\text{经济订货批量 } Q^* = \sqrt{\frac{2KD}{K_c}} \qquad (8\text{-}11)$$

这一公式称为经济订货批量的基本模型，用此模型求出的每次订货批量，可使总成本 TC 的值达到最小。

【例 8-7】 某企业全年需耗用甲材料 360 000 千克，该材料采购单价 10 元，单位储存成本为 4 元，每次订货成本 800 元。计算经济订货量。

解：

$$\text{经济订货量 } Q^* = \sqrt{\frac{2 \times 360\,000 \times 800}{4}} = 12\,000 \text{（千克）}$$

2. 订货点控制

在经济订货批量基本模型中，假定每次当库存量降至零时，下一批存货才入库，这种作法的前提是，企业从订货到存货入库所需时间极短（起码在一天内完成），但这不大符合实际情况。实际中，为了保证生产和销售的正常进行，工业企业必须在材料用完之前订货，商业企业必须在商品售完之前订货。那么，究竟在上一批购入的存货还有多少时，订购下一批货物呢？这就是订货点的确定问题。所谓订货点，是指再次订货的时间，通常以提出订货时的库存量 R 来表示。

$$R = d \times L \qquad (8\text{-}12)$$

式中：d 表示存货每日正常耗用量；L 表示到货时间

【例 8-8】 某企业全年需要甲材料 360 000 千克，每次订货成本 800 元，单位储存成本 3 元，每日正常消耗量为 1 000 千克，到货时间为 5 天。计算该企业订货时的库存量。

解：

$$R = 1\,000 \times 5 = 5\,000 \text{（千克）}$$

也就是说，当该材料库存量下降到 5 000 千克时，采购部门就应当提出订货。

3. 基本模型的扩展

经济订货量基本模型是在各种假设条件下建立的，而在实际的存货管理中，能够完全满足这些假设条件的情况很少，因此为使基本模型更接近于实际情况，具有更高的实用价值，就需要取消某些假设条件，逐渐改进基本模型，使其得到扩展。在这个扩展的过程中，基本的思路依然是不变的，即在满足生产经营的前提下，使有关存货的总成本达到最低。

（1）有数量折扣的经济批量模型。这个模型否定了存货单价不变的假设。在基本模型中，我们假设存货价格不变，但实际中许多公司在销售时都有数量折扣，对大批量采购在价格上给予一定的优惠。在这种情况下，除了考虑订货成本和存储成本外，还应考虑购置成本。此时，相关总成本 = 订货成本 + 储存成本 + 购置成本。

【例 8-9】 某企业存货全年需要量为 4 800 件，每件价格为 10 元，一次订货成本为 800 元，单位储存成本为 3 元，在这种情况下，经济批量为 1 600 件，但如果一次订购量超过 2 400 件，可给予 2% 的数量折扣，问应以多大批量订货？

解：

此时如果确定最优订货批量，就要按以下两种情况分别计算 3 种成本的合计数。

① 按经济批量采购，不取得数量折扣。若不取得数量折扣，按经济批量采购时的总成本合计如下：

总成本 = 订货成本 + 储存成本 + 购置成本

$$= \frac{4\ 800}{1\ 600} \times 800 + \frac{1\ 600}{2} \times 3 + 4\ 800 \times 10$$

$$= 52\ 800（元）$$

② 不按经济批量采购，取得数量折扣。如果想取得数量折扣，必须按 2 400 件来采购，此时 3 种成本的合计如下：

总成本 = 订货成本 + 储存成本 + 购置成本

$$= \frac{4\ 800}{2\ 400} \times 800 + \frac{2\ 400}{2} \times 3 + 4\ 800 \times 10 \times（1 - 2\%）$$

$$= 52\ 240（元）$$

将以上两种情况进行对比可知，批量为 2 400 件时总成本最低，因此企业应当取得这项数量折扣。

（2）存货陆续供应和使用情况下的经济批量模型。这个模型否定了存货集中到货的假设。在实际当中，原材料可能是陆续到达，但企业并不是等全部材料到齐后才开始耗用的，而是边补充边消耗。因此，有必要对基本模型的假设条件进行一些修改，其模型如图 8-3 所示。

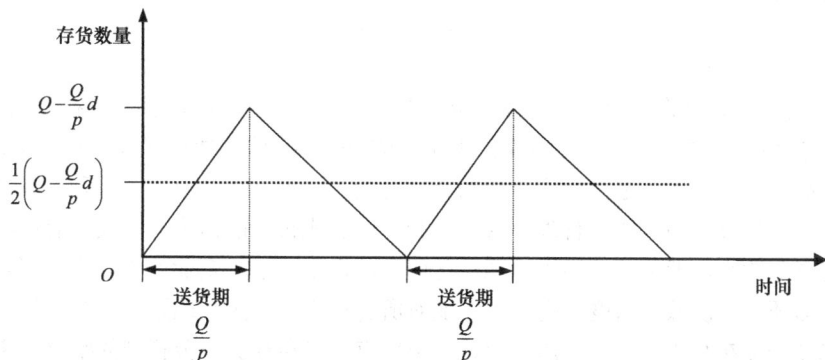

图 8-3　陆续供应和使用存货数量

设每日送货量为 p，每日耗用量为 d，则每批订货量 Q 全部送达所需要的天数为 Q/p，我们称之为送货期。

因此，与批量 Q 有关的总成本计算公式为：

$$TC(Q) = \frac{D}{Q}K + \frac{1}{2}\left(Q - \frac{Q}{p}d\right)K_c = \frac{D}{Q}K + \frac{Q}{2}\left(1 - \frac{d}{p}\right)K_c \tag{8-13}$$

以 Q 为自变量，对 TC 求导。

$$TC' = -\frac{2KD}{Q^2} + \frac{1}{2}\left(1 - \frac{d}{p}\right)K_c \tag{8-14}$$

令其为零，得出当订货变动成本与储存变动成本相等时，总成本 TC 有最小值。此时，存货陆续供应和使用的经济订货批量 Q^* 如下：

$$Q^* = \sqrt{\frac{2KD}{K_c\left(1 - \frac{d}{p}\right)}} \tag{8-15}$$

将 Q^* 的公式代入上述总成本 TC 的公式，可得出存货陆续供应和使用情况下的经济订货量总成本公式为：

$$TC(Q^*) = \sqrt{2KDK_c\left(1 - \frac{d}{p}\right)} \tag{8-16}$$

【例 8-10】 某零件全年需要量为 5 400 件，每日送货量为 50 件，每日耗用量为 20 件，单价为 10 元，一次订货成本为 30 元，单位储存成本为 6 元。求经济批量的总成本。

解：

在这种情况下，经济订货批量如下：

$$Q^* = \sqrt{\frac{2 \times 30 \times 5\,400}{6 \times \left(1 - \frac{20}{50}\right)}} = 300 \text{（件）}$$

经济批量的总成本计算如下：

$$TC(Q^*) = \sqrt{2 \times 30 \times 5\,400 \times 6 \times \left(1 - \frac{20}{50}\right)} = 1\,080 \text{（元）}$$

8.4.3　存货其他控制方法

1. ABC 分类管理法

ABC 分类管理法就是将企业的存货按一定标准，根据重要性程度，将企业存货划分为 A、B、C 3 类，分别实行分品种重点管理、分类别一般控制和按总额灵活掌握的存货管理方法。

企业存货品种繁多，尤其是大中型企业的存货可能多达上万种甚至数十万种。有的存货尽管品种数量很少，但单价金额高，如果管理不善，将给企业造成极大的损失。相反，有的存货虽然品种数量繁多，但金额微小，即使管理当中出现一些问题，也不致于对企业产生较大的影响。因此，无论是从管理能力还是经济效益角度，企业不可能对所有存货不加区别地采用同样的管理手段。ABC 分类管理可以使企业在存货管理中分清主次、突出重点，提高存货资金管理的整体效果。

（1）存货 ABC 分类的标准。分类的标准主要有两个：一是金额标准；二是品种数量标准。其中金额标准是最基本的，品种数量标准仅作为参考。

A 类存货的特点是单价金额高,但品种数量较少;B 类存货单价金额一般,品种数量相对较多;C 类存货品种数量繁多,但单价金额却很小。一般而言,3 类存货的金额比重大致为 A∶B∶C=7∶2∶1,而品种数量比重大致为 A∶B∶C=1∶2∶7。

(2)A、B、C 3 类存货的划分方法。具体过程可以分 3 个步骤(有条件的可通过计算机进行)。

第一步,列示企业全部存货的明细表,并计算出每种存货的价值总额及占全部存货金额的百分比。

第二步,按照金额标准由大到小进行排序并累加金额百分比。

第三步,当金额百分比累加到 70%左右时,以上存货视为 A 类存货;百分比介于 70%~90%之间的存货为 B 类存货,其余则为 C 类存货。

【例 8-11】 某公司共有 20 种材料,总金额为 100 000 元,按金额多少的顺序排列并按上述原则将其划分成 A、B、C 3 类。

表 8-8　　　　　　　　　　　　　　　　ABC 分类表

材料品种(编号)	占用资金(元)	类别	各类存货所占的种类		各类存货占用资金	
			种类(种)	比重(%)	金额(元)	比重(%)
1	50 000	A	2	10	70 000	70
2	20 000					
3	10 000	B	4	20	20 000	20
4	5 000					
5	3 000					
6	2 000					
7	950	C	14	70	10 000	10
8	900					
9	900					
10	850					
11	850					
12	800					
13	750					
14	750					
15	700					
16	700					
17	600					
18	600					
19	500					
20	150					
合　计	100 000		20	100	100 000	100

(3)ABC 分类管理法在存货管理中的应用。通过对存货进行 ABC 分类,可以使企业分清存货主次,采取不同的策略进行有效的管理、控制。由于 A 类存货占用着企业绝大多数的资金,只要能够控制好 A 类存货,基本上也就不会出现大的问题;同时,由于 A 类存货品种数量较少,企业完全有能力进行精细管理。B 类存货金额相对较小,企业不必像对待 A 类存货那样花费太多的精力;同时,由于 B 类存货的品种数量远远多于 A 类存货,企业通常没有能力对每一具体品种进行控制,因此可以通过划分类别的方式进行类别管理。C 类存货尽管品种数量繁多,但其所占金额却很小,对此,企业只要把握一个总的数量和总金额即可。

2. 零库存管理

零库存并不是指某种或某类存货的仓库储存数量真正为零,而是通过实施特定的管理控制策略,实现库存量的最小化,即不保存经常性库存,物料(包括原材料、半成品和产成品等)在采购、生产、销售、配送等经营环节中,不以仓库存储的形式存在,而均是处于周转的状态。

零库存管理通常是与适时制生产和订单拉动式生产方式联系在一起的,是日本丰田公司实践并发展起来的一种先进模式，即"在需要的时候，按需要的量生产客户所需的产品"。企业按订单来进行采购、制造、配送等工作，物料按订单信息的要求在各环节流动，大大降低生产经营过程中的库存及资金占用，提高了相关生产活动的管理效率。

企业实施零库存管理，需要搭建高效的信息化平台和获得供应商的大力配合。库存管理不再只局限于一个企业内、一个设施地点内的库存策略问题，而是从整个供应链的角度出发，考虑最合适的库存管理策略，供应商管理库存（Vendor Managed Inventory，VMI）就是其中的一种方法。供应商管理库存（VMI）也叫"卖方管理库存"，是目前较流行的库存管理模式。该方法的特点是，产品从供应商处运送给买方企业时，只相当于把产品从一个仓库移到另一个仓库，买方企业只有在领用供应商产品时才算是真正的购买，领用之前都算作供应商的存货。VMI作为库存补货的解决方法，使得买方企业可以更快速地应对市场变化和消费需求，最大限度降低库存成本。

海尔在推进零库存管理和供应商管理库存方面进行了有效的实践和探索。海尔物流VMI在全国范围内拥有6个主要的原材料供应基地，聚集国内外供应商300多家。海尔物流VMI坚持三大原则。①合作性原则。海尔物流VMI的服务是基于海尔供应链上、合格的、优秀的并且与海尔建立起良好战略合作关系的供应商。②信息化管理原则。海尔开发的VMI－HUB库存管理系统，使库存管理透明化、信息化、标准化，并与供应商实现信息的共享，避免了传统库存管理中存在的因库存信息不透明所造成的呆滞以及相应损失。③双赢原则。对于供应商，通过与海尔信息共享，可以及时组织生产，把握生产和送货节拍，降低经营风险；对于海尔，则可以加快供应链反应速度，减少在线物料，降低成本，增强海尔产品市场竞争力。

练习题

一、单项选择题

1. 企业在确定为应对紧急情况而持有的现金数额时，不需考虑的因素是（   ）。
   - A. 企业愿意承担风险的程度
   - B. 企业临时举债能力的强弱
   - C. 金融市场投资机会的多少
   - D. 企业对现金流量预测的可靠程度

2. 以下现金成本与现金持有量成正比例关系的是（   ）。
   - A. 现金机会成本
   - B. 现金转换成本
   - C. 现金管理成本
   - D. 现金短缺成本

3. 企业在进行现金管理时，可利用的现金浮游量是指（   ）。
   - A. 企业账户所记企业存款余额
   - B. 银行账户所记企业存款余额
   - C. 企业账户与银行账户所记存款余额之差
   - D. 企业实际现金余额超过最佳现金持有量之差

4. 某企业预测的年赊销额为1 200万元，应收账款平均收账期为30天，变动成本率为60%，资金成本率10%，则应收账款的机会成本为（   ）万元。
   - A. 10
   - B. 6
   - C. 5
   - D. 9

5. 客户信用风险评估的"5C"评估法中，资本是指（   ）。
   - A. 顾客的经济实力和财务状况，是顾客偿付债务的最终保证
   - B. 顾客拒付款项或无力支付款项时能被用作抵押的资产
   - C. 影响顾客付款能力的经济环境
   - D. 企业流动资产的数量和质量以及与流动负债的比例

6. 在其他因素不变的情况下，企业采用积极的收账政策，可能导致的后果是（　　）。

    A. 坏账损失增加   B. 应收账款投资增加

    C. 收账费用增加   D. 平均收账期延长

7. 下列对信用期限的叙述，正确的是（　　）。

    A. 信用期限越长，坏账发生的可能性越小

    B. 信用期限越长，表明客户享受的信用条件越优惠

    C. 延迟信用期限，将会减少销售收入

    D. 信用期限越长，预计收账成本越低

8. 存货经济进货批量基本模型所依据的假设不包括（　　）。

    A. 存货集中到货   B. 存货价格稳定

    C. 一定时期的存货需求量能够确定   D. 允许缺货

二、多项选择题

1. 下列关于企业持有现金原因的表述中，正确的有（　　）。

    A. 交易性需要   B. 预防性需要   C. 投机性需要   D. 收益性需要

2. 信用条件是指企业要求客户支付赊销款的条件。下列各项中，属于信用条件的有（　　）。

    A. 信用期限   B. 折扣期限   C. 现金折扣   D. 坏账损失

3. 以下各项中，属于应收账款的成本有（　　）。

    A. 机会成本   B. 管理成本   C. 转换成本   D. 坏账成本

4. 下列各项中，使放弃现金折扣的成本提高的情况有（　　）。

    A. 信用期、折扣期不变，现金折扣率提高

    B. 折扣期、现金折扣率不变，信用期延长

    C. 现金折扣率、信用期不变，折扣期延长

    D. 现金折扣率不变，信用期和折扣期等量延长

5. 下列各项中，决定预防性现金需求数额的因素有（　　）。

    A. 企业临时融资的能力

    B. 企业预测现金收支的可靠性

    C. 金融市场上的投资机会

    D. 企业愿意承担短缺风险的程度

6. 一般而言，存货周转次数增加，其所反映的信息有（　　）。

    A. 盈利能力下降   B. 存货周转期延长

    C. 存货流动性增强   D. 资产管理效率提高

三、判断题

1. 企业为满足交易性需要所持有的现金余额主要取决于企业销售水平。（　　）

2. 信用风险是企业不能收回赊销商品的货款而发生坏账损失的可能性。（　　）

3. 如果企业放宽信用标准，则会增加销售量，减少企业的坏账损失和应收账款的机会成本。

                                          （　　）

4. 在规定的时间内提前偿付货款的客户可按销售收入的一定比率享受现金折扣，折扣比率越高，越能及时收回货款，减少坏账损失，所以企业应将现金折扣比率定得越高越好。（　　）

5. 企业制定的信用标准严格，给予客户的信用期限短，使得应收账款周转率提高，必然有利于企业效益的提高。（　　）

6. 只有当应收账款所增加的收益超过所增加的成本时，才应放宽信用条件。（　　）

7. 在年需要量确定的情况下，经济订货批量越大，进货次数越少。　　　　　（　　）

8. 在计算经济订货批量时，如果考虑订货提前期，则应在按经济订货量基本模型计算出订货批量的基础上，再加上订货提前期天数与每日存货消耗量的乘积，才能求出符合实际的最佳订货批量。
　　　　　　　　　　　　　　　　　　　　　　　　　　　　　　　　　　　（　　）

四、问答题

1. 什么是营运资本？营运资本的特点是什么？

2. 现金的持有动机包括哪些方面？

3. 什么是现金的机会成本、转换成本、短缺成本？

4. 应收账款的功能是什么？应收账款的机会成本主要取决于哪些因素？

5. 5C 评估法通过哪些因素评估客户的信用风险？

6. 简述如何对延长信用期限做出决策。

7. 简述如何对是否提供现金折扣做出决策。

8. 存货的功能是什么？存货会给企业带来哪些成本？

9. 存货经济进货批量基本模型的前提假设包括哪些方面？基本模型需要考虑的存货相关成本包括哪几项？

五、计算题

1. 某企业甲材料的年需要量为 4 000 千克，每千克单价为 20 元。已知每批进货费用 60 元，单位材料的年储存成本 3 元。要求：

（1）按照基本经济进货批量模式确定经济进货批量。

（2）计算按经济进货批量进货时存货相关总成本。

2. 某企业全年需从外购入某零件 1 200 件，每批进货费用 400 元，单位零件的年储存成本 6 元，该零件每件进价 10 元。销售企业规定，客户每批购买量不足 600 件，按标准价格计算，每批购买量超过 600 件，价格优惠 3%。

要求：

（1）计算该企业进货批量为多少时，才是有利的。

（2）计算该企业最佳的进货次数。

（3）计算该企业最佳的进货间隔期为多少天。

（4）计算该企业经济进货批量的平均占用资金。

3. 某公司预计的年度赊销收入为 6 000 万元，其变动成本率为 65%，资金成本率为 8%，目前的信用条件为 $N/60$，信用成本为 500 万元。公司准备改变信用政策，改变后的信用条件是（2/10，1/20，$N/60$），预计信用政策改变不会影响赊销规模，改变后预计收账费用为 70 万元，坏账损失率为 4%。预计占赊销额 70% 的客户会利用 2% 的现金折扣，占赊销额 10% 的客户利用 1% 的现金折扣。按一年 360 天计算。计算：

（1）改变信用政策后，①年赊销净额；②信用成本前收益；③平均收账期；④应收账款平均余额；⑤维持赊销业务所需要的资金；⑥应收账款机会成本；⑦信用成本后收益。

（2）通过计算判断应否改变信用政策。

利润分配 | 第9章

【学习目标】

利润分配，是将企业实现的净利润，按照国家财务制度规定的分配形式和分配顺序，在国家、企业和投资者之间进行的分配。利润分配的过程与结果，是关系到所有者的合法权益能否得到保护，企业能否长期、稳定发展的重要问题。

通过本章的学习应达到以下目标。

- 了解利润分配原则和程序；
- 掌握股利分配程序及支付方式；
- 掌握企业股利政策的主要类型；
- 了解企业股票分割和股票回购。

【引导案例】

五粮液集团股利分配方案变化原因

五粮液集团有限公司是以五粮液及其系列酒的生产经营为主，现代制造业、现代工业包装、光电玻璃、现代物流、橡胶制品、现代制药等产业多元发展，具有深厚企业文化的特大型现代企业集团。公司下属5个子集团公司、12个子公司，占地10平方千米，现有职工30 000人。2008年实现销售收入300.58亿元，实现利税60.03亿元，出口创汇19 776万美元。公司年末资产总额已达295.79亿元，净资产226.13亿元。五粮液品牌价值达到450.86亿元，连续15年稳居行业第一。

五粮液集团公司从2001年至2008年的股利分配方案如下：

2001中期分配方案：每10股送红股4股、公积金转增3股；

2001年度分配方案：每10股送红股1股、公积金转增2股、派现金0.25元（含税）；

2002年度分配方案：按每10股转增2股；

2003年度分配方案：每10股送红股8股，公积金转增2股；

2004年度分配方案：不分配，也不进行资本公积金转增；

2005年度分配方案：每10股派现金1.00元（含税）；

2006年度分配方案：每10股送红股4股、派现金0.60元（含税）；

2007年度分配方案：不分配、不转增；

2008年度分配方案：按现有总股本，每10股派现金0.5元（含税）。

五粮液集团采用了什么样的股利政策？该政策同其他股利政策相比，有什么优缺点？通过本章学习，你可以得到答案。

9.1 | 利润分配概述

利润分配是财务管理的重要内容，有广义的利润分配和狭义的利润分配两种。广义的利润分配是指对企业收入和利润进行分配的过程；狭义的利润分配则是指对企业净利润的分配。利润分配的结果，形成了国家的所得税收入、投资者的投资报酬和企业的留用利润等不同项目。由于税法具有强制性和严肃性，缴纳税款是企业必须履行的义务，从这个意义上看，财务管理中的利润分配，主要是指企业的净利润分配，利润分配的实质就是确定给投资者分红与企业留用利润的比例。本书所讨论的利润分配是指对净利润的分配，即狭义的利润分配概念。

9.1.1 利润及其构成

1. 利润的意义

利润是企业一定期间内的经营成果，等于收入扣除成本费用后的余额，它综合反映了企业从事生产经营活动的绩效。利润是衡量企业盈利能力的基础性指标，利润的实现对企业意义重大，突出表现在以下几个方面。

（1）利润是实现企业理财目标的本质要求。利润作为现金流量的最主要部分，是实现企业价值的基础，只有在获利前提下，才能基于价值管理考虑利润与风险均衡问题。

（2）利润体现了资本增值的本质。企业是个获利性的经济组织，这就决定了企业对资本增值的无限追求。只有获利才能最大限度地满足资本供给者的需求。利润无法实现或达不到预定的要求，企业再筹资能力就会急剧下降，债权人上门索债，股东失去信心，企业的生存就会受到威胁。

（3）利润是衡量企业管理绩效的重要标准。利润代表企业新创造价值的一部分，因而利润的增加在一定程度上意味着企业价值的增长。企业在重视风险因素评估、考虑长期利益的条件下，获得的利润越多，说明企业在生产经营过程中的消耗少、产品成本低以及产品销售数量和金额大。由此可见，利润反映了企业的经营效率及经营业绩，是衡量企业管理绩效的重要标准。

2. 利润的构成

利润实质是企业在一定时期内的经营成果，综合反映了一定期间的经营业绩和获利能力。在质上表现为企业净资产的增加，在量上表现为全部收入抵减全部支出后的余额。利润包括营业利润、利润总额和净利润。

营业利润＝营业收入–营业成本–营业税金及附加–销售费用–管理费用–财务费用–资产减值损失＋公允价值变动收益（–公允价值变动损失）＋投资收益（–投资损失）利润总额＝营业利润＋营业外收入–营业外支出净利润＝利润总额–所得税费用

利润是企业经营所追求的目标，是企业投资人和债权人进行投资决策和信贷决策的重要依据，是企业分配的基础。

9.1.2 利润分配的原则及程序

1. 利润分配的原则

一个企业的利润分配不仅会影响企业的筹资和投资决策，而且还涉及国家、企业、投资者、职工等多方面的利益关系，涉及企业长远利益与近期利益、整体利益与局部利益等关系的处理与协调。为合理组织企业财务活动和正确处理财务关系，企业在进行利润分配时应遵循以下原则。

（1）依法分配原则。企业的利润分配必须依法进行，这是正确处理各方面利益关系的关键。国家为了规范企业的利润分配行为，制定和颁布了若干法规，主要包括企业制度和财务制度方面的法规等。这些法规规定了企业利润分配的基本要求、一般程序和重大比例等，企业应认真执行，不得违反。例如，我国现行的财务制度规定，企业利润总额在缴纳所得税后必须按下列顺序分配。①弥补以前年度亏损；②提取法定公积金；③提取任意公积金，任意公积金提取比例由投资者决议；④向投资者分配利润。

同时，我国对提取公积金的方法和比例等也做了明确的规定，企业不得违背这些规定。

（2）合理积累、适当分配原则。企业在进行利润分配的过程中，应兼顾长远利益和近期利益，处理好积累和分配的比例关系。一方面要考虑为满足扩大再生产的需要积累必要的资金；另一方面还应满足投资者的要求，向投资者分配利润，以维护企业良好的形象和信誉。

（3）各方利益兼顾原则。利润分配是利用价值形式对社会产品的分配，直接关系到有关各方面的切身利益。因此，要坚持全局观念，兼顾各方利益。国家作为社会事务管理者，为行使其自身职能，必须有充足的资金保证。这就要求企业以缴纳税款的方式，无偿上缴一部分利润。这是每个企业应尽的义务，同时也是企业发展的保障。投资者作为资本投入者和企业所有者，依法享有利润分配权。企业净利润归投资者所有，是企业的基本制度，也是企业所有者投资于企业的根本动力所在。但企业的利润离不开全体职工的辛勤工作，职工作为企业利润的直接创造者，就要获得工资及奖金等劳动报酬。因此，企业进行利润分配时，应统筹兼顾，合理安排。既要满足国家集中财力的需要，又要考虑企业自身发展的要求；既要维护投资者的合法权益，又要保障职工的切身利益。

（4）投资与收益对等原则。企业分配利润应当体现投资与收益对等的原则，即要做到"谁投资谁受益"、受益大小与投资比例相适应，这是正确处理投资者利益关系的关键。投资者因其投资行为而享有收益分配权，并同其投资的比例相适应。这就要求企业在向投资者分配利润时，应遵循公开、公平、公正的原则，按照各方投入资本的多少进行分配。不搞幕后交易，不得以其在企业中的其他特殊地位谋取私利。这样，才能从根本上保护投资者的利益，调动投资者投资的积极性。

（5）无利不分原则。原则上认为，只有当企业有税后盈余时，方可分配利润。因此，当企业出现亏损时，企业不得分配股利或进行投资分红。但在特殊条件下，也可用以前年度的积累进行分配，但必须要有一定的比例限制。

（6）多方及长短期利益兼顾原则。利益机制是制约机制的核心，而利润分配的合理与否是利益机制最终能否持续发挥作用的关键。利润分配涉及投资者、经营者、职工等多方面的利益，企业必须兼顾，并尽可能地保持稳定的利润分配。在企业获得稳定增长的利润后，应增加利润分配的数额或百分比。同时，由于发展及优化资本结构的需要，除依法必须留用的利润外，企业仍可以出于长远发展的考虑，合理留用利润。在积累与消费关系的处理上，企业应贯彻积累优先的原则，合理确定提取盈余公积金和分配给投资者利润的比例，使利润分配真正成为促进企业发展的有效手段。

2. 利润分配的程序

根据我国公司法的规定，公司进行利润分配涉及的项目包括盈余公积和股利两部分。公司税后利润分配的顺序如下。

（1）弥补以前年度亏损。企业在提取法定公积金之前，应当先用当年利润弥补亏损。根据《企业所得税法》规定，企业纳税年度发生的亏损，准予向以后年度结转，用以后年度的所得弥补，但结转年限最长不得超过 5 年。超过规定年限的，只能用税后利润抵补，或用盈余公积金补亏。

（2）提取法定盈余公积金。根据公司法的规定，法定盈余公积的提取比例为当年税后利润（弥补亏损后）的 10%。法定盈余公积金已达注册资本的 50%时可不再提取。法定盈余公积可用于弥补亏损、扩大公司生产经营或转增资本，但企业用盈余公积金转增资本后，法定盈余公积金的余额不得低于转增前公司注册资本的 25%。

（3）提取任意盈余公积金。根据公司法的规定，公司从税后利润中提取法定公积金后，经股东会或者股东大会决议，还可以从税后利润中提取任意公积金。

（4）向股东分配股利。根据公司法的规定，公司弥补亏损和提取公积金后所余税后利润，可以向股东（投资者）分配股利（利润），其中有限责任公司股东按照实缴的出资比例分取红利，全体股东约定不按照出资比例分取红利的除外；股份有限公司按照股东持有的股份比例分配，但股份有限公司章程规定不按持股比例分配的除外。

根据公司法的规定，股东会、股东大会或者董事会违反相关规定，在公司弥补亏损和提取法定公积金之前向股东分配利润的，股东必须将违反规定分配的利润退还公司。另外，公司持有的本公司股份不得分配利润。

9.2 股利的分配程序和支付方式

股利分配是指企业向股东分派股利，这是企业利润分配的一部分，包括股利分配程序中各日期的确定、股利支付比率的确定、支付现金股利所需资金的筹集方式的确定等。以下我们着重介绍股利分配的程序和股利的支付形式。

9.2.1 股利分配的程序

企业在选择了股利政策、确定了股利支付水平和方式后，应进行股利发放。股利的发放必须遵循相关的要求，按照一定的日程安排进行。其主要过程依次为预案公布日、股利宣告日、股权登记日、除息日和股利支付日。

1. 预案公布日

上市公司分派股利时，首先要由公司董事会制定分红预案，包括本次分红的数量、分红的方式，股东大会召开的时间、地点及表决方式等，以上内容由公司董事会向社会公开发布。

2. 股利宣告日

股利宣告日是指公司董事会将股利支付情况予以公告的日期。公告中将宣布每股支付的股利、股权登记期限、除去股息的日期和股利支付日期。

3. 股权登记日

股权登记日是指有权领取本次股利的股东的资格登记截止日期。只有在股权登记日前在公司股东名册上有名的股东，才有权领取本次股利。

4. 除息日

除息日是指除去股利的日期，即领取股息的权利与股票相分离的日期。按照证券业的惯例，一般规定在股权登记日的前4天为除息日。这是因为股票交易日期不能离股权登记日太近，否则公司将无法在股权登记日得知更换股东的信息。在除息日前购买的股票，才能领取本次股利；在除息日当天或之后购买的股票，则不能领取本次股利。除息日对股票价格有明显的影响，在除息日之前股票价格中包含了本次股利，除息日之后的股票价格则不含本次股利，因此，除息日股价会下降。但是，先进的计算机系统为股票的交割过户提供了快捷的手段，股票买卖交易的当天即可办理完交割过户手续。在这种制度下，股权登记日的次日（指工作日）即可确定为除息日。

5. 股利支付日

股利支付日，也称付息日，是指向股东发放股利的日期。在这一天，企业应将股利通过邮寄等方式支付给股东，计算机系统可以通过中央结算登记系统将股利直接打入股东资金账户，由股东向其证券代理商领取股利。

【例9-1】假定北江公司2015年4月12日发布公告："本公司于2015年4月12日在上海召开股东大会，通过了2015年4月5日董事会关于每股分配2元的2010年股息分配方案。本公司将于2015年5月10日将上述股利支付给已在2015年4月25日登记为本公司股东的人士，除息日为2015

年 4 月 26 日。"试述北江公司的股利分配程序。

解：

北江公司的股利支付程序如图 9-1 所示，预案公布日为 2015 年 4 月 5 日，股利宣告日为 2015 年 4 月 12 日，股权登记日为 2015 年 4 月 25 日，除息日 2015 年 4 月 26 日，股利支付日为 2015 年 5 月 10 日。

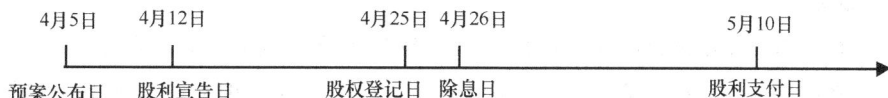

图 9-1　北江公司股利支付程序图

9.2.2　股利支付的方式

股份有限公司向股东支付股利的方式有很多，由此可以把股利分为如下几种不同的类别。

1. 现金股利

现金股利是上市公司以货币形式支付给股东的股利，也是最普通、最常见的股利形式。通常现金股利发放的数额主要取决于公司的股利政策和经营业绩。发放现金股利将减少公司资产负债表上的留存收益和现金，因此，公司选择支付现金股利时，除了要有足够的留存收益之外，还要有足够的现金。现金股利适用于企业现金较充足，分配股利后企业的资产流动性能达到一定的标准且有有效广泛的筹资渠道的情况。大部分股东希望公司发放较多的现金股利，尤其是那些依靠公司发放现金股利维生的股东。而有的股东出于避税心理则不愿意公司发放过多的现金股利。现金股利的发放会对股票价格产生直接的影响，一般来说在股票除息日之后，股票价格会下跌。

2. 股票股利

股票股利是指公司用无偿增发新股的方式支付股利。发放股票股利时，一般按股权登记日的股东持股比例来分派。可以用于发放股票股利的，除了当年的可供分配利润外，还有公司的盈余公积金和资本公积金，将股东大会决定用于分配的资本公积金、盈余公积金和可供分配利润转成股本，并通过中央结算登记系统按比例增加各个股东的持股数量。股票股利侧重于反映长远利益，因其既可以不减少公司的现金，又可使股东分享利润，还可以免交个人所得税，因而对长期投资者更为有利，能吸引那些看重公司的潜在发展能力、不太计较即期分红多少的股东。

股票股利并没有改变企业账面的股东权益总额，同时也没有改变股东的持股结构，但是，会增加市场上流通的股票数量。因此，企业发放股票股利会使股票价格相应下降。一般来说，如果不考虑股票市价的波动，发放股票股利后的股票价格，应当按发放的股票股利的比例而成比例下降。

【例 9-2】　某公司发放股票股利前，所有者权益如下：（元）

普通股（面值 1 元，已发行 200 000 股）　　200 000

资本公积　　400 000

未分配利润　　2 000 000

股利权宜合计　　2 600 000

若公司股票股利为 10 送 1，每股市价为 20 元。计算股利派发后的所有者权益。

解：

需从未分配利润中划出资金 200 000 × 10% × 20 = 400 000（元）

普通股增加 20 000 股（面值 1 元），即 20 000（元）

资本公积应增加 400 000-20 000 = 380 000（元）

股票股利派发后所有者权益如下：（元）

普通股	220 000
资本公积	780 000
未分配利润	1 600 000
股利权益合计	2 600 000

3. 财产股利

财产股利是上市公司用现金以外的其他资产向股东分派的股息和红利。它可以是上市公司持有的其他公司的有价证券，也可以是实物。主要有 3 种形式：①以公司以前所发行的公司债务或优先股分派给股东；②以不属于该公司的证券分派给股东；③将商品实物分派给股东。国外有很多股份公司，常将其附属公司的普通股分派给原股权公司的股东。

4. 负债股利

负债股利是以负债形式支付的股利，其实质是企业以负债形式所界定的一种延期支付股利的方式。即上市公司通过建立一种负债，用债券或应付票据作为股利分派给股东。这些债券或应付票据既是公司支付的股利，又确定了股东对上市公司享有的独立债权。公司通常以应付票据的负债形式来界定延期支付股利的责任。股东因手中持有带息的期票，补偿了股利没有即期支付的货币时间价值；公司则因此而承受了相应的利息支付压力。显然，只有在公司必须支付股利而现金又不足的特定条件下，才采用这种权宜之策。

实际上，财产股利和负债股利都是现金股利的替代方式，但目前这两种股利支付方式在我国实务中极少使用。

【小知识】

《公司法》第三十五条规定，股东按照实缴的出资比例分取红利；公司新增资本时，股东有权优先按照实缴的出资比例认缴出资。但是，全体股东约定不按照出资比例分取红利或者不按照出资比例优先认缴出资的除外。

注意

股票股利是一种送股的形式，有时公司也会向股东配股，即发给股东一定的认股权证，而且往往和送股同时进行，如"10送3配2"。这种配股行为不等同于股票股利，虽然它与股票股利一样都能在不改变公司股权结构的情况下（以股东行权为前提）增加公司股票总数，但股票股利是一种股利分配形式，不会增加股东权益；而配股是一种融资方式，它将增加股东权益。

9.3 股利理论与分配政策

公司的财务目标是实现股东或企业价值最大化，公司股利分配必然也要服从于这个基本目标。股利政策理论主要讨论以下主要内容。①股利支付与股票价格及公司价值之间是否存在某种相关性；②公司如何在发放股利和未来增长之间达到某种平衡，确定最优的股利支付比例，以实现股票价格及公司价值的最大化；③如何解释现实中的股利分派行为及股利政策等。

根据股利分派对公司价值是否有影响，股利政策理论大致可以分为股利无关论和股利相关论两种。

以下就股利分配理论及其分配政策和影响因素进行阐述。

9.3.1　股利分配理论

对于股利与股票价格之间的关系，一直以来存在着许多不同的观点，由此形成了各种不同的股利理论。下面将介绍两种有代表性的理论，即股利无关论和股利相关论。

1. 股利无关论

股利无关论是由美国经济学家弗兰科·莫迪利安尼（Franco Modigliani）和财务学家默顿·米勒（Merton Miller）（简称莫米）于 1961 年在他们的著名论文《股利政策、增长和股票价值》中首先提出的。

股利无关论认为，在一定假设条件的限定下，股利政策不会对公司的价值或股票的价格产生任何影响。一个公司的股票价格完全由公司的投资决策的获利能力和风险组合决定，而与公司的利润分配政策无关。股利无关论的主要观点如下所述。

（1）投资者并不关心公司的股利分配。若公司留存较多的利润用于再投资，会导致公司股票价格上升；此时尽管股利较低，但需用现金的投资者可以出售股票换取现金。反之，若公司发放较多的股利，投资者又可以用现金再买入一些股票以扩大投资。也就是说，无论公司多分配或者少分配股利，对投资者而言都没有区别，投资者只是通过不同的方式获利而已，所以投资者对股利和资本利得两者并无偏好。

（2）股利的支付比率不影响公司的价值。既然投资者不关心股利的分配，公司的价值就与股利分配政策无关，而完全由其投资的获利能力所决定，公司的盈余在股利保留盈余之间的分配并不影响公司的价值。

该理论是建立在完全市场理论之上的，从不确定性角度提出了股利政策和企业价值不相关理论，这是因为公司盈利和价值的增加与否完全视其投资政策而定。投资政策价值与它的资本结构无关，而是取决于它所在行业的平均资本成本及其未来的期望报酬，在公司投资政策给定的条件下，股利政策不会对企业价值产生任何影响。从上述信息得出，企业的权益资本为其资本结构的线性递增函数。这一理论的假定条件如下。

① 市场具有强式效率，是完善竞争的市场。在这样的市场上，任何一位证券交易者都没有足够的力量通过其交易活动对股票的现行价格产生明显的影响。

② 信息完备假设，所有的投资者都可以平等地免费获取影响股票价格的任何信息。

③ 交易成本为零假设，证券的发行和买卖等交易活动不存在经纪人费用、交易税和其他交易成本，在利润分配与不分配或资本利得与股利之间均不存在税负差异。

④ 理性投资者假设，每个投资者都是财富最大化的追求者。这一假设与现实世界是有一定的差距。虽然，莫米也认识到公司股票价格会随着股利的增减而变动这一重要现象，但他认为，股利增减所引起的股票价格的变动并不能归因为股利增减本身，而应归因于股利所包含的有关企业未来盈利的信息内容。

2. 股利相关论

股利无关论的假设描述的是一种完美资本市场，在现实生活中，不存在无关论提出的假定前提，股利支付不是可有可无的，而是非常必要的，并且具有策略性。因为股利支付政策的选择对股票市价、公司的资本结构与公司价值以及股东财富的实现等都有重要影响，股利政策与公司价值是密切相关的。因此股利政策不是被动的，而是一种主动的理财计划与策略。

基于股利相关论的两个股利理论是股利重要论和信号传递论。

（1）股利重要论（也称"一鸟在手论"）。"一鸟在手论"由戈登和林特纳提出。该理论认为，股东的收入有两个方面：一是股利，二是资本收益。由于股利收入要比留存盈利所带来的未来资本收益更为可靠，而且"今天的一元钱比明天的一元钱值钱"，股东更为偏好股利。如果不发股利，而让股东去赚取资本收益，无异于"双鸟在林"。一鸟在手，强于二鸟在林——股东更偏好于现金股利而非资本利得，倾向于选择股利支付率高的股票。因此，应维持高股利的股利政策，以消除投资者的不安定感。因此，企业权益价值＝分红额/权益资本成本。当股利支付率提高时，股东承担的收益风险会降低，权益资本成本也会降低，则企业价值提高；当股利支付率下降时，股东的权益资本成本升高，企业的权益价值将会下降。

（2）信号传递理论。信号传递理论得以成立的基础是，信息在各个市场参与者之间的概率分布不同，即信息不对称。在信息不对称的情况下，公司可以通过股利政策向市场传递有关公司未来盈利能力的信息。股利政策所产生的信息效应会影响股票的价格。鉴于股利与投资者对股利信号信息的理解不同，所做出的对企业价值的判断也不同。①股利增长——可能传递了未来业绩大幅增长信号；也可能传递的是企业没有前景好的投资项目的信号。②股利减少——可能传递企业未来出现衰退的信号；也可能传递企业有前景看好的投资项目的信号。

股利相关论的不足之处在于，其观点只是从某一角度来解释股利政策和股票价格的相关性，没有同时考虑多种因素的影响。在不完全市场上，公司股利政策效应要受许多因素的影响，如所得税负担、筹资成本、市场效率、公司本身因素等，所以单从某一个角度来解释股利政策和股票价格的相关性是不够的。

3. 所得税差异理论

该理论认为，由于普遍存在的税收的差异及纳税时间的差异，资本利得收入比股利收入更有助于实现收益最大化的目标，企业应当采用低股利政策。在许多国家的税法中，由于认为股利收入和资本利得收入是两种不同类型的收益，所以对两种收入征收的所得税的税率不同。一般而言，长期资本利得的所得税税率要低于普通所得税税率。因为股利税率比资本利得的税率高，投资者自然喜欢公司少支付股利而将较多的收益保存下来作为再投资用，以期提高股票价格，从而把股利转化为资本利得。即使资本利得与股利收入的税率相同，由于股利所得税在股利发放时征收，而资本利得在股票出售时征收，因而对股东来说，资本利得也有推迟纳税的效果。同时，为了获得较高的预期资本利得，投资者将愿意接受较低的股票必要报酬率。根据这种理论，股利决策与企业价值也是相关的，只有采取低股利和推迟股利支付的政策，才有可能使公司的价值达到最大。因此，在其他条件不变的情况下，投资者更偏好资本利得收入而不是股利收入。而持有高股利支付政策股票的投资者，为了取得与低股利支付政策股票相同的税后净收益，必须要求有更高的税前回报预期。这会导致资本市场上的股票价格和股利价格和股利支付水平呈反向变化，而权益资本成本与股利支付水平呈正方向变化。

4. 代理理论

代理理论最初是由简森（Jensen）和梅克林（Meckling）于1976年提出的。该理论后来发展成为契约成本理论。契约成本理论假定企业是由一系列契约所组成，包括资本的提供者（股东和债权人等）和资本的经营者（管理当局）、企业与供货方、企业与顾客、企业与员工等的契约关系。

代理理论认为，股利政策有助于减缓管理者与股东之间的代理冲突，股利政策是协调股东与管理者之间代理关系的一种约束机制。较多地派发现金股利有以下几点好处。①公司管理者将公司的盈利以股利的形式支付给投资者，则管理者自身可以支配的"闲余现金流量"就相应减少了，这在一定程度上可以抑制公司管理者过度地扩大投资或进行特权消费，从而保护外部投资者的利益。②较多的派发现金股利，减少了内部融资，导致公司进入资本市场寻求外部融资，从而使公司可以经常接受资本市场的有效监督，这样便可以通过资本市场的监督减少代理成本。因此，较高的股利支付政策有助于降低企业的代理成本，但同时也增加了企业外部融资成本。所以，最理想的股利政策应当是使得代理成本和外部融资成本两者之和最小的股利政策。

9.3.2　影响股利分配政策的因素

股利分配政策是指在法律允许的范围内，可供企业管理当局选择的，有关净利润分配事项的方针与政策，也即股利政策。企业可供分配的净利润既可以分配给投资者，也可以留存企业，股利政策的关键问题就是确定分配和留存的比例。在实践中，企业制定股利政策会受到各种因素的影响和制约，公司必须认真考虑这些影响因素，以便制定出符合公司财务目标和发展目标的股利政策。一般来说，影响股利政策的因素主要有法律因素、股东因素及企业自身因素等。

1. 法律因素

国家为了保护债权人和股东的利益，往往制定如《公司法》《证券法》等有关法律法规对企业的利润分配加以限制。影响企业股利分配政策的主要法律因素如下。

（1）资本保全约束。要求企业股利的发放不能侵蚀资本，即不能用资本（包括股本和资本公积）发放股利，其目的在于使公司有足够的资本来保护债权人的权益。

（2）资本积累约束。规定企业必须按净利润的一定比例和基数提取各种公积金。同时，应遵循"无利不分"的原则，即企业出现年度亏损时，一般不进行利润分配。

（3）偿债能力约束。应保证支付现金股利后不会影响企业债务的偿还和正常经营。否则，企业发放现金股利的数额就要受到限制。

（4）超额累积利润约束。由于资本利得与股利收入的税率不一致，股东接受股利缴纳的所得税高于进行股票交易的资本利得税，企业通过保留利润来提高股票价格，可使股东避税。因此，一些国家规定公司不得超额累积利润，一旦累积利润超过法律认可的水平，将被加征额外税款。目前我国法律尚未对此做出限制性规定。

2. 股东因素

股东为了保护自身的利益，对公司的股利分配也会产生如下影响。

（1）稳定的收入。一些股东依靠股利维持生活，往往要求公司支付稳定的股利。如果公司留存较多的利润，将受到这部分股东的反对。

（2）避税。按照税法规定，政府对企业征收企业所得税以后，还要对股东分得的股息、红利征收个人所得税。因此，一些高股利收入的股东出于避税的考虑往往反对公司发放较多的股利。到目前为止，我国开征了证券投资所得税，尚未开征资本利得税。证券投资所得税是对从事证券投资所获得的利息、股息、红利收入征税；资本利得税是对资本利得（低买高卖资产所获收益）征税。按照我国现行税法规定，股东从公司分得的股息、利息和红利应按 20% 的比例税率缴纳个人所得税。因此，对股东来说，股票价格的上涨获得的收益比分得股息、红利更具吸引力。

（3）控制权。公司支付较高的股利，就会导致留存盈余减少，这又意味着将来发行新股的可能性加大，而发行新股必然分散公司的控制权，这是公司原有持有控制权的股东们所不愿看到的结果。因此，他们往往主张限制股利的支付，以防止控制权旁落。

3. 企业因素

企业确定股利分配政策时，出于长期发展和短期经营的需要，通常会考虑以下因素。

（1）盈余的稳定性。企业是否能获得长期稳定的盈余，是其股利决策的重要基础。盈余相对稳定的企业能较好地把握自己，有可能支付比较高的股利。而盈余不稳定的企业一般采取低股利政策，从而可以减少因盈余下降而造成的股利无法支付、股价急剧下降的风险，还可将更多的盈余再投资，以提高企业权益资本比重，减少财务风险。

（2）现金流量。保证企业正常经营活动对资金的需求是确定股利分配政策的重要限制性因素。企业进行股利分配时，必须充分考虑企业的现金流量，而不仅仅是企业的净利润。

（3）资产的流动性。企业经营必须保持一定的资产流动性。若企业较多地支付现金股利，会减少其现金持有量，使资产的流动性降低。若企业的资产变现能力较强，现金来源较充裕，则其股利支付能力也较强。

（4）筹资能力。这是指公司随时筹集到所需资金的能力。规模大、效益好的公司往往容易筹集到资金，它们可向银行借款或是发行股票、债券。这类公司在股利分配政策上就有较大的选择余地，既可采用高股利政策，也可采用低股利政策。而规模小、风险大的公司，一方面很难从外部筹集到资金，另一方面往往又需要大量资金，因此往往会采取低股利或不发股利的政策，以尽可能多地保留盈余。

（5）投资机会。有着良好投资机会的企业，需要有强大的资金支持，往往采用低股利支付水平的分配政策，少发放股利，将大部分盈余用于投资；反之，缺乏良好投资机会的企业，则倾向于支付较高的股利。

（6）筹资成本。留存收益是企业重要的内部筹资方式，与发行新股或举债相比，具有筹资成本低的优点。因此，从资本成本考虑，留存收益是一种比较经济的筹资渠道。

（7）偿债需要。具有较高债务偿还需要的公司，可以通过举借新债、发行新股筹集资金偿还债务，也可直接用经营积累偿还债务。如果企业认为后者更适合，例如，前者资本成本高或受其他限制难以进入资本市场，将会减少股利的支付。

4. 其他因素

企业股利分配政策的确定还会受一些其他因素影响。

（1）债务合同约束。企业的债务合同，特别是长期债务合同，往往有限制企业现金支付程度的条款，这使企业只得采取低股利政策。

（2）通货膨胀。在通货膨胀的情况下，企业折旧基金的购买力水平下降，导致企业没有足够的资金来源重置固定资产。这时盈余会用作弥补折旧基金购买力，因此在通货膨胀时期企业的股利政策往往偏紧。

9.3.3　股利分配政策的类型

如前所述，公司在制定股利分配政策时会受到多种因素的影响，而不同的股利政策也可能会影响公司的股票价格。因此，制定一个合理的股利政策对公司来说是非常重要的。在实务中，企业通常可以采用的股利政策主要有剩余股利政策、固定股利政策、固定股利支付率政策和低正常股利加额外股利政策。

1. 剩余股利政策

剩余股利政策是指企业生产经营所获得的净利润首先应满足公司的资金需求，如果还有剩余，则派发股利；如果没有剩余，则不派发股利。企业通常根据一定的目标资本结构（最佳资本结构），测算出投资所需的权益资本，先从利润当中留用，剩余的才作为股利予以分配，体现了无剩不分的原则。

采用剩余股利政策时，应遵循以下 4 个步骤。

（1）设定目标资本结构，即确定权益资本与债务资本的比率，在此资本结构下，加权平均资本成本将达到最低水平。

（2）确定目标资本结构下投资所需的股东权益数额。

（3）最大限度地使用留存收益来满足投资所需的权益资本数额。

（4）留存收益在满足投资所需后若有剩余，再将其作为股利发放给股东。

【例 9-3】 假定东江公司 2015 年年末提取了公积金后的税后净利润为 1 000 万元，2016 年的预计投资所需资金 1 500 万元，该公司的目标资本结构为权益资本占 60%、债务资本占 40%，发行在外的普通股为 200 万股，无优先股。计算 2015 年支付给股东的剩余股利。

解：

2016 年公司投资所需的权益资本=1 500 × 60% = 900（万元）

2015 年公司向投资者分配的股利=1 000−900 = 100（万元）

每股股利 = 100/200 = 0.5（元/股）

采用剩余股利政策，意味着公司只将剩余的利润用于发放股利，有利于公司保持理想的资本结构，使加权平均资本成本最低，实现企业价值的长期最大化。如上例，如果公司不按剩余股利政策发放股利，将可向股东分配的 1 000 万元全部留用于投资（这样当年将不发放股利），或全部作为股利发放给股东（这样当年每股股利将达到 5 元）后再去筹借债务，都会破坏目标资本结构，可能导致公司的加权平均资本成本的提高，不利于提高公司的价值。但如果完全遵照执行剩余股利政策，股利发放额就会每年随投资机会和盈利水平的波动而波动，不利于投资者安排收入和支出，也不利于公司树立良好形象。

一般说来，剩余股利政策适用于公司初创阶段。

2. 固定股利政策

固定股利政策是指将每年发放的股利固定在某一特定水平上，并在未来较长的时期内，无论企业的盈利情况和财务状况如何，派发的股利额保持不变。只有当企业认为未来盈余会显著地、不可逆转地增长时，才可以提高年度的股利发放额。在此政策下，股东所分得的是"固定"的股利，体现固定不变的原则。

【例 9-4】 假定西江公司 2013 年、2014 年、2015 年连续 3 年提取了公积金之后的净利润分别为 210 万元、250 万元、240 万元，发行在外的普通股 200 万股，无优先股。该公司 2012 年经股东大会决定，采用固定股利政策，每股固定发放股利 1 元。计算该公司 3 年的股利。

解：

2013 年支付的股利 = 1 × 200 = 200（万元）

2014 年支付的股利 = 1 × 200 = 200（万元）

2015 年支付的股利 = 1 × 200 = 200（万元）

采用固定股利政策，可以避免出现由于经营不善而削减股利的情况。其优点主要有两点：①稳定的股利向市场传递着公司正常发展的信息，有利于树立公司良好形象，稳定股票的价格；②稳定的股利有利于投资者安排股利收入和支出，而股利忽高忽低的股票，则不会受股东的欢迎，股东的心理状态会受到影响，股票价格会因此而下降。但采用固定股利政策也有其不足之处：①公司股利支付与公司盈利相脱节，使得投资的风险与收益不对称；②当公司盈利较低时仍要支付固定的股利，易导致公司资金短缺，财务状况恶化。

近年来，为了避免通货膨胀对股东收益的影响，最终达到吸引投资的目的，很多公司开始实行稳定增长的股利政策。即为了避免股利的实际波动，公司在支付某一固定股利的基础上，还制定了一个目标股利增长率，依据公司的盈利水平按目标股利增长率逐步提高公司的股利支付水平。采用固定或稳定增长的股利政策，要求企业对未来的盈利和支付能力能做出较准确的判断，同时要确定股利分配额，而且该分配额一般不随资金需求的波动而波动。一般来说，固定或稳定增长股利政策适用于经营比较稳定或正处于成长期、信誉一般的公司，但该政策很难被长期采用。

3. 固定股利支付率政策

固定股利支付率政策是指公司确定一个股利占盈余的比率，长期按此比率支付股利的政策。在这种政策下，公司各年的股利额随公司经营的好坏而上下波动，获得较多盈余的年份股利额高，获得盈余少的年份股利额低。在此政策下，股东所分得的是"波动"的股利，体现水涨船高的原则。

【例 9-5】 承上例，假定西江公司实行固定股利支付率政策，固定股利支付率为 60%。计算该公司 3 年的股利发放额。

解：

2013 年支付的股利 = 210 × 60% = 126（万元）

每股股利 = 126÷200 = 0.63（元）

2014 年支付的股利 = 250 × 60% = 150（万元）

每股股利 = 150÷200 = 0.75（元）

2015 年支付的股利：240 × 60% = 144（万元）

每股股利 = 144÷200 = 0.72（元）

采用固定股利支付率政策有其好处也有其不利之处。其有以下两个优点：①能使股利与公司盈余紧密地配合，以体现多盈多分、少盈少分、不盈不分的原则，从而真正公平地对待每一位股东；②体现了投资风险与收益的对等关系。公司的盈利能力在年度间是经常变动的，每年的股利随着公司收益的变动而变动，并保持股利与利润间的一定比例关系。采用固定股利支付率政策，公司每年按照固定的比例从税后利润中支付现金股利，从企业支付能力的角度看，这是一种稳定的股利政策，但也有以下 3 点不足之处：①由于各年股利波动较大，容易使外界产生公司经营不稳定的感觉，公司财务压力较大，不利于股票价格的稳定与上涨；②公司每年按固定比例从净利润中支付股利，缺乏财务弹性；③难以确定合理的固定股利支付率。

一般来说，固定股利支付率政策只能适用于稳定发展的公司和公司财务状况较稳定的阶段。但是，在这种政策下各年的股利变动较大，极易造成公司不稳定的感觉，对于稳定股票价格不利。

4. 低正常股利加额外股利政策

低正常股利加额外股利政策是指公司一般情况下每年只支付固定的、数额较低的股利，在盈余多的年份，再根据实际情况向股东发放额外股利的政策。由于额外股利并不固定，采用此政策，股东所分得的是"低固定 + 额外"的股利，体现"稳健 + 灵活"的原则。

【例 9-6】 假定南江公司采用低正常股利加额外股利政策，每年固定发放低股利 0.6 元/股，2013年、2014 年、2015 年 3 年提取了公积金、公益金之后的净利润分别为 90 万元、200 万元、100 万元，发行在外的普通股 100 万股，无优先股。由于 2014 年净利润得到了较大的增长，决定增发额外股利 0.5 元/股。计算该公司 3 年发放的股利额。

解：

2013 年支付的股利 = 0.6 × 100 = 60（万元）

2014 年支付的股利 = 0.6 × 100 + 0.5 × 100 = 110（万元）

2015 年支付的股利 = 0.6 × 100 = 60（万元）

采用低正常股利加额外股利政策的优点有以下 3 点。①具有较大的灵活性。当公司盈余较少或投资需用较多资金时，可维持设定的较低但正常的股利，股东不会有股利跌落感；而当盈余有较大幅度增加时，则可适度增发股利，使他们增强对公司的信心，这有利于稳定股票的价格。②使股东每年至少可以得到比较低但稳定的股利收入，有利于吸引住那些依靠股利度日的股东。③既能在一定程度上维持股利的稳定性，又有利于企业的指标结构达到目标资本结构，使灵活性与稳定性较好地相结合，因而为许多企业所采用。但我们同时也要看到其不足之处：①由于额外股利随盈利的变化而变化，时有时无，时多时少，容易使投资者感觉公司收益不稳定；②当公司较长时期持续发放额外股利时，容易使股东误认为是正常股利，一旦取消，极易造成公司"财务状况"逆转的负面影响，进而可能引起股价下跌。因此，对那些盈利水平随着经济周期波动较大的公司或行业，这种股利政策或许是一种不错的选择。

以上 4 种可供选择的股利政策适用于公司发展的各个不同阶段，同时也要结合公司所处的法律环境、公司内部因素以及公司股东的组成等各类因素来进行选择。以下是对处于不同发展阶段的公司股利政策选择的简单归纳，如表 9-1 所示。

表 9-1 公司在各个发展阶段所适用的股利政策参考表

公司的发展阶段	特点	适用的股利政策
初创阶段	公司经营风险高，有投资需求但融资能力差	剩余股利政策
快速发展阶段	产品销量急剧上升，需要进行大规模的投资	低正常加额外股利政策
稳定增长阶段	销售收入稳定增长，公司的市场竞争力增强，行业地位已经巩固，公司扩张的投资需求减少，广告开支比例下降，净现金流入量稳步增长，每股净利呈上升态势	固定股利政策
成熟阶段	产品市场趋于饱和，销售收入难以增长，但盈利水平稳定，公司通常已积累了相当的盈余和资金	固定支付率股利政策
衰退阶段	产品销售收入锐减，利润严重下降，股利支付能力日渐下降	剩余股利政策

9.4 股票分割与股票回购

9.4.1 股票分割

1. 股票分割的含义

股票分割又称拆股，是指把单股面值较高的股票拆分为几股面值较小的股票，如将原来的一股股票拆分为两股股票。与股票股利相比，股票分割会增加发行在外的股票股数，同时降低每股股票面值，但不会改变公司股东权益结构。

【例 9-7】 某公司原发行面值为 2 元的普通股 2 000 万股，若按照 1 股分割为 2 股的比例进行股票分割，分析分割前后的股东权益。

分割前后的股东权益内容如表 9-2 所示。

表 9-2 股票分割前后的股东权益的变动 单位：万元

项目	分割前	分割后
股本	4 000（面值 2 元，2 000 万股）	4 000（面值 1 元，4 000 万股）
资本公积	8 000	8 000
未分配利润	20 000	20 000
股东权益合计	32 000	32 000

从表 9-2 中可看出，股票分割前后的公司股权结构没有发生变化，只是股票股数和股票面值发生了变化。假定公司本年实现净利润 4 000 万元，那么股票分割前的每股收益为 2 元（4 000÷2 000），而股票分割后的每股收益为 1 元（4 000÷4 000）。

如果公司认为自己的股票价格过低，不利于企业发展需要时，也可以采用股票合并的方法。股票合并也称反分割，是将面值较低的几股股票合并为一股股票的行为，例如在上例中将 2 股股票合并为 1 股，则公司普通股股数将变为 1 000 万股，股票市价也相应有所上升。

从实践效果看，股票分割与股票股利非常接近，因此通常要根据证券管理部门的具体规定对两者加以区分。例如，有的国家证券交易机构规定，发放 25% 以上的股票股利即属于股票分割。

2. 股票分割的主要作用

股票分割的主要作用如下。

（1）可以通过拆分股票达到短时间内降低每股市价的目的，进而降低中小股东投资的门槛，有利于吸引更多的投资者，同时也便于股票在证券市场中的流通与交易。

（2）向市场传达利好信息。股票分割往往是处在成长阶段中公司的行为，通过给投资者一种今后可能会有更多股息回报的利好信息传达，向资本市场呈现一种"公司正在发展之中"的印象，这种印象可以在短期内刺激股价的上升。

（3）股票分割后股票股数与股东数量短期内大幅增加，一定程度上加大了收购的难度，降低了公司被恶意收购的风险。

（4）公司通过股票分割可以增强股票流通性，同时股数的增加与股价的降低也增加了投资者的信心，为公司将来发行新股做准备。

9.4.2 股票回购

1. 股票回购的含义

股票回购是指公司出资购回公司本身发行的流通在外的股票。股票回购可以看作是现金股利的替代方式，只是在向股东支付现金的同时回笼了一部分公司的普通股股票，我们可通过下例对股票回购和现金股利进行对比分析。

【例9-8】某公司现有发行在外普通股4 000万股，2011年实现净利润5 000万元，每股收益为1.25元，每股市价25元，市盈率为20倍。公司准备用2 000万元发放现金股利，那么股东得到的每股股利为0.5元。假定公司宣布进行股票回购，那么可按市价每股25元回购80万股。

上例中股票回购与股票股利的效果是等同的，股东都得到了2 000万元现金。不同的是股票回购后每股收益上升为1.2 755元，在市盈率不变的情况下，股价可上升至每股25.5元，这使得未出售股票的股东获得了每股0.5元的资本利得。不论是现金股利还是资本利得，对股东而言都是每股0.5元的收益，可见股票回购对现金股利的替代作用十分明显。

2. 股票回购的动机

股票回购的动机有以下几种。

（1）现金股利的替代。当公司有多余现金时，就可以采用股票回购的方式将现金分配给股东。股票回购可供股东选择继续持有股票或者出售以换取现金，尤其是在避税效果明显的情况下，股票回购是一项有效的股利替代政策。

（2）股票回购可以稳定或提高公司股价。过低的股价会对公司经营造成一系列不良的影响，降低投资者对公司的信心。而股票回购能引起每股收益增加，会直接导致公司股价上升，从而恢复投资者对公司的信任。

（3）发挥财务杠杆作用。通过回购股票，公司的所有者权益下降，进而提高了负债比率，可以适当调整公司资本结构，充分发挥负债的财务杠杆作用。

（4）基于控制权的考虑。股票回购可以减少发行在外的流通股，避免了发放股票股利和股票分割带来的所有权稀释效应，有助于稳定公司控制权。

（5）防止敌意收购。股票回购可以提高公司股价，给收购方增加收购难度，因此股票回购可以作为防止敌意收购的一种策略使用。

3. 股票回购的方式

股票回购的方式按照不同的分类标准主要有以下几种。

（1）按回购地点不同，可分为场内公开回购和场外协议回购。场内公开回购是指公司委托证券机构代替自己按照股票当前市场价格回购，场外协议回购是指公司直接与股东商讨回购事宜，包括回购价格、数量、时间等。

（2）按股票回购对象不同，可分为在资本市场上随机回购、向全体股东招标回购、向个别股东协议回购。

（3）按出资方式不同，可分为举债回购、现金回购和混合回购。其中混合收购是指通过举借外债和支付现金结合的方式进行回购。

（4）按回购价格确定方式不同，可分为固定价格要约回购和荷兰式拍卖回购。

4．股票回购的影响

股票回购的影响主要有两方面内容。

（1）对上市公司的影响。股票回购需要大量现时资金，容易造成公司在实施回购的以后期间资金紧张，对发展不利；股票回购容易使公司操纵股价，尤其是大股东对股价影响较大，这就会对信息不对称的中小股东权益造成损害；股票回购的结果会使股东权益下降，削弱了公司资本的安全性，对债权人利益有一定程度损害。

（2）对股东的影响。对股东而言，股票回购具有更多的优势。股东分得现金股利需要缴纳个人所得税，而股票回购不仅可以避税，还可供股东在继续持有与出售股票之间自由进行选择，更加尊重股东的意愿。股票回购后短期可以刺激股票市价的提升，这对股东而言是利好现象。

我国《公司法》规定，公司只有在以下4种情形下才能回购本公司的股份：一是减少公司注册资本；二是与持有本公司股份的其他公司合并；三是将股份奖励给本公司员工；四是股东因对股东大会做出的合并、分立决议持有异议，要求公司收购其股份。可见，我国法律对于股票回购还是有很大程度限制的。

2005年6月16日，中国证券监督管理委员会发布了《上市公司回购社会公众股份管理办法（试行）》。该方法允许上市公司回购流通股，有利于稳定市场以及实现公司价值的合理回归。上市公司董事会可以根据公司的股价表现和公司的现金流、债务结构和资产结构状况，在基于股票回购对公司持续发展能力产生积极的影响上，自主提出股票回购方案。

练习题

一、单项选择题

1．关于股票股利，说法正确的是（　　）。

  A．股票股利会导致股东财富的增加

  B．股票股利会引起所有者权益内各项目的结构发生变化

  C．股票股利会导致公司资产的流出

  D．股票股利会引起负债的增加

2．在公司净利润一定的条件下，现金股利支付比率越高，资产的流动性就（　　）。

  A．越高　　　　　　　　　　　　　B．越低

  C．不变　　　　　　　　　　　　　D．可能出现上述任何一种情况

3．财产股利的主要形式是（　　）。

  A．应收账款　　　B．应收票据　　　C．存货　　　　　D．有价证券

4．主要依靠股利维持生活的股东和养老基金管理人最不赞成的公司股利政策是（　　）。

  A．剩余股利政策　　　　　　　　　B．固定或持续增长的股利政策

  C．固定股利支付率政策　　　　　　D．低正常股利加额外股利政策

5．有权领取股利的股东的资格登记的截止日期是（　　）。

    A．股利宣告日　　　B．除息日　　　C．股权登记日　　　D．股利支付日

6．股利的支付可减少管理层可支配的自由现金流量，在一定程度上可抑制管理层的过度投资或在职消费行为。这种观点体现的股利理论是（　　）。

    A．股利无关理论　　B．信号传递理论　　C．"一鸟在手"理论　　D．代理理论

二、多项选择题

1．利润分配的原则包括（　　）。

    A．依法分配原则　　　　　　　　　　B．合理积累、适当分配原则

    C．投资与收益对等原则　　　　　　　D．各方利益兼顾原则

    E．有利必分原则

2．企业选择股利政策通常需要考虑的因素是（　　）。

    A．企业所处的成长与发展阶段　　　　B．企业支付能力的稳定情况

    C．企业获利能力的稳定情况　　　　　D．目前的投资机会

3．上市公司发放现金股利主要出于以下原因（　　）。

    A．投资者偏好　　　　　　　　　　　B．减少代理成本

    C．传递公司的未来信息　　　　　　　D．公司现金充裕

4．属于股利相关论的观念是（　　）。

    A．股利重要论　　　　　　　　　　　B．信号传递论

    C．代理理论　　　　　　　　　　　　D．所得税差异理论

5．对公司而言，股票股利的优点表现在（　　）。

    A．节约公司现金　　　　　　　　　　B．降低每股市价

    C．传递良好信息　　　　　　　　　　D．防止恶意控制

6．股利无关理论成立的条件是（　　）。

    A．股票筹资无发行费用　　　　　　　B．投资规模受股利分配的制约

    C．不存在税负　　　　　　　　　　　D．投资者与公司管理者的信息不对称

三、判断题

1．固定股利支付率政策的主要缺点，在于公司股利支付与其盈利能力相脱节，当盈利较低时仍要支付较高的股利，容易引起公司资金短缺、财务状况恶化。（　　）

2．发放股票股利后对股东权益总额、股东权益内部各项的金额及相互间的比例都没有影响，这与股票分割和反向分割有相同之处。（　　）

3．"一鸟在手"理论认为公司分配的股利越多，公司的市场价值越大。（　　）

4．本期净利润弥补亏损、提取各种公积金和公益金后，即为可供股东分配的利润。（　　）

5．所有的股东都希望公司分配尽量多的现金股利，而不是发放其他形式的股利或者不发放股利。（　　）

6．股利无关论者认为，一个公司的股票价格完全由公司的投资决策的获利能力和风险组合决定，而与公司的利润分配政策无关。在一定的假设条件限定下，股利政策不会对公司的价值或股票的价格产生任何影响。（　　）

四、问答题

1．试分析影响股利政策制定的各种因素。

2．试阐述股利无关论建立的假设基础。

3．股利支付的程序与方式如何？

4．股票分割和股票回购有哪些作用？

【学习目标】

预算是企业在预测和决策的基础上，以数量和金额的形式反映企业未来一定时期内经营、投资、财务等活动的具体计划，是为实现企业目标而对各种资源和经济活动做的详细安排。财务预算是指企业在计划期内反映有关预计现金收支、财务状况和经营成果的预算，主要包括现金预算和预计财务报表。

通过本章的学习应达到以下目标。

- 了解预算的特征及作用；
- 掌握全面预算预算体系及预算的编制方法；
- 掌握财务预算的编制；
- 理解预算的执行和考核。

【引导案例】

直囱改曲的故事

有客人到朋友家作客，看见主人家的灶上烟囱是直的，旁边又有很多木材。客人告诉主人说，烟囱要改曲，木材须移去，否则将来可能会有火灾。主人听了没有做任何表示。不久主人家里果然失火，四周的邻居赶紧跑来救火，最后火被扑灭了，于是主人烹羊宰牛，宴请四邻，以酬谢他们救火的功劳，但是并没有请当初建议他将木材移走、烟囱改曲的人。有人对主人说："如果当初听了那位先生的话，今天也不用准备筵席，而且没有火灾的损失，现在论功行赏，原先给你建议的人没有被感恩，而救火的人却是座上客，真是很奇怪的事呢！"主人顿时省悟，赶紧去邀请当初给予建议的那个客人来吃酒。

孙子说："夫未战而庙算胜者，得算多也；未战而庙算不胜者，得算少也。多算胜，少算不胜，而况于无算乎！"商场如战场，智慧是先知，防患于未然才能从根本上解决问题。正确的管理思路应该从企业的战略出发，规划好企业的财务战略，建立健全预算管理制度，为企业的健康发展保驾护航。

预算的作用何在？如何编制和执行预算？通过本章学习，你将会得到答案。

10.1 | 预算管理概述

10.1.1 预算的特征与作用

1. 预算的含义及特征

预算是企业在预测和决策的基础上，以数量和金额的形式反映企业未来一定时期内经营、投资、财务等活动的具体计划，是为实现企业目标而对各种资源和经济活动做的详细安排。预算是执行和控制经济活动最为具体的计划，是对目标的具体化，是将企业经济活动导向预定目标的有力工具。

预算的特征如下。

（1）预算与企业的战略或目标保持一致。预算是为实现企业目标而对各种资源和企业经济活动做的详细安排。

（2）预算是数量化的并具有可执行性。预算作为一种数量化的详细计划，它是对未来活动的细致、周密安排，是未来经营活动的依据。数量化和可执行性是预算最主要的特征。

2. 预算的作用

预算具有以下 3 个作用。

（1）通过引导和控制经济活动，使企业经营达到预期目标。

通过预算指标可以控制实际活动过程，随时发现问题，采取必要的措施，纠正不良偏差，避免经营活动的盲目性，通过有效的方式实现预期目标。因此，预算具有规划、控制、引导企业经济活动有序进行、以最经济有效的方式实现预定目标的功能。

（2）实现企业内部各个部门之间的协调。

各个职能部门的经济活动必须密切配合，相互协调，统筹兼顾，综合平衡，才能实现企业的整体战略目标。企业的销售、生产、财务等各部门根据本部门的实际，分别编制出各自的部门预算，但部门预算之间有可能会出现不协调之处。例如，销售部门根据市场预测提出的销售计划，生产部门却又可能存在生产能力不足；生产部门按照现有生产能力编制的生产预算，销售部门却无力销售等。财务部门通过对各部门预算进行协调和平衡，才能形成企业最佳预算，使各职能部门的工作在此基础上协调进行。

（3）可作为业绩考核的标准。

预算作为企业财务活动的行为标准，使各项活动的实际执行有章可循。预算标准可以作为各部门责任考核的依据。经过分解落实的预算规划目标能与部门、责任人的业绩考评结合起来，成为奖勤罚懒、评估优劣的准绳。

10.1.2　预算体系

企业预算是一个有机联系的整体，一般由业务预算、专门决策预算和财务预算组成，称为全面预算体系。

（1）业务预算也称经营预算，是指与企业日常经营活动直接相关的经营业务的各种预算。主要包括销售预算、生产预算、直接材料预算、直接人工预算、制造费用预算、产品成本预算、销售费用预算和管理费用预算等。

（2）专门决策预算是指企业不经常发生的、一次性的重要决策预算。专门决策预算直接反映相关决策的结果，是实际中选方案的进一步规划，如资本支出预算。

（3）财务预算是指企业在计划期内反映有关预计现金收支、财务状况和经营成果的预算，主要包括现金预算和预计财务报表。

财务预算是全面预算体系的最后环节，它从价值方面总括地反映企业业务预算与专门决策预算的结果，即业务预算和专门决策预算中凡是涉及货币计量的都应反映在财务预算中，财务预算就成为了各项业务预算和专门决策预算的整体计划，故也称为总预算，其他预算则相应称为辅助预算或分预算。显然，财务预算在全面预算中占有举足轻重的地位。

按预算指标覆盖的时间长短，企业预算可分为长期预算和短期预算。通常将预算期在 1 年以内（含 1 年）的预算称为短期预算，预算期在一年以上的预算称为长期预算。预算的编制时间可以视预算的内容和实际需要而定，可以是一周、一月、一季、一年或若干年等。在预算编制过程中，往往应结合各项预算的特点，将长期预算和短期预算结合使用。一般情况下，企业的业务预算和财务预算多为 1 年期的短期预算，年内再按季或月细分，而且预算期间往往与会计期间保持一致。

10.1.3　预算管理的组织

　　预算管理目标的实现必须建立在完善的预算组织上。财务预算管理组织是指以股东大会、董事会、监事会、总经理层 4 个法定机构作为预算管理的基本组织框架，下设预算管理委员会和相应的各种辅助职能机构。财务预算管理组织是各项预算管理职能的执行主体，是财务预算管理机制运行的载体和基础环境，是实施企业财务预算管理的必要前提。企业必须完善法人治理结构，具体明确企业内部的股东大会（权力机构）、董事会（决策机构）、监事会（监督机构）和经理层（执行机构）的权责关系和运行机制，在此基础上，构建一个高效的、严密的、权威的、多层次的财务预算管理组织机构。

　　（1）企业董事会或类似机构应当对企业预算的管理工作负总责。企业董事会或者经理办公会可以根据情况设立预算委员会或指定财务管理部门负责预算管理事宜，并对企业法定代表负责。

　　（2）预算委员会或财务管理部门主要拟订预算的目标、政策，制定预算管理的具体措施和办法，审议、平衡预算方案，组织下达预算，协调解决预算编制和执行中的问题，组织审计、考核预算的执行情况，督促企业完成预算目标。

　　（3）企业财务管理部门具体负责企业预算的跟踪管理，监督预算的执行情况，分析预算与实际执行的差异及原因，提出改进管理的意见与建议。

　　（4）企业内部生产、投资、物资、人力资源、市场营销等职能部门具体负责本部门业务涉及的预算编制、执行、分析等工作，并配合预算委员会或财务管理部门做好企业总预算的综合平衡、协调、分析、控制与考核等工作。其主要负责人参与企业预算委员会的工作，并对本部门预算执行结果承担责任。

　　（5）企业所属基层单位是企业预算的基本单位，在企业财务管理部门的指导下，负责本单位现金流量、经营成果和各项成本费用预算的编制、控制、分析工作，接受企业的检查、考核。其主要负责人对本单位财务预算的执行结果承担责任。

10.2 预算的编制方法与程序

10.2.1　预算的编制方法

　　预算编制是企业实施预算管理的起点，也是预算管理的关键环节。预算编制，对预算目标的实现有着至关重要的影响，从而直接影响到预算管理的效果。目前财务预算的编制方法主要包括固定预算法和弹性预算法、定基预算法和零基预算法、静态预算法和滚动预算法等。

　　1. 固定预算法与弹性预算法

　　编制预算的方法按其业务量基础的数量特征不同，可分为固定预算法和弹性预算法。

　　（1）固定预算。固定预算法又称静态预算法，是指在编制预算时，只根据预算期内正常、可实现的某一固定的业务量（如生产量、销售量等）水平作为唯一基础来编制预算的方法。

　　固定预算法的缺点表现在两个方面。一是适应性差。编制预算的业务量基础是事先假定的某个业务量，不论预算期内业务量水平实际可能发生哪些变动，都只按事先确定的某一业务量水平作为编制预算的基础。二是可比性差。当实际的业务量与预算所依据的业务量发生较大差异时，预算指标的实际数与预算数就会因业务量基础不同而失去可比性。例如，某企业预计业务量为销售 100 000 件产品，按此业务量给销售部门的预算费用为 5 000 元。如果销售部门实际销售量达到 120 000 件，超出了预算业务量，固定预算下的费用预算仍为 5 000 元。

（2）弹性预算法。弹性预算法又称动态预算法，是在成本性态分析的基础上，依据业务量、成本和利润之间的联动关系，按照预算期内可能的一系列业务量（如生产量、销售量、工时等）水平编制预算的方法。

弹性预算法适用于编制全面预算中所有与业务量有关的预算，实务中主要用于编制成本费用预算和利润预算，尤其是成本费用预算。

与按特定业务量水平编制的固定预算法相比，弹性预算法有两个显著特点。①弹性预算是按一系列业务量水平编制的，从而扩大了预算的适用范围；②弹性预算是按成本性态分类列示的，在预算执行中可以计算一定实际业务量的预算成本，以便于预算执行的评价和考核。

运用弹性预算法编制预算的基本步骤如下。

第一步，选择业务量的计量单位。应选用最能代表生产经营活动水平的业务量计量单位。例如，以手工操作为主的车间，就应选用人工工时；制造单一产品或零件的部门，可以选用实物数量；修理部门可以选用直接修理工时等。

第二步，确定适用的业务量范围。弹性预算法所采用的业务量范围，视企业或部门的业务量变化情况而定。一般来说，可定在正常生产能力的 70%～110%，或以历史上最高业务量和最低业务量为其上下限。弹性预算法编制预算的准确性，在很大程度上取决于成本性态分析的可靠性。

第三步，逐项研究并确定各项成本和业务量之间的数量关系。

第四步，计算各项预算成本，并用一定的方式来表达。

弹性预算法又分为公式法和列表法两种具体方法。

① 公式法。公式法是运用总成本性态模型，测算预算期的成本费用数额，并编制成本费用预算的方法。根据成本性态，成本与业务量之间的数量关系可用公式表示为：

$$y=a+bx$$

式中：y 表示某项预算成本总额；a 表示该项成本中的预算固定成本额；b 表示该项成本中的预算单位变动成本额；x 表示预计业务量。

【例 10-1】 某企业制造费用中的修理费用与修理工时密切相关。经测算，预算期修理费用中的固定修理费用为 3 000 元，单位工时的变动修理费用为 2 元，预计预算期的修理工时为 3 500 小时。运用公式法，测算预算期的修理费用总额。

预算期的修理费用总额预测模型为 $y=3\,000+2x$。

即，预算期的修理费用总额=3 000+2×3 500=10 000（元）。

【例 10-2】 A 企业经过分析得出某种产品的制造费用与人工工时密切相关，采用公式法编制的制造费用预算如表 10-1 所示。

表 10-1　　　　　　　　　　　　　制造费用预算（公式法）

业务量范围	420～660（人工工时）	
费用项目	固定费用（元/月）	变动费用（元/人工工时）
运输费用		0.20
电力费用		1.00
材料费用		0.10
修理费用	85	0.85

续表

业务量范围	420~660（人工工时）	
油料费用	108	0.20
折旧费用	300	
人工费用	100	
合计	593	2.35
备注	当业务量超过600工时后，修理费中的固定费用将由85元上升为185元	

针对制造费用而言，在业务量为 420~600 人工工时的情况下，$y=593+2.35x$。在业务量为 600~660 人工工时的情况下，$y=693+2.35x$。如果业务量 500 人工工时，则制造费用预算为 $593+2.35×500=1\,768$（元）。如果业务量为 650 人工工时，则制造费用预算为 2 220.5 元（$693+2.35×650$）。

公式法的优点是便于在一定范围内计算任何业务量的预算成本，可比性和适应性强，编制预算的工作量相对较小。缺点是按公式进行成本分解比较麻烦，对每个费用子项目甚至细目逐一进行成本分解，工作量很大。另外对于阶梯成本和曲线成本只能先用数学方法修正为直线，才能应用公式法。必要时，还需在"备注"中说明适用不同业务量范围的固定费用和单位变动费用。

② 列表法。列表法是在预计的业务量范围内将业务量分为若干个水平，然后按不同的业务量水平编制预算。应用列表法编制预算，首先要在确定的业务量范围内，划分出若干个不同水平，然后分别计算各项预算值，汇总列入一个预算表格。列表法的优点如下：第一，不管实际业务量多少，不必经过计算即可找到与业务量相近的预算成本；第二，混合成本中的阶梯成本和曲线成本，可按总成本性态模型计算填列，不必用数学方法修正为近似的直线成本。但是，运用列表法编制预算，在评价和考核实际成本时，往往需要使用插值法来计算"实际业务量的预算成本"，比较麻烦。

【例 10-3】 根据表 10-1，A 企业采用列表法编制的 2012 年 6 月制造费用预算如表 10-2 所示。

表 10-2 制造费用预算（列表法） 单位：元

业务量（直接人工工时）	420	480	540	600	660
占正常生产能力百分比	70%	80%	90%	100%	110%
变动成本：					
运输费用（$b=0.2$）	84	96	108	120	132
电力费用（$b=0.2$）	420	480	540	600	660
材料费用（$b=0.2$）	42	48	54	60	66
合计	546	624	702	780	858
混合成本：					
修理费用	442	493	544	595	746
油料费用	192	204	216	228	240
合计	634	697	760	823	986
固定成本：					
折旧费用	300	300	300	300	300
人工费用	100	100	100	100	100
合计	400	400	400	400	400
总计	1 580	1 721	1 862	2 003	2 244

在表 10-2 中，分别列示了 5 种业务量水平的成本预算数据（根据企业情况，也可以按更多的业务量水平来列示）。这样，无论实际业务量达到何种水平，都有适用的一套成本数据来发挥控制作用。

如果固定预算法是按 600 小时编制的，成本总额为 2 003 元。在实际业务量为 500 小时的情况下，不能用 2 003 元去评价实际成本的高低，也不能按根据业务量变动的比例调整的预算成本 1 969 元（2 003×500÷600）去考核实际成本，因为并不是所有的成本都一定同业务量成同比例关系。如果采用弹性预算法，就可以根据各项成本与业务量的不同关系，采用不同方法确定"实际业务量的预算成本"，去评价和考核实际成本。实际业务量为 500 小时，运输费等各项变动成本可用实际工时数乘以单位业务量变动成本来计算，即变动总成本为 650 元（500×0.5+500×1+500×0.1）。固定总成本不随业务量变动，仍为 400 元。混合成本可用插值法逐项计算。500 小时处在 480 小时和 540 小时两个水平之间，修理费应该为 493～544 元，设实际业务的预算修理费为 x 元，则列方程为：

$$(500-480) \div (540-480) = (x-493) \div (544-493)$$

$$x=510 （元）$$

油料费用在 480 小时和 540 小时分别为 204 元和 216 元，用插值法计算 500 小时应为 208 元。可得如下结果。

500 小时预算成本=（0.2+1+0.1）+500+510+208+400=1 768（元）

这样计算出来的预算成本比较符合成本的变动规律，可以用来评价和考核实际成本且比较确切，并容易被考核人所接受。

2. 增量预算法与零基预算法

按其出发点的特征不同，编制预算的方法可分为增量预算法和零基预算法两大类。

（1）增量预算法。增量预算法是指以基期成本费用水平为基础，结合预算期业务量水平及有关降低成本的措施，通过调整有关费用项目而编制预算的方法。增量预算法以过去的费用发生水平为基础，主张不需在预算内容上做较大的调整，它的编制遵循如下假定。

第一，企业现有业务活动是合理的，不需要进行调整。

第二，企业现有各项业务的开支水平是合理的，在预算期予以保持。

第三，以现有业务活动和各项活动的开支水平，确定预算期各项活动的预算数。

增量预算法的缺陷是可能导致原费用开支项目无法得到有效控制，因为不加分析地保留或接受原有的成本费用项目，可能使原来不合理的费用继续开支而得不到控制，形成不必要开支合理化，造成预算上的浪费。

（2）零基预算法。零基预算法的全称为"以零为基础的编制计划和预算的方法"，它不考虑以往会计期间所发生的费用项目或费用数额，而是一切以零为出发点，根据实际需要逐项审议预算期内各项费用的内容及开支标准是否合理，在综合平衡的基础上编制费用预算。

零基预算法的程序如下。

第一，企业内部各级部门的员工，根据企业的生产经营目标，详细讨论计划期内应该发生的费用项目，并对每一费用项目编写一套方案，提出费用开支的目的以及需要开支的费用数额。

第二，划分不可避免费用项目和可避免费用项目。在编制预算时，对不可避免费用项目必须保证资金供应；对可避免费用项目，则需要逐项进行成本与效益分析，尽量控制可避免项目纳入预算当中。

第三，划分不可延缓费用项目和可延缓费用项目。在编制预算时，应把预算期内可供支配的资金在各费用项目之间分配。应优先安排不可延缓费用项目的支出。然后再根据需要按照费用项目的轻重缓急确定可延缓项目的开支。

零基预算的优点表现在以下 4 个方面：①不受现有费用项目的限制；②不受现行预算的束缚；③能够调动各方面节约费用的积极性；④有利于促使各基层单位精打细算，合理使用资金。其缺点是编制工作量大。

3. 定期预算法与滚动预算法

编制预算的方法按其预算期的时间特征不同，可分为定期预算法和滚动预算法两大类。

（1）定期预算法。定期预算法是指在编制预算时，以不变的会计期间（如日历年度）作为预算期的一种编制预算的方法。这种方法的优点是能够使预算期间与会计期间相对应，便于将实际数与预算数进行对比，也有利于对预算执行情况进行分析和评价。但这种方法固定以 1 年为预算期，在执行一段时期之后，往往使管理人员只考虑剩余几个月的业务量，缺乏长远打算，导致一些短期行为的出现。

（2）滚动预算法。滚动预算法又称连续预算法或永续预算法，是指在编制预算时，将预算期与会计期间脱离开，随着预算的执行不断地补充预算，逐期向后滚动，使预算期始终保持为一个固定长度（一般为 12 个月）的一种预算方法。滚动预算的基本做法是使预算期始终保持 12 个月，每过 1 个月或 1 个季度，立即在期末增列 1 个月或 1 个季度的预算，逐期往后滚动，因而在任何一个时期都使预算保持为 12 个月的时间长度。这种预算能使企业各级管理人员对未来始终保持整整 12 个月时间的考虑和规划，从而保证企业的经营管理工作能够稳定而有序地进行。采用滚动预算法编制预算，按照滚动的时间单位不同可分为逐月滚动、逐季滚动和混合滚动。

① 逐月滚动。逐月滚动是指在预算编制过程中，以月份为预算的编制和滚动单位，每个月调整一次预算的方法。例如，在 2011 年 1 月至 12 月的预算执行过程中，需要在 1 月末根据当月预算的执行情况修订 2 月至 12 月的预算，同时补充下一年 1 月的预算；到 2 月末可根据当月预算的执行情况，修订 3 月至 2012 年 1 月的预算，同时补充 2012 年 2 月的预算；以此类推。逐月滚动预算方式示意图如图 10-1 所示。

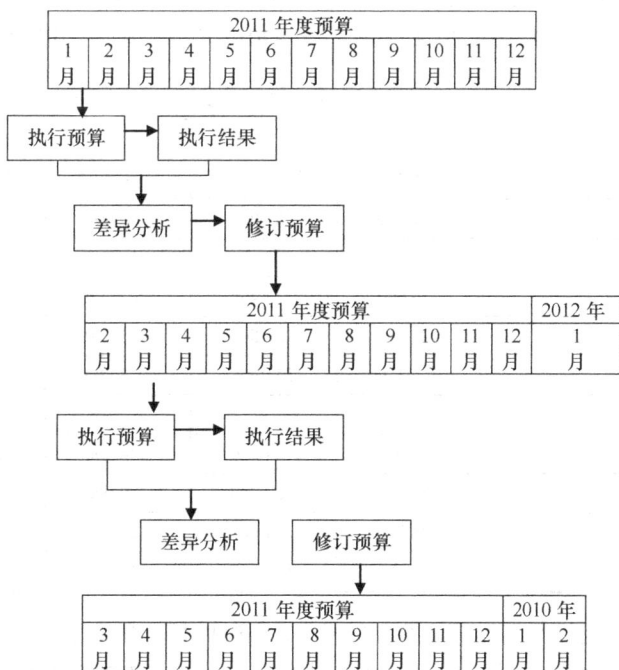

图 10-1　逐月滚动预算方式示意图

按照逐月滚动方式编制的预算比较精确，但工作量较大。

② 逐季滚动。逐季滚动是指在预算编制过程中，以季度为预算的编制和滚动单位，每个季度调整一次预算的方法。逐季滚动编制的预算比逐月滚动的工作量小，但精确度较差。

【例 10-4】 某公司甲车间用滚动预算方法编制制造费用预算。已知 2011 年分季度的制造费用预算如表 10-3 所示（其中间接材料费用忽略不计）。

表 10-3　　　　　　　　　　　2011 年全年制造费用预算　　　　　　　　　　　金额单位: 元

项目	第 1 季度	第 2 季度	第 3 季度	第 4 季度	合计
直接人工预算总工时（小时）	52 000	51 000	51 000	46 000	200 000
变动制造费用					
间接人工费用	208 000	204 000	204 000	184 000	800 000
水电与维修费用	130 000	127 500	127 500	115 000	500 000
小计	338 000	331 500	331 500	299 000	1 300 000
固定制造费用					
设备租金	180 000	180 000	180 000	180 000	720 000
管理人员工资	80 000	80 000	80 000	80 000	320 000
小计	260 000	260 000	260 000	260 000	1 040 000
制造费用合计	598 000	591 500	591 500	559 000	2 340 000

2011 年 3 月 31 日，公司在编制 2011 年第 2 季度～2012 年第 1 季度滚动预算时，发现未来的 4 个季度中将出现以下情况。

（1）间接人工费用预算工时分配率将上涨 10%，即上涨为 4.4 元/小时。

（2）原设备租赁合同到期，公司新签订的租赁合同中设备年租金将降低 20%，即降低为 576 000 元。

（3）2011 年第 2 季度～2012 年第 1 季度预计直接人工总工时分别为 51 500 小时、51 000 小时、46000 小时和 57 500 小时。则编制的 2011 年第 2 季～2012 年第 1 季度制造费用预算如表 10-4 所示。

表 10-4　　　　　　2011 年第 2 季度～2012 年第 1 季度制造费用预算　　　　　金额单位: 元

项目	2011 年度			2012 年度	合计
	第 2 季度	第 3 季度	第 4 季度	第 1 季度	
直接人工预算总工时（小时）	51 500	51 000	46 000	57 500	206 000
变动制造费用					
间接人工费用	226 600	224 400	202 400	253 000	906 400
水电与维修费用	128 750	127 500	115 000	143 750	515 000
小计	355 350	351 900	31 7 400	396 750	1 421 400
固定制造费用					
设备租金	144 000	144 000	144 000	144 000	576 000
管理人员工资	80 000	80 000	80 000	80 000	320 000
小计	224 000	224 000	224 000	224 000	896 000
制造费用合计	579 350	575 900	541 400	620 750	2 317 400

③ 混合滚动。混合滚动是指在预算编制过程中，同时以月份和季度作为预算的编制和滚动单位的方法。这种预算方法的理论依据是，人们对未来的了解程度具有对近期把握较大，对远期的预计把握较小的特征。混合滚动预算方式示意图如图 10-2 所示。

运用滚动预算法编制预算，使预算期间依时间顺序向后滚动，能够保持预算的持续性，有利于结合企业近期目标和长期目标，考虑未来业务活动。使预算时间的推进不断加以调整和修订，能使预算与实际情况更相适应，有利于充分发挥预算的指导和控制作用。

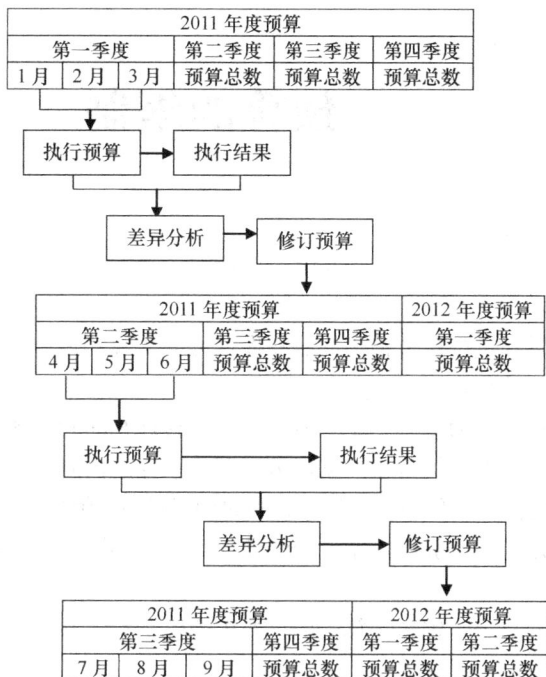

图 10-2　混合滚动预算方式示意图

10.2.2　预算的编制程序

企业编制预算，一般应按照"上下结合，分级编制，逐级汇总"的程序进行。具体步骤如下。

1. 下达目标

企业董事会或经理办公会根据企业发展战略和预算期经济形势的初步预测，在决策的基础上，提出下一年度企业预算目标，包括销售或营业目标、成本费用目标、利润目标和现金流量目标，并确定预算编制的政策，由预算委员会下达各预算执行单位。

2. 编制上报

各预算执行单位按照企业预算委员会下达的预算目标和政策，结合自身特点以及预测的执行条件，提出详细的本单位预算方案，报企业财务管理部门。

3. 审查平衡

企业财务管理部门对各预算执行单位上报的财务预算方案进行审查、汇总，提出综合平衡的建议。在审查、平衡过程中，预算委员会应当进行充分协调，对发现的问题提出初步调整意见，并反馈给有关预算执行单位以修正。

4. 审议批准

企业财务管理部门在有关预算执行单位修正调整的基础上，编制出企业预算方案，报财务预算委员会讨论。对于不符合企业发展战略或者预算目标的事项，企业预算委员会应当责成有关预算执行单位进一步修订、调整。在修订、调整的基础上，企业财务管理部门正式编制企业年度预算草案，提交董事会或经理办公会审议批准。

5. 下达执行

企业财务管理部门对董事会或经理办公会审议批准的年度总预算，一般在次年 3 月底以前，分解成一系列的指标体系，由预算委员会逐级下达各预算执行单位执行。

10.3 预算的编制

10.3.1 业务预算的编制

1. 销售预算

销售预算是预算期内预算执行单位销售产品和提供可能实现的销售量及其收入的预算。销售预算是企业编制营业活动预算的起点。

销售预算的编制以销售预测为基础。企业应根据年度目标利润和市场预测，确定产品结构、产品销售量、劳务需求以及产品的市场价格，据以编制销售预算。同时，企业应在编制销售预算表的同时，根据预算期的预计销售收入和期初应收账款回收的可能性，编制相关的经营现金收入预算表，作为销售预算表的附表，以反映预算期各季度的经营现金收入和回收应收账款的现金收入，为编制现金流量预算提供信息。

（1）编制预算期销售预算表。销售预算表的主要内容包括销售量、销售单价、销售收入、增值税销项税额及含税销售收入。关系式为：

某产品预计销售收入=某产品预计销售量×该产品预计销售单价

（2）编制预算期经营现金收入预算表。经营现金收入预算表主要包括各期含税现销收入和期初应收账款的回收额。

预计经营现金收入=预计销售现金收入+预计期初应收账款回收额

其中，预计销售现金收入=预算期某期销售收入×当期收现率，预计期初应收账款回收额=前期预计含税销售收入×当期回收率，预算期应收账款年末余额=应收账款期初余额+预计含税销售收入总额-预计经营现金收入总额。

式中，收现率是指预算期含税销售现金收入占预算期含税销售收入的百分比，回收率是指预算期收回的以前期预计含税销售收入占该期预计含税销售收入的百分比。

例如，表 10-5 是 M 公司今年的销售预算。假设每季度销售收入中，本季度收到现金 60%，另外的 40%现金要到下季度才能收到。

表 10-5　　　　　　　　　　　　　　销售预算　　　　　　　　　　　　单位：元

季度	一	二	三	四	全年
预计销售量（件）	100	150	200	180	630
预计单位售价	200	200	200	200	200
销售收入	20 000	30 000	40 000	36 000	126 000
预计现金收入					
上年应收账款	6 200				6 200
第一季度（销货 20 000）	12 000	8 000			20 000
第二季度（销货 30 000）		18 000	12 000		30 000
第三季度（销货 40 000）			24 000	16 000	40 000
第四季度（销货 36 000）				21 600	21 600
现金收入合计	18 200	26 000	36 000	37 600	117 800

2. 生产预算

生产预算是反映企业预算期产品结构和生产规模的预算。该预算以实物量单位反映预算期各种产品的生产量水平，主要为相关成本费用预算提供实物量数据。

生产预算是在销售预算的基础上，依据"以销定产"的原则，考虑各种产品的生产能力、期末存货状况等情况，按产品品种分别编制。该预算主要包括预计销售量、预计期初、期末存货量和预计生产量等内容。

（1）预计预算期期末、期初存货量。为了满足生产经营的需要，维持均衡生产，降低进货成本，企业必须保持一定数量的合理存货。通常，预计年初存货量可根据基期资产负债表确定，各季初存货量等于上季末存货量；预计各季期末存货量按预计期末存货占下季预计销售收入的一定比例确定。

（2）确定预计生产量。先预计满足销售和保持合理存货所需要的产量，再扣除期初已有的存货。确定预计生产量时，应注意保持生产量、销售量以及存货量之间合理的比例关系，以避免储备不足、产销脱节或超储积压。预计生产量计算公式可表示为：

$$预计生产量=预计销售量+预计期末存货量-预计期初存货量$$

例如，表 10-6 是 M 公司今年的生产预算。年初有产成品存货 10 件，年末留存 20 件，按 10%安排期末产成品存货。

表 10-6　　　　　　　　　　　　　　　　　　生产预算　　　　　　　　　　　　　　　　　　　单位：件

季度	一	二	三	四	全年
预计销售量	100	150	200	180	630
加：预计期末产成品存货	15	20	18	20	20
合计	115	170	218	200	650
减：预计期初产成品存货	10	15	20	18	10
预计生产量	105	155	198	182	640

3. 直接材料预算

直接材料预算又称直接材料和采购预算，是反映企业在预算期为组织生产经营活动所需的直接材料耗用量、直接材料采购数量和采购成本的一种日常经营活动预算。

直接材料预算是在生产预算的基础上，结合材料消耗定额和预计材料采购单价等情况编制的，包括需用量预算和采购预算两部分内容。同时，企业应在编制直接材料预算表的同时，根据预算期的预计材料采购金额和期初应付账款偿付计划，编制相关的经营现金支出预算表，作为直接材料预算表的附表，以反映预算期各季度的经营现金支出和偿付应付账款的现金支出，为编制现金流量预算提供信息。

（1）预计直接材料需用量。预算期直接材料需用量按各种产品的材料消耗定额和预计生产量确定。

$$预计直接材料需用量=预计生产量×材料消耗定额$$

（2）预计直接材料采购量和采购成本。应根据生产需要，并考虑期初、期末材料存货水平计算。其中，预计年初库存量按基期资产负债表期末数确定，预计各季初库存量等于上季度期末库存量，而预计期末材料库存量按下期生产需要量的一定百分比确定。

$$预计直接材料采购量=预计直接材料需用量+预计期末存料量-预计期初存料量$$
$$预计直接材料采购成本=直接材料采购量×材料计划单价$$

（3）预计现金支出。预算期各季度直接材料采购现金支出应由偿付以前各期应付账款的现金支出和本期采购材料的现金支出两部分构成。

$$预算期采购现金支出=期初应付账款+预计采购现金支出$$

財務管理

其中，期初应付账款=前期直接材料采购金额×预计偿付率，预计采购现金支出=预计直接材料采购金额×预计付现率，预算期应付账款年末余额=预算期应付账款期初余额+预算期材料采购金额-预算期材料采购现金支出。

预计偿付率是预算期以现金偿付期初应付账款的比例，是预算期偿付应付账款现金支出占以前期直接材料采购金额的比例；预计采购付现率是指预算期采购现金支出占预计直接材料采购金额的比例。实务中，偿付率和付现率均由企业经验估计。

例如，表 10-7 是 M 公司今年的直接材料预算。各季度"期末材料存量"根据下季度生产量的20%确定，材料采购的货款有 50%在本季度内付清，另外 50%在下季度付清。

表 10-7   直接材料预算

季度	一	二	三	四	全年
预计生产量（件）	105	155	198	182	640
单位产品材料用量（千克/件）	10	10	10	10	10
生产需用量（千克）	1 050	1 550	1 980	1 820	6 400
加：预计期末存量（千克）	310	396	364	400	400
减：预计期初存量（千克）	300	310	396	364	300
预计材料采购盘（千克）	1 060	1 636	1 948	1 856	6 500
单价（元/千克）	5	5	5	5	5
预计采购金额（元）	5 300	8 180	9 740	9 280	32 500
预计现金支出					
上年应付账款	2 350				2 350
第一季度（采购5 300 元）	2 650	2 650			5 300
第二季度（采购8 180 元）		4 090	4 090		8 180
第三季度（采购9 740 元）			4 870	4 870	9 740
第四季度（采购9 280 元）				4 640	4 640
合计	5 000	6 740	8 960	9 510	30 210

4. 直接人工预算

直接人工预算是企业预算期内直接人工成本人工的预算，主要反映预算期直接人工工时消耗水平和人工成本水平。直接人工预算是在生产预算的基础上，依据企业预算期标准工资率、标准单位直接人工小时等资料编制。实务中，由于各期直接人工成本中的直接工资一般均由现金开支，通常不单独编制现金支出预算。该预算主要包括预算期直接人工总工时、直接人工工资、直接人工成本现金支出等内容。例如，M 公司今年的直接人工预算如表 10-8 所示。

预计直接人工总工时=预计生产量×单位产品工时定额

预计直接人工工资=直接人工总工时×单位工时直接工资（小时工资率）

表 10-8   直接人工预算

季度	一	二	三	四	全年
预计产量（件）	105	155	198	182	640
单位产品工时（小时/件）	10	10	10	10	10
人工总工时（小时）	1 050	1 550	1 980	1 820	6 400
每小时人工成本（元/小时）	2	2	2	2	2
人工总成本（元）	2 100	3 100	3 960	3 640	12 800

5. 制造费用预算

制造费用预算是企业预算期内为生产产品而发生的除直接材料和直接人工以外的其他各种间接费用的预算。制造费用预算是在生产预算的基础上，按各费用项目的上年预算执行情况，依据预算期成本费用降低任务编制。

制造费用预算可按成本习性将制造费用分为变动性制造费用和固定性制造费用，分别编制变动性制造费用预算和固定性制造费用预算，将变动性制造费用计入产品成本，而固定性制造费用直接列入损益表作为预算期产品销售收入的扣减项目。制造费用预算也应包括现金支出预算附表，各期制造费用中的变动性制造费用一般均由现金开支，但固定性制造费用中含有非付现成本，如固定资产折旧费，不属于现金流出量，应对固定性制造费用进行适当的调整，计算时剔除其非付现成本部分，以反映预算期制造费用现金支出情况，为编制现金流量预算提供依据。

（1）确定预算期变动性制造费用总额。变动性制造费用以生产预算为基础，根据产品预计分配标准和分配率计算确定。常用分配标准有生产量和直接人工总工时，在多品种的情况下，一般采用直接人工总工时进行分配。具体公式为：

预计变动性制造费用总额=某产品预计分配标准×变动性制造费预算分配率

变动性制造费预算分配率=全年变动性制造费用预算总额÷分配标准预算总额

（2）确定预算期固定性制造费用总额。固定性制造费用可在基年实际数据基础上，逐项考虑预算期可能发生的变动，按预算期实际需要确定。具体有两种做法。一是逐项确定预算期全年固定性制造费用总额，预算期每季度（或月份）固定性制造费用按全年平均数计算；二是按实际需要逐项预计每季度（或月份）固定性制造费用，再确定预算期全年固定性制造费用总额。

（3）确定预算期制造费用现金支出数。包括变动性制造费用现金支出和固定性制造费用现金支出两部分。其公式为：

预计制造费用现金支出=预计变动性制造费现金支出+（预计固定性制造费用总额-预计折旧费）

例如，表 10-9 是 M 公司今年的制造费用预算。

表 10-9　　　　　　　　　　　　　　制造费用预算　　　　　　　　　　　　　　单位：元

季度	一	二	三	四	全年
变动制造费用：					
间接人工（1元/件）	105	155	198	182	640
间接材料（1元/件）	105	155	198	182	640
修理费（2元/件）	210	310	396	364	1 280
水电费（1元/件）	105	155	198	182	640
小计	525	775	990	910	3 200
固定制造费用：					
修理费	1 000	1 140	900	900	3 940
折旧	1 000	1 000	1 000	1 000	4 000
管理人员工资	200	200	200	200	800
保险费	75	85	110	190	460
财产税	100	100	100	100	400
小计	2 375	2 525	2 310	2 390	9 600
合计	2 900	3 300	3 300	3 300	12 800
减：折旧	1 000	1 000	1 000	1 000	4 000
现金支出的费用	1 900	2 300	2 300	2 300	8 800

为了便于以后编制产品成本预算，需要计算小时费用率。

变动制造费用小时费用率=3 200÷6 400=0.5（元/小时）

固定制造费用小时费用率=9 600÷6 400=1.5（元/小时）

6．产品成本预算

产品成本预算是反映企业预算期每种产品的单位成本、生产成本、销售成本和存货成本的预算，主要是为编制预计资产负债表和预计损益表提供依据。

产品成本预算以销售预算、生产预算、直接材料预算、直接人工预算、制造费用预算为基础，按产品品种编制。

（1）测算产品预算期的生产单位产品发生的生产成本，计算公式如下：

预计产品单位生产成本=预计单位直接材料成本+预计单位直接人工成本+预计单位变动性制造费用+预计单位固定性制造费用

其中，

预计单位直接材料成本=材料生产耗用量×材料单价

预计单位直接人工成本=工时定额×单位工时直接人工成本

预计单位变动性制造费用=工时定额×变动制造费用预算分配率

预计单位固定性制造费用=工时定额×固定制造费用预算分配率

（2）测算产品预算期的生产成本总额、期末存货成本和销售成本。计算公式如下：

预计生产成本总额=预计直接材料成本+预计直接人工成本
+预计变动性制造费用+预计固定性制造费用

预计期末产成品成本=产成品期末存货数量×该产品单位生产成本

预算期销售成本=预计销售量×预计单位生产成本

例如，表10-10是M公司今年的产品成本预算。

表10-10　　　　　　　　　　　　　产品成本预算

	单位成本			生产成本（640件）	期末存货（20件）	销货成本（630件）
	每千克或每小时	投入量	成本（元）			
直接材料	5	10千克	50	32 000	1 000	31 500
直接人工	2	10小时	20	12 800	400	12 600
变动制造费用	0.5	10小时	5	3 200	100	3 150
固定制造费用	1.5	10小时	15	9 600	300	9 450
合计			90	57 600	1 800	56 700

7．销售及管理费用预算

销售费用预算，是反映企业预算期内组织产品销售所发生的各项费用的预算。它以销售预算为基础，划分变动性和固定性两部分，对于随销售量成正比例变动的变动性制造费用，应按各季度（或月份）预计销售量和费用分配标准估计，对于不随产量变动而变动的固定性制造费用，应逐项反映全年的费用水平。同时，也应编制相应的现金支出预算。

管理费用预算是企业预算期为组织和管理企业生产经营活动场所预计发生的各项费用的预算。可将管理费用划分变动性费用和固定性费用两部分。对于随销售量成正比例变动的变动性管理费用，应按各季度（或月份）预计销售量和变动性管理费用分配率估计，对于不随产量变动而变动的固定性管理费用，应逐项反映全年的费用水平。由于管理费用中大多为固定费用，一般是以过去的实际开支为基础，按预算期的可预见变化来调整。同时，管理费用预算还应附加编制相应的现金支出预算。由于固定性管理费用中含有固定资产折旧费，无形资产、开办费摊销额等非付现费用，应进行适当的调整，计算时剔除其非付现费用部分，以反映预算期管理费用现金支出情况，为编制现金流量预算提供依据。

例如，表 10-11 是 M 公司今年的销售及管理费用预算。为了简化预算编制工作，销售及管理费用预算直接按项目反映全部费用的全年预计水平。

表 10-11 销售及管理费用预算 单位：元

项目	金额
销售费用：	
销售人员工资	2 000
广告费	5 500
包装、运输费	3 000
保管费	2 700
折旧	1 000
管理费用：	
管理人员薪金	4 000
福利费	800
保险费	600
办公费	1 400
折旧	1 500
合计	22 500
减：折旧	2 500
每季度支付现金（20 000÷4）	5 000

10.3.2 专门决策预算的编制

专门决策预算主要是长期投资预算（又称资本支出预算），通常是指与项目投资决策相关的专门预算，它往往涉及长期建设项目的资金投放与筹集，并经常跨越多个年度。编制专门决策预算的依据，是项目财务可行性分析资料以及企业筹资决策资料。专门决策预算的要点是准确反映项目资金投资支出与筹资计划，它同时也是编制现金预算和预计资产负债表的依据。例如，表 10-12 是 M 公司今年的专门决策预算。

表 10-12 专门决策预算表 单位：元

项目	一季度	二季度	三季度	四季度	全年
投资支出预算	50 000			80 000	130 000
借入长期借款	30 000			60 000	90 000

10.3.3 财务预算的编制

1. 现金流量预算

现金流量预算简称现金预算或现金收支预算，它是以日常营业活动预算和投资活动预算为基础编制的反映现金收支情况的预算。现金预算是企业预算体系的中心预算，它综合反映了企业预算期现金流转的情况。通过现金预算，可确定企业预算期所需资金的总额，有效地控制现金的使用，并根据现金的需求预先安排筹资的时间和数额，为企业及时有效地筹资和投资提供时间和数量依据，是企业财务管理人员重要的资金控制工具。一个完整的现金流量预算通常应反映以下内容。

（1）预计现金收入。预算期现金收入主要指经营业务活动产生的现金流入，包括预算期期初现金余额和预算期计划经营现金收入。

① "期初现金余额"是上一季度的期末现金余额，全年的期初现金余额指的是年初的现金余额，所以等于第一季度的期初现金余额。

② "现金收入"的主要来源是销货取得的现金收入，来自销售预算。

$$可供使用的现金=期初现金余额+预算期经营现金收入$$

（2）预计现金支出。预计现金支出主要指经营业务活动产生的现金流出，包括偿还应付账款、采购直接材料、支付直接人工、制造费用、经营费用、管理费用及财务费用等，同时还包括缴纳税金、分配股利等支出，以及投资活动如购买设备产生的资本性现金支出。

（3）预计现金余缺。预计现金余缺即现金的溢余或短缺，是现金收入与现金支出的差额。当收支差额超过企业现金库存限额时，称为现金溢余；收支差额小于库存现金限额时，称为现金短缺。其公式为：

$$现金余缺=可供使用现金-现金支出$$

（4）资金的融通计划。资金的融通即现金的筹措和运用。为满足预算期生产经营活动对现金的需求和降低现金持有成本，企业应保持现金最佳余额即库存限额，预算期发生现金余缺，应通过资金融通计划来调整期末现金余额。企业在现金短缺时，可通过抛售有价证券或向银行借款等方式筹措所需资金；企业在现金溢余时，可安排偿还借款本息，仍有结余，则可用于短期有价证券投资。相关公式为：

① 运用：余缺额+计划筹资额-到期借款本息＞期末现金余额

② 筹措：余缺额+计划筹资额-到期借款本息＜期末现金余额

设筹措或运用额为 x，则

$$余缺额+计划筹资额+x-到期借款本息-x×利率-期末现金余额=0$$
$$期末现金余额=现金余缺+现金筹措-现金运用$$

例如，M 公司今年的现金预算如表 3-13 所示。理想的现金余额是 3 000 元，如果资金不足，可以取得短期借款，银行要求借款额是 1 000 元的整数倍。借款利息按季支付，假设新增借款发生在季度的期初，归还借款发生在季度的期末（如果需要归还借款，先归还短期借款，归还的数额为 100 元的整数倍）。

表 10-13 　　　　　　　　　　　　　　　　现金预算 　　　　　　　　　　　　　　　　单位：元

季度	一	二	三	四	全年
期初现金余额	8 000	3 200	3 060	3 040	8 000
加：现金收入（表 3-5）	18 200	26 000	36 000	37 600	117 800
可供使用现金	26 200	29 200	39 060	40 640	125 800
减：现金支出					
直接材料（表 3-7）	5 000	6 740	8 960	9 510	30 210
直接人工（表 3-8）	2 100	3 100	3 960	3 640	12 800
制造费用（表 3-9）	1 900	2 300	2 300	2 300	8 800
销售及管理费用（表 3-11）	5 000	5 000	5 000	5 000	20 000
所得税费用	4 000	4 000	4 000	4 000	16 000

季度	一	二	三	四	全年
购买设备（表 3-12）	50 000			80 000	130 000
股 利				8 000	8 000
现金支出合计	68 000	21 140	24 220	112 450	225 810
现金余缺	-41 800	8 060	14 840	-71 810	-100 010
现金筹措与运用					
借入长期借款（表 3-12）	30 000			60 000	90 000
取得短期借款	20 000			22 000	42 000
归还短期借款			6 800		6 800
短期借款利息（年利 10%）	500	500	500	880	2 380
长期借款利息（年利 12%）	4 500	4 500	4 500	6 300	19 800
期末现金余额	3 200	3 060	3 040	3 010	3 010

第一季度

长期借款利息=（120 000+30 000）×12%÷4=4 500（元）

-41 800-4 500+30 000-3 000<0，现金不足，应筹措资金。设筹措额为 x，则

-41 800+30 000+x-x×10%÷4-4 500=3 000

解得：x=19 794.88（元），即第一季度需要取得短期借款 20 000 元。

短期借款利息=20 000×10%÷4=500（元）

期末现金余额=-41 800+30 000+20 000-500-4 500=3 200（元）

第二季度

借款利息=4 500+500=5 000（元）

8 060-5 000=3 060 元>0，满足需求。

期末现金余额=8 060-5 000=3 060（元）

第三季度

借款利息=4 500+500=5 000（元）

14 840-5 000-3 000=6 840（元）>0，可使用。

运用额=14 840-5 000-3 000=6 840（元），可归还短期借款 6 800 元。

期末现金余额=14 840-5 000-6 800=3 040（元）

第四季度

长期借款利息=（120 000+30 000+60 000）×12%÷4=6 300（元）

短期借款利息=（20 000-6 800）×10%÷4=330（元）

-71 810-6 300-330-3 000+60 000<0，现金不足，应筹措资金。

设筹措额为 x，则

-11 810+w-w×10%÷4-6 630=3 000

解得：w=21 989.74（元），即第四季度应该取得短期借款 22 000 元。

短期借款利息=（20 000-6 800+22 000）×10%÷4=880（元）

期末现金余额=-71 810+60 000+22 000-880-6 300=3 010（元）

全年的期末现金余额是年末现金余额，即第四季度末现金余额。

年末现金余额=3 010（元）

2. 利润表预算的编制

预计利润表用来综合反映企业在计划期的预计经营成果，是企业最主要的财务预算表之一。通过编制利润表预算，可以了解企业预期的盈利水平。如果预算利润与最初编制方针中的目标利润有较大的不一致，就需要调整部门预算，设法达到目标，或者经企业领导同意后修改目标利润。编制预计利润表的依据是各业务预算、专门决策预算和现金预算。例如，表10-14是M公司今年的利润表预算，它是根据上述各有关预算编制的。

表 10-14 利润表预算 单位：元

项目	金额
销售收入（表3-5）	126 000
销售成本（表3-10）	56 700
毛 利	69 300
销售及管理费用（表3-11）	22 500
利息（表3-13）	22 180
利润总额	24 620
所得税费用（估计）	16 000
净利润	8 620

其中，"销售收入"项目的数据来自销售收入预算；"销售成本"项目的数据来自产品成本预算；"毛利"项目的数据是前两项的差额；"销售及管理费用"项目的数据来自销售费用及管理费用预算；"利息"项目的数据来自现金预算。另外，"所得税费用"项目是在利润规划时估计的，并已列入现金预算。它通常不是根据"利润总额"和所得税税率计算出来的，因为有诸多纳税调整的事项存在。此外，从预算编制程序上看，如果根据"利润总额"和税率重新计算所得税，就需要修改"现金预算"，引起信贷计划修订，进而改变"利息"，最终又要修改"利润总额"，从而陷入数据的循环修改。

3. 资产负债表预算的编制

预计资产负债表用来反映企业在计划期末预计的财务状况。编制预计资产负债表的目的，在于判断预算反映的财务状况的稳定性和流动性。如果通过预计资产负债表的分析，发现某些财务比率不佳，必要时可修改有关预算，以改善财务状况。预计资产负债表的编制需以计划期开始日的资产负债表为基础，结合计划期间各项业务预算、专门决策预算、现金预算和预计利润表进行编制。它是编制全面预算的终点。例如，表10-15是M公司今年的预计资产债表。

表 10-15 资产负债表预算 单位：元

资产	年初余额	年末余额	负债和股东权益	年初余额	年末余额
流动资产：			流动负债：		
货币资金（表3-13）	8 000	3 010	短期借款	0	35 200
应收账款（表3-5）	6 200	14 400	应付账款（表3-7）	2 350	4 640
存货（表3-7、表3-10）	2 400	3 800	流动负债合计	2 350	39 840
流动资产合计	16 600	21 210	非流动负债：		
非流动资产：			长期借款	120 000	210 000
固定资产	43 750	37 250	非流动负债合计	120 000	210 000
在建工程	100 000	230 000	负债合计	122 350	249 840
非流动资产合计	143 750	267 250	股东权益		
			股本	20 000	20 000
			资本公积	5 000	5 000

续表

资产	年初余额	年末余额	负债和股东权益	年初余额	年末余额
			盈余公积	10 000	10 000
			未分配利润	3 000	3 620
			股东权益合计	38 000	38 620
资产总计	160 350	288 460	负债和股东权益合计	160 350	288 460

"货币资金"的数据来源于表 10-13 中的"现金"的年初和年末余额。

"应收账款"的年初余额 6 200 元来自表 10-5 的"上年应收账款",年末余额 14 400（元）=36 000- 21 600 或 36 000×（1-60%）。

"存货"包括直接材料和产成品，直接材料年初余额=300×5=1 500（元），年末余额=400×5=2 000（元）；产成品成本年初余额=（20+630-640）×90=900（元），年末余额=20×90=1 800（元）。存货年初余额=1 500+900=2 400（元），年末余额=2 000+1 800=3 800（元）。

"固定资产"的年末余额 37 250（元）=43 750-6 500，其中的 6 500（元）=4 000+1 000+1 500，指的是本年计提的折旧，数字来源于表 10-9 和表 10-11。

"在建工程"的年末余额 230 000（元）=100 000+130 000，本年的增加额 130 000 元来源于表 10-12（项目本年末完工）。

"固定资产""在建工程"的年初余额来源于 M 公司上年末的资产负债表。

"短期借款"本年的增加额 35 200（元）=20 000-6 800+22 000，来源于表 10-13。

"应付账款"的年初余额 2 350 来源于表 10-7 的"上年应付账款"，年末余额 4 640（元）=9 280- 4 640 或 9 280×（1-50%）。

"长期借款"本年的增加额 90 000 元来源于表 10-12。

"短期借款""长期借款"的年初余额，来源于 M 公司上年末的资产负债表。

"未分配利润"本年的增加额 620（元）=本年的净利润 8 620（见表 10-14）-本年的股利 8 000（见表 10-13）；股东权益各项目的期初余额均来源于 M 公司上年末的资产负债表。各项预算中都没有涉及股本和资本公积的变动，所以，股本和资本公积的余额不变。M 公司没有计提任意盈余公积，由于"法定盈余公积"达到股本的 50%时可以不再提取，所以，M 公司本年没有提取法定盈余公积，即"盈余公积"的余额不变。

10.4 预算的执行与考核

10.4.1 预算的执行

财务预算的执行是指财务预算实施的全过程，即运用财务预算对企业生产经营活动进行全过程、全方位的经济控制和监督，落实各项财务预算管理措施，实现财务管理目标的过程。预算执行是预算控制的核心环节，是实现预算目标的关键。

预算编制完成后，经预算管理委员会或董事会授权机构审查通过才能正式执行。

企业预算一经批复下达，各预算执行单位就必须认真组织实施，将预算指标层层分解，从横向到纵向落实到内部各部门、各单位、各环节和各岗位，形成全方位的预算执行责任体系。企业应当将预算作为预算期内组织、协调各项经营活动的基本依据，将年度预算细分为月份和季度预算，以分期预算控制确保年度预算目标的实现。企业应当强化现金流量的预算管理，按时组织预算资金的收入，严格控制预算资金的支付，调节资金收付平衡，控制支付风险。对于预算内的资金拨付，按照授权审批程序执行；对于预算外的项目支出，应当按预算管理制度规范支付程序；对于无合同、无凭证、无手续的项目支出，不予支付。企业应当严格执行销售、生产和成本费用预算，努力完成利润指标。在日常控制中，企业应当健全凭证记录，完善各项管理规章制度，严格执行生产经营月度计划和成本费用的定额、定率标准，加强实施监控。对预算执行中出现的异常情况，企业有关部门应及时查明原因，提出解决办法。企业应当建立预算报告制度，要求各预算执行单位定期报告预算的执行情况。对于预算执行中发现的新情况、新问题及出现偏差较大的重大项目，企业财务管理部门以及预算委员会应当责成有关预算执行单位查找原因，提出改进经营管理的措施和建议。企业财务管理部门应当利用财务报表监控预算的执行情况，及时向预算执行单位、企业预算委员会以至董事会或经理办公会提供财务预算的执行进度、执行差异及其对企业预算目标的影响等财务信息，促进企业完成预算目标。

10.4.2　预算的调整

预算调整是指企业在预算执行过程中，由于内外部经济环境或各种条件发生变化，对原制定的年度预算实施修改或变更，使预算基础或预算结果符合实际情况。

企业正式下达执行的预算，一般不予调整。预算执行单位在执行中由于市场环境、经营条件、政策法规等发生重大变化，致使预算的编制基础不成立，或者将导致预算执行结果产生重大偏差的，可以调整预算。企业应当建立内部弹性预算机制，对于不影响预算目标的业务预算、资本预算、筹资预算之间的调整，企业可以按照内部授权批准制度执行，鼓励预算执行单位及时采取有效的经营管理对策，保证预算目标的实现。企业调整预算，应当由预算执行单位逐级向企业预算委员会提出书面报告，阐述预算执行的具体情况、客观因素变化情况及其对预算执行造成的影响程度，提出预算指标的调整幅度。企业财务管理部门应当对预算执行单位的预算调整报告进行审核分析，集中编制企业年度预算调整方案，提交预算委员会以及企业董事会或经理办公会审议批准，然后下达执行。对于预算执行单位提出的预算调整事项，企业进行决策时，一般应当遵循以下要求。

（1）预算调整事项不能偏离企业发展战略。

（2）预算调整方案应当在经济上能够实现最优化。

（3）预算调整重点应当放在预算执行中出现的重要的、非正常的、不符合常规的关键性差异方面。

10.4.3　预算的分析与考核

企业应当建立预算分析制度，由预算委员会定期召开预算执行分析会议，全面掌握预算的执行情况，研究、解决预算执行中存在的问题，纠正预算的执行偏差。开展预算执行分析，企业管理部门及各预算执行单位应当充分收集有关财务、业务、市场、技术、政策、法律等方面的信息资料，根据不同情况分别采用比率分析、比较分析、因素分析、平衡分析等方法，从定量与定性两个层面充分反映预算执行单位的现状、发展趋势及其存在的潜力。针对预算的执行偏差，企业财务管理部门及各预算执行单位应当充分、客观地分析产生的原因，提出相应的解决措施或建议，提交董事会或经理办公会研究决定。企业预算委员会应当定期组织预算审计，纠正预算执行中存在的问题，充分发挥内部审计的监督作用，维护预算管理的严肃性。预算审计可采用全面审计或者抽样审计。

在特殊情况下，企业也可组织不定期的专项审计。审计工作结束后，企业内部审计机构应当形成审计报告，直接提交预算委员会以及董事会或经理办公会，作为预算调整、改进内部经营管理和财务考核的一项重要参考。预算年度终了，预算委员会应当向董事会或者经理办公会报告预算执行情况，并依据预算完成情况和预算审计情况对预算执行单位进行考核。

企业内部预算执行单位上报的预算执行报告，应经本部门、本单位负责人按照内部议事规范审议通过，作为企业进行财务考核的基本依据。企业预算按调整后的预算执行，预算完成情况以企业年度财务会计报告为准。企业预算执行考核是企业绩效评价的主要内容，应当结合年度内部经济责任制进行考核，与预算执行单位负责人的奖惩挂钩，并作为企业内部人力资源管理的参考。

练习题

一、单项选择题

1. 下列各项中，对企业预算管理工作负总责的组织是（　　）。

    A. 财务部 　　　　B. 董事会 　　　　C. 监事会 　　　　D. 股东会

2. 运用零基预算法编制预算，需要逐项进行成本效益分析的费用项目是（　　）。

    A. 可避免费用 　　B. 不可避免费用 　C. 可延续费用 　　D. 不可延续费用

3. 下列各项费用预算项目中，最适宜采用零基预算编制方法的是（　　）。

    A. 人工费 　　　　B. 培训费 　　　　C. 材料费 　　　　D. 折旧费

4. 下列预算编制方法中，可能导致无效费用开支项目无法得到有效控制的是（　　）。

    A. 增量预算 　　　B. 弹性预算 　　　C. 滚动预算 　　　D. 零基预算

5. 下列各项中，不属于零基预算法优点的是（　　）。

    A. 编制工作量小 　　　　　　　　　B. 不受现有预算的约束

    C. 不受现有费用项目的限制 　　　　D. 能够调动各方节约费用的积极性

6. 运用弹性预算法编制成本费用预算包括以下步骤。①确定适用的业务量范围；②确定各项成本与业务量的数量关系；③选项业务量计算单位；④计算各项预算成本。这 4 个步骤的正确顺序是（　　）。

    A. ①→②→③→④ 　　　　　　　　B. ③→②→①→④

    C. ③→①→②→④ 　　　　　　　　D. ①→③→②→④

7. 随着预算执行不断补充预算，但始终把持一个固定预算期长度的预算编制方法是（　　）。

    A. 滚动预算法 　　B. 弹性预算法 　　C. 零基预算法 　　D. 定期预算法

8. 下列各项中，可能会使预算期间与会计期间相分离的预算方法是（　　）。

    A. 增量预算法 　　B. 弹性预算法 　　C. 滚动预算法 　　D. 零基预算法

9. 下列不涉及现金收支的预算是（　　）。

    A. 销售预算 　　　B. 生产预算 　　　C. 制造费用预算 　D. 直接人工预算

10. 下列关于生产预算的表述中，错误的是（　　）。

    A. 生产预算是一种业务预算 　　　　B. 生产预算不涉及实物量指标

    C. 生产预算以销售预算为基础编制 　D. 生产预算是直接材料预算的编制依据

11. 某企业预计前两个季度的销量为 1 000 件和 1 200 件，期末产成品存货数量一般按下季销量的 10% 安排，则第一季度的预算产量为（　　）件。

    A. 1 020 　　　　　B. 980 　　　　　C. 1 100 　　　　　D. 1 000

12. 某公司预计计划年度期初应付账款余额为 200 万元，1 至 3 月份采购金额分别为 500 万元、600 万元和 800 万元，每月的采购款当月支付 70%，次月支付 30%。则预计一季度现金支出额是（　　）。

    A. 2 100 万元　　　　B. 1 900 万元　　　　C. 1 860 万元　　　　D. 1 660 万元

13. 在编制现金预算时，下列各项，不属于现金支出总额的一部分的是（　　）。

    A. 直接材料采购支出　　　　　　　　B. 支付借款利息

    C. 预交所得税　　　　　　　　　　　D. 销售及管理费用支出

14. 下列各项中，不会对预计资产负债表中存货金额产生影响的是（　　）。

    A. 生产预算　　　　　　　　　　　　B. 材料采购预算

    C. 销售费用预算　　　　　　　　　　D. 单位产品成本预算

15. 下列关于企业财务管理部门职责的说法不正确的是（　　）。

    A. 具体负责企业预算的跟踪管理

    B. 负责所属基层单位现金流量、经营成果和各项成本费用预算的编制、控制、分析工作

    C. 监督预算的执行情况

    D. 分析预算与实际执行的差异及原因，提出改进管理的意见与建议

二、多项选择题

1. 企业预算最主要的两大特征是（　　）。

    A. 数量化　　　B. 表格化　　　C. 可伸缩性　　　D. 可执行性

2. 下列各项中，属于业务预算的有（　　）。

    A. 资本支出预算　B. 生产预算　　C. 管理费用预算　D. 销售预算

3. 在下列各项预算中，属于财务预算内容的有（　　）。

    A. 销售预算　　　B. 生产预算　　C. 现金预算　　　D. 预计利润表

4. 下列选项中一般不属于长期预算的有（　　）。

    A. 销售预算　　　B. 财务预算　　C. 管理费用预算　D. 资本支出预算

5. 下列关于财务预算的表述中，正确的有（　　）。

    A. 财务预算多为长期预算

    B. 财务预算又被称作总预算

    C. 财务预算是全面预算体系的最后环节

    D. 财务预算主要包括现金预算和预计财务报表

6. 下列各项中，属于静态预算编制方法缺点的有（　　）。

    A. 可比性差

    B. 透明度差

    C. 可能导致无效费用开支项目无法得到有效控制

    D. 适应性差

7. 运用公式 "$y=a+bx$" 编制弹性预算，字母 x 所代表的业务量可能有（　　）。

    A. 生产量　　　B. 销售量　　　C. 库存量　　　D. 材料消耗量

8. 下列关于弹性预算的说法中，正确的有（　　）。

    A. 弹性预算编制依据的业务量可以是生产量、机器工时、材料消耗量等

    B. 能够保证预算期间与会计期间相对应

    C. 适用范围大

    D. 公式法比列表法的编制工作量小

9. 下列关于增量预算和零基预算的描述正确的有（   ）。

　　A．增量预算是以基期成本费用水平为基础编制的预算

　　B．零基预算在编制费用预算时，不考虑以往会计期间发生的费用项目或费用数额

　　C．零基预算可能导致无效费用开支项目无法得到有效控制

　　D．增量预算不受现有费用项目的限制

10. 编制生产预算中的"预计生产量"项目时，需要考虑的因素有（   ）。

　　A．预计销售量　　　　　　　　　　B．预计期初结存量

　　C．预计期末结存量　　　　　　　　D．前期实际销售量

11. 在编制直接材料预算时，需要考虑的因素包括（   ）。

　　A．该材料预计耗用量　　　　　　　B．该材料预计期末结存量

　　C．该材料期初结存量　　　　　　　D．该材料上期的耗用量

12. 下列各项预算中，与编制利润表预算直接相关的是（   ）。

　　A．销售预算　　　　　　　　　　　B．生产预算

　　C．产品成本预算　　　　　　　　　D．销售及管理费用预算

三、判断题

1. 财务预算能够综合反映各项业务预算和各项专门决策预算，因此称为总预算。　　（   ）

2. 企业财务管理部门应当利用报表监控预算执行情况，及时提供预算执行进度、执行差异等信息。　　　　　　　　　　　　　　　　　　　　　　　　　　　　　　　　（   ）

3. 专门决策预算主要反映项目投资与筹资计划，是编制现金预算和预计资产负债表的依据之一。　　　　　　　　　　　　　　　　　　　　　　　　　　　　　　　　　（   ）

4. 固定预算只按事先确定的某一业务量水平作为编制预算的基础。　　　　　　（   ）

5. 企业在编制零基预算时，需要以现有费用项目为依据，但不以现有的费用水平为基础。（   ）

6. 定期预算可以保证企业的经营管理工作能够稳定而有序地进行。　　　　　　（   ）

7. 连续预算能够使预算期间与会计年度相配合。　　　　　　　　　　　　　　（   ）

8. 编制现金预算时，制造费用产生的现金流出就是发生的制造费用数额。　　　（   ）

9. 预计资产负债表中现金余额项目的期末数不一定等于现金预算中的期末现金余额。（   ）

10. 企业正式下达执行的预算，执行部门一般不能调整，但是，市场环境、政策法规等发生重大变化，将导致预算执行结果产生重大偏差时，可经逐级审批后调整。　　　　　　　（   ）

四、问答题

1. 简述企业预算的作用。

2. 如何组织企业预算管理工作？

3. 比较弹性预算公式法和列表法的特点。

4. 简述零基预算的基本程序和优缺点。

5. 对于预算执行单位提出的预算调整事项，企业进行决策时，一般应当遵循哪些要求？

五、计算分析题

1. 丁公司采用逐季滚动预算和零基预算相结合的方法编制制造费用预算，相关资料如下。

资料一：2012 年分季度的制造费用预算如表 10-16 所示，表中"*"表示省略的数据。

表 10-16　　　　　　　　　　　　2012 年丁公司制造费用预算表　　　　　　　　　　　单位：元

项目	一	二	三	四	合计
直接人工预算总工时（小时）	11 400	12 060	12 360	12 600	48 420
变动制造费用	91 200	*	*	*	387 360

续表

项目	一	二	三	四	合计
其中：间接人工费用	50 160	53 064	54 384	55 440	213 048
固定制造费用	56 000	56 000	56 000	56 000	224 000
其中：设备租金	48 500	48 500	48 500	48 500	48 500
生产准备与车间管理费用	*	*	*	*	*

资料二：2012 年第二季度至 2013 年第一季度滚动预算期间。将发生如下变动。

（1）直接人工预算总工时为 50 000 小时；

（2）间接人工费用预算工时分配率将提高 10%；

（3）2012 年第一季度末重新签订设备租赁合同，新租赁合同中设备年租金将降低 20%。

资料三：2012 年第二季度至 2013 年第一季度，公司管理层决定将固定制造费用总额控制在 185 200 元以内，固定制造费用由设备租金、生产准备费用和车间管理费组成，其中设备租金属于约束性固定成本，生产准备费和车间管理费属于酌量性固定成本，根据历史资料分析，生产准备费的成本效益远高于车间管理费。为满足生产经营需要，车间管理费总预算额的控制区间为 12 000～15 000 元。

要求：

（1）根据资料一和资料二，计算 2012 年第二季度至 2013 年第一季度滚动期间的下列指标。①间接人工费用预算工时分配率；②间接人工费用总预算额；③设备租金总预算额。

（2）根据资料二和资料三，在综合平衡基础上根据成本效益分析原则，完成 2012 年第二季度至 2013 年第一季度滚动期间的下列事项：①确定车间管理费用总预算额；②计算生产准备费总预算额。

2．甲公司计划本年只生产一种产品，有关资料如下。

（1）每季的产品销售货款有 60%于当期收到现金，有 40%于下个季度收到现金，预计第一季度末的应收账款为 3 800 万元，第二季度的销售收入为 8 000 万元，第三季度的销售收入为 12 000 万元。产品售价为 1 000 元/件。

（2）每一季度末的库存产品数量等于下一季度销售量的 20%。单位产品材料定额耗用量为 5 千克，第二季度末的材料结存量为 8 400 千克，第二季度初的材料结存量为 6 400 千克，材料计划单价 10 元/千克。

（3）材料采购货款在采购的季度支付 80%，剩余的 20%在下季度支付，未支付的采购货款通过"应付账款"核算，第一季度末的应付账款为 100 万元。

要求：

（1）确定第一季度的销售收入；

（2）确定第二季度的销售现金收入合计；

（3）确定第二季度的预计生产量；

（4）确定第二季度的预计材料采购量；

（5）确定第二季度采购的现金支出合计。

3．丁公司 2014 年末的长期借款余额为 12 000 万元，短期借款余额为零。该公司的最佳现金持有量为 500 万元，如果资金不足，可向银行借款。

假设：银行要求借款的金额是 100 万元的倍数，而偿还本金的金额是 10 万元的倍数；新增借款发生在季度期初，偿还借款本金发生在季度期末，先偿还短期借款；借款利息按季度平均计提，并在季度期末偿还。丁公司编制了 2015 年分季度的现金预算，部分信息如表 10-17 所示，表中的×表示省略的数据。（单位：万元）

要求：确定表 10-17 中字母代表的数值（不需要列示计算过程）。

表 10-17   丁公司 2015 年分季度现金预算

季度	一	二	三	四
现金短缺	17 500	C	×	-450
长期借款	6 000	0	5 000	0
短期借款	2 000	0	0	E
偿还短期借款	0	1 450	1 150	0
偿还短期借款利息（年利率 8%）	52	B	D	×
偿还长期借款利息（年利率 12%）	540	540	×	690
期末现金余额	A	503	×	×

4. 某企业现着手编制 2013 年 6 月的现金收支计划。预计 2013 年 6 月月初现金余额为 8 000 元；月初应收账款 4 000 元，预计月内可收回 80%；本月销货 50 000 元，预计月内收款比例为 50%；本月采购材料 8 000 元，预计月内付款 70%；月初应付账款余额 5 000 元需在月内全部付清；月内以现金支付工资 8 400 元；本月制造费用等间接费用付现 16 000 元；其他经营性现金支出 900 元；购买设备支付现金 10 000 元。企业现金不足时，可向银行借款，借款利率为 10%，银行要求借款金额为 1 000 元的倍数；现金多余时可购买有价证券。要求月末现金余额不低于 5 000 元。要求：

（1）计算经营现金收入。

（2）计算经营现金支出。

（3）计算现金余缺。

（4）确定是否需要向银行借款，如果需要向银行借款，请计算借款的金额。

（5）确定现金月末余额。

复利终值系数表

期数	1%	2%	3%	4%	5%	6%	7%	8%	9%	10%
1	1.010 0	1.020 0	1.030 0	1.040 0	1.050 0	1.060 0	1.070 0	1.080 0	1.090 0	1.100 0
2	1.020 1	1.040 4	1.060 9	1.081 6	1.102 5	1.123 6	1.144 9	1.166 4	1.188 1	1.210 0
3	1.030 3	1.061 2	1.092 7	1.124 9	1.157 6	1.191 0	1.225 0	1.259 7	1.295 0	1.331 0
4	1.040 6	1.082 4	1.125 5	1.169 9	1.215 5	1.262 5	1.310 8	1.360 5	1.411 6	1.464 1
5	1.051 0	1.104 1	1.159 3	1.216 7	1.276 3	1.338 2	1.402 6	1.469 3	1.538 6	1.610 5
6	1.061 5	1.126 2	1.194 1	1.265 3	1.340 1	1.418 5	1.500 7	1.586 9	1.677 1	1.771 6
7	1.072 1	1.148 7	1.229 9	1.315 9	1.407 1	1.503 6	1.605 8	1.713 8	1.828 0	1.948 7
8	1.082 9	1.171 7	1.266 8	1.368 6	1.477 5	1.593 8	1.718 2	1.850 9	1.992 6	2.143 6
9	1.093 7	1.195 1	1.304 8	1.423 3	1.551 3	1.689 5	1.838 5	1.999 0	2.171 9	2.357 9
10	1.104 6	1.219 0	1.343 9	1.480 2	1.628 9	1.790 8	1.967 2	2.158 9	2.367 4	2.593 7
11	1.115 7	1.243 4	1.384 2	1.539 5	1.710 3	1.898 3	2.104 9	2.331 6	2.580 4	2.853 1
12	1.126 8	1.268 2	1.425 8	1.601 0	1.795 9	2.012 2	2.252 2	2.518 2	2.812 7	3.138 4
13	1.138 1	1.293 6	1.468 5	1.665 1	1.885 6	2.132 9	2.409 8	2.719 6	3.065 8	3.452 3
14	1.149 5	1.319 5	1.512 6	1.731 7	1.979 9	2.260 9	2.578 5	2.937 2	3.341 7	3.797 5
15	1.161 0	1.345 9	1.558 0	1.800 9	2.078 9	2.396 6	2.759 0	3.172 2	3.642 5	4.177 2
16	1.172 6	1.372 8	1.604 7	1.873 0	2.182 9	2.540 4	2.952 2	3.425 9	3.970 3	4.595 0
17	1.184 3	1.400 2	1.652 8	1.947 9	2.292 0	2.692 8	3.158 8	3.700 0	4.327 6	5.054 5
18	1.196 1	1.428 2	1.702 4	2.025 8	2.406 6	2.854 3	3.379 9	3.996 0	4.717 1	5.559 9
19	1.208 1	1.456 8	1.753 5	2.106 8	2.527 0	3.025 6	3.616 5	4.315 7	5.141 7	6.115 9
20	1.220 2	1.485 9	1.806 1	2.191 1	2.653 3	3.207 1	3.869 7	4.661 0	5.604 4	6.727 5
21	1.232 4	1.515 7	1.860 3	2.278 8	2.786 0	3.399 6	4.140 6	5.033 8	6.108 8	7.400 2
22	1.244 7	1.546 0	1.916 1	2.369 9	2.925 3	3.603 5	4.430 4	5.436 5	6.658 6	8.140 3
23	1.257 2	1.576 9	1.973 6	2.464 7	3.071 5	3.819 7	4.740 5	5.871 5	7.257 9	8.954 3
24	1.269 7	1.608 4	2.032 8	2.563 3	3.225 1	4.048 9	5.072 4	6.341 2	7.911 1	9.849 7
25	1.282 4	1.640 6	2.093 8	2.665 8	3.386 4	4.291 9	5.427 4	6.848 5	8.623 1	10.835
26	1.295 3	1.673 4	2.156 6	2.772 5	3.555 7	4.549 4	5.807 4	7.396 4	9.399 2	11.918
27	1.308 2	1.706 9	2.221 3	2.883 4	3.733 5	4.822 3	6.213 9	7.988 1	10.245	13.110
28	1.321 3	1.741 0	2.287 9	2.998 7	3.920 1	5.111 7	6.648 8	8.627 1	11.167	14.421
29	1.334 5	1.775 8	2.356 6	3.118 7	4.116 1	5.418 4	7.114 3	9.317 3	12.172	15.863
30	1.347 8	1.811 4	2.427 3	3.243 4	4.321 9	5.743 5	7.612 3	10.063	13.268	17.449
40	1.488 9	2.208 0	3.262 0	4.801 0	7.040 0	10.286	14.975	21.725	31.409	45.259
50	1.644 6	2.691 6	4.383 9	7.106 7	11.467	18.420	29.457	46.902	74.358	117.39
60	1.816 7	3.281 0	5.891 6	10.520	18.679	32.988	57.946	101.26	176.03	304.48
期数	11%	12%	13%	14%	15%	16%	17%	18%	19%	20%
1	1.110 0	1.120 0	1.130 0	1.140 0	1.150 0	1.160 0	1.170 0	1.180 0	1.190 0	1.200 0
2	1.232 1	1.254 4	1.276 9	1.299 6	1.322 5	1.345 6	1.368 9	1.392 4	1.416 1	1.440 0
3	1.367 6	1.404 9	1.442 9	1.481 5	1.520 9	1.560 9	1.601 6	1.643 0	1.685 2	1.728 0
4	1.518 1	1.573 5	1.630 5	1.689 0	1.749 0	1.810 6	1.873 9	1.938 8	2.005 3	2.073 6
5	1.685 1	1.762 3	1.842 4	1.925 4	2.011 4	2.100 3	2.192 4	2.287 8	2.386 4	2.488 3

续表

期数	11%	12%	13%	14%	15%	16%	17%	18%	19%	20%
6	1.870 4	1.973 8	2.082 0	2.195 0	2.313 1	2.436 4	2.565 2	2.699 6	2.839 8	2.986 0
7	2.076 2	2.210 7	2.352 6	2.502 3	2.660 0	2.826 2	3.001 2	3.185 5	3.379 3	3.583 2
8	2.304 5	2.476 0	2.658 4	2.852 6	3.059 0	3.278 4	3.511 5	3.758 9	4.021 4	4.299 8
9	2.558 0	2.773 1	3.004 0	3.251 9	3.517 9	3.803 0	4.108 4	4.435 5	4.785 4	5.159 8
10	2.839 4	3.105 8	3.394 6	3.707 2	4.045 6	4.411 4	4.806 8	5.233 8	5.694 7	6.191 7
11	3.151 8	3.478 5	3.835 9	4.226 2	4.652 4	5.117 3	5.624 0	6.175 9	6.776 7	7.430 1
12	3.498 5	3.896 0	4.334 5	4.817 9	5.350 3	5.936 0	6.580 1	7.287 6	8.064 2	8.916 1
13	3.883 3	4.363 5	4.898 0	5.492 4	6.152 8	6.885 8	7.698 7	8.599 4	9.596 4	10.699
14	4.310 4	4.887 1	5.534 8	6.261 3	7.075 7	7.987 5	9.007 5	10.147	11.420	12.839
15	4.784 6	5.473 6	6.254 3	7.137 9	8.137 1	9.265 5	10.539	11.974	13.590	15.407
16	5.310 9	6.130 4	7.067 3	8.137 2	9.357 6	10.748	12.330	14.129	16.172	18.488
17	5.895 1	6.866 0	7.986 1	9.276 5	10.761	12.468	14.427	16.672	19.244	22.186
18	6.543 6	7.690 0	9.024 3	10.575	12.376	14.463	16.879	19.673	22.901	26.623
19	7.263 3	8.612 8	10.197	12.056	14.232	16.777	19.748	23.214	27.252	31.948
20	8.062 3	9.646 3	11.523	13.744	16.367	19.461	23.106	27.393	32.429	38.338
21	8.949	10.804	13.021	15.668	18.822	22.575	27.034	32.324	38.591	46.005
22	9.934	12.100	14.714	17.861	21.645	26.186	31.629	38.142	45.923	55.206
23	11.026	13.552	16.627	20.362	24.892	30.376	37.006	45.008	54.649	66.247
24	12.239	15.179	18.788	23.212	28.625	35.236	43.297	53.109	65.032	79.497
25	13.586	17.000	21.231	26.462	32.919	40.874	50.658	62.669	77.388	95.396
26	15.080	19.040	23.991	30.167	37.857	47.414	59.270	73.949	92.092	114.48
27	16.739	21.325	27.109	34.390	43.535	55.000	69.346	87.260	109.59	137.37
28	18.580	23.884	30.634	39.205	50.066	63.800	81.134	102.97	130.41	164.84
29	20.624	26.750	34.616	44.693	57.576	74.009	94.927	121.50	155.19	197.81
30	22.892	29.960	39.116	50.950	66.212	85.850	111.06	143.37	184.68	237.38
40	65.001	93.051	132.78	188.88	267.86	378.72	533.87	750.38	1 051.7	1 469.8
50	184.56	289.00	450.74	700.23	1 083.7	1 670.7	2 566.2	3 927.4	5 988.9	9 100.4
60	524.06	897.60	1 530.1	2 595.9	4 384.0	7 370.2	12 335	20 555	34 105	563 48
期数	21%	22%	23%	24%	25%	26%	27%	28%	29%	30%
1	1.210 0	1.220 0	1.230 0	1.240 0	1.250 0	1.260 0	1.270 0	1.280 0	1.290 0	1.300 0
2	1.464 1	1.488 4	1.512 9	1.537 6	1.562 5	1.587 6	1.612 9	1.638 4	1.664 1	1.690 0
3	1.771 6	1.815 8	1.860 9	1.906 6	1.953 1	2.000 4	2.048 4	2.097 2	2.146 7	2.197 0
4	2.143 6	2.215 3	2.288 9	2.364 2	2.441 4	2.520 5	2.601 4	2.684 4	2.769 2	2.856 1
5	2.593 7	2.702 7	2.815 3	2.931 6	3.051 8	3.175 8	3.303 8	3.436 0	3.572 3	3.712 9
6	3.138 4	3.297 3	3.462 8	3.635 2	3.814 7	4.001 5	4.195 9	4.398 0	4.608 3	4.826 8
7	3.797 5	4.022 7	4.259 3	4.507 7	4.768 4	5.041 9	5.328 8	5.629 5	5.944 7	6.274 9
8	4.595 0	4.907 7	5.238 9	5.589 5	5.960 5	6.352 8	6.767 5	7.205 8	7.668 6	8.157 3
9	5.559 9	5.987 4	6.443 9	6.931 0	7.450 6	8.004 5	8.594 8	9.223 4	9.892 5	10.605
10	6.727 5	7.304 6	7.925 9	8.594 4	9.313 2	10.086	10.915	11.806	12.761	13.786
11	8.140 3	8.911 7	9.748 9	10.657	11.642	12.708	13.863	15.112	16.462	17.922
12	9.849 7	10.872	11.991	13.215	14.552	16.012	17.605	19.343	21.236	23.298
13	11.918	13.264	14.749	16.386	18.190	20.175	22.359	24.759	27.395	30.288
14	14.421	16.182	18.141	20.319	22.737	25.421	28.396	31.691	35.339	39.374
15	17.449	19.742	22.314	25.196	28.422	32.030	36.063	40.565	45.588	51.186

续表

期数	21%	22%	23%	24%	25%	26%	27%	28%	29%	30%
16	21.114	24.086	27.446	31.243	35.527	40.358	45.799	51.923	58.808	66.542
17	25.548	29.384	33.759	38.741	44.409	50.851	58.165	66.461	75.862	86.504
18	30.913	35.849	41.523	48.039	55.511	64.072	73.870	85.071	97.862	112.46
19	37.404	43.736	51.074	59.568	69.389	80.731	93.815	108.89	126.24	146.19
20	45.259	53.358	62.821	73.864	86.736	101.72	119.14	139.38	162.85	190.05
21	54.764	65.096	77.269	91.592	108.42	128.17	151.31	178.41	210.08	247.06
22	66.264	79.418	95.041	113.57	135.53	161.49	192.17	228.36	271.00	321.18
23	80.180	96.889	116.90	140.83	169.41	203.48	244.05	292.30	349.59	417.54
24	97.017	118.21	143.79	174.63	211.76	256.39	309.95	374.14	450.98	542.80
25	117.39	144.21	176.86	216.54	264.70	323.05	393.63	478.90	581.76	705.64
26	142.04	175.94	217.54	268.51	330.87	407.04	499.92	613.00	750.47	917.33
27	171.87	214.64	267.57	332.96	413.59	512.87	634.89	784.64	968.10	1 192.5
28	207.97	261.86	329.11	412.86	516.99	646.21	806.31	1 004.3	1 248.9	1 550.3
29	251.64	319.47	404.81	511.95	646.23	814.23	1 024.0	1 285.6	1 611.0	2 015.4
30	304.48	389.76	497.91	634.82	807.79	1 025.9	1 300.5	1 645.5	2 078.2	2 620.0
40	2 048.4	2 847.0	3 946.4	5 455.9	7 523.2	10 347	14 195	19 427	26 521	36 119
50	13 781	20 797	31 279	46 890	70 065	104 358	154 948	229 350	338 443	497 929
60	92 709	151 911	247 917	402 996	652 530	*	*	*	*	*

期数	1%	2%	3%	4%	5%	6%	7%	8%	9%	10%
1	0.990 1	0.980 4	0.970 9	0.961 5	0.952 4	0.943 4	0.934 6	0.925 9	0.917 4	0.909 1
2	0.980 3	0.961 2	0.942 6	0.924 6	0.907 0	0.890 0	0.873 4	0.857 3	0.841 7	0.826 4
3	0.970 6	0.942 3	0.915 1	0.889 0	0.863 8	0.839 6	0.816 3	0.793 8	0.772 2	0.751 3
4	0.961 0	0.923 8	0.888 5	0.854 8	0.822 7	0.792 1	0.762 9	0.735 0	0.708 4	0.683 0
5	0.951 5	0.905 7	0.862 6	0.821 9	0.783 5	0.747 3	0.713 0	0.680 6	0.649 9	0.620 9
6	0.942 0	0.888 0	0.837 5	0.790 3	0.746 2	0.705 0	0.666 3	0.630 2	0.596 3	0.564 5
7	0.932 7	0.870 6	0.813 1	0.759 9	0.710 7	0.665 1	0.622 7	0.583 5	0.547 0	0.513 2
8	0.923 5	0.853 5	0.789 4	0.730 7	0.676 8	0.627 4	0.582 0	0.540 3	0.501 9	0.466 5
9	0.914 3	0.836 8	0.766 4	0.702 6	0.644 6	0.591 9	0.543 9	0.500 2	0.460 4	0.424 1
10	0.905 3	0.820 3	0.744 1	0.675 6	0.613 9	0.558 4	0.508 3	0.463 2	0.422 4	0.385 5
11	0.896 3	0.804 3	0.722 4	0.649 6	0.584 7	0.526 8	0.475 1	0.428 9	0.387 5	0.350 5
12	0.887 4	0.788 5	0.701 4	0.624 6	0.556 8	0.497 0	0.444 0	0.397 1	0.355 5	0.318 6
13	0.878 7	0.773 0	0.681 0	0.600 6	0.530 3	0.468 8	0.415 0	0.367 7	0.326 2	0.289 7
14	0.870 0	0.757 9	0.661 1	0.577 5	0.505 1	0.442 3	0.387 8	0.340 5	0.299 2	0.263 3
15	0.861 3	0.743 0	0.641 9	0.555 3	0.481 0	0.417 3	0.362 4	0.315 2	0.274 5	0.239 4
16	0.852 8	0.728 4	0.623 2	0.533 9	0.458 1	0.393 6	0.338 7	0.291 9	0.251 9	0.217 6
17	0.844 4	0.714 2	0.605 0	0.513 4	0.436 3	0.371 4	0.316 6	0.270 3	0.231 1	0.197 8
18	0.836 0	0.700 2	0.587 4	0.493 6	0.415 5	0.350 3	0.295 9	0.250 2	0.212 0	0.179 9
19	0.827 7	0.686 4	0.570 3	0.474 6	0.395 7	0.330 5	0.276 5	0.231 7	0.194 5	0.163 5
20	0.819 5	0.673 0	0.553 7	0.456 4	0.376 9	0.311 8	0.258 4	0.214 5	0.178 4	0.148 6
21	0.811 4	0.659 8	0.537 5	0.438 8	0.358 9	0.294 2	0.241 5	0.198 7	0.163 7	0.135 1
22	0.803 4	0.646 8	0.521 9	0.422 0	0.341 8	0.277 5	0.225 7	0.183 9	0.150 2	0.122 8
23	0.795 4	0.634 2	0.506 7	0.405 7	0.325 6	0.261 8	0.210 9	0.170 3	0.137 8	0.111 7
24	0.787 6	0.621 7	0.491 9	0.390 1	0.310 1	0.247 0	0.197 1	0.157 7	0.126 4	0.101 5
25	0.779 8	0.609 5	0.477 6	0.375 1	0.295 3	0.233 0	0.184 2	0.146 0	0.116 0	0.092 3
26	0.772 0	0.597 6	0.463 7	0.360 7	0.281 2	0.219 8	0.172 2	0.135 2	0.106 4	0.083 9
27	0.764 4	0.585 9	0.450 2	0.346 8	0.267 8	0.207 4	0.160 9	0.125 2	0.097 6	0.076 3
28	0.756 8	0.574 4	0.437 1	0.333 5	0.255 1	0.195 6	0.150 4	0.115 9	0.089 5	0.069 3
29	0.749 3	0.563 1	0.424 3	0.320 7	0.242 9	0.184 6	0.140 6	0.107 3	0.082 2	0.063 0
30	0.741 9	0.552 1	0.412 0	0.308 3	0.231 4	0.174 1	0.131 4	0.099 4	0.075 4	0.057 3
40	0.671 7	0.452 9	0.306 6	0.208 3	0.142 0	0.097 2	0.066 8	0.046 0	0.031 8	0.022 1
50	0.608 0	0.371 5	0.228 1	0.140 7	0.087 2	0.054 3	0.033 9	0.021 3	0.013 4	0.008 5
60	0.550 4	0.304 8	0.169 7	0.095 1	0.053 5	0.030 3	0.017 3	0.009 9	0.005 7	0.003 3

期数	11%	12%	13%	14%	15%	16%	17%	18%	19%	20%
1	0.900 9	0.892 9	0.885 0	0.877 2	0.869 6	0.862 1	0.854 7	0.847 5	0.840 3	0.833 3
2	0.811 6	0.797 2	0.783 1	0.769 5	0.756 1	0.743 2	0.730 5	0.718 2	0.706 2	0.694 4
3	0.731 2	0.711 8	0.693 1	0.675 0	0.657 5	0.640 7	0.624 4	0.608 6	0.593 4	0.578 7
4	0.658 7	0.635 5	0.613 3	0.592 1	0.571 8	0.552 3	0.533 7	0.515 8	0.498 7	0.482 3
5	0.593 5	0.567 4	0.542 8	0.519 4	0.497 2	0.476 1	0.456 1	0.437 1	0.419 0	0.401 9
6	0.534 6	0.506 6	0.480 3	0.455 6	0.432 3	0.410 4	0.389 8	0.370 4	0.352 1	0.334 9
7	0.481 7	0.452 3	0.425 1	0.399 6	0.375 9	0.353 8	0.333 2	0.313 9	0.295 9	0.279 1
8	0.433 9	0.403 9	0.376 2	0.350 6	0.326 9	0.305 0	0.284 8	0.266 0	0.248 7	0.232 6
9	0.390 9	0.360 6	0.332 9	0.307 5	0.284 3	0.263 0	0.243 4	0.225 5	0.209 0	0.193 8
10	0.352 2	0.322 0	0.294 6	0.269 7	0.247 2	0.226 7	0.208 0	0.191 1	0.175 6	0.161 5
11	0.317 3	0.287 5	0.260 7	0.236 6	0.214 9	0.195 4	0.177 8	0.161 9	0.147 6	0.134 6
12	0.285 8	0.256 7	0.230 7	0.207 6	0.186 9	0.168 5	0.152 0	0.137 2	0.124 0	0.112 2
13	0.257 5	0.229 2	0.204 2	0.182 1	0.162 5	0.145 2	0.129 9	0.116 3	0.104 2	0.093 5
14	0.232 0	0.204 6	0.180 7	0.159 7	0.141 3	0.125 2	0.111 0	0.098 5	0.087 6	0.077 9

续表

期数	11%	12%	13%	14%	15%	16%	17%	18%	19%	20%
15	0.209 0	0.182 7	0.159 9	0.140 1	0.122 9	0.107 9	0.094 9	0.083 5	0.073 6	0.064 9
16	0.188 3	0.163 1	0.141 5	0.122 9	0.106 9	0.093 0	0.081 1	0.070 8	0.061 8	0.054 1
17	0.169 6	0.145 6	0.125 2	0.107 8	0.092 9	0.080 2	0.069 3	0.060 0	0.052 0	0.045 1
18	0.152 8	0.130 0	0.110 8	0.094 6	0.080 8	0.069 1	0.059 2	0.050 8	0.043 7	0.037 6
19	0.137 7	0.116 1	0.098 1	0.082 9	0.070 3	0.059 6	0.050 6	0.043 1	0.036 7	0.031 3
20	0.124 0	0.103 7	0.086 8	0.072 8	0.061 1	0.051 4	0.043 3	0.036 5	0.030 8	0.026 1
21	0.111 7	0.092 6	0.076 8	0.063 8	0.053 1	0.044 3	0.037 0	0.030 9	0.025 9	0.021 7
22	0.100 7	0.082 6	0.068 0	0.056 0	0.046 2	0.038 2	0.031 6	0.026 2	0.021 8	0.018 1
23	0.090 7	0.073 8	0.060 1	0.049 1	0.040 2	0.032 9	0.027 0	0.022 2	0.018 3	0.015 1
24	0.081 7	0.065 9	0.053 2	0.043 1	0.034 9	0.028 4	0.023 1	0.018 8	0.015 4	0.012 6
25	0.073 6	0.058 8	0.047 1	0.037 8	0.030 4	0.024 5	0.019 7	0.016 0	0.012 9	0.010 5
26	0.066 3	0.052 5	0.041 7	0.033 1	0.026 4	0.021 1	0.016 9	0.013 5	0.010 9	0.008 7
27	0.059 7	0.046 9	0.036 9	0.029 1	0.023 0	0.018 2	0.014 4	0.011 5	0.009 1	0.007 3
28	0.053 8	0.041 9	0.032 6	0.025 5	0.020 0	0.015 7	0.012 3	0.009 7	0.007 7	0.006 1
29	0.048 5	0.037 4	0.028 9	0.022 4	0.017 4	0.013 5	0.010 5	0.008 2	0.006 4	0.005 1
30	0.043 7	0.033 4	0.025 6	0.019 6	0.015 1	0.011 6	0.009 0	0.007 0	0.005 4	0.004 2
40	0.015 4	0.010 7	0.007 5	0.005 3	0.003 7	0.002 6	0.001 9	0.001 3	0.001 0	0.000 7
50	0.005 4	0.003 5	0.002 2	0.001 4	0.000 9	0.000 6	0.000 4	0.000 3	0.000 2	0.000 1
60	0.001 9	0.001 1	0.000 7	0.000 4	0.000 2	0.000 1	0.000 1	*	*	*

期数	21%	22%	23%	24%	25%	26%	27%	28%	29%	30%
1	0.826 4	0.819 7	0.813 0	0.806 5	0.800 0	0.793 7	0.787 4	0.781 3	0.775 2	0.769 2
2	0.683 0	0.671 9	0.661 0	0.650 4	0.640 0	0.629 9	0.620 0	0.610 4	0.600 9	0.591 7
3	0.564 5	0.550 7	0.537 4	0.524 5	0.512 0	0.499 9	0.488 2	0.476 8	0.465 8	0.455 2
4	0.466 5	0.451 4	0.436 9	0.423 0	0.409 6	0.396 8	0.384 4	0.372 5	0.361 1	0.350 1
5	0.385 5	0.370 0	0.355 2	0.341 1	0.327 7	0.314 9	0.302 7	0.291 0	0.279 9	0.269 3
6	0.318 6	0.303 3	0.288 8	0.275 1	0.262 1	0.249 9	0.238 3	0.227 4	0.217 0	0.207 2
7	0.263 3	0.248 6	0.234 8	0.221 8	0.209 7	0.198 3	0.187 7	0.177 6	0.168 2	0.159 4
8	0.217 6	0.203 8	0.190 9	0.178 9	0.167 8	0.157 4	0.147 8	0.138 8	0.130 4	0.122 6
9	0.179 9	0.167 0	0.155 2	0.144 3	0.134 2	0.124 9	0.116 4	0.108 4	0.101 1	0.094 3
10	0.148 6	0.136 9	0.126 2	0.116 4	0.107 4	0.099 2	0.091 6	0.084 7	0.078 4	0.072 5
11	0.122 8	0.112 2	0.102 6	0.093 8	0.085 9	0.078 7	0.072 1	0.066 2	0.060 7	0.055 8
12	0.101 5	0.092 0	0.083 4	0.075 7	0.068 7	0.062 5	0.056 8	0.051 7	0.047 1	0.042 9
13	0.083 9	0.075 4	0.067 8	0.061 0	0.055 0	0.049 6	0.044 7	0.040 4	0.036 5	0.033 0
14	0.069 3	0.061 8	0.055 1	0.049 2	0.044 0	0.039 3	0.035 2	0.031 6	0.028 3	0.025 4
15	0.057 3	0.050 7	0.044 8	0.039 7	0.035 2	0.031 2	0.027 7	0.024 7	0.021 9	0.019 5
16	0.047 4	0.041 5	0.036 4	0.032 0	0.028 1	0.024 8	0.021 8	0.019 3	0.017 0	0.015 0
17	0.039 1	0.034 0	0.029 6	0.025 8	0.022 5	0.019 7	0.017 2	0.015 0	0.013 2	0.011 6
18	0.032 3	0.027 9	0.024 1	0.020 8	0.018 0	0.015 6	0.013 5	0.011 8	0.010 2	0.008 9
19	0.026 7	0.022 9	0.019 6	0.016 8	0.014 4	0.012 4	0.010 7	0.009 2	0.007 9	0.006 8
20	0.022 1	0.018 7	0.015 9	0.013 5	0.011 5	0.009 8	0.008 4	0.007 2	0.006 1	0.005 3
21	0.018 3	0.015 4	0.012 9	0.010 9	0.009 2	0.007 8	0.006 6	0.005 6	0.004 8	0.004 0
22	0.015 1	0.012 6	0.010 5	0.008 8	0.007 4	0.006 2	0.005 2	0.004 4	0.003 7	0.003 1
23	0.012 5	0.010 3	0.008 6	0.007 1	0.005 9	0.004 9	0.004 1	0.003 4	0.002 9	0.002 4
24	0.010 3	0.008 5	0.007 0	0.005 7	0.004 7	0.003 9	0.003 2	0.002 7	0.002 2	0.001 8
25	0.008 5	0.006 9	0.005 7	0.004 6	0.003 8	0.003 1	0.002 5	0.002 1	0.001 7	0.001 4
26	0.007 0	0.005 7	0.004 6	0.003 7	0.003 0	0.002 5	0.002 0	0.001 6	0.001 3	0.001 1
27	0.005 8	0.004 7	0.003 7	0.003 0	0.002 4	0.001 9	0.001 6	0.001 3	0.001 0	0.000 8
28	0.004 8	0.003 8	0.003 0	0.002 4	0.001 9	0.001 5	0.001 2	0.001 0	0.000 8	0.000 6
29	0.004 0	0.003 1	0.002 5	0.002 0	0.001 5	0.001 2	0.001 0	0.000 8	0.000 6	0.000 5
30	0.003 3	0.002 6	0.002 0	0.001 6	0.001 2	0.001 0	0.000 8	0.000 6	0.000 5	0.000 4
40	0.000 5	0.000 4	0.000 3	0.000 2	0.000 1	0.000 1	0.000 1	0.000 1	*	*
50	0.000 1	*	*	*	*	*	*	*	*	*
60	*	*	*	*	*	*	*	*	*	*

年金终值系数表 附录三

期数	1%	2%	3%	4%	5%	6%	7%	8%	9%	10%
1	1.000 0	1.000 0	1.000 0	1.000 0	1.000 0	1.000 0	1.000 0	1.000 0	1.000 0	1.000 0
2	2.010 0	2.020 0	2.030 0	2.040 0	2.050 0	2.060 0	2.070 0	2.080 0	2.090 0	2.100 0
3	3.030 1	3.060 4	3.090 9	3.121 6	3.152 5	3.183 6	3.214 9	3.246 4	3.278 1	3.310 0
4	4.060 4	4.121 6	4.183 6	4.246 5	4.310 1	4.374 6	4.439 9	4.506 1	4.573 1	4.641 0
5	5.101 0	5.204 0	5.309 1	5.416 3	5.525 6	5.637 1	5.750 7	5.866 6	5.984 7	6.105 1
6	6.152 0	6.308 1	6.468 4	6.633 0	6.801 9	6.975 3	7.153 3	7.335 9	7.523 3	7.715 6
7	7.213 5	7.434 3	7.662 5	7.898 3	8.142 0	8.393 8	8.654 0	8.922 8	9.200 4	9.487 2
8	8.285 7	8.583 0	8.892 3	9.214 2	9.549 1	9.897 5	10.260	10.637	11.029	11.436
9	9.368 5	9.754 6	10.159	10.583	11.027	11.491	11.978	12.488	13.021	13.580
10	10.46 2	10.950	11.464	12.006	12.578	13.181	13.816	14.487	15.193	15.937
11	11.567	12.169	12.808	13.486	14.207	14.972	15.784	16.646	17.560	18.531
12	12.683	13.412	14.192	15.026	15.917	16.870	17.889	18.977	20.141	21.384
13	13.809	14.680	15.618	16.627	17.713	18.882	20.141	21.495	22.953	24.523
14	14.947	15.974	17.086	18.292	19.599	21.015	22.551	24.215	26.019	27.975
15	16.097	17.293	18.599	20.024	21.579	23.276	25.129	27.152	29.361	31.773
16	17.258	18.639	20.157	21.825	23.658	25.673	27.888	30.324	33.003	35.950
17	18.430	20.012	21.762	23.698	25.840	28.213	30.840	33.750	36.974	40.545
18	19.615	21.412	23.414	25.645	28.132	30.906	33.999	37.450	41.301	45.599
19	20.811	22.841	25.117	27.671	30.539	33.760	37.379	41.446	46.019	51.159
20	22.019	24.297	26.870	29.778	33.066	36.786	40.996	45.762	51.160	57.275
21	23.239	25.783	28.677	31.969	35.719	39.993	44.865	50.423	56.765	64.003
22	24.472	27.299	30.537	34.248	38.505	43.392	49.006	55.457	62.873	71.403
23	25.716	28.845	32.453	36.618	41.431	46.996	53.436	60.893	69.532	79.543
24	26.974	30.422	34.427	39.083	44.502	50.816	58.177	66.765	76.790	88.497
25	28.243	32.030	36.459	41.646	47.727	54.865	63.249	73.106	84.701	98.347
26	29.526	33.671	38.553	44.312	51.114	59.156	68.677	79.954	93.324	109.18
27	30.821	35.344	40.710	47.084	54.669	63.706	74.484	87.351	102.72	121.10
28	32.129	37.051	42.931	49.968	58.403	68.528	80.698	95.339	112.97	134.21
29	33.450	38.792	45.219	52.966	62.323	73.640	87.347	103.97	124.14	148.63
30	34.785	40.568	47.575	56.085	66.439	79.058	94.461	113.28	136.31	164.49
40	48.886	60.402	75.401	95.026	120.80	154.76	199.64	259.06	337.88	442.59
50	64.463	84.579	112.80	152.67	209.35	290.34	406.53	573.77	815.08	1 163.9
60	81.670	114.05	163.05	237.99	353.58	533.13	813.52	1 253.2	1 944.8	3 034.8
期数	11%	12%	13%	14%	15%	16%	17%	18%	19%	20%
1	1.000 0	1.000 0	1.000 0	1.000 0	1.000 0	1.000 0	1.000 0	1.000 0	1.000 0	1.000 0
2	2.110 0	2.120 0	2.130 0	2.140 0	2.150 0	2.160 0	2.170 0	2.180 0	2.190 0	2.200 0
3	3.342 1	3.374 4	3.406 9	3.439 6	3.472 5	3.505 6	3.538 9	3.572 4	3.606 1	3.640 0
4	4.709 7	4.779 3	4.849 8	4.921 1	4.993 4	5.066 5	5.140 5	5.215 4	5.291 3	5.368 0
5	6.227 8	6.352 8	6.480 3	6.610 1	6.742 4	6.877 1	7.014 4	7.154 2	7.296 6	7.441 6

续表

期数	11%	12%	13%	14%	15%	16%	17%	18%	19%	20%
6	7.912 9	8.115 2	8.322 7	8.535 5	8.753 7	8.977 5	9.206 8	9.442 0	9.683 0	9.929 9
7	9.783 3	10.08 9	10.405	10.731	11.067	11.414	11.772	12.142	12.523	12.916
8	11.859	12.300	12.757	13.233	13.727	14.240	14.773	15.327	15.902	16.499
9	14.164	14.776	15.416	16.085	16.786	17.519	18.285	19.086	19.923	20.799
10	16.722	17.549	18.420	19.337	20.304	21.322	22.393	23.521	24.709	25.959
11	19.561	20.655	21.814	23.045	24.349	25.733	27.200	28.755	30.404	32.150
12	22.713	24.133	25.650	27.271	29.002	30.850	32.824	34.931	37.180	39.581
13	26.212	28.029	29.985	32.089	34.352	36.786	39.404	42.219	45.245	48.497
14	30.095	32.393	34.883	37.581	40.505	43.672	47.103	50.818	54.841	59.196
15	34.405	37.280	40.418	43.842	47.580	51.660	56.110	60.965	66.261	72.035
16	39.190	42.753	46.672	50.980	55.718	60.925	66.649	72.939	79.850	87.442
17	44.501	48.884	53.739	59.118	65.075	71.673	78.979	87.068	96.022	105.93
18	50.396	55.750	61.725	68.394	75.836	84.141	93.406	103.74	115.27	128.12
19	56.940	63.440	70.749	78.969	88.212	98.603	110.28	123.41	138.17	154.74
20	64.203	72.052	80.947	91.025	102.44	115.38	130.03	146.63	165.42	186.69
21	72.265	81.699	92.470	104.77	118.81	134.84	153.14	174.02	197.85	225.03
22	81.214	92.503	105.49	120.44	137.63	157.42	180.17	206.34	236.44	271.03
23	91.148	104.60	120.20	138.30	159.28	183.60	211.80	244.49	282.36	326.24
24	102.17	118.16	136.83	158.66	184.17	213.98	248.81	289.49	337.01	392.48
25	114.41	133.33	155.62	181.87	212.79	249.21	292.10	342.60	402.04	471.98
26	128.00	150.33	176.85	208.33	245.71	290.09	342.76	405.27	479.43	567.38
27	143.08	169.37	200.84	238.50	283.57	337.50	402.03	479.22	571.52	681.85
28	159.82	190.70	227.95	272.89	327.10	392.50	471.38	566.48	681.11	819.22
29	178.40	214.58	258.58	312.09	377.17	456.30	552.51	669.45	811.52	984.07
30	199.02	241.33	293.20	356.79	434.75	530.31	647.44	790.95	966.71	1 181.9
40	581.83	767.09	1 013.7	1 342.0	1 779.1	2 360.8	3 134.5	4 163.2	5 529.8	7 343.9
50	1 668.8	2 400.0	3 459.5	4 994.5	7 217.7	10 436	15 090	21 813	31 515	45 497
60	4 755.1	7 471.6	11 762	18 535	29 220	46 058	72 555	114 190	179 495	281 733
期数	21%	22%	23%	24%	25%	26%	27%	28%	29%	30%
1	1.000 0	1.000 0	1.000 0	1.000 0	1.000 0	1.000 0	1.000 0	1.000 0	1.000 0	1.000 0
2	2.210 0	2.220 0	2.230 0	2.240 0	2.250 0	2.260 0	2.270 0	2.280 0	2.290 0	2.300 0
3	3.674 1	3.708 4	3.742 9	3.777 6	3.812 5	3.847 6	3.882 9	3.918 4	3.954 1	3.990 0
4	5.445 7	5.524 2	5.603 8	5.684 2	5.765 6	5.848 0	5.931 3	6.015 6	6.100 8	6.187 0
5	7.589 2	7.739 6	7.892 6	8.048 4	8.207 0	8.368 4	8.532 7	8.699 9	8.870 0	9.043 1
6	10.183	10.442	10.708	10.980	11.259	11.544	11.837	12.136	12.442	12.756
7	13.321	13.740	14.171	14.615	15.074	15.546	16.032	16.534	17.051	17.583
8	17.119	17.762	18.430	19.123	19.842	20.588	21.361	22.163	22.995	23.858
9	21.714	22.670	23.669	24.713	25.802	26.940	28.129	29.369	30.664	32.015
10	27.274	28.657	30.113	31.643	33.253	34.945	36.724	38.593	40.556	42.620
11	34.001	35.962	38.039	40.238	42.566	45.031	47.639	50.399	53.318	56.405
12	42.142	44.874	47.788	50.895	54.208	57.739	61.501	65.510	69.780	74.327
13	51.991	55.746	59.779	64.110	68.760	73.751	79.107	84.853	91.016	97.625

续表

期数	21%	22%	23%	24%	25%	26%	27%	28%	29%	30%
14	63.910	69.010	74.528	80.496	86.950	93.926	101.47	109.61	118.41	127.91
15	78.331	85.192	92.669	100.82	109.69	119.35	129.86	141.30	153.75	167.29
16	95.780	104.93	114.98	126.01	138.11	151.38	165.92	181.87	199.34	218.47
17	116.89	129.02	142.43	157.25	173.64	191.73	211.72	233.79	258.15	285.01
18	142.44	158.40	176.19	195.99	218.04	242.59	269.89	300.25	334.01	371.52
19	173.35	194.25	217.71	244.03	273.56	306.66	343.76	385.32	431.87	483.97
20	210.76	237.99	268.79	303.60	342.94	387.39	437.57	494.21	558.11	630.17
21	256.02	291.35	331.61	377.46	429.68	489.11	556.72	633.59	720.96	820.22
22	310.78	356.44	408.88	469.06	538.10	617.28	708.03	812.00	931.04	1 067.3
23	377.05	435.86	503.92	582.63	673.63	778.77	900.20	1 040.4	1 202.0	1 388.5
24	457.22	532.75	620.82	723.46	843.03	982.25	1 144.3	1 332.7	1 551.6	1 806.0
25	554.24	650.96	764.61	898.09	1 054.8	1 238.6	1 454.2	1 706.8	2 002.6	2 348.8
26	671.63	795.17	941.46	1 114.6	1 319.5	1 561.7	1 847.8	2 185.7	2 584.4	3 054.4
27	813.68	971.10	1 159.0	1 383.1	1 650.4	1 968.7	2 347.8	2 798.7	3 334.8	3 971.8
28	985.55	1 185.7	1 426.6	1 716.1	2 064.0	2 481.6	2 982.6	3 583.3	4 302.9	5 164.3
29	1 193.5	1 447.6	1 755.7	2 129.0	2 580.9	3 127.8	3 789.0	4 587.7	5 551.8	6 714.6
30	1 445.2	1 767.1	2 160.5	2 640.9	3 227.2	3 942.0	4 813.0	5 873.2	7 162.8	8 730.0
40	9 749.5	12 937	17 154	22 729	30 089	39 793	52 572	69 377	91 448	120 393
50	65 617	94 525	135 992	195 373	280 256	401 374	573 878	819 103	*	*
60	441 467	690 501	*	*	*	*	*	*	*	*

期数	1%	2%	3%	4%	5%	6%	7%	8%	9%	10%
1	0.990 1	0.980 4	0.970 9	0.961 5	0.952 4	0.943 4	0.934 6	0.925 9	0.917 4	0.909 1
2	1.970 4	1.941 6	1.913 5	1.886 1	1.859 4	1.833 4	1.808 0	1.783 3	1.759 1	1.735 5
3	2.941 0	2.883 9	2.828 6	2.775 1	2.723 2	2.673 0	2.624 3	2.577 1	2.531 3	2.486 9
4	3.902 0	3.807 7	3.717 1	3.629 9	3.546 0	3.465 1	3.387 2	3.312 1	3.239 7	3.169 9
5	4.853 4	4.713 5	4.579 7	4.451 8	4.329 5	4.212 4	4.100 2	3.992 7	3.889 7	3.790 8
6	5.795 5	5.601 4	5.417 2	5.242 1	5.075 7	4.917 3	4.766 5	4.622 9	4.485 9	4.355 3
7	6.728 2	6.472 0	6.230 3	6.002 1	5.786 4	5.582 4	5.389 3	5.206 4	5.033 0	4.868 4
8	7.651 7	7.325 5	7.019 7	6.732 7	6.463 2	6.209 8	5.971 3	5.746 6	5.534 8	5.334 9
9	8.566 0	8.162 2	7.786 1	7.435 3	7.107 8	6.801 7	6.515 2	6.246 9	5.995 2	5.759 0
10	9.471 3	8.982 6	8.530 2	8.110 9	7.721 7	7.360 1	7.023 6	6.710 1	6.417 7	6.144 6
11	10.367 6	9.786 8	9.252 6	8.760 5	8.306 4	7.886 9	7.498 7	7.139 0	6.805 2	6.495 1
12	11.255 1	10.575 3	9.954 0	9.385 1	8.863 3	8.383 8	7.942 7	7.536 1	7.160 7	6.813 7
13	12.133 7	11.348 4	10.635 0	9.985 6	9.393 6	8.852 7	8.357 7	7.903 8	7.486 9	7.103 4
14	13.003 7	12.106 2	11.296 1	10.563 1	9.898 6	9.295 0	8.745 5	8.244 2	7.786 2	7.366 7
15	13.865 1	12.849 3	11.937 9	11.118 4	10.379 7	9.712 2	9.107 9	8.559 5	8.060 7	7.606 1
16	14.717 9	13.577 7	12.561 1	11.652 3	10.837 8	10.105 9	9.446 6	8.851 4	8.312 6	7.823 7
17	15.562 3	14.291 9	13.166 1	12.165 7	11.274 1	10.477 3	9.763 2	9.121 6	8.543 6	8.021 6
18	16.398	14.992	13.754	12.659	11.690	10.828	10.059	9.372	8.756	8.201
19	17.226	15.679	14.324	13.134	12.085	11.158	10.336	9.604	8.950	8.365
20	18.046	16.351	14.878	13.590	12.462	11.470	10.594	9.818	9.129	8.514
21	18.857	17.011	15.415	14.029	12.821	11.764	10.836	10.017	9.292	8.649
22	19.660	17.658	15.937	14.451	13.163	12.042	11.061	10.201	9.442	8.772
23	20.456	18.292	16.444	14.857	13.489	12.303	11.272	10.371	9.580	8.883
24	21.243	18.914	16.936	15.247	13.799	12.550	11.469	10.529	9.707	8.985
25	22.023	19.524	17.413	15.622	14.094	12.783	11.654	10.675	9.823	9.077
26	22.795	20.121	17.877	15.983	14.375	13.003	11.826	10.810	9.929	9.161
27	23.560	20.707	18.327	16.330	14.643	13.211	11.987	10.935	10.027	9.237
28	24.316	21.281	18.764	16.663	14.898	13.406	12.137	11.051	10.116	9.307
29	25.066	21.844	19.189	16.984	15.141	13.591	12.278	11.158	10.198	9.370
30	25.808	22.397	19.600	17.292	15.373	13.765	12.409	11.258	10.274	9.427
40	32.835	27.356	23.115	19.793	17.159	15.046	13.332	11.925	10.757	9.779
50	39.196	31.424	25.730	21.482	18.256	15.762	13.801	12.234	10.962	9.915
60	44.955	34.761	27.676	22.624	18.929	16.161	14.039	12.377	11.048	9.967

期数	11%	12%	13%	14%	15%	16%	17%	18%	19%	20%
1	0.900 9	0.892 9	0.885 0	0.877 2	0.869 6	0.862 1	0.854 7	0.847 5	0.840 3	0.833 3
2	1.712 5	1.690 1	1.668 1	1.646 7	1.625 7	1.605 2	1.585 2	1.565 6	1.546 5	1.527 8
3	2.443 7	2.401 8	2.361 2	2.321 6	2.283 2	2.245 9	2.209 6	2.174 3	2.139 9	2.106 5
4	3.102 4	3.037 3	2.974 5	2.913 7	2.855 0	2.798 2	2.743 2	2.690 1	2.638 6	2.588 7
5	3.695 9	3.604 8	3.517 2	3.433 1	3.352 2	3.274 3	3.199 3	3.127 2	3.057 6	2.990 6
6	4.230 5	4.111 4	3.997 5	3.888 7	3.784 5	3.684 7	3.589 2	3.497 6	3.409 8	3.325 5
7	4.712 2	4.563 8	4.422 6	4.288 3	4.160 4	4.038 6	3.922 4	3.811 5	3.705 7	3.604 6
8	5.146 1	4.967 6	4.798 8	4.638 9	4.487 3	4.343 6	4.207 2	4.077 6	3.954 4	3.837 2
9	5.537 0	5.328 2	5.131 7	4.946 4	4.771 6	4.606 5	4.450 6	4.303 0	4.163 3	4.031 0
10	5.889 2	5.650 2	5.426 2	5.216 1	5.018 8	4.833 2	4.658 6	4.494 1	4.338 9	4.192 5
11	6.206 5	5.937 7	5.686 9	5.452 7	5.233 7	5.028 6	4.836 4	4.656 0	4.486 5	4.327 1
12	6.492 4	6.194 4	5.917 6	5.660 3	5.420 6	5.197 1	4.988 4	4.793 2	4.610 5	4.439 2
13	6.749 9	6.423 5	6.121 8	5.842 4	5.583 1	5.342 3	5.118 3	4.909 5	4.714 7	4.532 7
14	6.981 9	6.628 2	6.302 5	6.002 1	5.724 5	5.467 5	5.229 3	5.008 1	4.802 3	4.610 6
15	7.190 9	6.810 9	6.462 4	6.142 2	5.847 4	5.575 5	5.324 2	5.091 6	4.875 9	4.675 5

续表

期数	11%	12%	13%	14%	15%	16%	17%	18%	19%	20%
16	7.379 2	6.974 0	6.603 9	6.265 1	5.954 2	5.668 5	5.405 3	5.162 4	4.937 7	4.729 6
17	7.548 8	7.119 6	6.729 1	6.372 9	6.047 2	5.748 7	5.474 6	5.222 3	4.989 7	4.774 6
18	7.701 6	7.249 7	6.839 9	6.467 4	6.128 0	5.817 8	5.533 9	5.273 2	5.033 3	4.812 2
19	7.839 3	7.365 8	6.938 0	6.550 4	6.198 2	5.877 5	5.584 5	5.316 2	5.070 0	4.843 5
20	7.963 3	7.469 4	7.024 8	6.623 1	6.259 3	5.928 8	5.627 8	5.352 7	5.100 9	4.869 6
21	8.075 1	7.562 0	7.101 6	6.687 0	6.312 5	5.973 1	5.664 8	5.383 7	5.126 8	4.891 3
22	8.175 7	7.644 6	7.169 5	6.742 9	6.358 7	6.011 3	5.696 4	5.409 9	5.148 6	4.909 4
23	8.266 4	7.718 4	7.229 7	6.792 1	6.398 8	6.044 2	5.723 4	5.432 1	5.166 8	4.924 5
24	8.348 1	7.784 3	7.282 9	6.835 1	6.433 8	6.072 6	5.746 5	5.450 9	5.182 2	4.937 1
25	8.421 7	7.843 1	7.330 0	6.872 9	6.464 1	6.097 1	5.766 2	5.466 9	5.195 1	4.947 6
26	8.488 1	7.895 7	7.371 7	6.906 1	6.490 6	6.118 2	5.783 1	5.480 4	5.206 0	4.956 3
27	8.547 8	7.942 6	7.408 6	6.935 2	6.513 5	6.136 4	5.797 5	5.491 9	5.215 1	4.963 6
28	8.601 6	7.984 4	7.441 2	6.960 7	6.533 5	6.152 0	5.809 9	5.501 6	5.222 8	4.969 7
29	8.650 1	8.021 8	7.470 1	6.983 0	6.550 9	6.165 6	5.820 4	5.509 8	5.229 2	4.974 7
30	8.693 8	8.055 2	7.495 7	7.002 7	6.566 0	6.177 2	5.829 4	5.516 8	5.234 7	4.978 9
40	8.951 1	8.243 8	7.634 4	7.105 0	6.641 8	6.233 5	5.871 3	5.548 2	5.258 2	4.996 6
50	9.041 7	8.304 5	7.675 2	7.132 7	6.660 5	6.246 3	5.880 1	5.554 1	5.262 3	4.999 5
60	9.073 6	8.324 5	7.687 3	7.140 1	6.665 1	6.249 2	5.881 9	5.555 3	5.263 0	4.999 9

期数	21%	22%	23%	24%	25%	26%	27%	28%	29%	30%
1	0.826 4	0.819 7	0.813 0	0.806 5	0.800 0	0.793 7	0.787 4	0.781 3	0.775 2	0.769 2
2	1.509 5	1.491 5	1.474 0	1.456 8	1.440 0	1.423 5	1.407 4	1.391 6	1.376 1	1.360 9
3	2.073 9	2.042 2	2.011 4	1.981 3	1.952 0	1.923 4	1.895 6	1.868 4	1.842 0	1.816 1
4	2.540 4	2.493 6	2.448 3	2.404 3	2.361 6	2.320 2	2.280 0	2.241 0	2.203 1	2.166 2
5	2.926 0	2.863 6	2.803 5	2.745 4	2.689 3	2.635 1	2.582 7	2.532 0	2.483 0	2.435 6
6	3.244 6	3.166 9	3.092 3	3.020 5	2.951 4	2.885 0	2.821 0	2.759 4	2.700 0	2.642 7
7	3.507 9	3.415 5	3.327 0	3.242 3	3.161 1	3.083 3	3.008 7	2.937 0	2.868 2	2.802 1
8	3.725 6	3.619 3	3.517 9	3.421 2	3.328 9	3.240 7	3.156 4	3.075 8	2.998 6	2.924 7
9	3.905 4	3.786 3	3.673 1	3.565 5	3.463 1	3.365 7	3.272 8	3.184 2	3.099 7	3.019 0
10	4.054 1	3.923 2	3.799 3	3.681 9	3.570 5	3.464 8	3.364 4	3.268 9	3.178 1	3.091 5
11	4.176 9	4.035 4	3.901 8	3.775 7	3.656 4	3.543 5	3.436 5	3.335 1	3.238 8	3.147 3
12	4.278 4	4.127 4	3.985 2	3.851 4	3.725 1	3.605 9	3.493 3	3.386 8	3.285 9	3.190 3
13	4.362 4	4.202 8	4.053 0	3.912 4	3.780 1	3.655 5	3.538 1	3.427 2	3.322 4	3.223 3
14	4.431 7	4.264 6	4.108 2	3.961 6	3.824 1	3.694 9	3.573 3	3.458 7	3.350 7	3.248 7
15	4.489 0	4.315 2	4.153 0	4.001 3	3.859 3	3.726 1	3.601 0	3.483 4	3.372 6	3.268 2
16	4.536 4	4.356 7	4.189 4	4.033 3	3.887 4	3.750 9	3.622 8	3.502 6	3.389 6	3.283 2
17	4.575 5	4.390 8	4.219 0	4.059 1	3.909 9	3.770 5	3.640 0	3.517 7	3.402 8	3.294 8
18	4.607 9	4.418 7	4.243 1	4.079 9	3.927 9	3.786 1	3.653 6	3.529 4	3.413 0	3.303 7
19	4.634 6	4.441 5	4.262 7	4.096 7	3.942 4	3.798 5	3.664 2	3.538 6	3.421 0	3.310 5
20	4.656 7	4.460 3	4.278 6	4.110 3	3.953 9	3.808 3	3.672 6	3.545 8	3.427 1	3.315 8
21	4.675 0	4.475 6	4.291 6	4.121 2	3.963 1	3.816 1	3.679 2	3.551 4	3.431 9	3.319 8
22	4.690 0	4.488 2	4.302 1	4.130 0	3.970 5	3.822 3	3.684 4	3.555 8	3.435 6	3.323 0
23	4.702 5	4.498 5	4.310 6	4.137 1	3.976 4	3.827 3	3.688 5	3.559 2	3.438 4	3.325 4
24	4.712 8	4.507 0	4.317 6	4.142 8	3.981 1	3.831 2	3.691 8	3.561 9	3.440 6	3.327 2
25	4.721 3	4.513 9	4.323 2	4.147 4	3.984 9	3.834 2	3.694 3	3.564 0	3.442 3	3.328 6
26	4.728 4	4.519 6	4.327 8	4.151 1	3.987 9	3.836 7	3.696 3	3.565 6	3.443 7	3.329 7
27	4.734 2	4.524 3	4.331 6	4.154 2	3.990 3	3.838 7	3.697 9	3.566 9	3.444 7	3.330 5
28	4.739 0	4.528 1	4.334 6	4.156 6	3.992 3	3.840 2	3.699 1	3.567 9	3.445 5	3.331 2
29	4.743 0	4.531 2	4.337 1	4.158 5	3.993 8	3.841 4	3.700 1	3.568 7	3.446 1	3.331 7
30	4.746 3	4.533 8	4.339 1	4.160 1	3.995 0	3.842 4	3.700 9	3.569 3	3.446 6	3.332 1
40	4.759 6	4.543 9	4.346 7	4.165 9	3.999 5	3.845 8	3.703 4	3.571 2	3.448 1	3.333 2
50	4.761 6	4.545 2	4.347 7	4.166 6	3.999 9	3.846 1	3.703 7	3.571 4	3.448 3	3.333 3
60	4.761 9	4.545 4	4.347 8	4.166 7	4.000 0	3.846 2	3.703 7	3.571 4	3.448 3	3.333 3

参考文献

[1] 中国注册会计师协会. 财务成本管理[M]. 北京：中国财政经济出版社，2015.

[2] 财政部会计从业资格评价中心. 财务管理[M]. 北京：中国财政经济出版社，2015.

[3] 王化成. 财务管理（第4版）[M]. 北京：中国人民大学出版社，2013.

[4] 荆新，王化成，刘俊彦. 财务管理学（第6版）[M]. 北京：中国人民大学出版社，2012.

[5] 王化成，支晓强，王建英. 财务报表分析[M]. 北京：中国人民大学出版社，2012.

[6] 张新民，钱爱民. 财务报告解读与分析[M]. 北京：电子工业出版社，2014.

[7] 贾国军. 财务管理学[M]. 北京：中国人民大学出版社，2014.

[8] 吴世农，吴育辉. 财务分析与决策（第2版）[M]. 北京：北京大学出版社，2013.

[9] 陈玉菁. 财务管理实务与案例[M]. 北京：中国人民大学出版社，2015.

[10] 樊行健. 财务报表分析（第2版）[M]. 北京：清华大学出版社，2014.

[11] 黄志忠. 公司财务理论与实务[M]. 北京：清华大学出版社，2014.

[12] 斯坦利·B·布洛克. 财务管理基础[M]. 北京：中国人民大学出版社，2005.

[13] 中国注册会计师协会. 财务成本管理[M]. 北京：中国财政经济出版社，2014.

[14] 《企业财务通则》

[15] 《中华人民共和国公司法》

[16] 《中华人民共和国证券法》

[17] 《上市公司债券发行管理办法》